Angelika Janczik
@wichtel_fridolin

Die Wichtel-Kreativ-Werkstatt

Bibliografische Information der Deutschen Nationalbibliothek
Die Deutsche Nationalbibliothek verzeichnet diese Publikation in der Deutschen Nationalbibliografie. Detaillierte bibliografische Daten sind im Internet über https://dnb.de abrufbar.

Für Fragen und Anregungen
info@mvg-verlag.de

Originalausgabe
1. Auflage 2023

Türkenstraße 89
80799 München
Tel.: 089 651285-0
Fax: 089 652096

Umschlaggestaltung und Layout: Pamela Machleidt
Umschlagabbildung und Fotos: Angelika Janczik
Lektorat: Annerose Sieck, Neumünster
Satz: Bernadett Linseisen (schere.style.papier), München
Illustrationen: Valeriia Myroshnichenko/Shutterstock, Keronn art/Shutterstock
Druck: Firmengruppe APPL, aprinta Druck, Wemding
Printed in Germany

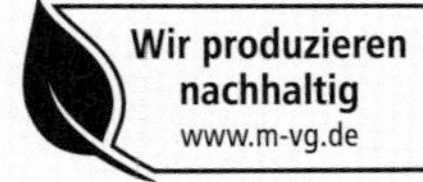

ISBN Print 978-3-7474-0564-2

Weitere Informationen zum Verlag finden Sie unter
www.mvg-verlag.de
Beachten Sie auch unsere weiteren Verlage unter www.m-vg.de

Angelika Janczik
@wichtel_fridolin

Die Wichtel-Kreativ-Werkstatt

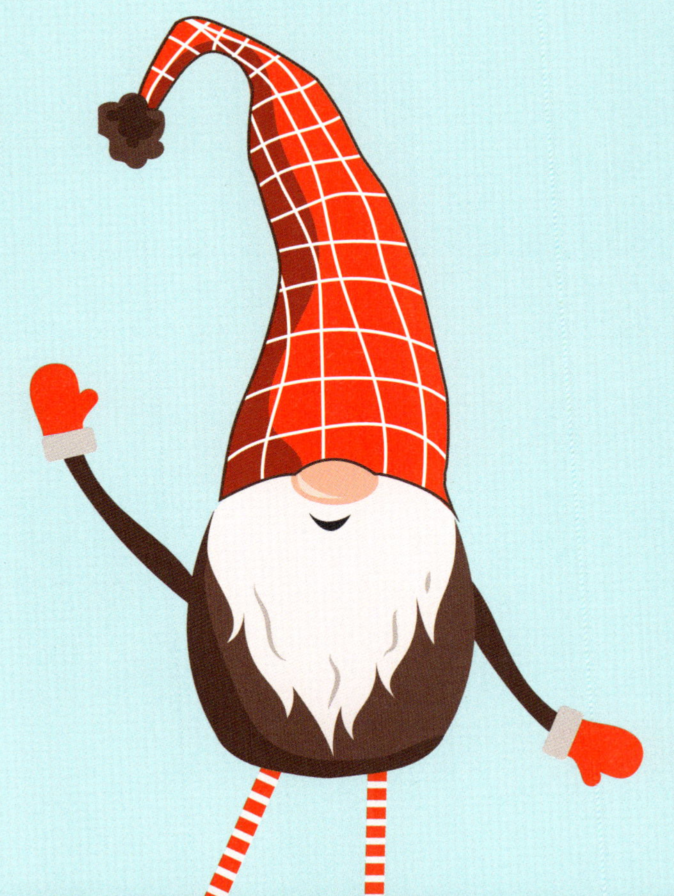

mvgverlag

Inhaltsverzeichnis

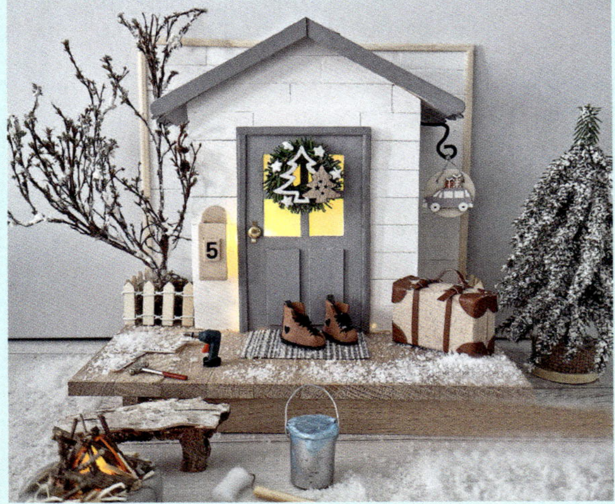

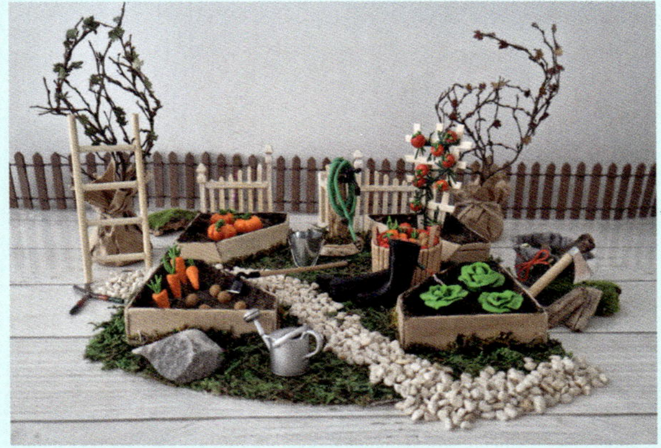

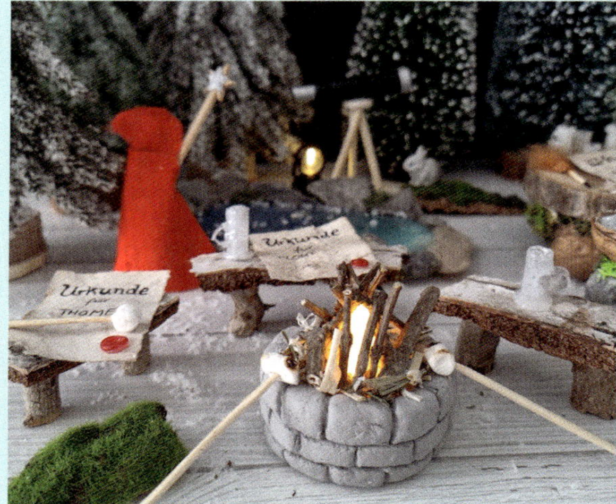
Urkunde
Urkunde

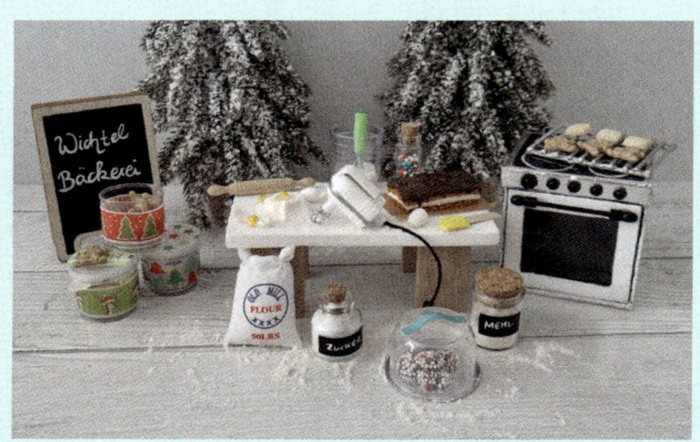
Wichtel Bäckerei
FLOUR
Mehl

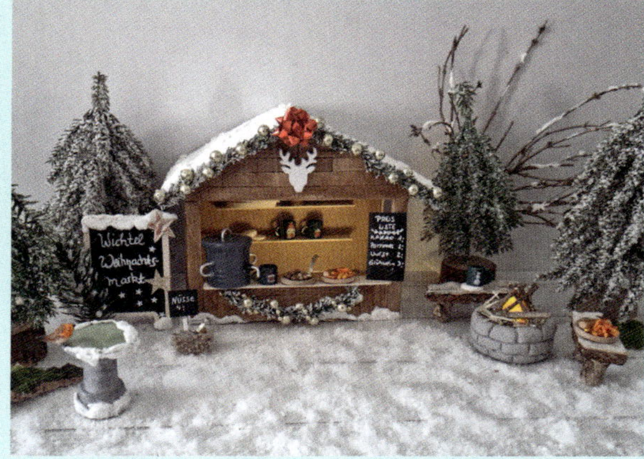
Wichtel Weihnachts markt

Liebe*r Wichtelbastler*in,

es freut mich, dass du mein Buch in deinen Händen hältst und bald mit dem Basteln für deinen Wichtel beginnen wirst. Meine Wichtel-Bastelreise begann, als ich mit meiner Tochter Sophie schwanger war und von einer magischen Wichteltür gehört hatte – ich war sofort verzaubert! Meine Tochter wurde mit der Wichteltür groß und ist nun selbst ein Riesenfan. Ich liebe es einfach, zu basteln und mit verschiedenen Materialien zu arbeiten, und ich möchte dich nun in meine Bastelwelt einladen und hoffe, dass dich die Magie genauso schnell gefangen nimmt.

Ich wünsche dir viel Spaß beim Nachbasteln. Du kannst deine Werke gern bei Instagram posten und mit dem Hashtag #geliswichtelwerkstatt versehen, damit ich verfolgen kann, was alles entsteht.

Ich wünsche dir eine zauberhafte Wichtelzeit!

Deine Geli

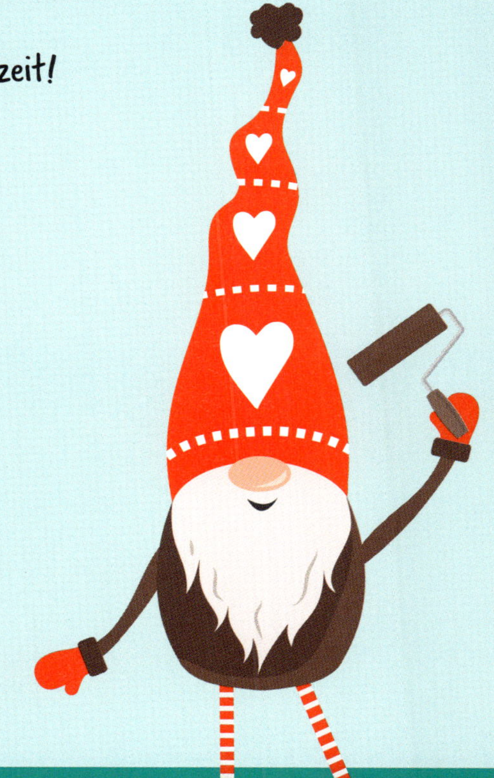

Grundlagenteil

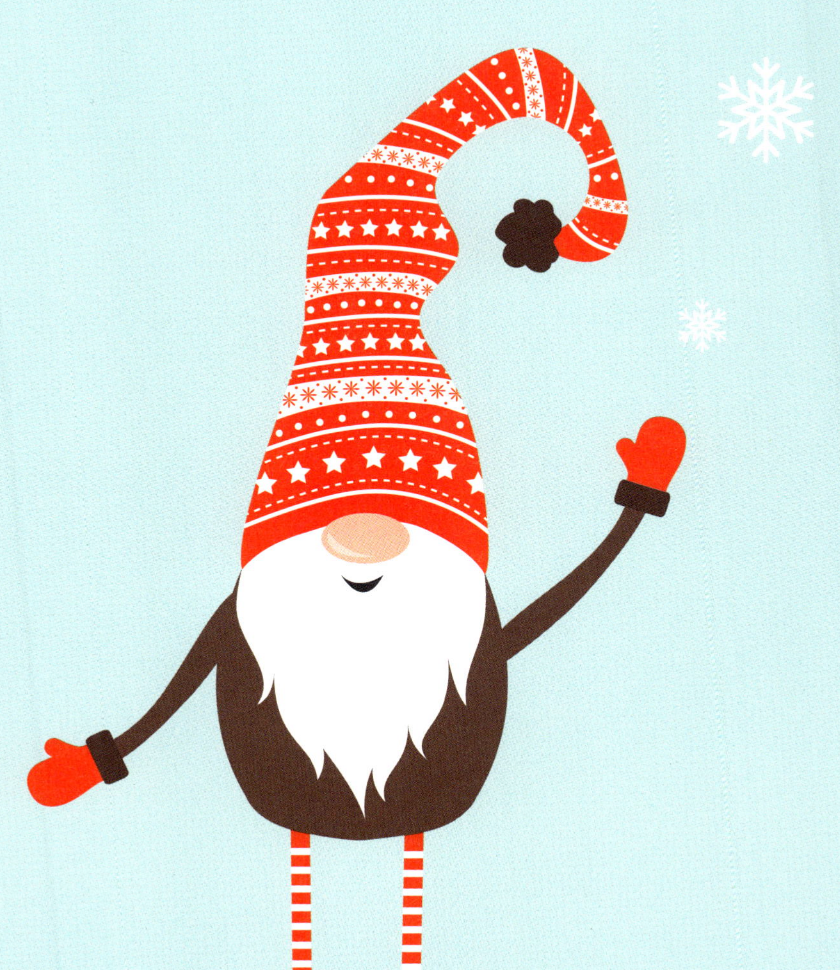

Werkzeug und Materialien

Bevor du mit dem Basteln loslegst, musst du dir erst einmal die verschiedenen Werkzeuge und Materialien, die du benötigst, bereitlegen. Du kannst aus Naturmaterialien und Alltagsgegenständen ganz tolle Dinge für deinen Wichtel zaubern. Keine Sorge, ich zeige dir, wie du Schritt für Schritt deine Bastelprojekte umsetzen kannst.

Sammle im Vorfeld verschiedenste Materialien, die du für deine Kulissen benötigst. Auf den nächsten Seiten habe ich einiges zusammengestellt, damit du siehst, was alles verbastelt werden könnte. Je mehr du in das Thema einsteigst, desto eher wirst du in deinem Alltag typische Wichtel-Materialien erkennen. Alles, was für das Buch angefertigt wurde, muss nicht 1 zu 1 nachgebastelt werden, du kannst es als Anregung sehen und deiner Kreativität freien Lauf lassen. Kinder sind übrigens die beste Inspirationsquelle! Mag dein Kind Fußball? Dann kann man als Wichtelkulisse ein kleines Tor und einen Ball basteln. Dein Kind malt sehr gern? Dann erstelle eine Mini-Staffelei für den Wichtel und male ein kleines Kunstwerk darauf. Kinder finden es toll, wenn der Wichtel etwas macht, was sie selbst auch gerne mögen.

DIE WICHTIGSTEN WERKZEUGE

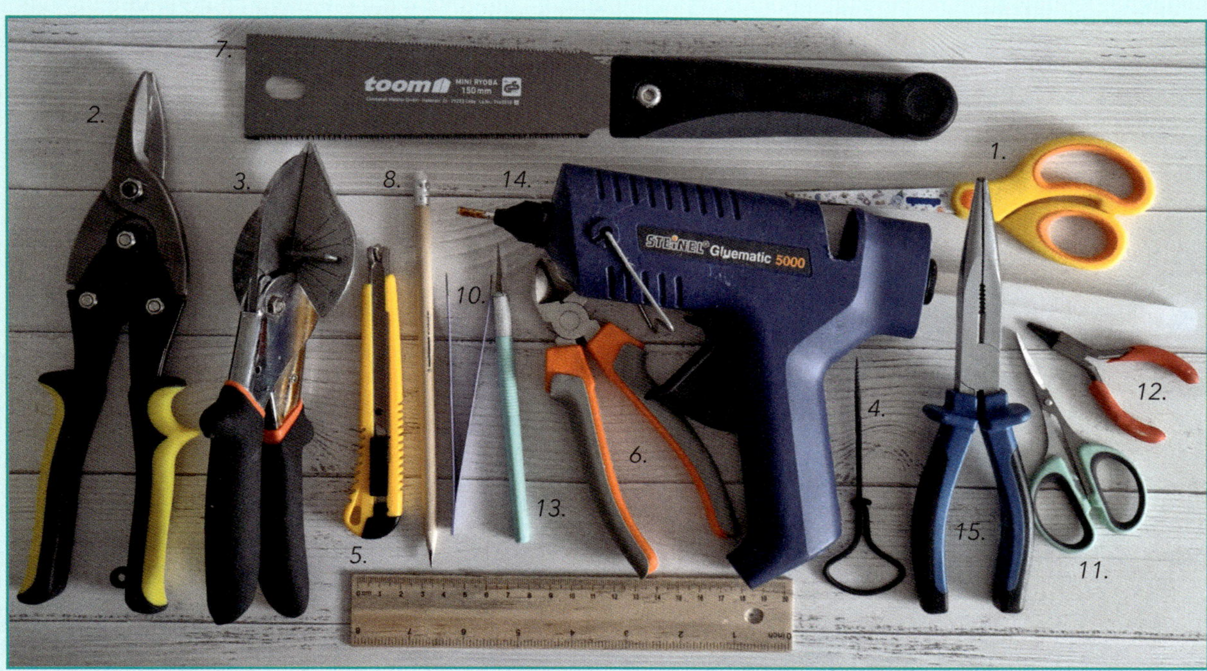

Zu deiner Bastel-Grundausstattung, die dir bei den Anleitungen immer wieder begegnet, gehören: 1. Schere, 2. Blechschere, 3. Gehrungsschneider, 4. Handbohrer, 5. Cuttermesser, 6. Seitenschneider, 7. Feinsäge (für Holz), 8. Bleistift, 9. Lineal, 10. Pinzette, 11. Nagelschere, 12. Schmuckzange, 13. Skalpell, 14. Heißklebepistole, 15. Zange, nicht auf dem Bild: Schleifpapier oder Nagelfeile.

DIE VERSCHIEDENSTEN BASTELMATERIALIEN

Bastelmaterialien aus Holz

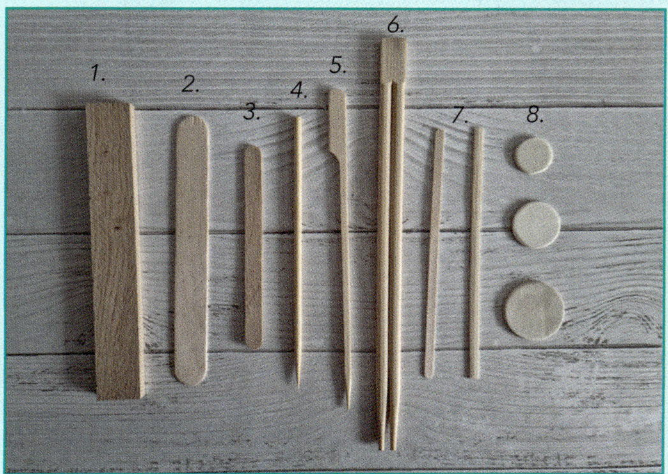

Von links nach rechts:

1. *Bastelklötzchen 16 x 2,2 x 8 cm,*
2. *Holzmundspatel 15 x 1,6 cm,*
3. *Eisstiele 11,4 x 0,9 cm,*
4. *Cakepop-Stiele 15 x 0,3 cm,*
5. *Schaschlikspieße 19,9 x 0,5 x 0,3 x 0,2 cm,*
6. *Sushi-Stäbchen 22,9 x 0,5 cm,*
7. *Kaffeeührstäbchen 14 x 0,5 cm,*
8. *Runde Holzplättchen, klein (Durchmesser 2 cm), mittel (Durchmesser 2,5 cm) und groß (Durchmesser 3,0 cm).*

Hinweis:

Die Hölzer sind nicht genormt, deshalb kann es zu leichten Schwankungen kommen, was Länge und Breite betrifft. Das ist aber unerheblich.

Naturmaterialien

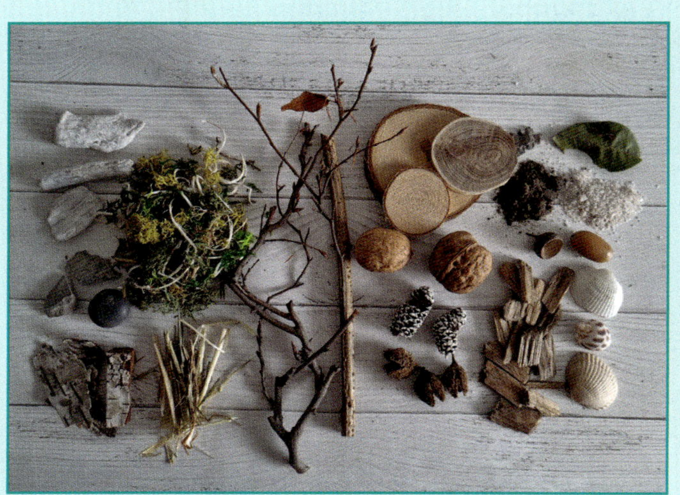

Steine, Treibholz, Baumrinde, trockene Gräser, Moos, Islandmoos, Äste, Walnüsse, Holzscheiben, Rindenmulch, Muscheln, Eicheln, Eichelköpfe, Sand, Erde, getrocknete Haselnussblätter, Tannenzapfen, Bucheckern (Hüllen).

Dies sind nur Beispiele. Gehe mit offenen Augen spazieren, am Strand, im Wald, oder schlendere durch deinen Garten. Sicher wirst du auch dort fündig.

Tipp:

Du kannst auch trockene Blumen als Dekoration benutzen.

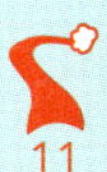

Bänder, Garne und Drähte

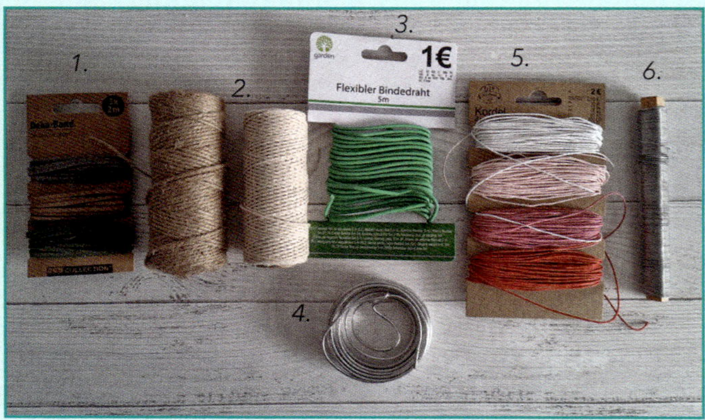

1. Lederbänder,
2. Kordeln,
3. Bindedraht,
4. Aluminiumdraht,
5. Jutekordel,
6. Wickeldraht

nicht auf dem Bild: Geschenkbänder, Schmuckdraht, Bastelband, Perlenbastelkette, Jutegarn.

Farben, Stifte und Co.

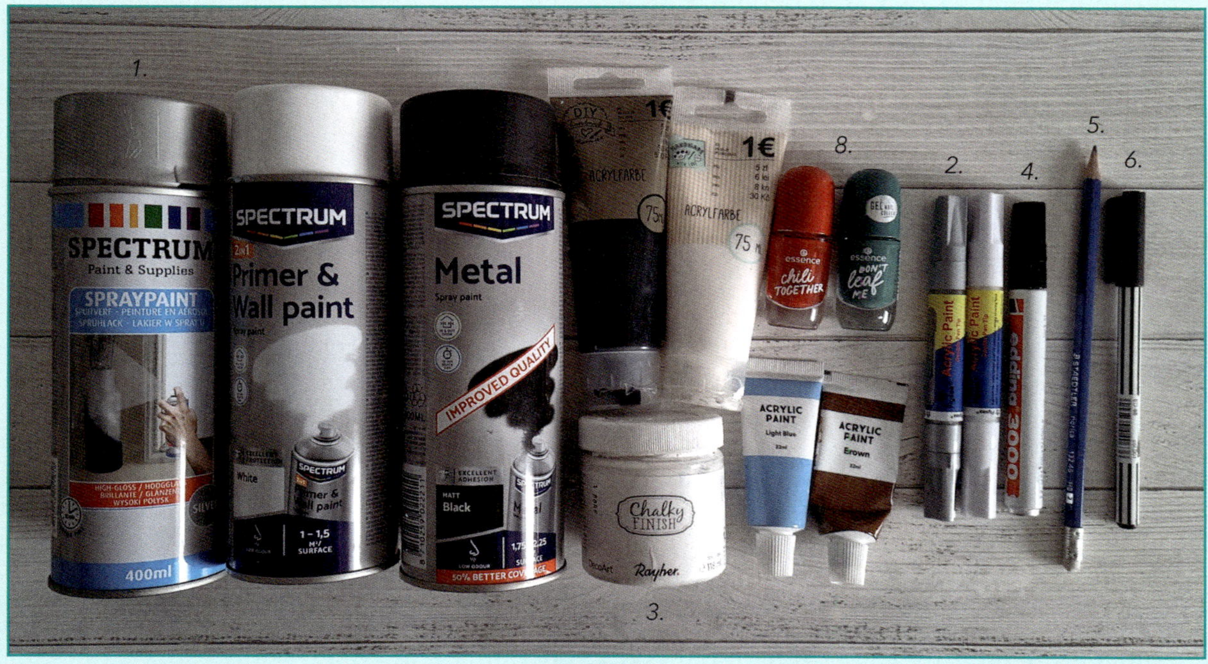

1. Acrylspray, 2. Acrylstifte, 3. Kreidefarben, 4. Permanentmarker, 5. Bleistift, 6. Fineliner, 7. Buntstifte, 8. Nagellack.

Klebematerialien

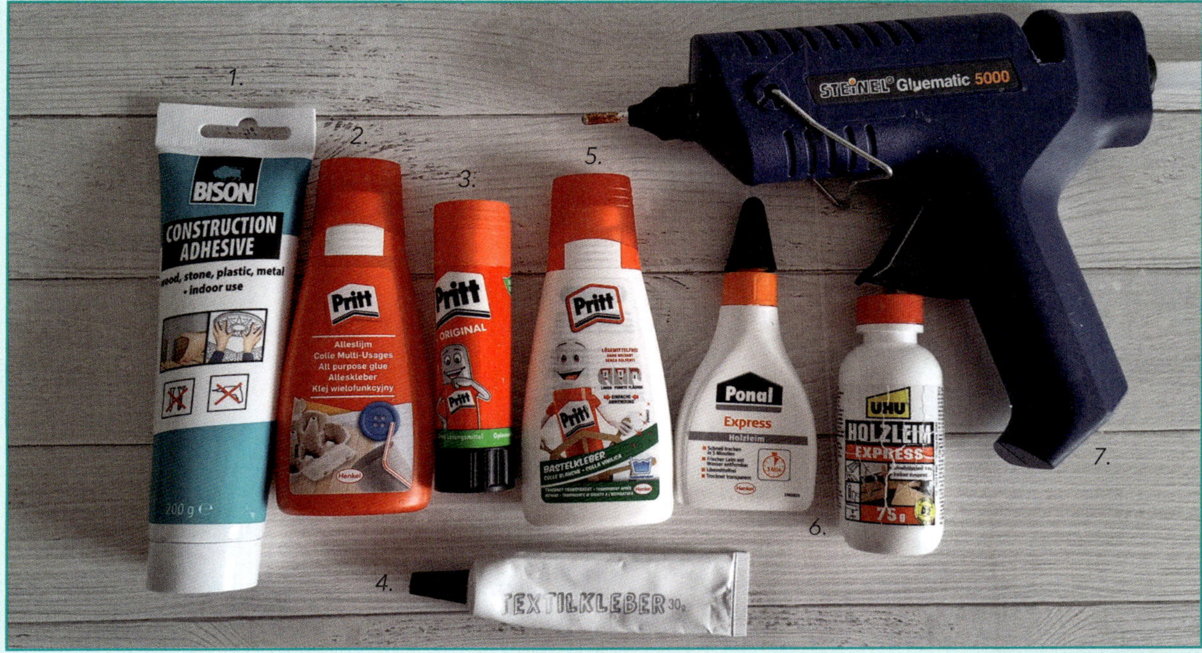

1. Spachtelmasse, 2. Universalkleber, 3. Klebestift, 4. Textilkleber, 5. Bastelleim, 6. Holzleim, 7. Heißklebepistole, nicht auf dem Bild: Superkleber.

Klebebänder

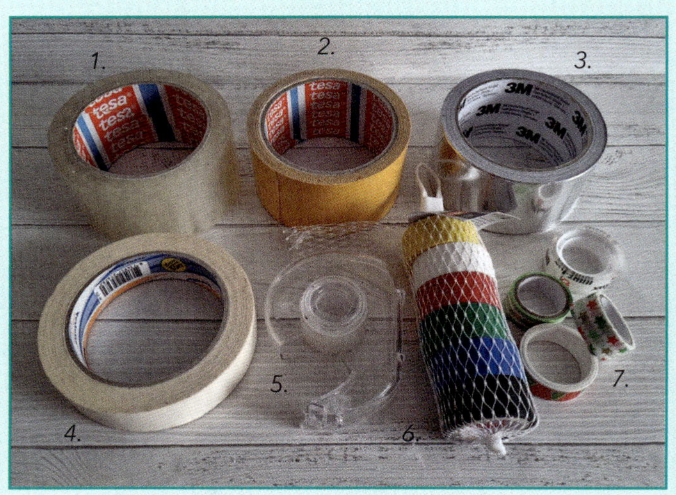

1. Klarsichtband,
2. doppelseitiges Klebeband,
3. Aluminiumband,
4. Kreppband,
5. Tesafilm,
6. Isolierband,
7. Washi-Tape.

Stoffe

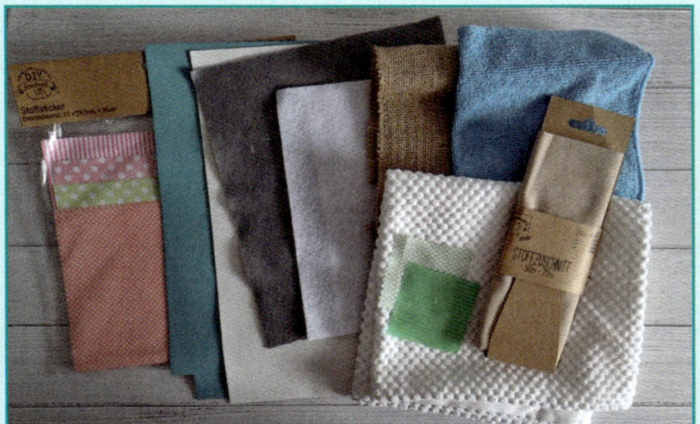

Stoffsticker, Kunstleder-Bögen, Filz, Stoffzuschnitte, Stoffreste, Jutestoff, Kissenhüllen, Mikrofasertücher, alte Lappen, Putztücher.

Kunstfaserstoffe

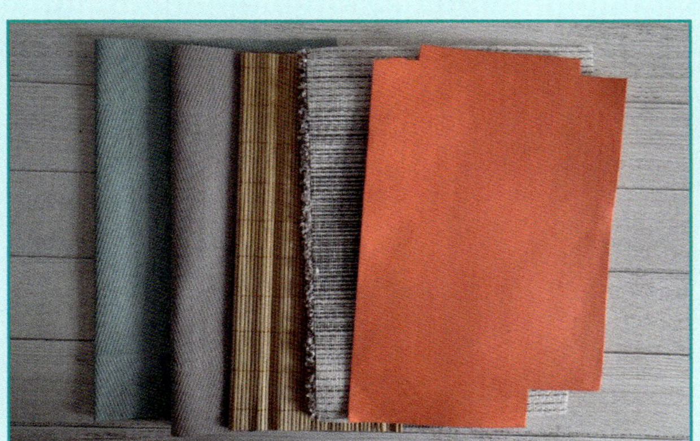

Verschiedene Platzsets, Moosgummi. Platzsets z. B. sind supervielfältig, damit kannst du kleine Gegenstände ummanteln und z. B. als Körbchen verwenden. Oder aus dem Platzset wird ein Teppich für den Wichtel.

Pappen

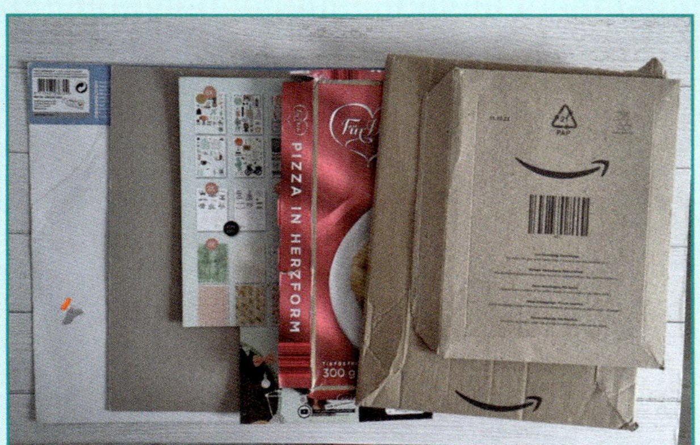

Versandkartons, Pizzaschachteln, die letzte Seite von einem Motivpapierblock.

> **Hinweis:**
> Unterlagen, wie z. B. eine Silikonmatte, Schneidematte, Pappe oder eine alte Zeitung, schützen deinen Tisch vor Kleberesten, Farbe und anderen Materialien.

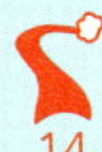

Alltagsgegenstände

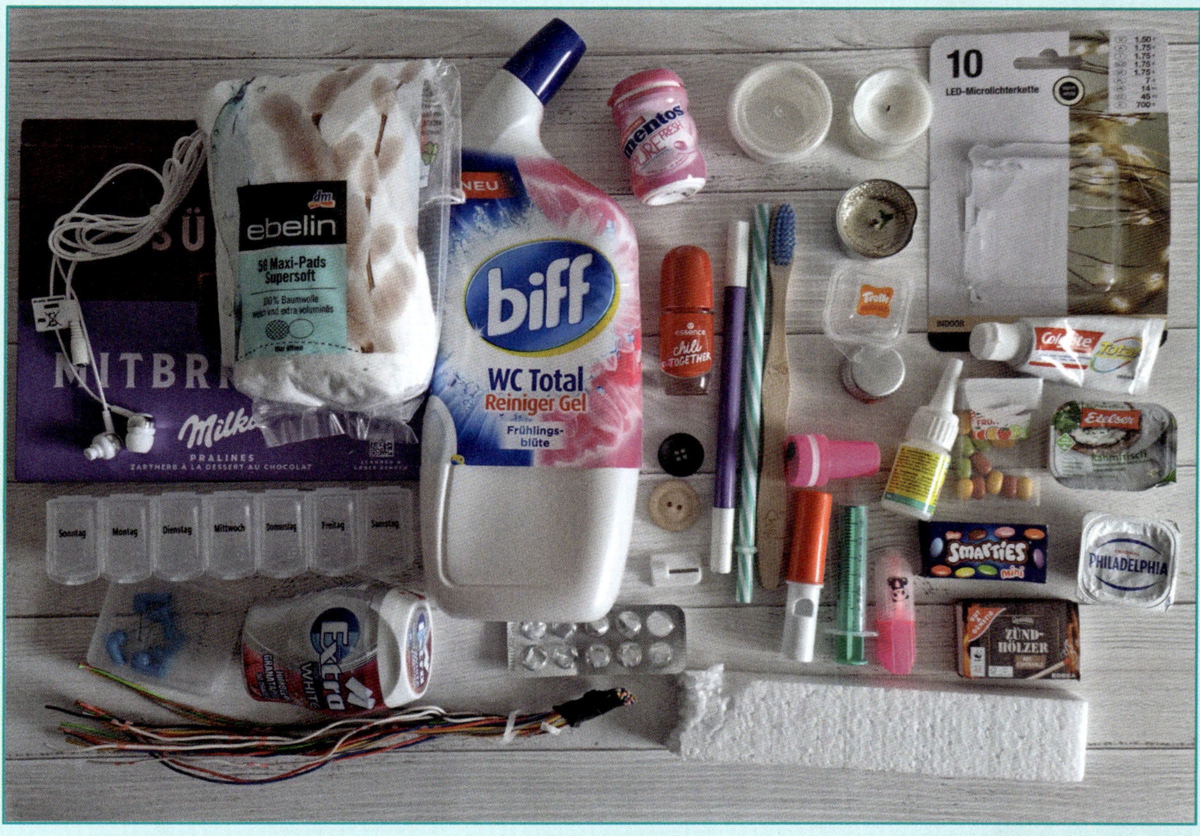

Alte Pralinenschachtel, Pillendosen, Kaugummiverpackung, Elektrodraht, Abschminktücher, Teelichter, Stifte, Streichholzschachteln, Tablettenverpackungen, Zahnpastadeckel, Zahnbürste, Knöpfe, Flaschendeckel, kleine Lebensmittel-Verpackungen, tic-tac®-Schachteln, Spritzen, Interdental-Bürstchen, LED-Lichterketten-Verpackung, Reinigungsflaschen, Nagellack, Textmarkerverschlüsse, Verpackungen von Süßigkeiten, Stempel, Lollistiele.

Perlen

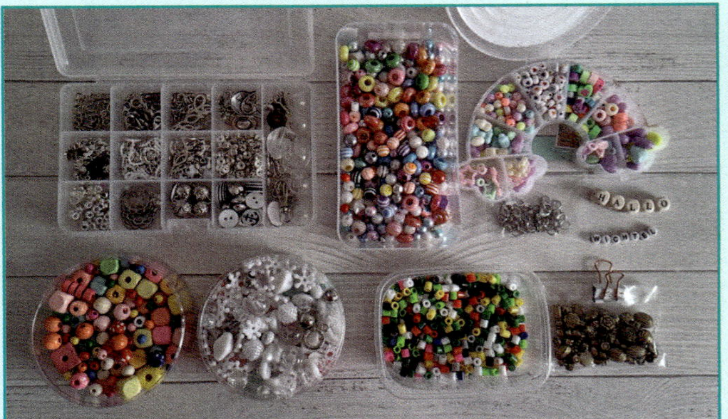

Holzperlen, Plastikperlen, Bügelperlen, Perlen mit Buchstaben, Karabinerhaken, kleine Hänger, Messingringe, Schraubösen, Perlen in Antik-Optik, Perlen in verschiedenen Formen.

Hinweis:

Bitte lass deine Kinder nie unbeaufsichtigt mit den Accessoires spielen/hantieren, da das Verschlucken der kleinen Gegenstände eine Erstickungsgefahr darstellt!

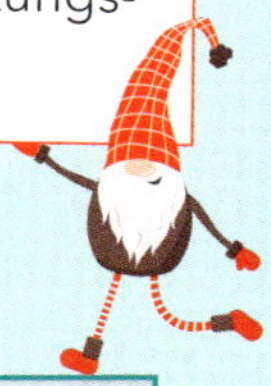

Holzaccessoires

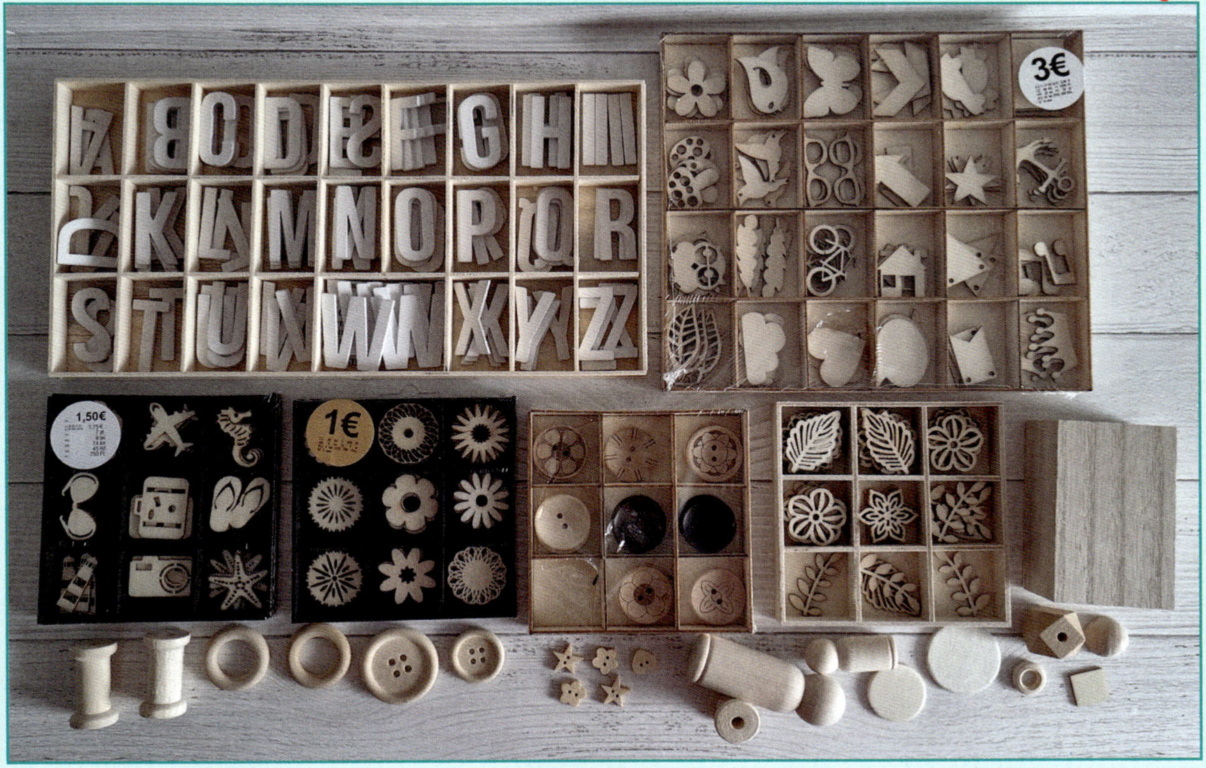

Holzbuchstaben, Holzknöpfe, kleine Holzkisten, dekoratives Holz, Holzringe, Holzkegel, Holzperlen, Nähgarnspulen aus Holz, runde Holzplättchen.

Gießpulver und Modelliermasse

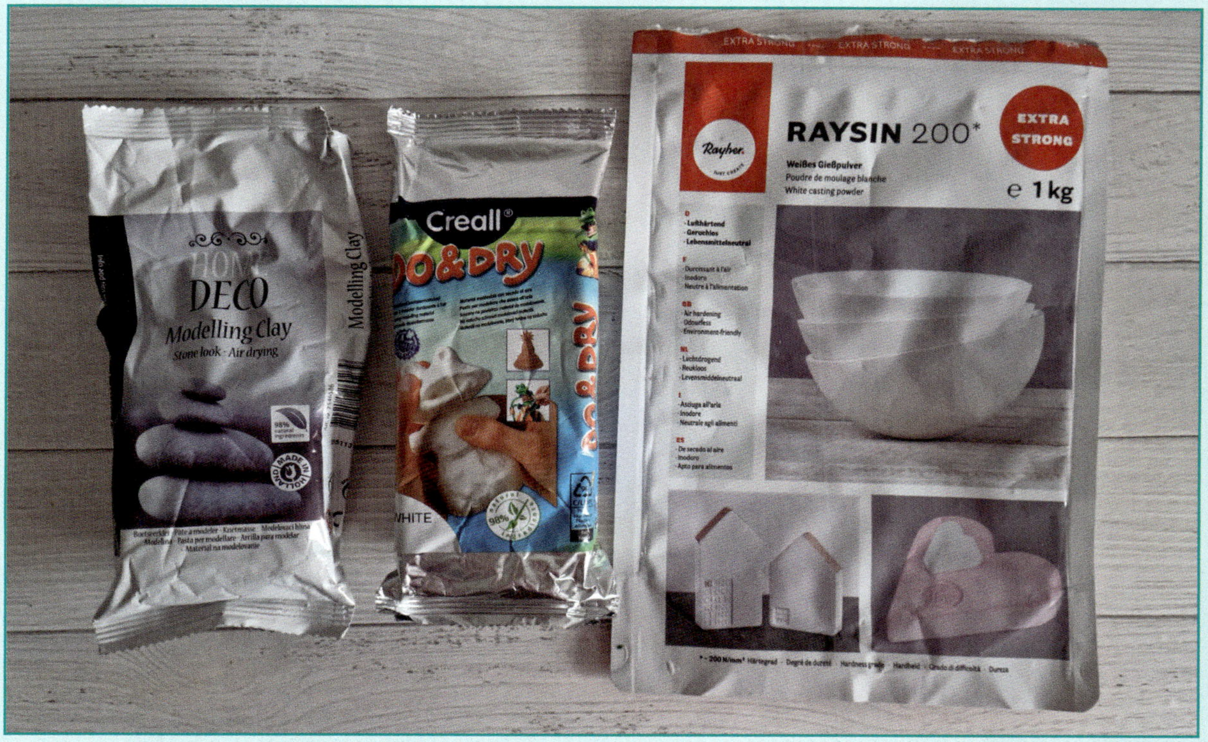

Gießpulver, Modelliermasse in Steinoptik, weiße Modelliermasse.

Gießpulverformen

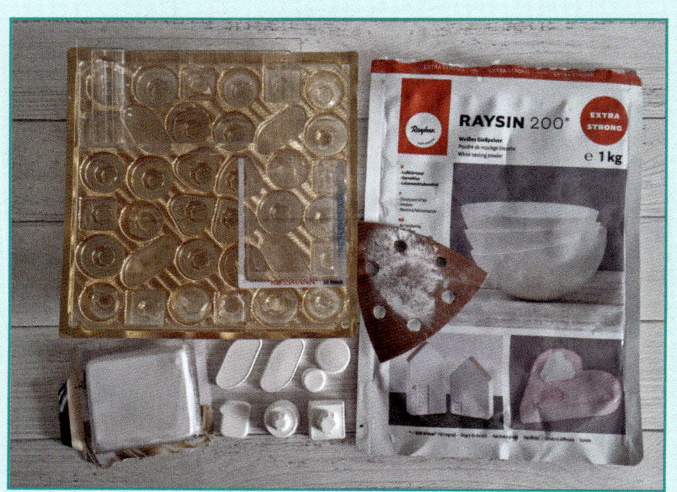

Formen oder Alltagsgegenstände, wie z. B. Pralinenschachteln.

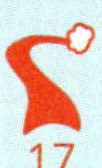

Künstliche Pflanzen

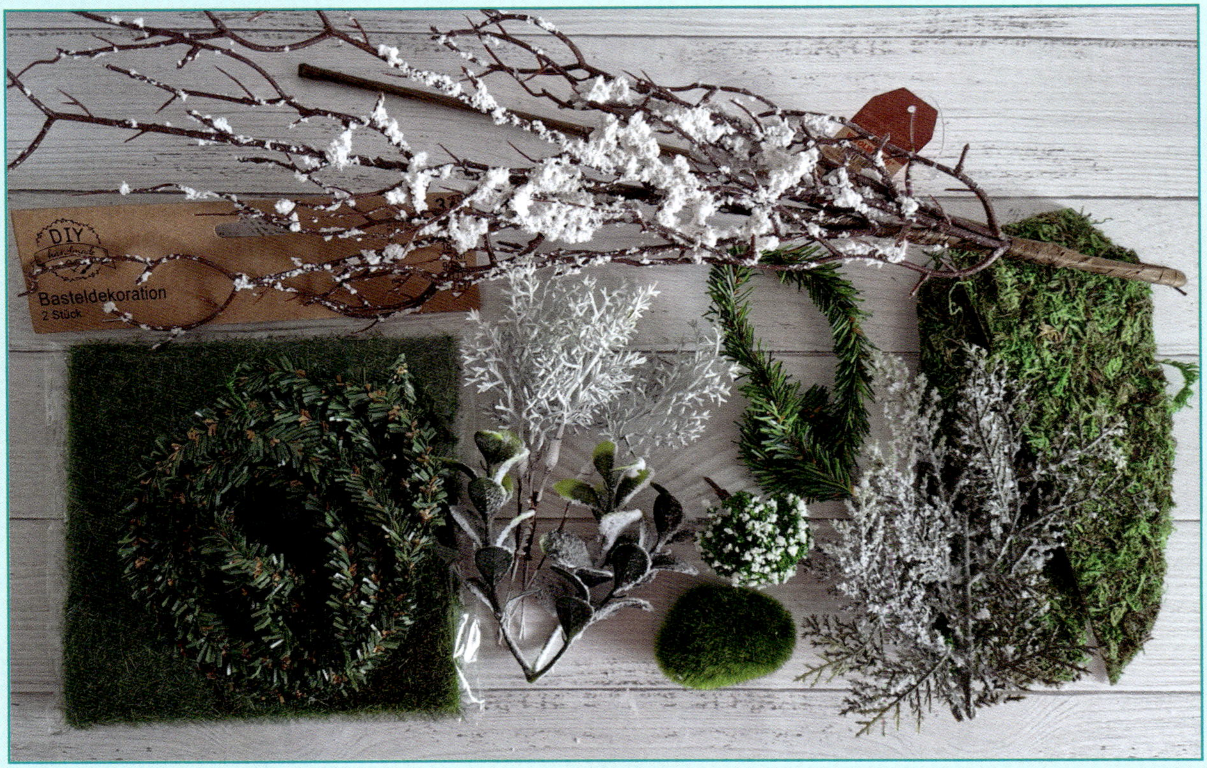

Rasen, Blätter, Moossteine, Äste, Tannengirlande.

Lichter

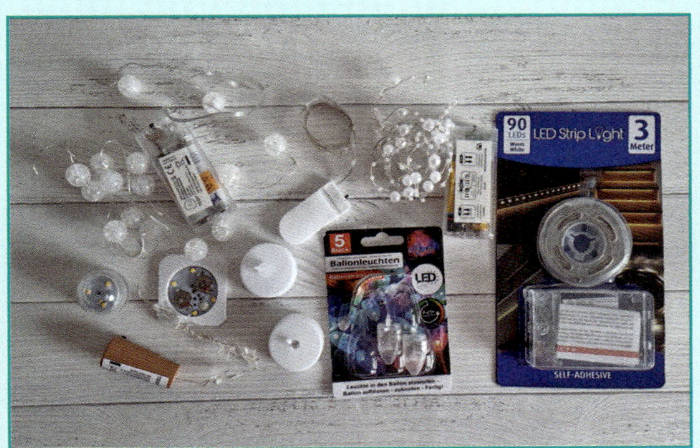

LED-Teelichter, Ballonleuchten, Lichterketten, LED-Strips, LED-Lichterkettendraht.

> **Tipp:**
> Am besten eignen sich LED-Teelichter oder Lichterketten mit einem Timer oder einer Fernbedienung. Das erspart einem das spätere Hantieren in der Wichtelkulisse, und damit vermeidet man, dass Dekorationen umfallen.

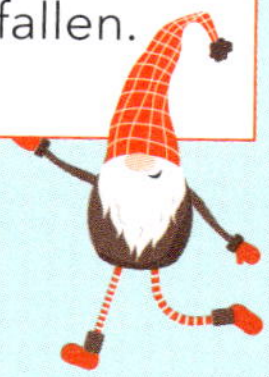

Streusel

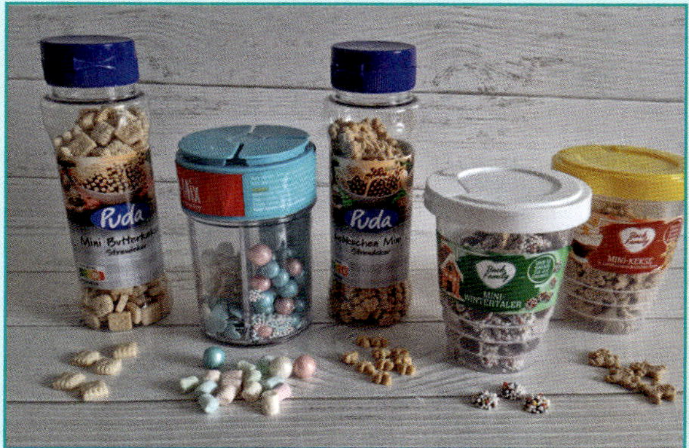

Streusel aus der Backwarenabteilung.

Aufkleber

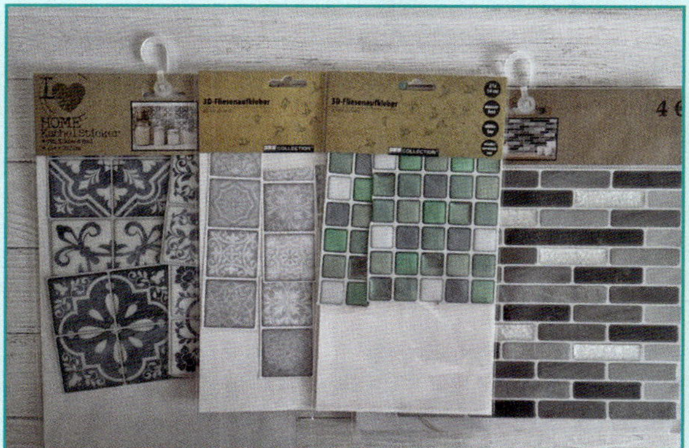

3D-Fliesenkleber, Kachel- und Fliesenaufkleber.

Weihnachtsdeko

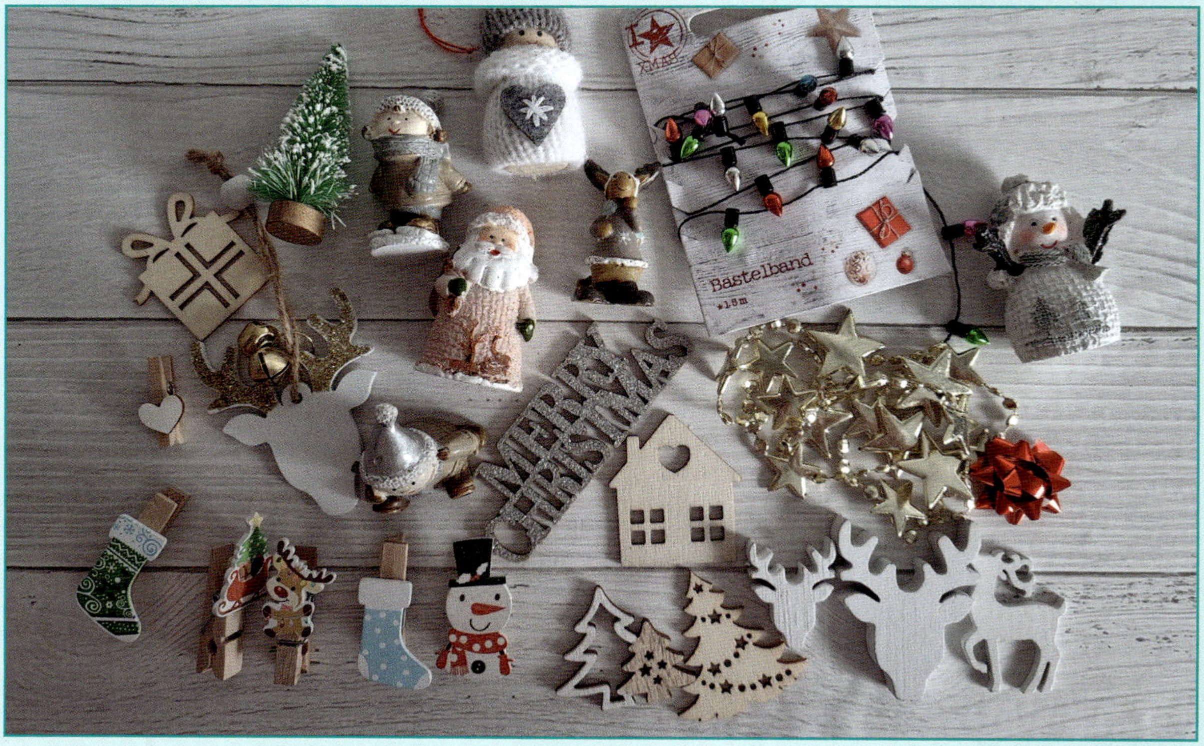

Es gibt überall in der Weihnachtszeit kleine Weihnachtsdekorationen zu kaufen. Anhänger, Streudekoration, wie z. B. kleine Holzfiguren, Mini-Lichterketten und vieles mehr.

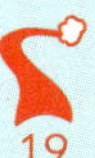

Basteln mit FIMO

Fimo ist eine Modelliermasse, die man für zahlreiche Wichtelprojekte verwenden kann. Du kannst vieles daraus formen, was es in Miniatur für einen Wichtel nicht zu kaufen gibt, wie z.B. kleine Gegenstände und Lebensmittel.

DAFÜR BENÖTIGST DU FOLGENDE WERKZEUGE

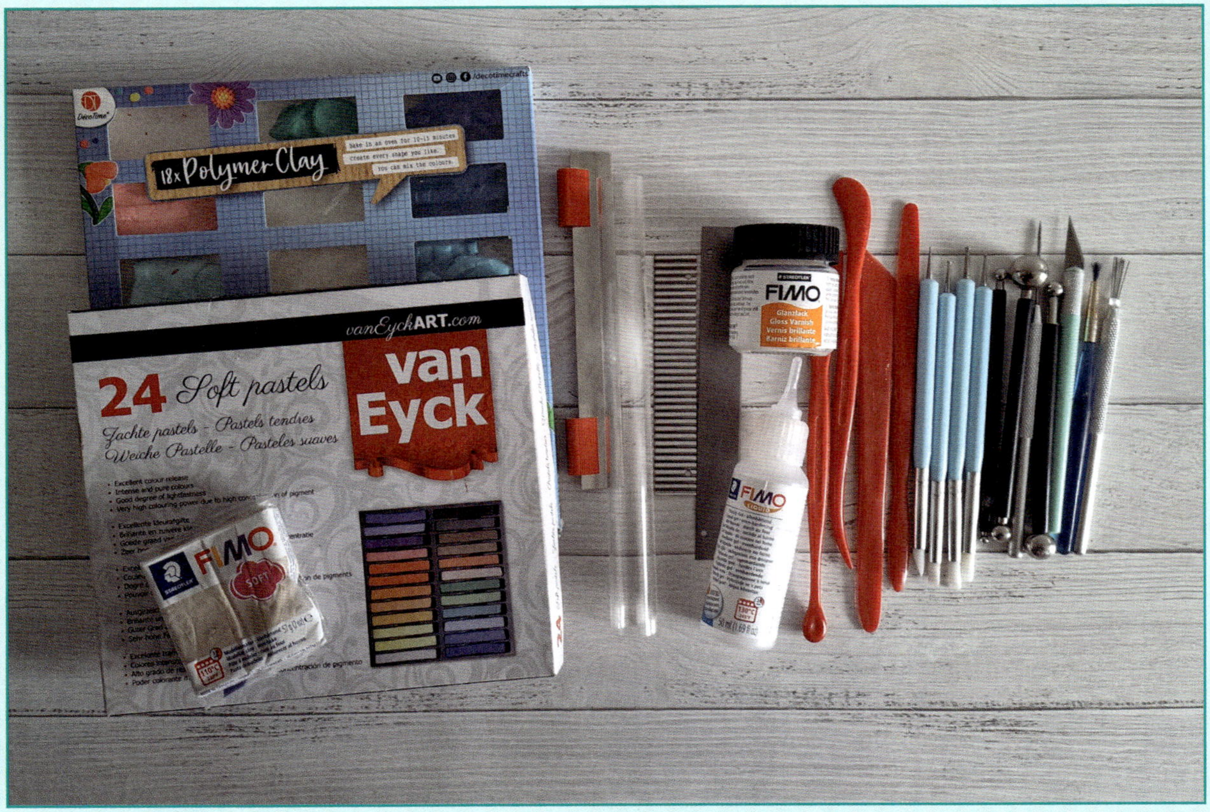

Fimo oder Polymer Clay, Kreidefarben, Fimo Liquid, Fimo Glanzlack, Modellierwerkzeug, Pinsel, Acrylroller, Kugelscheiber, Punktierwerkzeug, Tonklinge, Schneidewerkzeuge, Skalpell, Modellierwerkzeug aus Silikon.

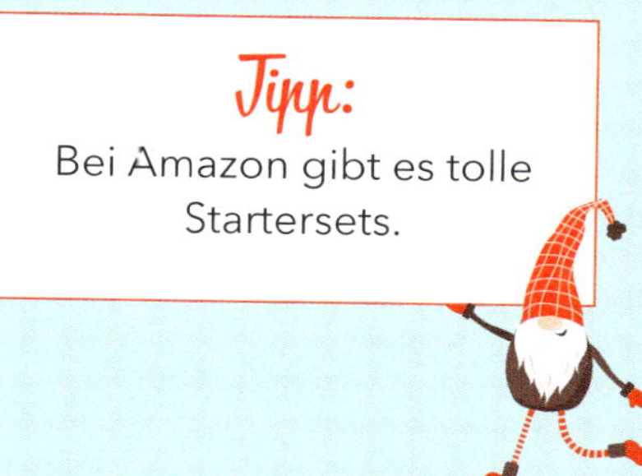

Tipp:
Bei Amazon gibt es tolle Startersets.

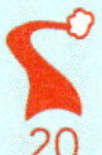

Alltagsgegenstände

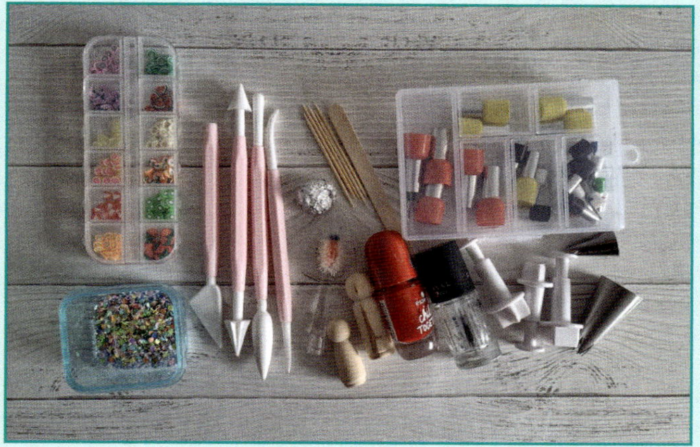

Darüber hinaus brauchst du Alltagsgegenstände, wie z. B. Zahnbürste, Alufolie, Nagellack, Eisstiele, Zahnstocher, Keksausstecher, Tortentülle, Mini-Edelstahl-Ausstechformen, Holzkegel, Tortenwerkzeug für Fondant, Fingernägel-Dekoration, Glitzer, Konfetti.

Und so geht`s:

1. Den Ofen auf 110 °C (Ober- und Unterhitze) vorheizen.
2. Bereite eine saubere, glatte Arbeitsfläche zum Basteln vor und wasche am besten vor dem Modellieren deine Hände. Fimo nimmt schnell Staub und Schmutz auf. Eine ideale Arbeitsfläche ist z. B. eine Fliese, Glasplatte oder Backpapier.
3. Nun eine kleine Masse der Modelliermasse abnehmen und in die gewünschte Form bringen.
4. Zu guter Letzt kommt dein Fimo-Kunstwerk mit Backpapier in den Ofen und wird 30 Minuten gebacken.
5. Nach dem Ausbacken gibt es verschiedene Optionen, wie man den Gegenstand verschönern kann. Z. B. kann man diesen glasieren, mit Acrylfarbe bemalen oder auch mit Pastellkreide bemalen.
6. Fimo kann man auch mit Fimo Liquid mischen, dann wird die Modelliermasse flüssiger. Mit einer cremigen Modelliermasse kann man hervorragend eine Kuchencreme (siehe Seite 148) darstellen.

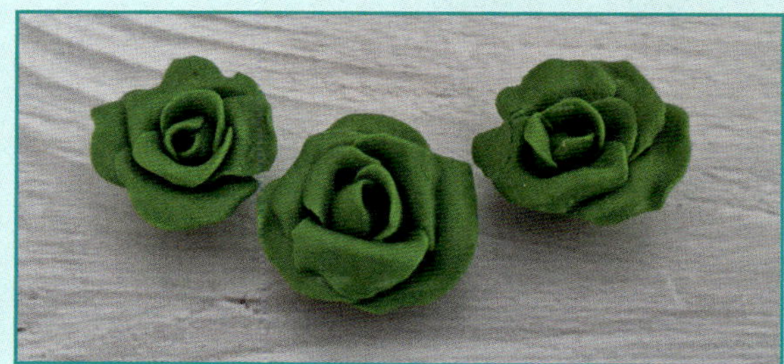

Auf dem Foto siehst du Salatköpfe, die aus Fimo modelliert wurden (siehe Seite 116).

Schwierigkeitsgrade: Einfach ❄ Mittel ❄❄ Aufwendig 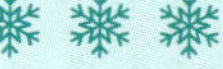

Die Wichtel-Bastel-Projekte

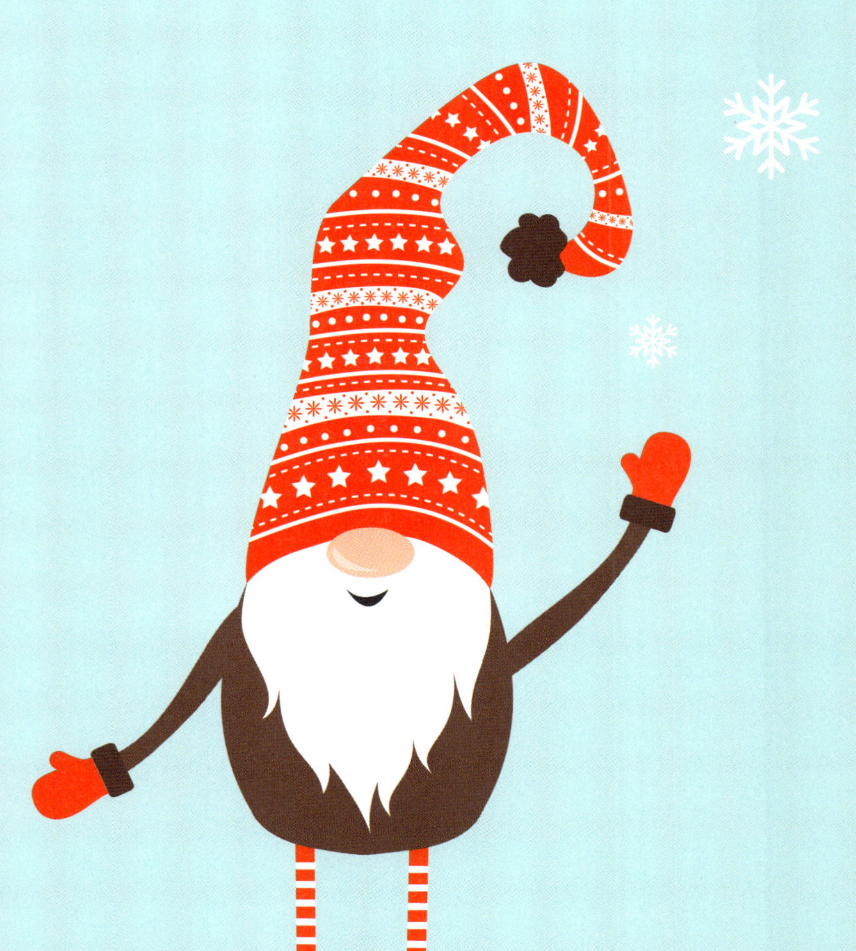

Der Wichtel baut sich ein Zuhause

Wichtel träumen groß, doch sie arbeiten mit Bedacht! Nachdem sie alle Vorbereitungen für ihren Einzug getroffen haben, beginnen sie, sich einen Wohlfühlort zu schaffen, der magisch ist. Sei nun besonders aufmerksam, um bald den Platz deines Wichtels entdecken zu können. Doch Achtung: Den Briefkasten nicht vergessen, denn nur so wirst du mit deinem Hausbewohner in Kontakt treten können.

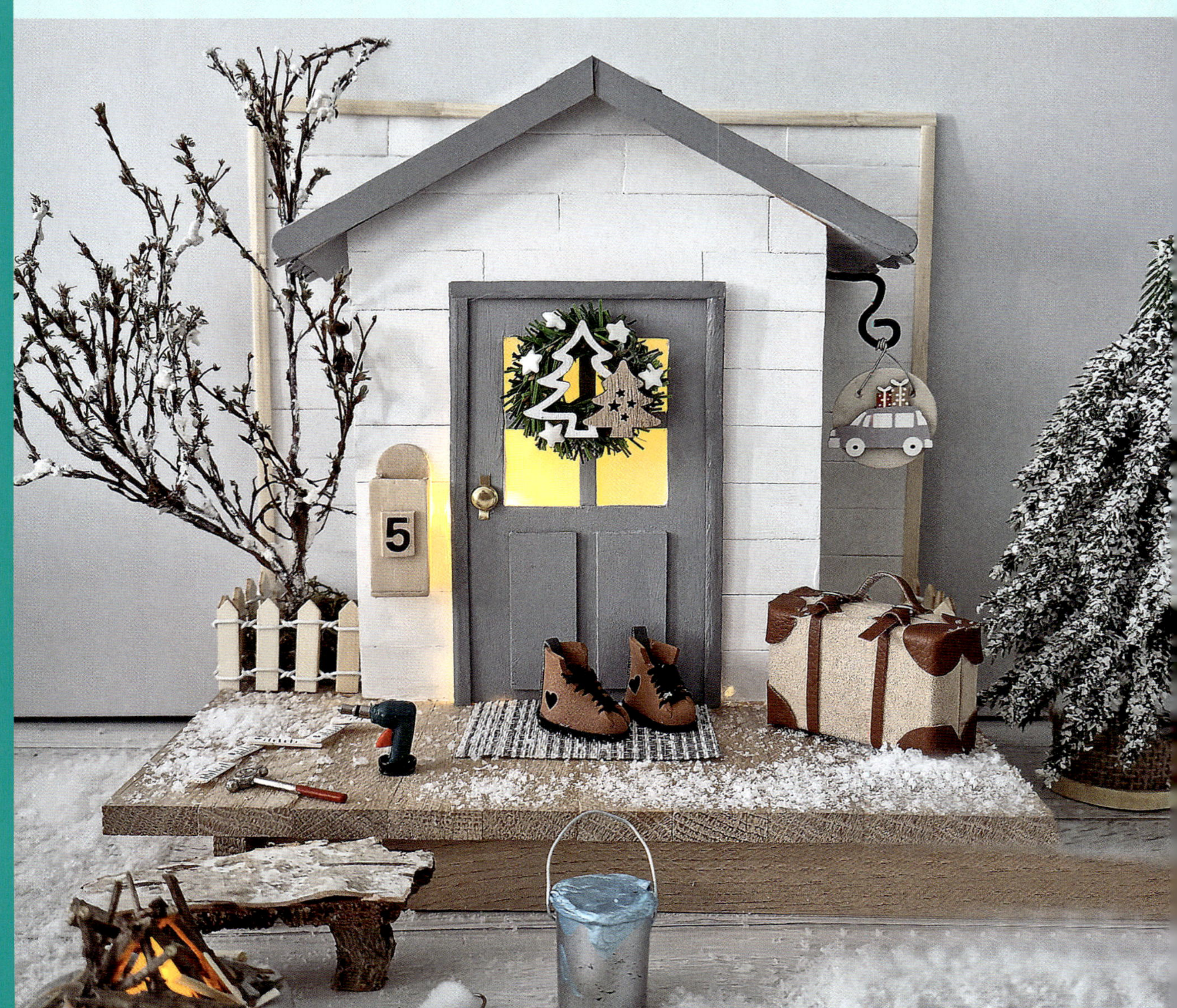

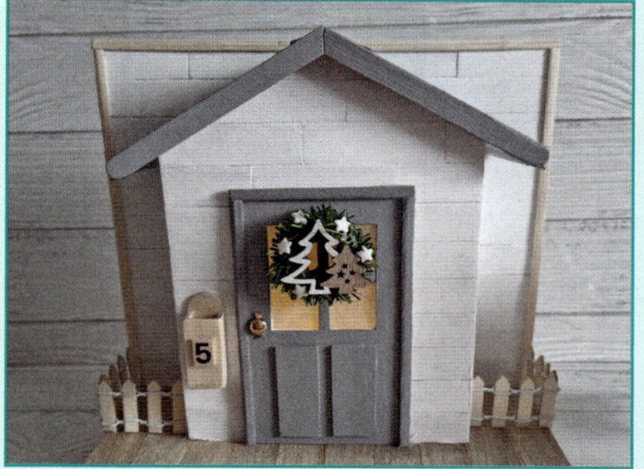

Wichteltür

❄ ❄ ❄

Größe:
22,5 x 20 x 15,5 cm

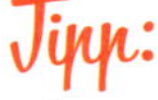

Tipp:

Die Bastelklötzchen sind ein Fertigprodukt und erhältlich bei www.basteln-und-dekorieren.de.

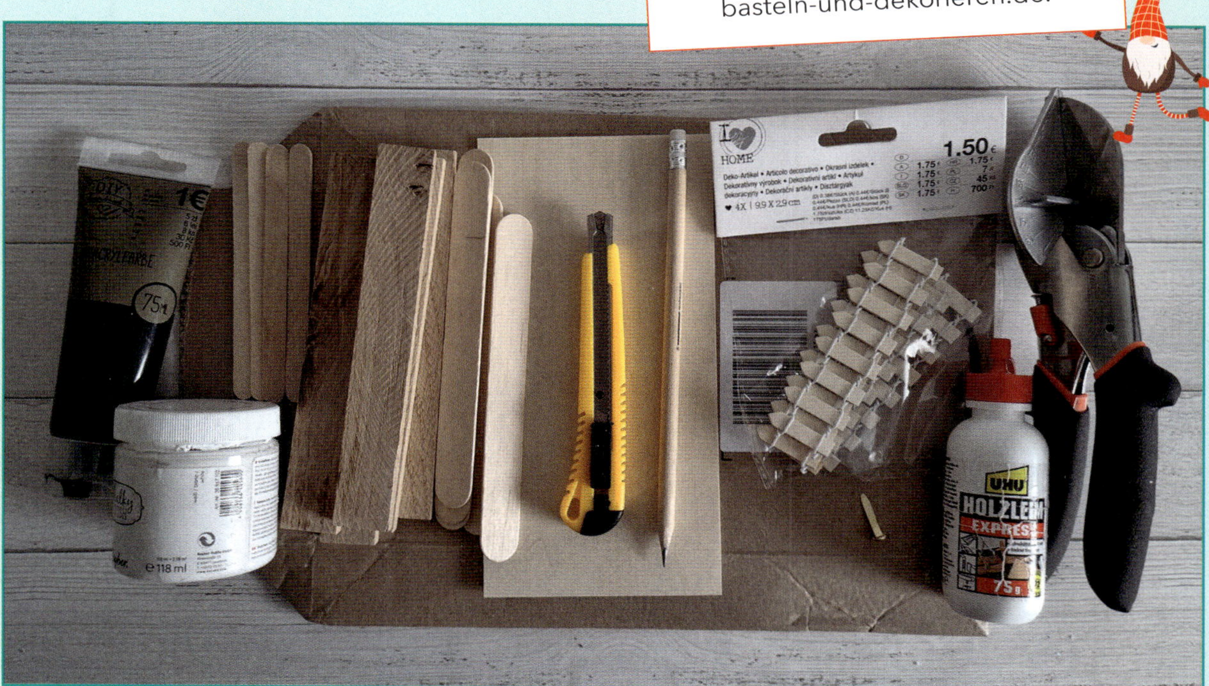

Materialien

- Karton/Pappe 16,7 x 26,8 x 0,5 cm
- Balsaholz (Amazon) 20 x 10 x 1,5 cm
- Cuttermesser
- Holzleim
- Heißklebepistole
- Zaun (Woolworth)
- Gehrungsschneider
- weiße und graue Acrylfarbe
- Holzklötzchen 22 x 8 x 1,6 cm
- Rührstäbchen 14 x 0,5 cm
- Holzmundspatel 15 x 1,6 cm
- Eisstiele 11,4 x 0,9 cm
- Bleistift
- Schere
- Transparentpapier 70 g/m^2 oder 100 g/m^2
- Flüssigkleber, Musterbeutelklammer

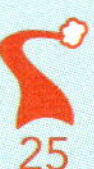

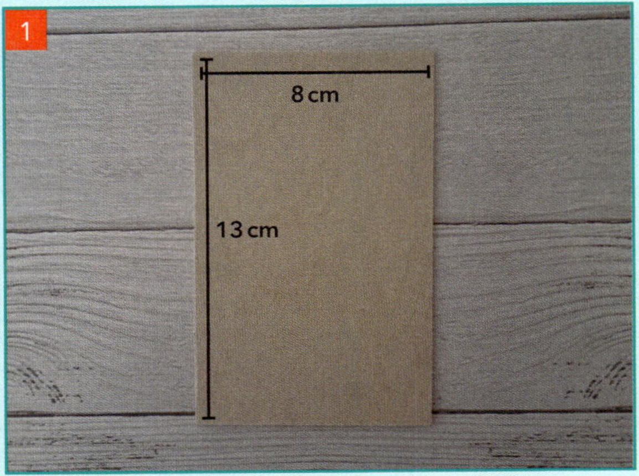

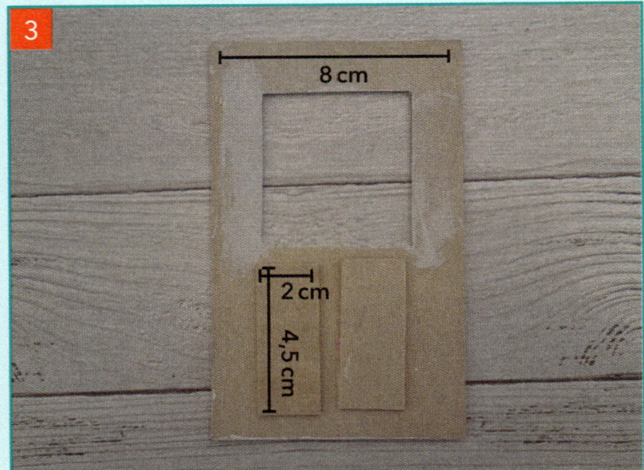

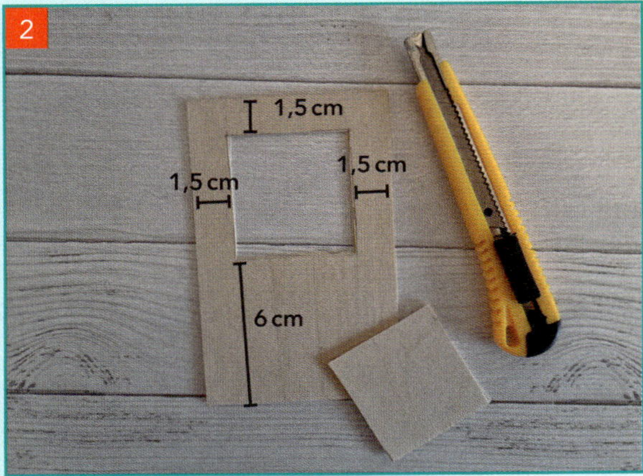

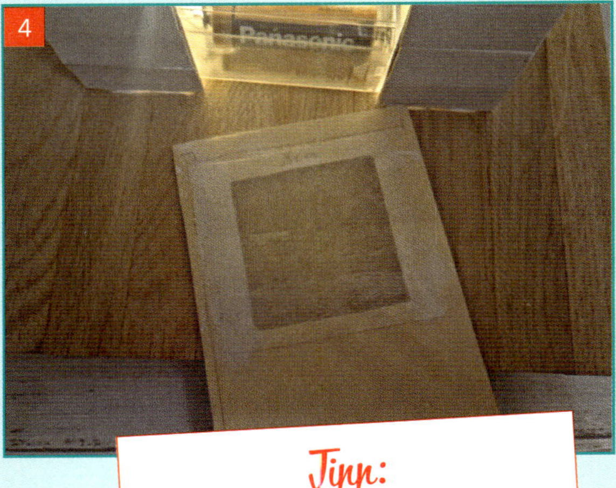

Tipp:
Statt Balsaholz kannst du auch eine feste Pappe benutzen.

Und so geht's:

1. Schneide zuerst mit einem Cutter eine 13 x 8 cm große Tür aus Balsaholz aus.

2. Zeichne auf das Türblatt ein 5 x 5 cm großes Fenster und schneide es mithilfe eines Lineals mit einem Cutter aus. Der Abstand von Fenster und Türblatt beträgt 1,5 x 6 cm.

3. Für die Türdekoration schneidest du zwei Balsahölzer (4,5 x 2 cm) zu und klebst sie mit Holzleim unter das Fenster auf das Türblatt.

4. Klebe nun ein ca. 6 x 6 cm großes Transparentpapier hinten auf das Türblatt. Mische weiße Acrylfarbe mit etwas Schwarz. So erhältst du einen Grauton. Male dein Türblatt an. Lege dein Türblatt zum Trocknen zur Seite. Du kannst natürlich auch sofort einen Grauton nutzen, wenn du ihn hast. Dann entfällt das Mischen.

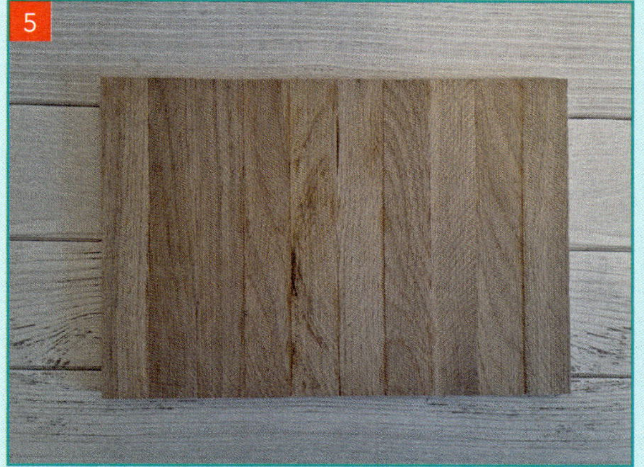

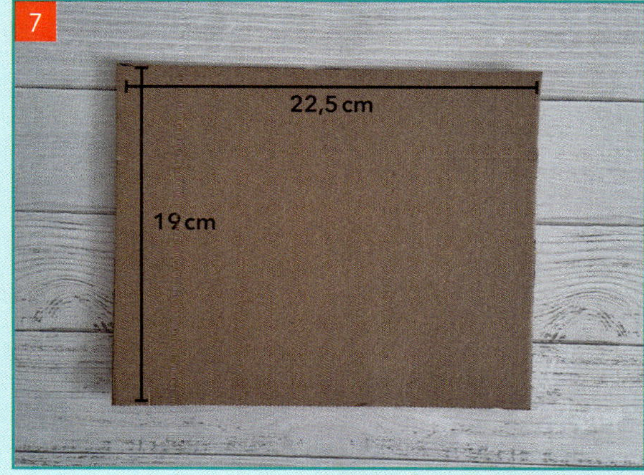

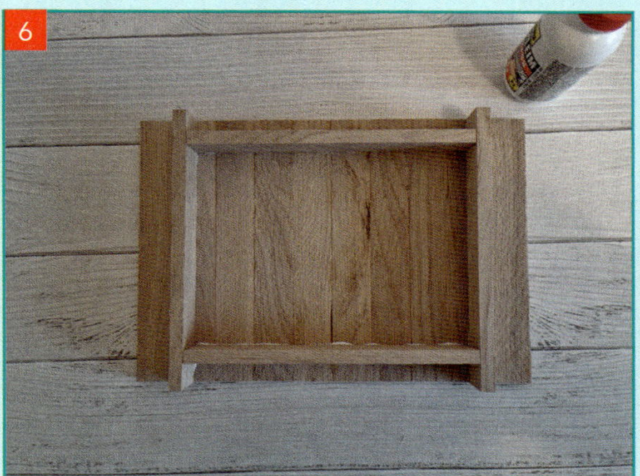

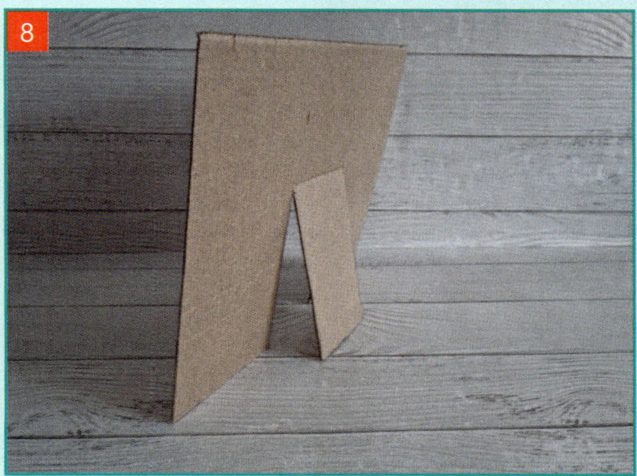

5. Klebe mit Holzleim 10 Holzklötzchen zusammen und lass das Ganze trocknen.

6. Nun klebe 4 Holzklötzchen, wie auf dem Foto abgebildet, auf die Platte. Trocknen lassen und umdrehen.

7. Für die Rückwand schneidest du ein Stück Pappe in der Größe von 19 x 22,5 cm aus.

8. Um später problemlos an deine Lichterkette zu kommen, schneide in die Rückwand mittig eine 6 x 11 cm große Öffnung und knicke sie nach oben weg, wie auf dem Bild zu erkennen ist.
Lege deine Rückwand auch beiseite.

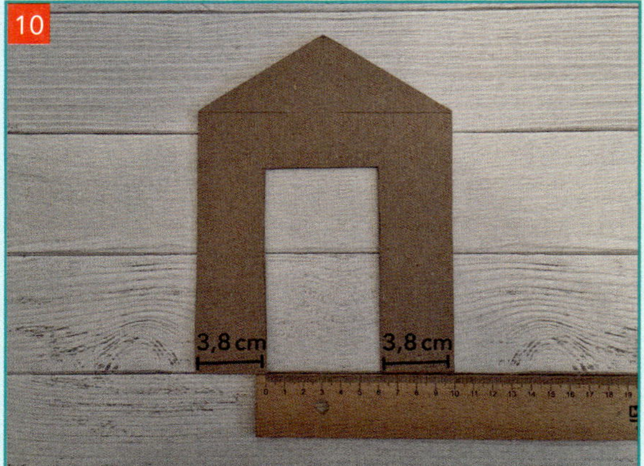

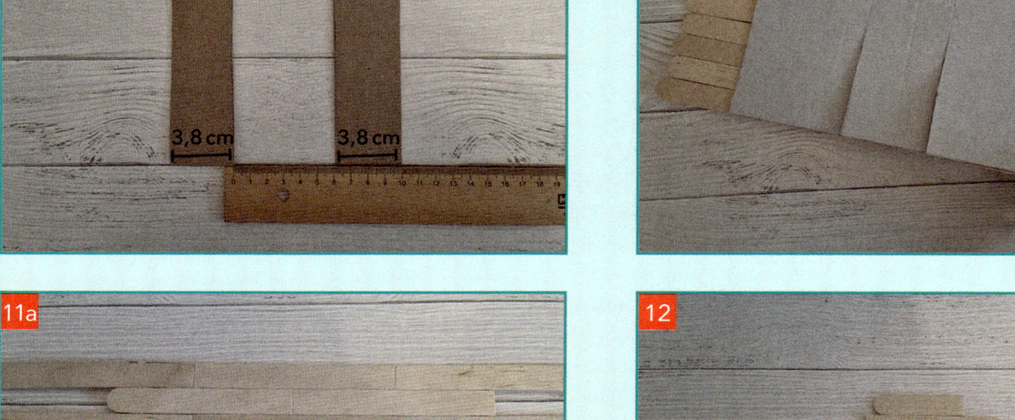

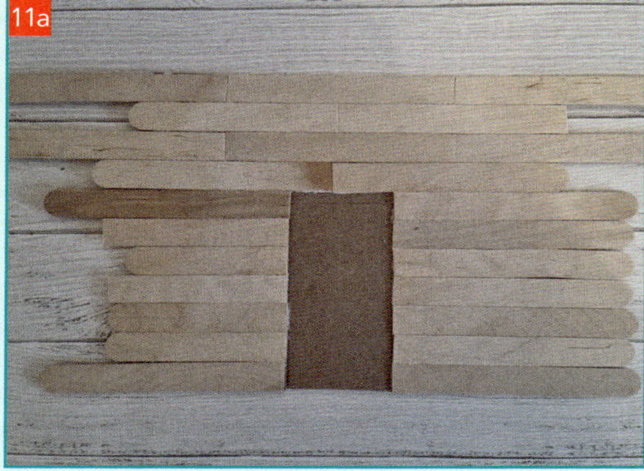

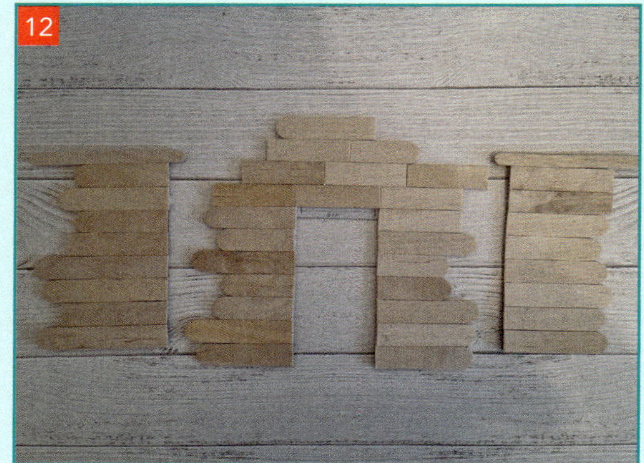

9. Für die Seitenwände am Haus schneide zwei 6 x 14,5 cm große Pappstücke aus. Für dein Spitzdach ein 13,5 x 19 cm großes Stück.

Tipp:

Wie man ein Spitzdach macht, kannst du auf Seite 57 bei der Hundehütte nachlesen.

10. Für die Türöffnung schneide mittig ein ca. 12 x 6 cm großes Loch. Der Abstand der Seiten beträgt 3,8 cm.

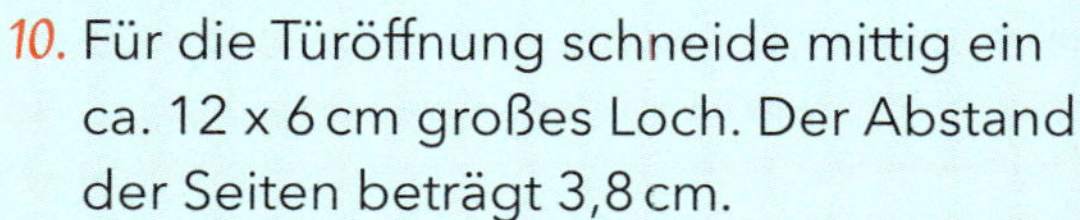

11. Klebe mit Holzleim Holzmundspatel auf die Rückwand und schneide das überstehende Holz mit einem Blechschneider ab. Die Öffnung für die Lichterkette bleibt frei.

12. Das wiederholst du mit den Seitenwänden und dem Spitzdach.

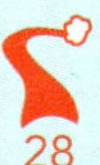

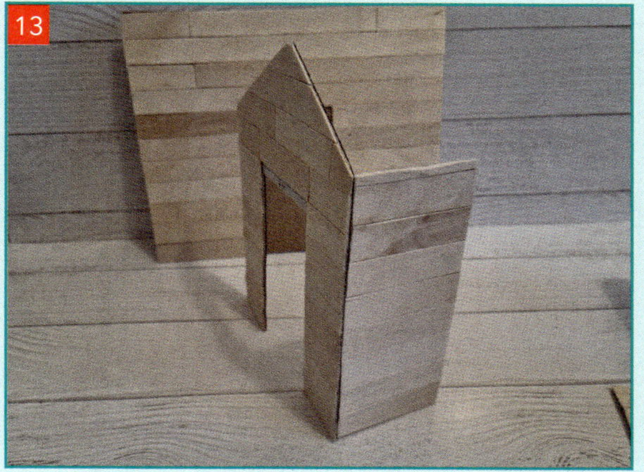

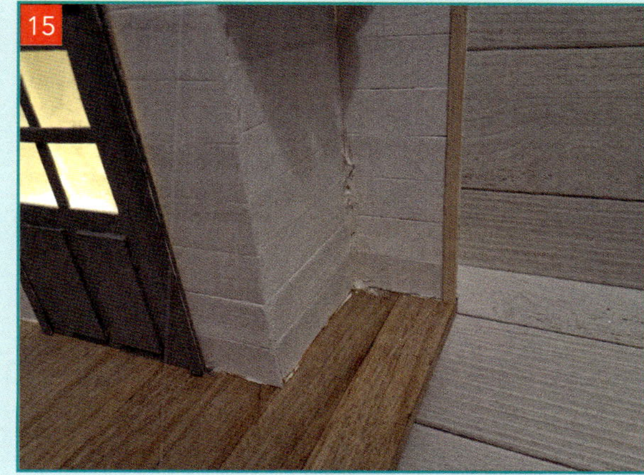

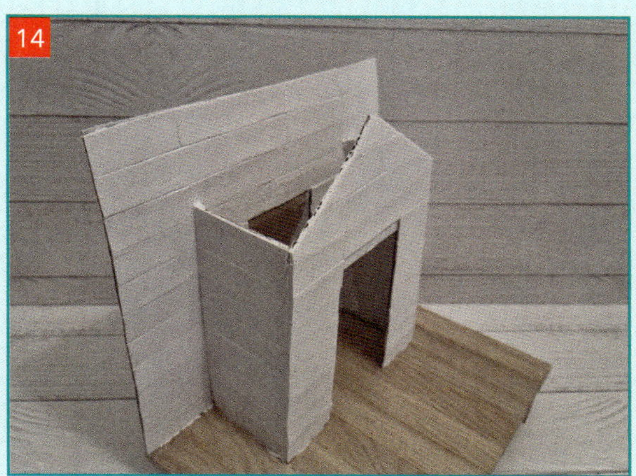

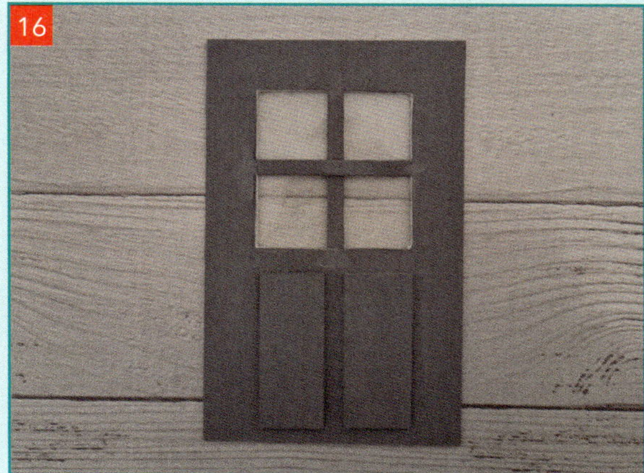

13. Klebe mit Heißkleber die Seitenwände an das Spitzdach (Hausfassade). Bemale die Rückwand sowie das Haus mit weißer Acrylfarbe. Und lasse alles gut trocknen.

14. Nun klebe mit Heißkleber deine Teile auf die Holzplatte. Zuerst die Rückwand, dann das Haus.

15. Wenn das Haus noch Spalten hat, kannst du sie jetzt gut mit Spachtelmasse versiegeln.

16. Nimm ein paar Rührstäbchen zur Hand. Vier malst du mit grauer Acrylfarbe an. Ein Stäbchen schneidest du auf 4,7 cm und das andere auf 5 cm zu. Klebe sie mit Bastelkleber auf das Fenster. Und klebe die Tür mit Heißkleber an das Haus.

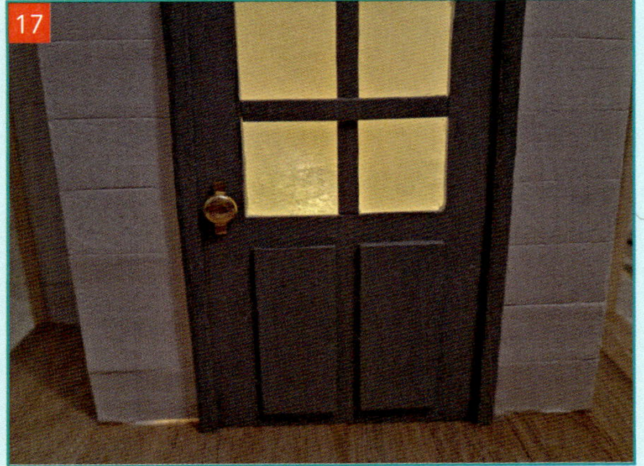

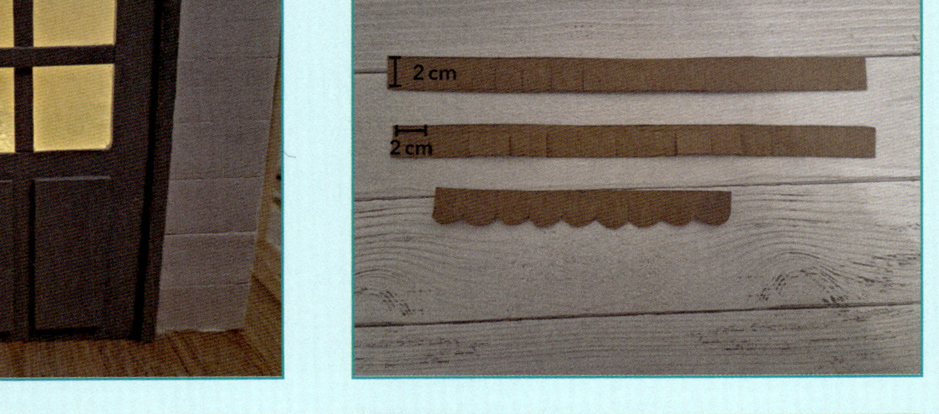

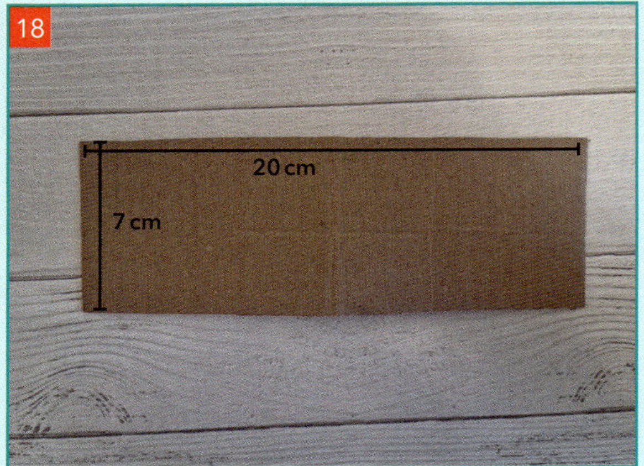

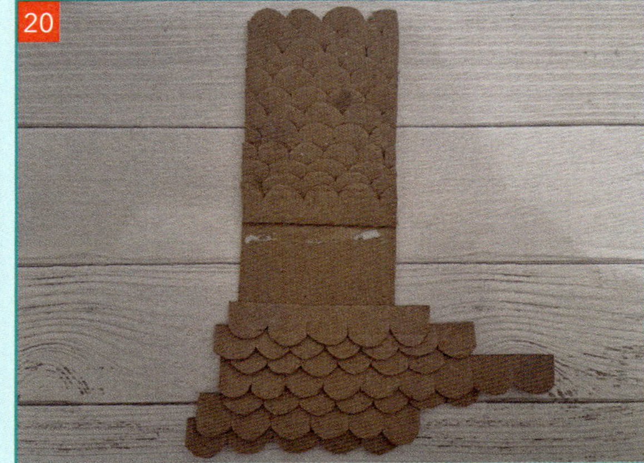

17. Für den Türgriff brauchst du eine Musterbeutelklammer. Biege sie wie auf dem Bild zurecht und schneide die Enden ab. Klebe Sie mit Heißkleber an deine Tür.

Tipp:
Du kannst den Türgriff auch mit Permanentmarker, z. B. in Schwarz, anmalen.

18. Für das Dach schneidest ein 20 x 7 cm großes Stück Pappe zurecht. Knicke es in der Mitte.

19. Für deine Dachlatten benötigst du 2 x einen 10 cm langen Pappstreifen. Schneide in 2 cm breitem Abstand Schlitze in die Pappe und runde sie unten ab.

20. Klebe die Dachplatten mit Heißkleber von unten nach oben versetzt an. Wenn

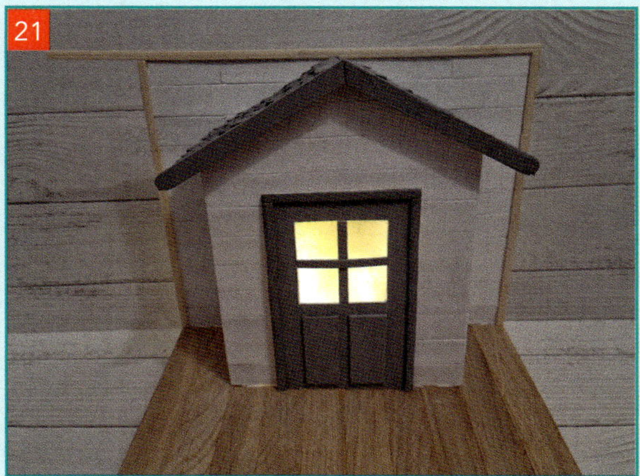

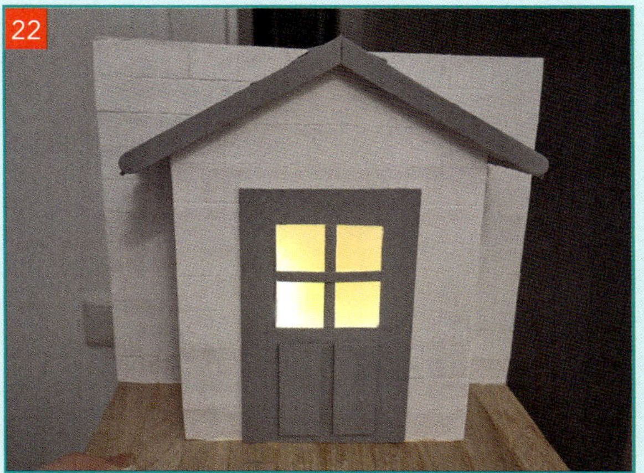

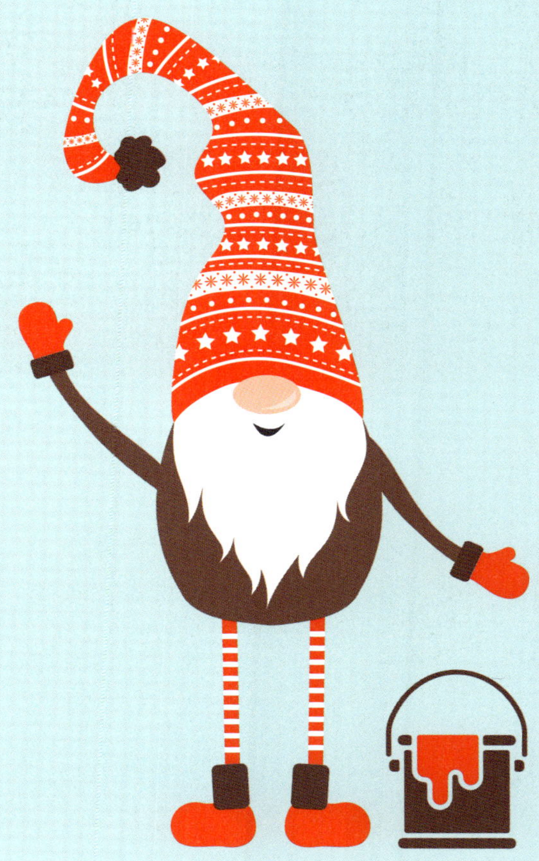

du fertig bist, einfach am Dach entlang abschneiden. Und mit grauer Acrylfarbe bemalen. Wenn das Dach trocken ist, klebst du es mit Heißkleber auf das Haus.

21. Klebe mit Heißkleber, wie auf dem Bild zu sehen, drei Rührstäbchen in Grau auf die Tür als Türrahmen. Danach sechs Rührstäbchen in Natur als Rahmen.

22. Zum Schluss streichst du zwei Eisstiele grau an, schneide beide jeweils mit dem Gehrungsschneider bei 120 Grad ab und klebe sie mit Heißkleber vorn an das Dach.

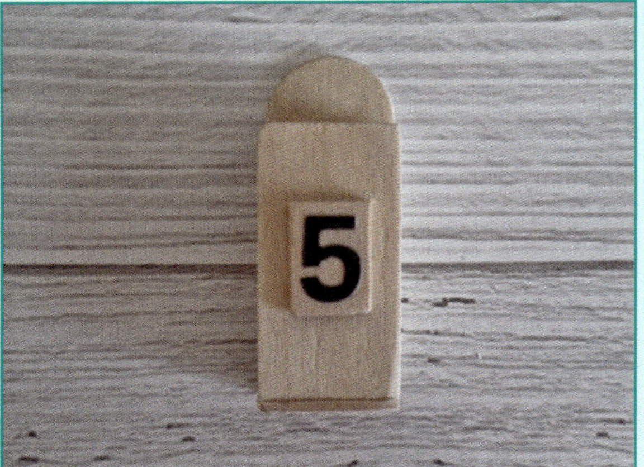

Briefkasten

Größe:
4,5 x 1,5 x 1,2 cm

Tipp:
Du kannst den Briefkasten auch mit anderen Acrylfarben bemalen oder ganz anders verzieren.

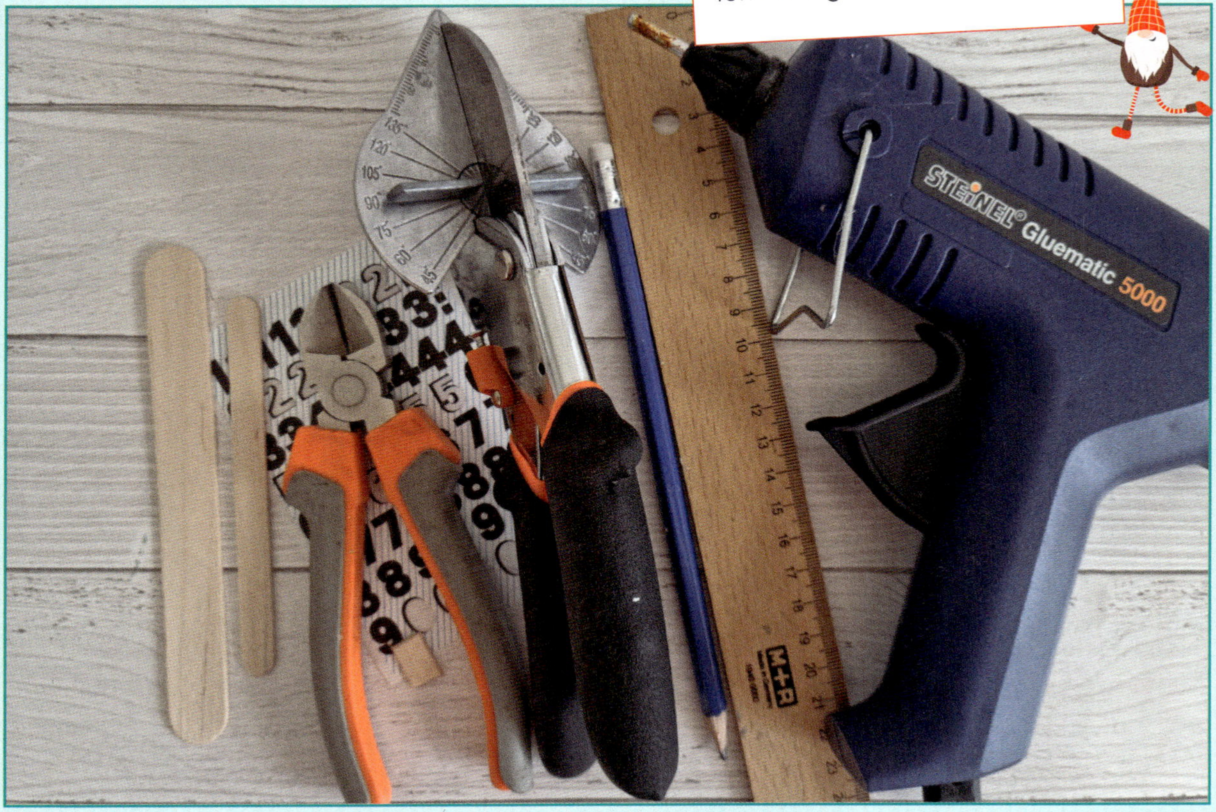

Materialien

- Seitenschneider
- Gehrungsschneider
- Lineal
- Bleistift
- Holzleim
- Zahlensticker
- Holzmundspatel 15 x 1,6 cm
- Eisstiel 11,4 x 0,9 cm

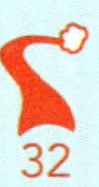

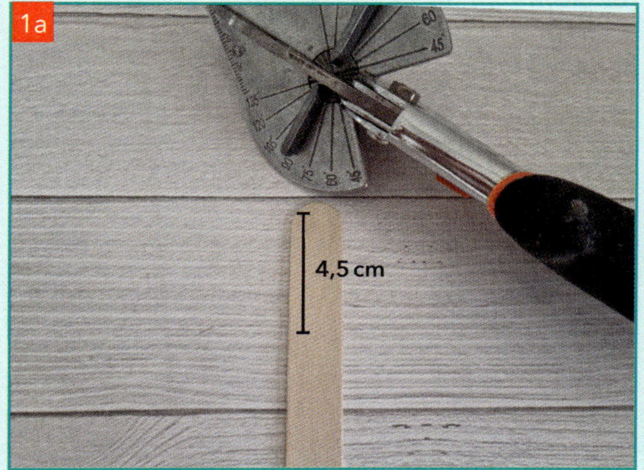

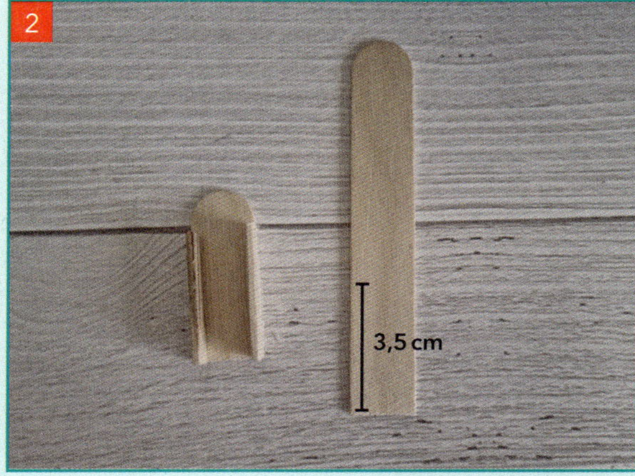

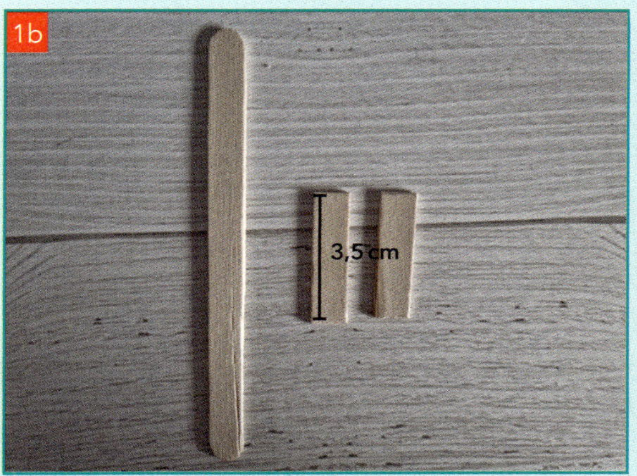

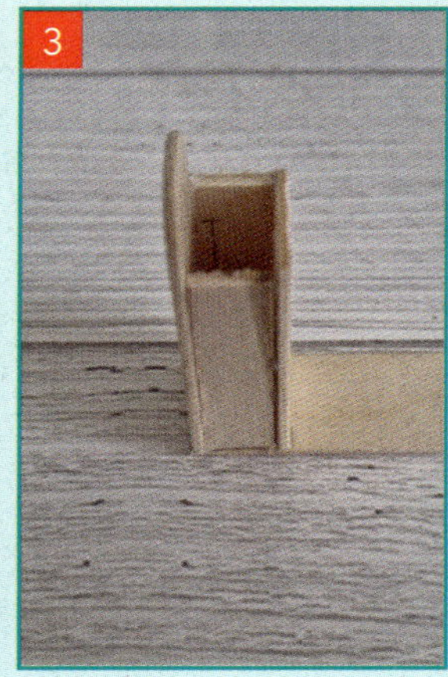

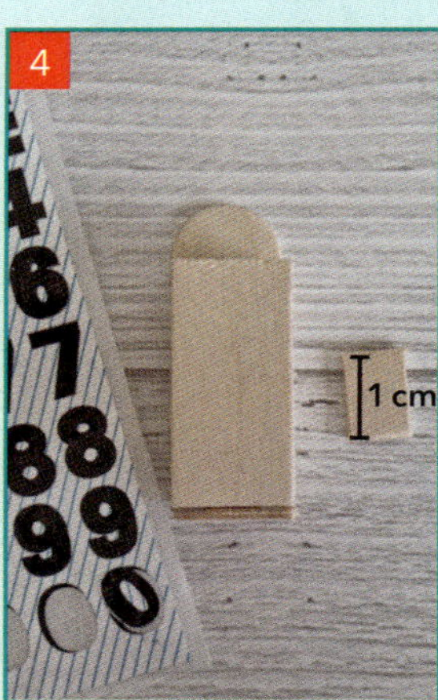

Und so geht`s:

1. Schneide mit dem Gehrungsschneider einen Holzmundspatel auf 4,5 cm Länge zu. Für die Seitenwände schneidest du aus Eisstielen 2 x 3,5 cm lange Stücke zu.

2. Klebe mit Holzleim die Seitenteile auf den zuvor zugeschnittenen Holzmundspatel. Dann schneidest du einen weiteren Holzmundspatel auf 3,5 cm Länge zu und klebst dies Stück mit Holzleim auf die Seitenteile.

3. Mit Holzleim klebst du den Briefkasten auf einen Holzmundspatel und schneidest ihn, wenn alles getrocknet ist, mit einem Seitenschneider ab.

4. Schneide von einem Eisstiel 1 cm ab und klebe es auf den Briefkasten. Nimm einen Zahlensticker und klebe eine Zahl darauf. Jetzt kannst du den Briefkasten mit Heißkleber auf das Haus kleben.

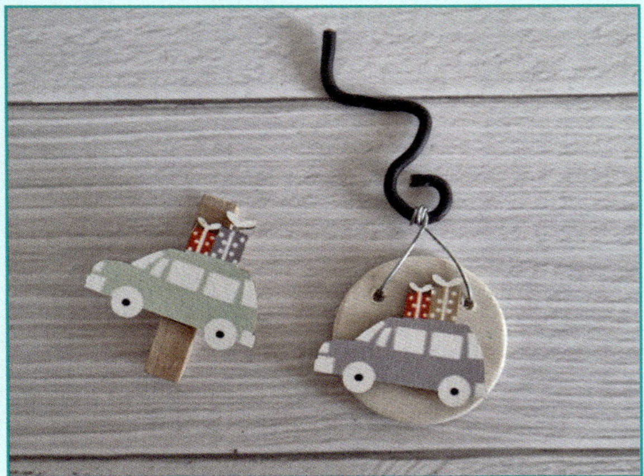

Hängeschild

Größe:
ca. 6 x 3,5 cm

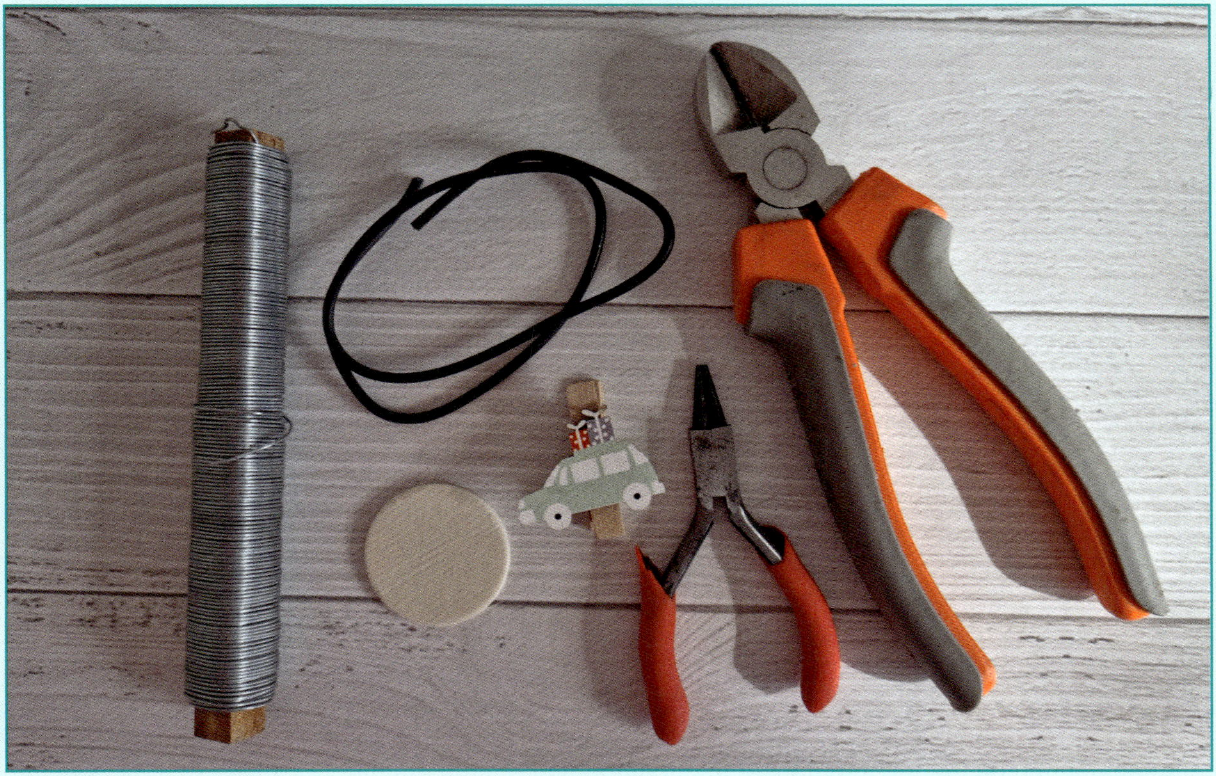

Materialien

- Bindedraht
- Seitenschneider
- Schmuckzange
- Stromkabel 5-adrig
- rundes Holzplättchen, 3 cm Durchmesser
- Deko-Klammer
- Handbohrer
- Heißklebepistole

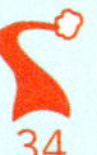

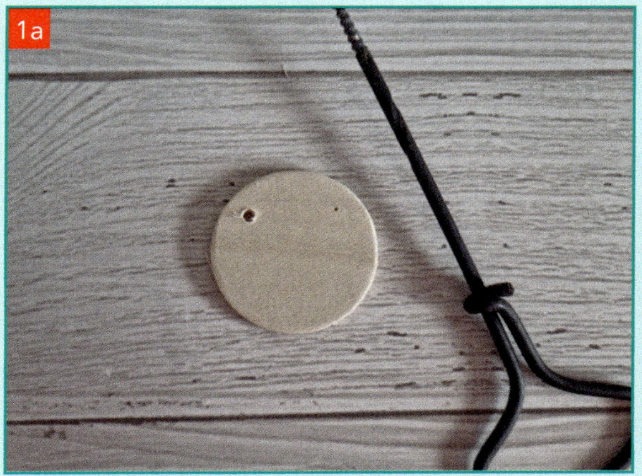

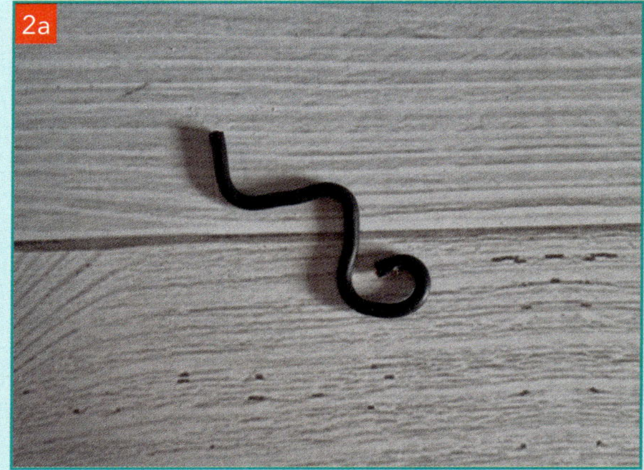

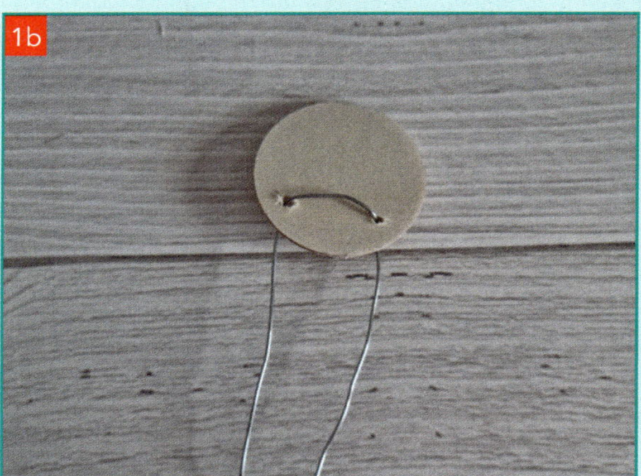

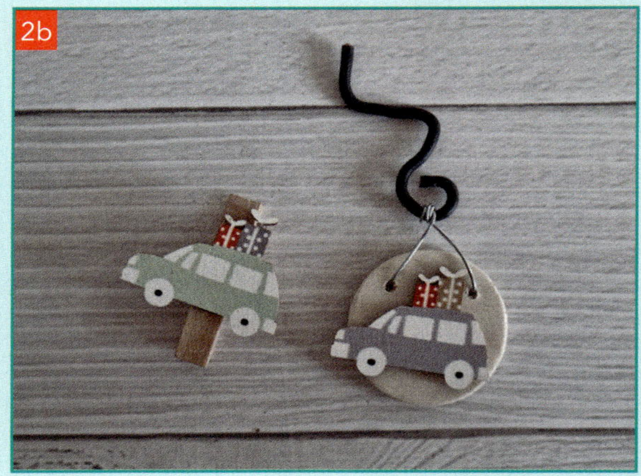

Und so geht`s:

1. Mit einem Handbohrer machst du ein Loch in das Holzplättchen und ziehst einen Bindedraht durch.

2. Nimm das Stromkabel und forme daraus einen Hänger. Verbinde den Bindedraht mit dem Aufhänger und klebe mit Heißkleber dein Motiv auf. Jetzt kannst du die Hänge-Dekoration mit Heißkleber an deiner Wichteltür anbringen.

Tipp:

Du kannst auch einen Willkommensgruß oder den Namen deines Wichtels aufzeichnen. Seitlich vom Haus habe ich links und rechts einen kleinen Zaun (z.B. von Woolworth) angebracht. Du kannst es natürlich freilassen. Die Anleitung für das Bäumchen links findest du auf Seite 106.

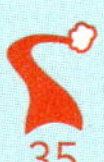

Der Wichtel renoviert und verschönert seine vier Wände

Wenn sie sich in die Welt wagen, streichen sie ihre Zimmer am liebsten in den Farben der Polarlichter. Dadurch erhalten sie den Fluss der Magie aufrecht. Ist dies geschehen, steht dem Einzug nichts mehr im Wege!

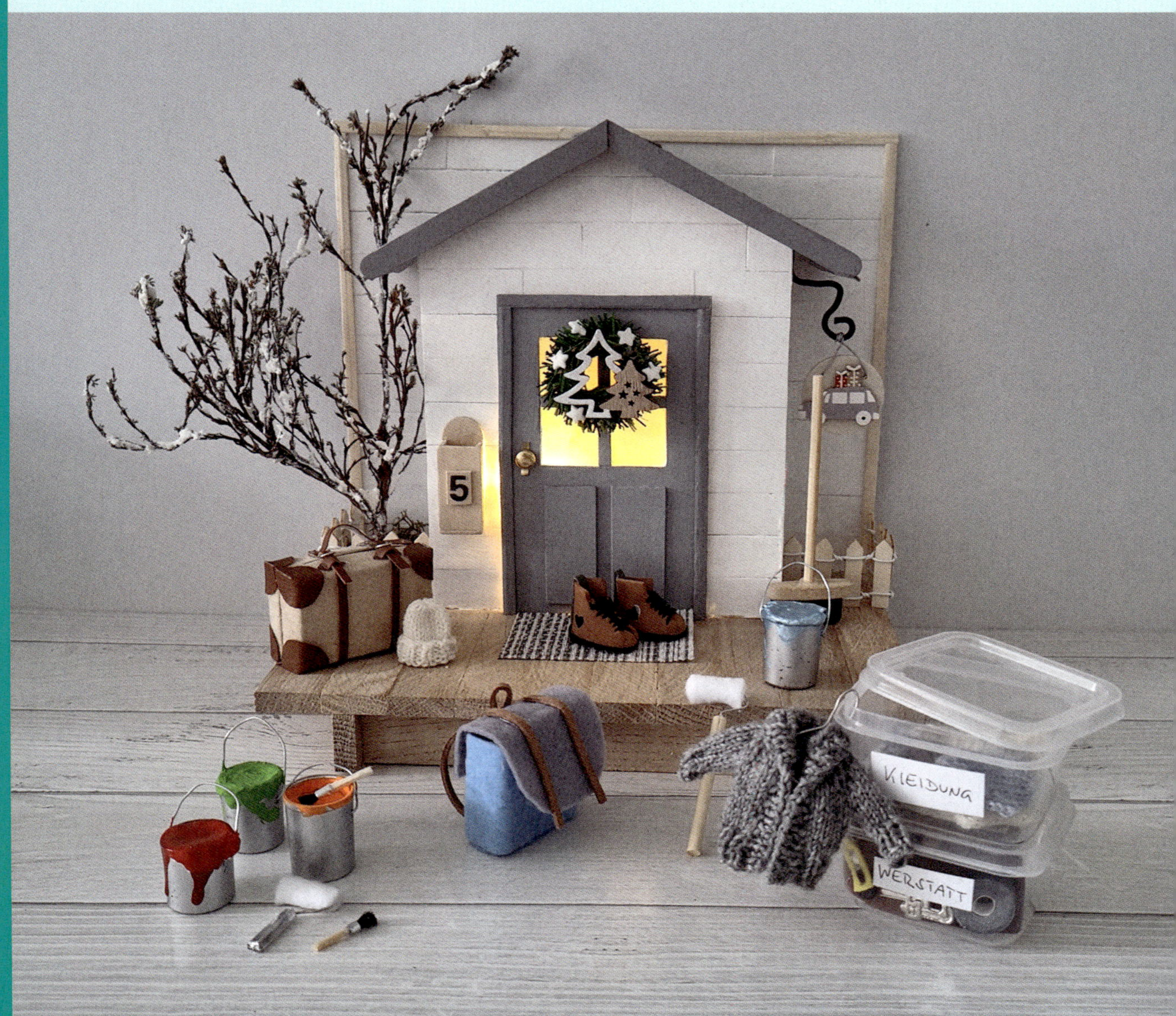

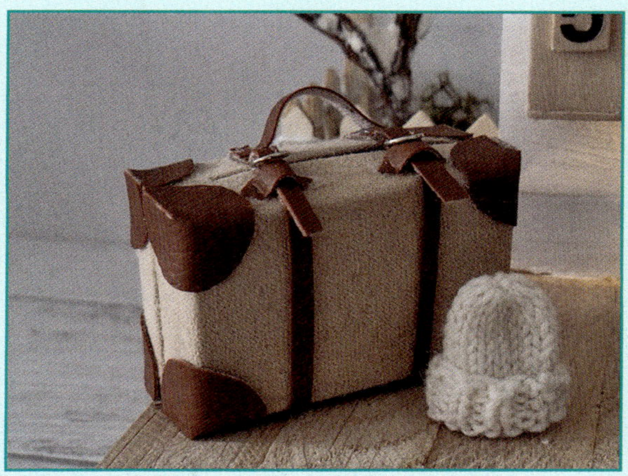

Koffer

❄❄❄

Größe:
5,5 x 2 x 3,5 cm

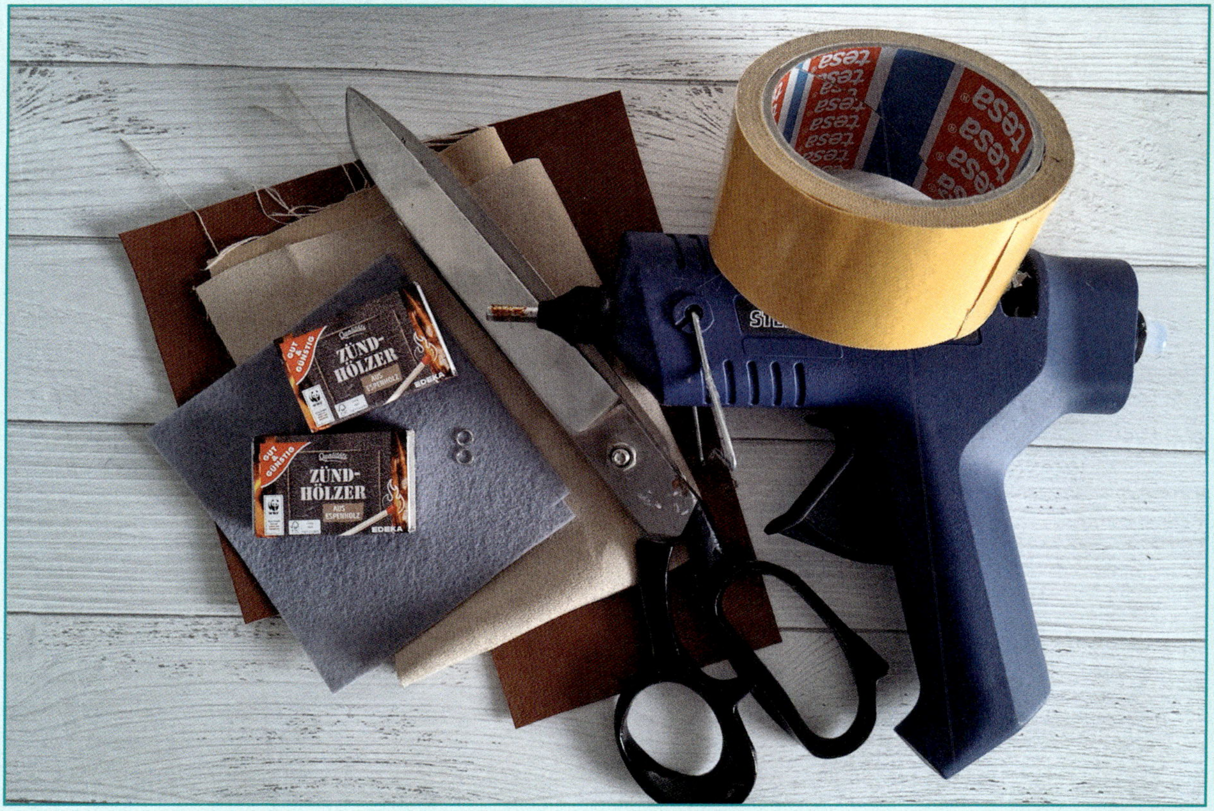

Materialien

- Streichholzschachteln
- Heißklebepistole
- doppelseitiges Klebeband
- Kunstleder (Amazon)
- Filz
- Stoffleder (Tedi)
- Stoffschere
- Schmuckringe

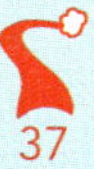

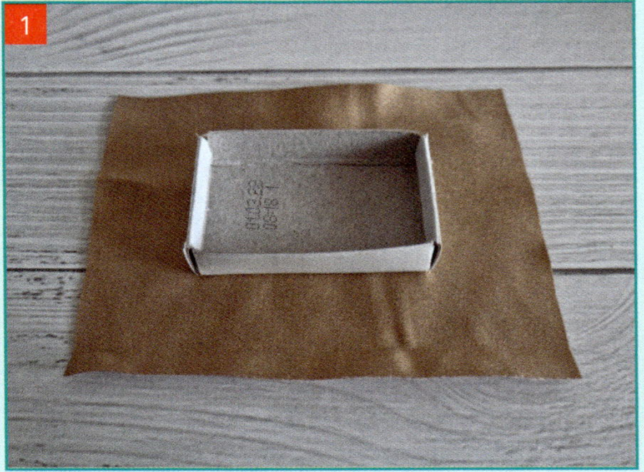

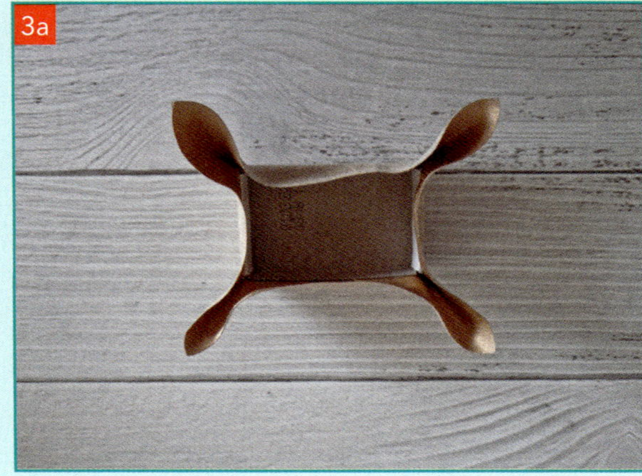

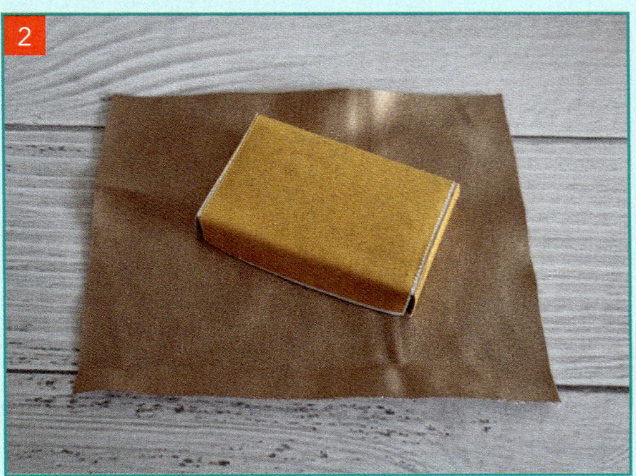

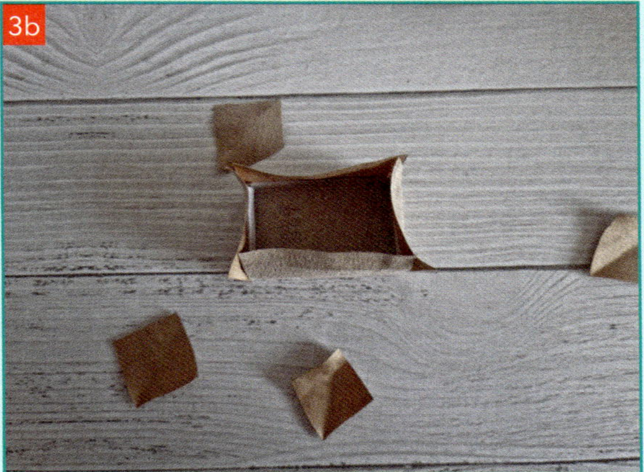

Und so geht`s:

1. Nimm zwei leere Streichholzschachteln und entferne die Deckel. Schneide anschließend zwei Stück Stoffleder zu, jeweils 10 x 8,5 cm.

2. Jetzt klebst du doppelseitiges Klebeband an die Seiten und den Boden der Streichholzschachteln.

3. Ziehe die Folie des Klebestreifens ab und drücke den Stoff rundherum an die Schachteln. Überstehenden Stoff schneidest du bis auf ein wenig ab.

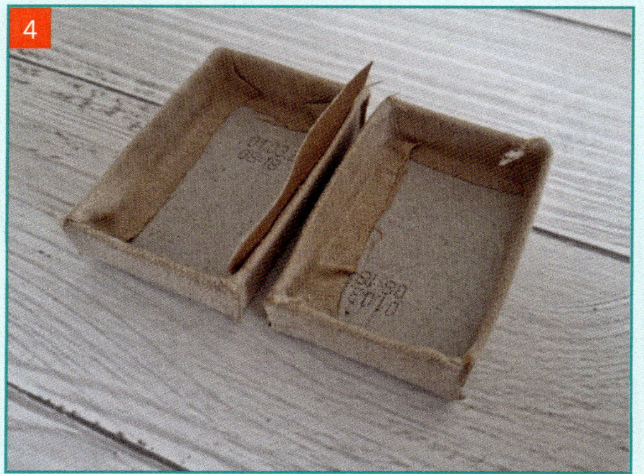

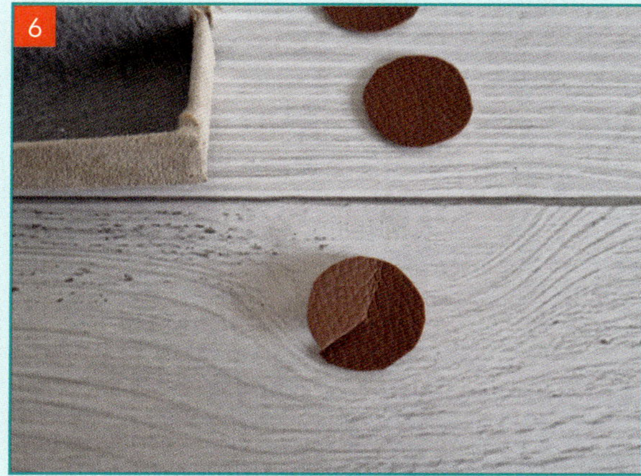

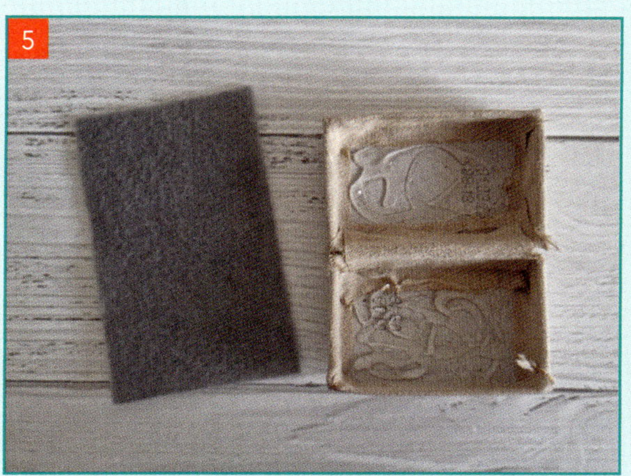

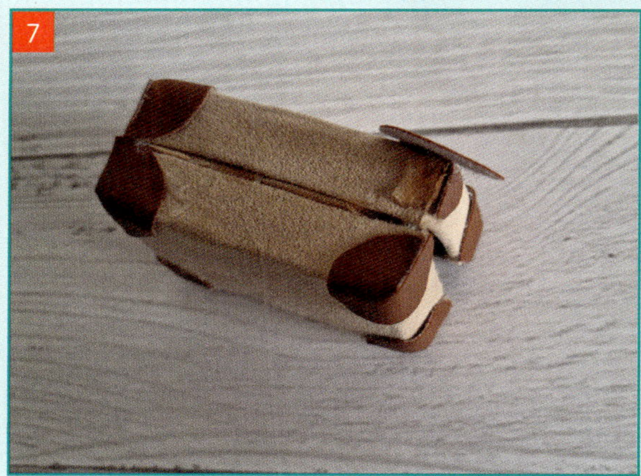

4. Schlage den Stoff nach innen und klebe ihn mit der Heißluftpistole fest. Das machst du bei beiden Schachteln gleich. Nimm ein Stück von dem Stoffleder (4,5 x 2 cm). Lege beide Schachteln mit der Öffnung nach oben nebeneinander, lege das Stück Stoff über die inneren Seitenwände und klebe beide Schachteln zusammen.

5. Für das Innenfutter des Koffers schneide ein Stück Filz in der Größe von 4,8 x 8 cm zu und klebe ihn mit Heißkleber fest.

6. Schneide vier gleich große Kreise in der Größe von 2 cm aus dem Kunstleder und schneide diese jeweils bis zur Mitte ein.

7. Klebe die Kreise auf die Ecken der Schachteln.

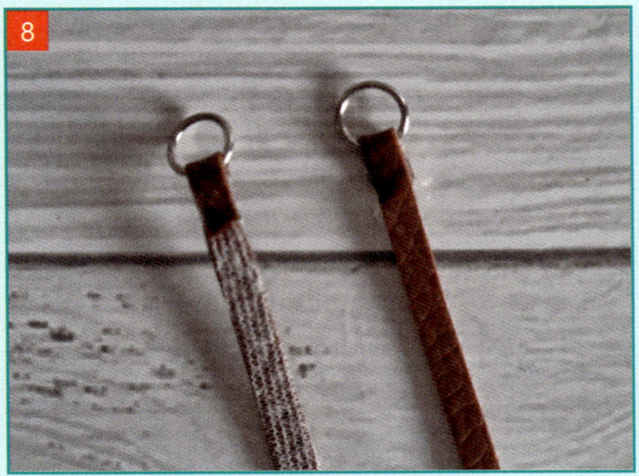

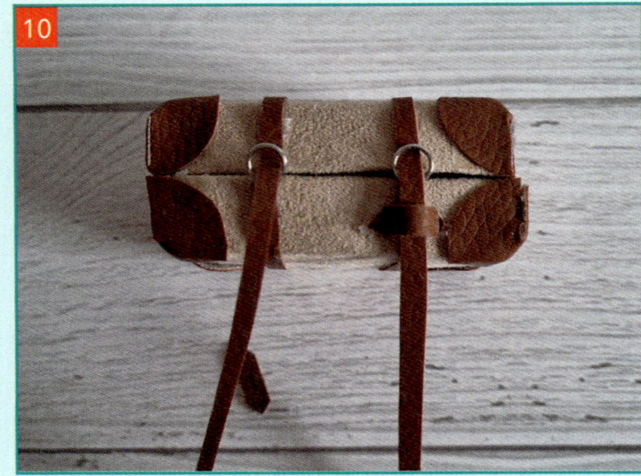

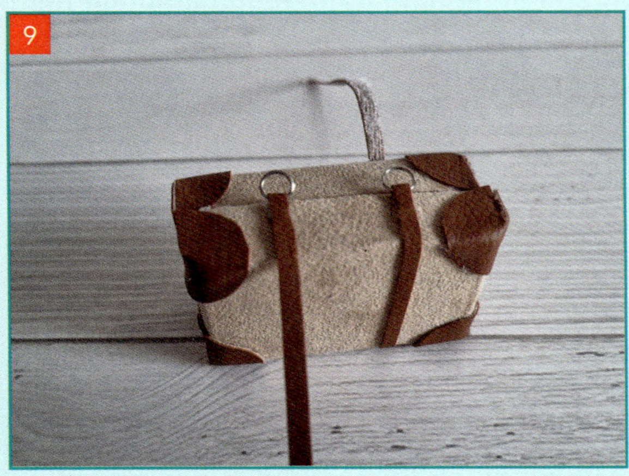

8. Schneide zwei 20 x 0,4 cm große Streifen aus Leder zu und ziehe einen Schmuckring von 0,5 cm Durchmesser hindurch. Klebe sie am Ring fest.

9. Klebe die Riemen rund um den Koffer, wie auf dem Foto zu sehen.

10. Schneide nun einen Henkel aus Leder (2 x 0,5 cm) und klebe ihn auf den Koffer, wie auf dem Foto abgebildet. Und fertig ist dein kleiner Wichtelkoffer.

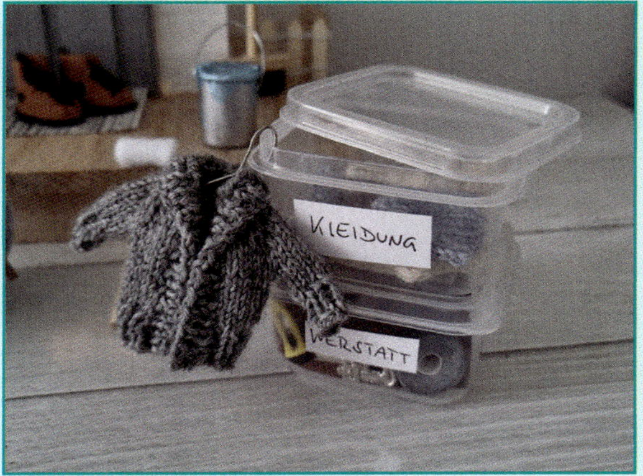

Aufbewahrungsboxen

Größe:
6 x 3,5 cm

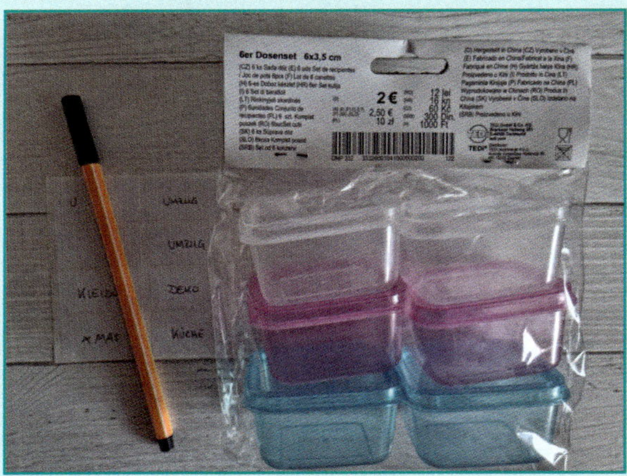

Materialien

- Dosenset (Tedi)
- Fineliner
- Klebeetiketten

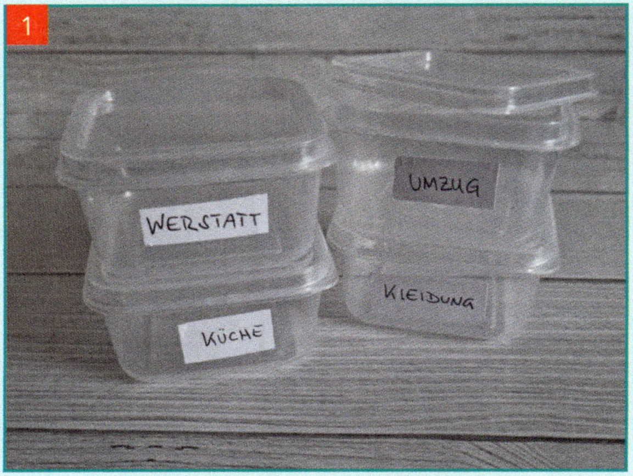

Und so geht`s:

1. Beschrifte die Klebetiketten nach Wunsch und schneide sie dir zurecht. Nun kannst du die Labels auf die Plastikdosen kleben und sie mit deinen Wichtel-Accessoires befüllen.

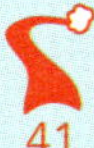

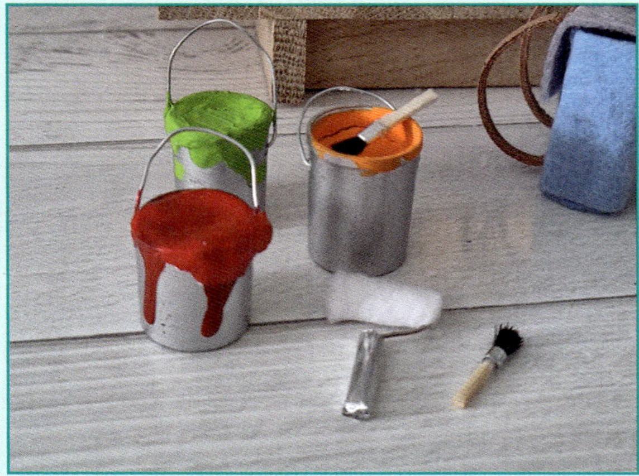

Farbeimer

Größe:
1,5 x 2 bis 2,5 cm

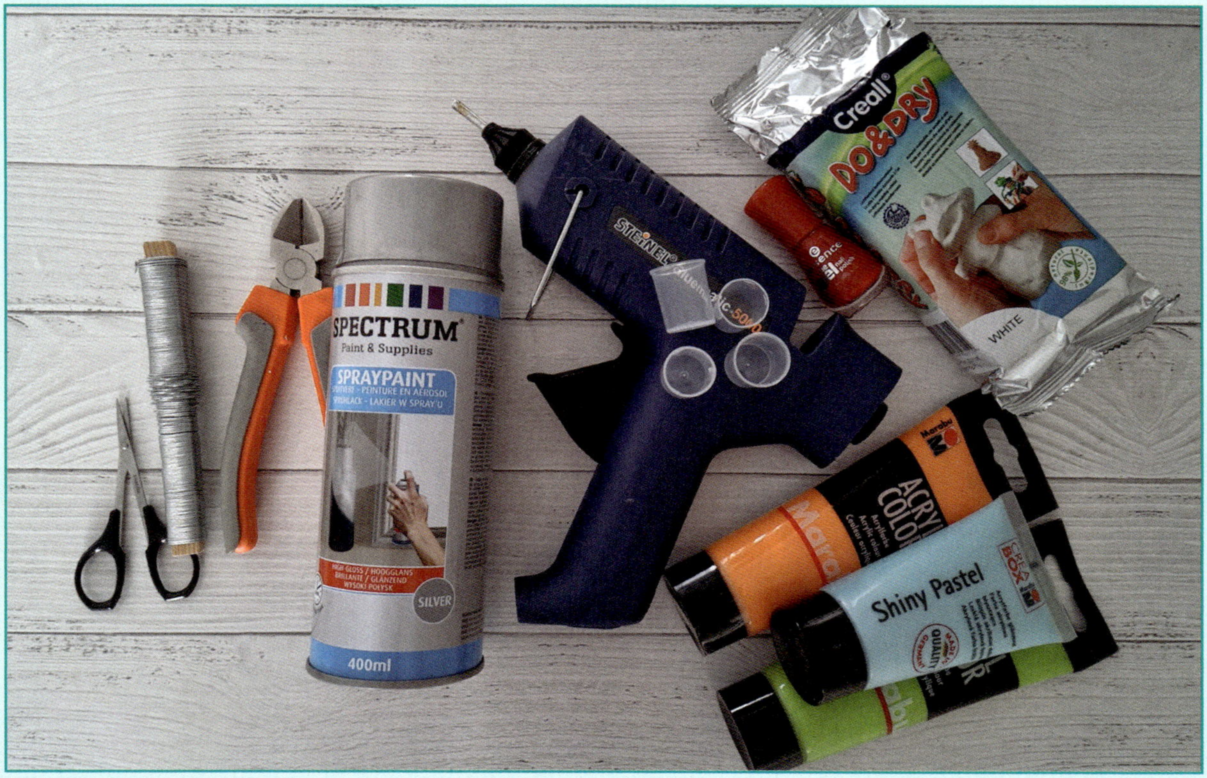

Materialien

- Heißklebepistole
- Seitenschneider
- Acrylarben
- Nagellack
- Modelliermasse (Action/Tedi)
- Draht
- Schere
- Acrylspray Silber
- Plastikdeckel von Desinfektionsflaschen

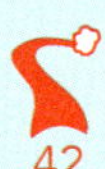

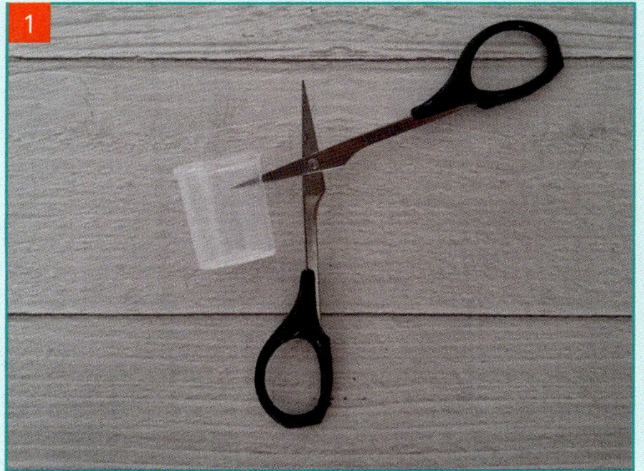
1

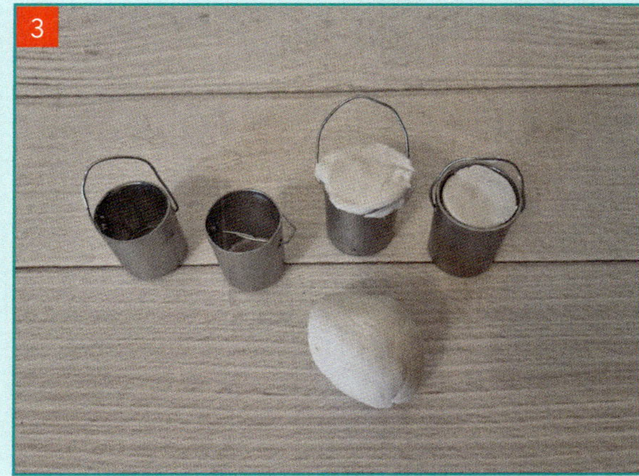
3

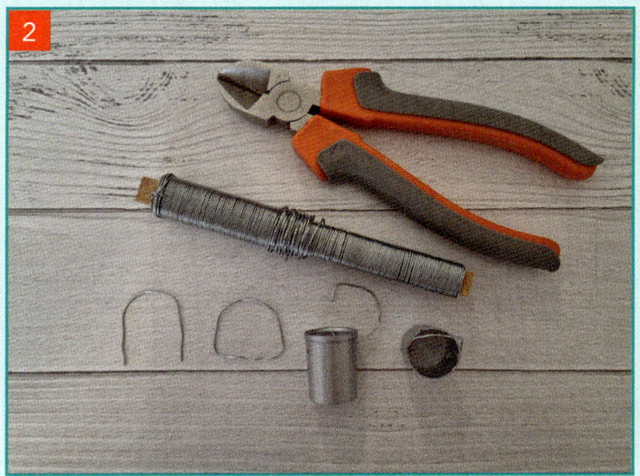
2

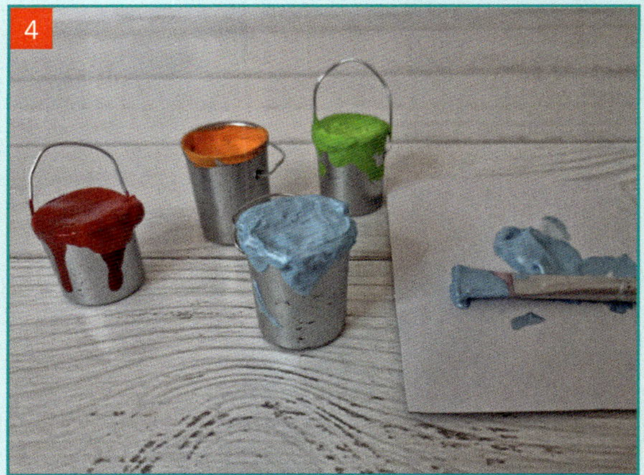
4

Und so geht`s:

1. Schneide in beide Seiten der Plastikdeckel Löcher.
2. Besprühe sie mit Acrylspray oder male sie mit silberner Acrylfarbe an. Stecke die Drähte in den Deckel, wie auf dem Foto zu sehen.
3. Nimm etwas Modelliermasse und drücke diese in die Deckel, sie müssen nicht randvoll sein. Trocknen lassen.
4. Nun kannst du nach Lust und Laune die Farbeimer mit Nagellack und Acrylfarbe bemalen. Es muss nicht perfekt sein. Mache ein paar Farbspritzer auf die Eimer.

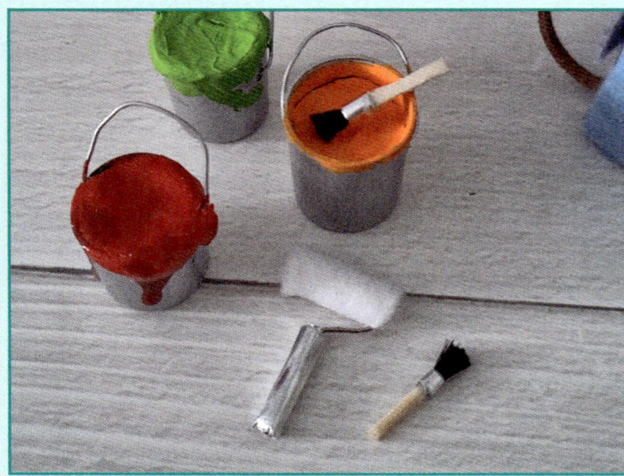

Pinsel

Größe:
2 x 0,2 cm

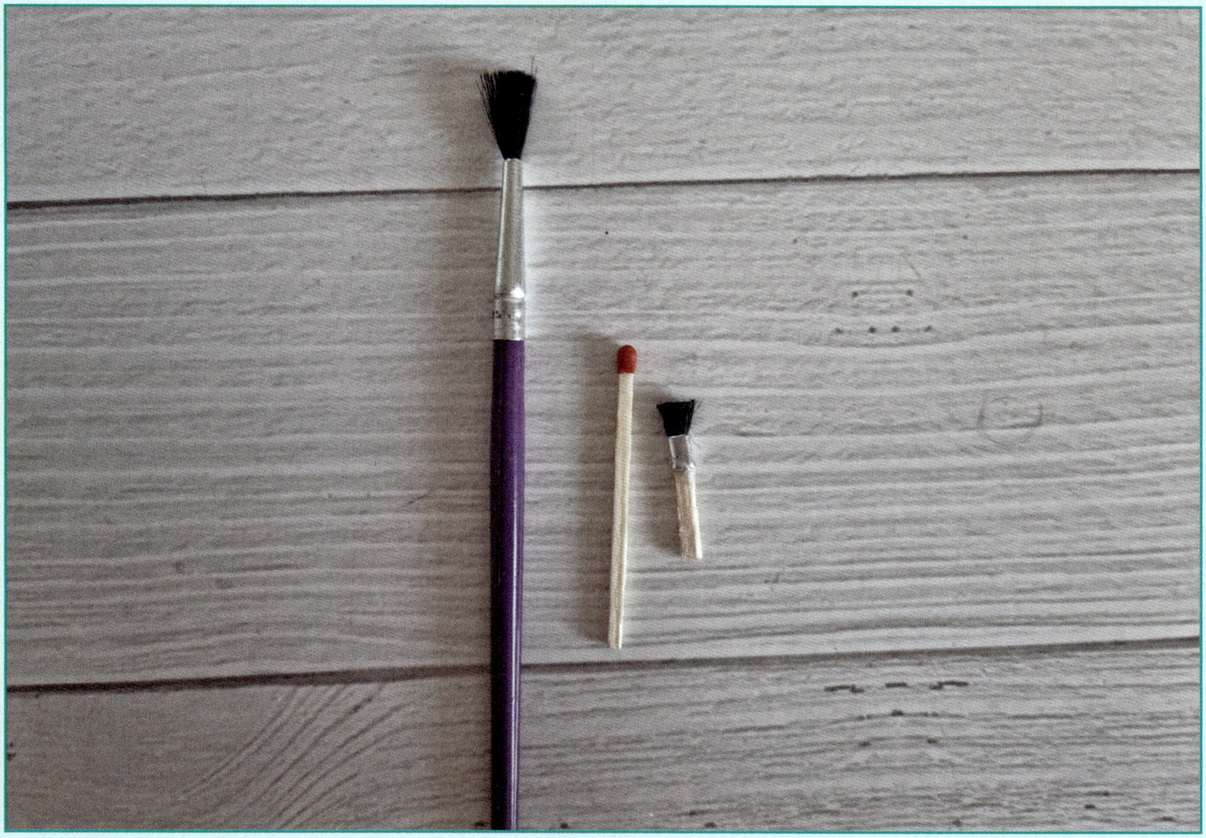

Materialien

- Pinsel
- Streichholz
- Schmuckzange
- Blechschere
- Heißklebepistole

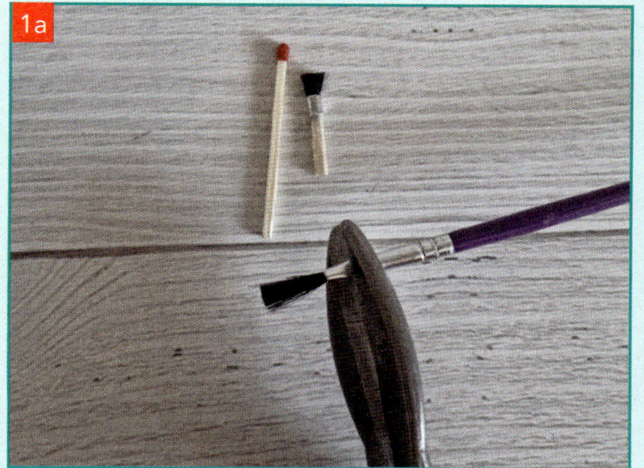

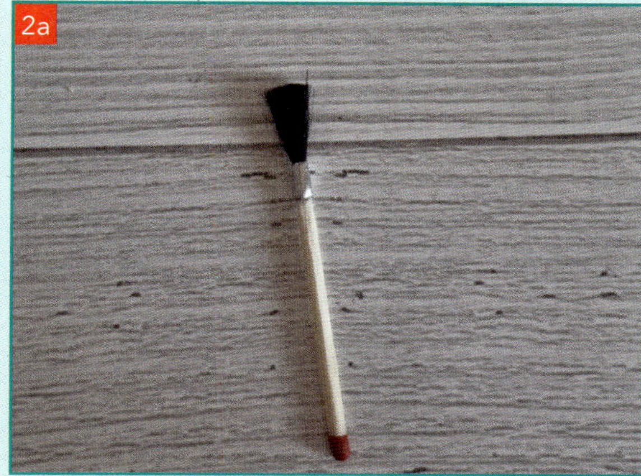

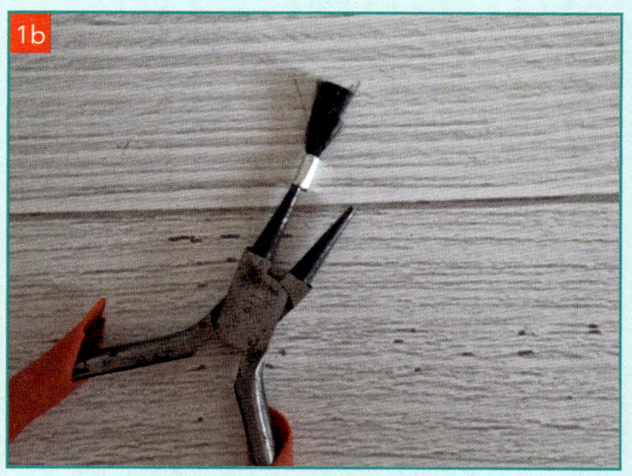

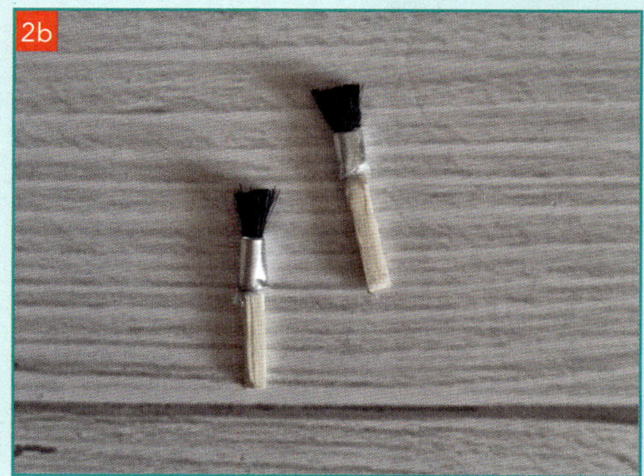

Und so geht`s:

1. Schneide den Pinsel mit der Blechschere oberhalb der Metallfassung ab. Drücke durch den Metallring mit der Schmuckzange die Borsten etwas dagegen.
2. Klebe jetzt das Streichholz mit dem Heißkleber zusammen. Das Streichholz schneidest du anschließend auf 2 cm ab. Kürze die Pinselborsten. Fertig!

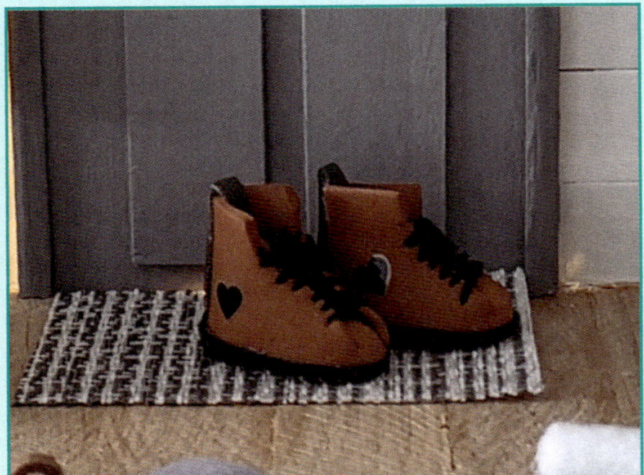

Wichtelschuhe

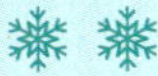

Größe:
3 x 1,5 x 2 cm

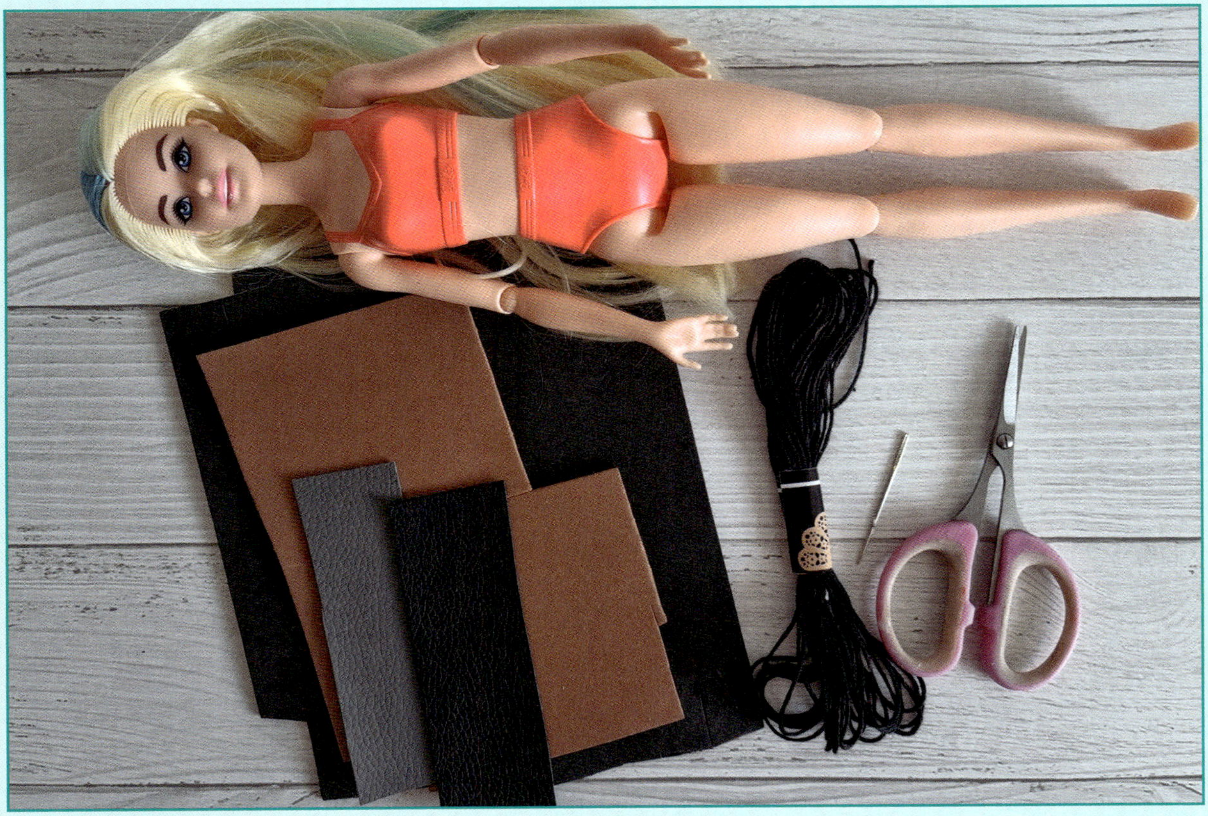

Materialien

- Barbiepuppe
- Moosgummi
- Kunstleder (Amazon)
- Nadel und Faden
- Schere
- Kleber
- Bleistift

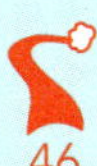

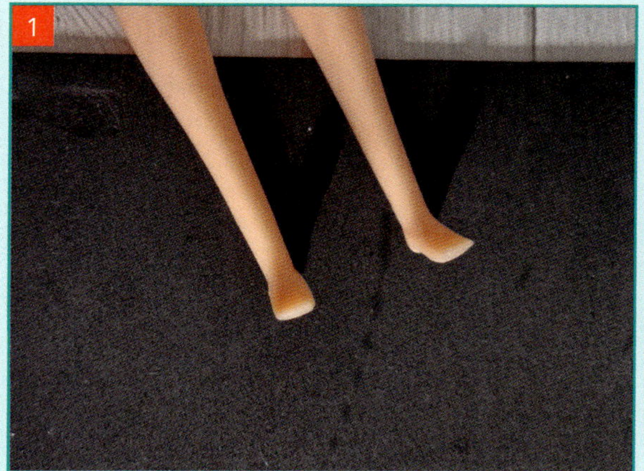

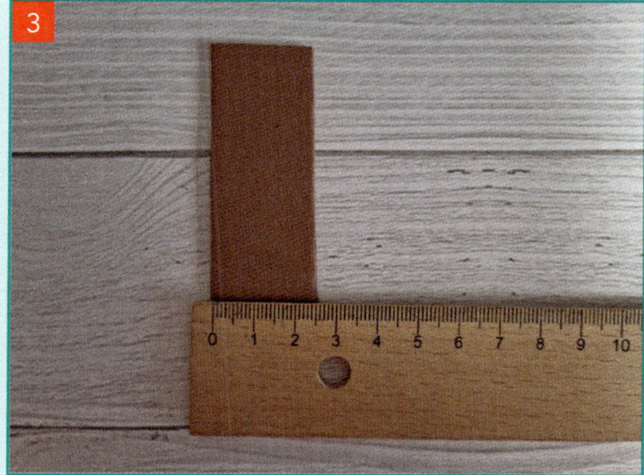

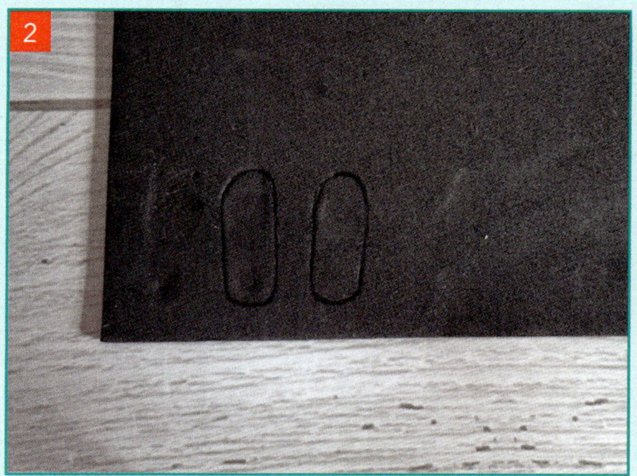

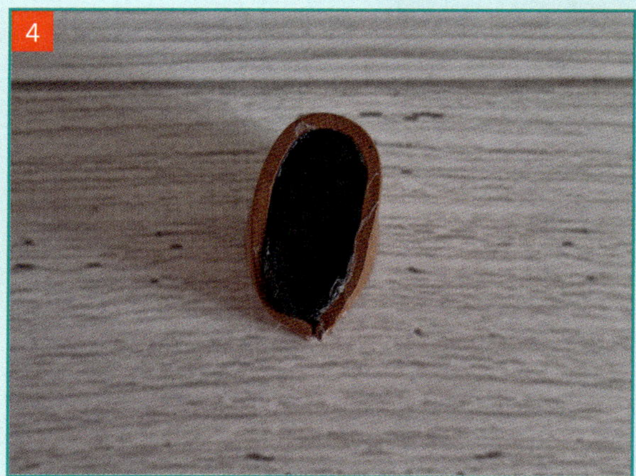

Und so geht`s:

1. Die Barbiepuppe dient dir als Schablone. Wenn du keine hast, dann zeichne dir eine Schablone in der Größe von 2 cm.

2. Lege den Fuß der Barbie auf Moosgummi und umrande den Fuß, dann schneidest du die Schuhsohle zweimal aus.

3. Schneide nun aus Moosgummi 2 x 6 cm große Stücke für die Schäfte aus.

4. Klebe die Schäfte an die äußeren Sohlen an.

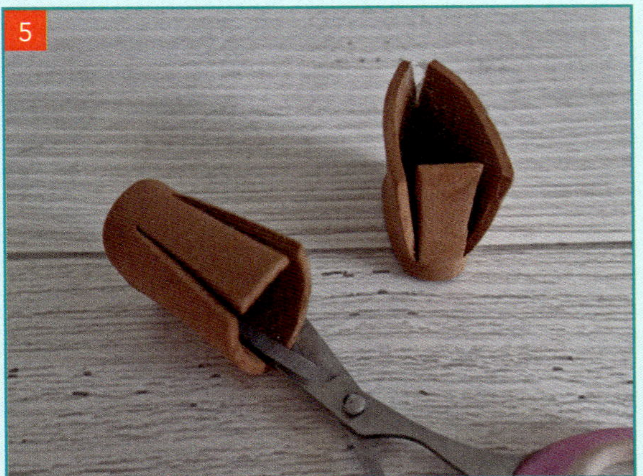

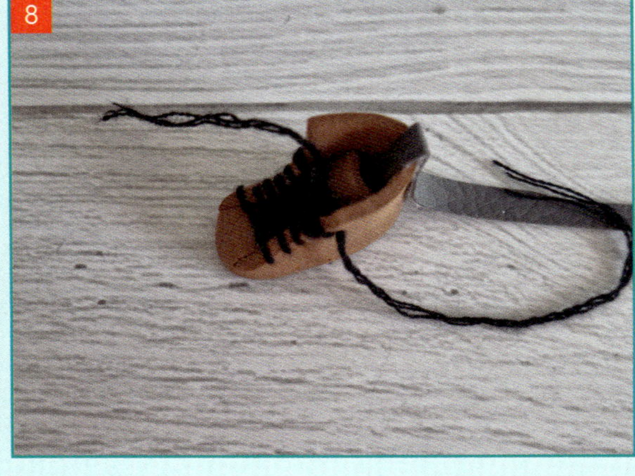

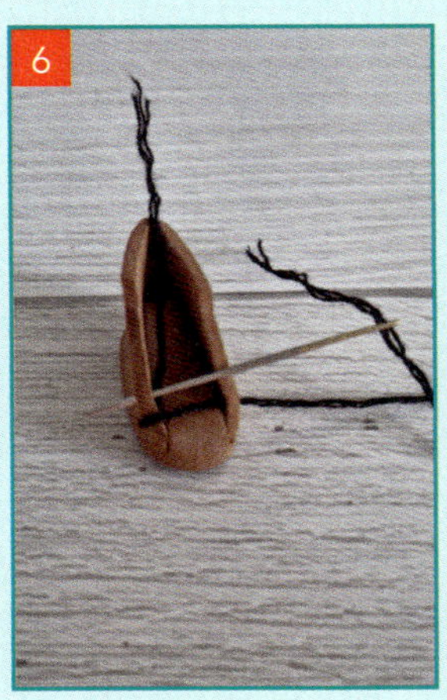

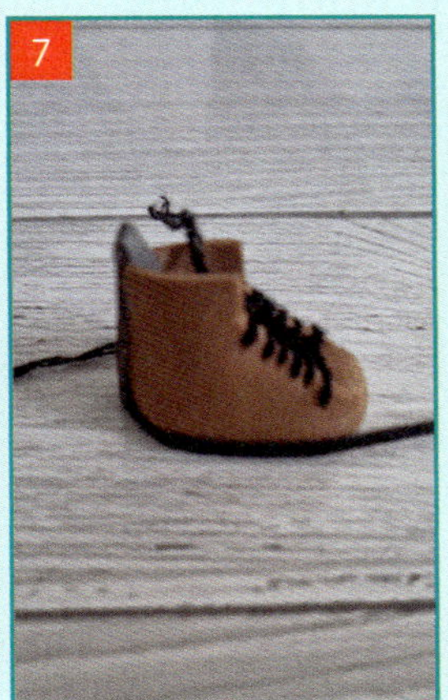

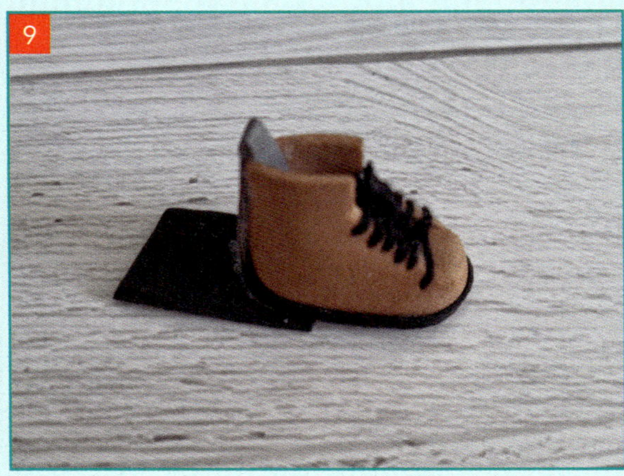

5. Nun schneidest du zwei Schlitze bis zur Sohle.

6. Klappe die Zunge jeweils nach innen. Mit einer Nadel arbeitest du einen Faden als Schuhband von der Schuhspitze ein.

7. Schneide jetzt jeweils ein 1 x 7 cm großes dünnes Stück Moosgummi zu und klebe es außen an den Schäften an.

8. Nun kannst du ein 2 x 4,2 cm großes Stück Leder von innen nach außen entlangkleben. Es dient als Anziehhilfe.

9. Für den Absatz nimmst du Moosgummistücke, klebst diese unter die Schuhe und schneidest die Ränder ab. Fertig sind deine niedlichen Wichtelschuhe.

Tipp:

Du kannst die Schuhe nach Gusto dekorieren, z. B. mit Strasssteinen oder Stickern. Oder du bemalst sie mit Stiften.

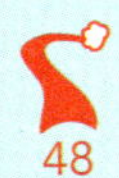

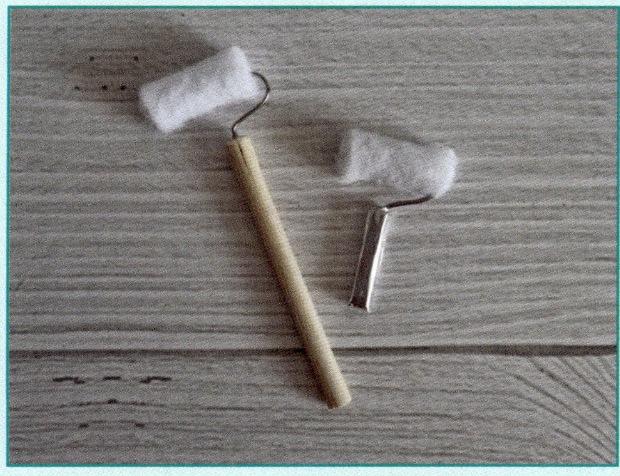

Farbrolle

Größe:
6,5 cm

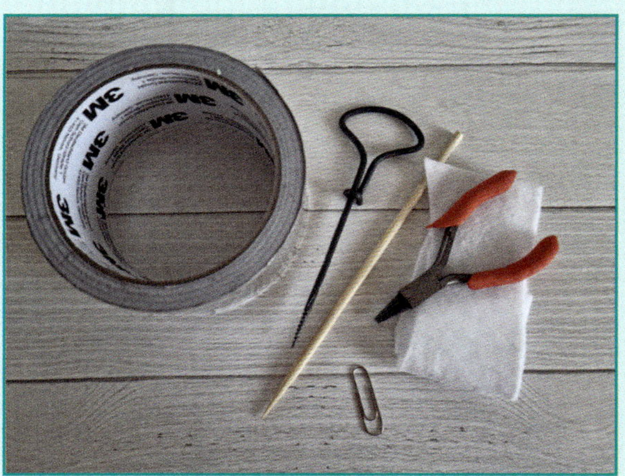

Materialien
- Filz
- Aluminiumklebeband
- Cakepop-Stiele
- Schmuckzange
- Heftklammern
- Heißkleber
- Bastelkleber

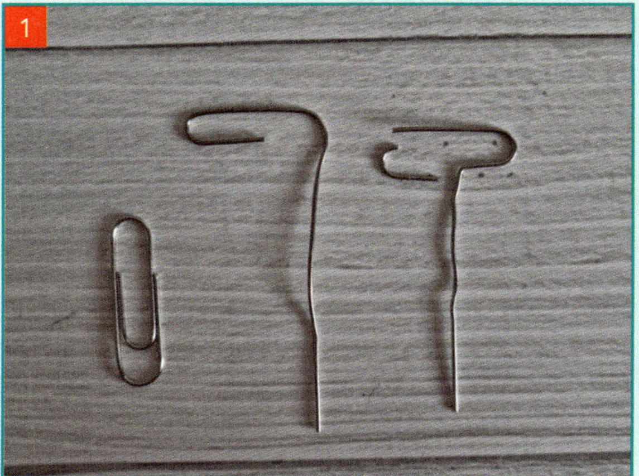

Und so geht's:

1. Knicke die Heftklammer, wie auf dem Foto zu sehen, und schneide oben ein Stück ab.

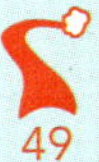

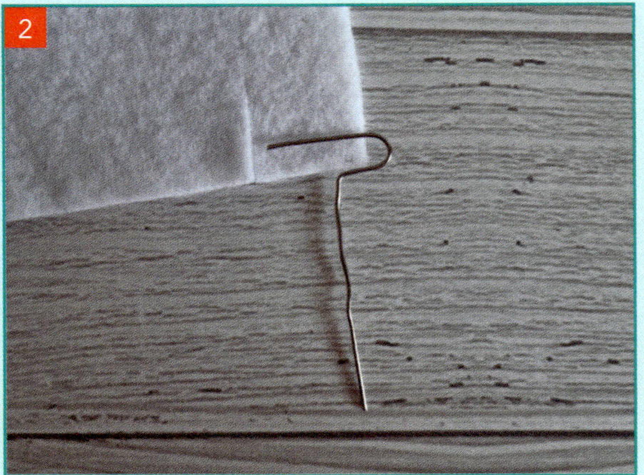

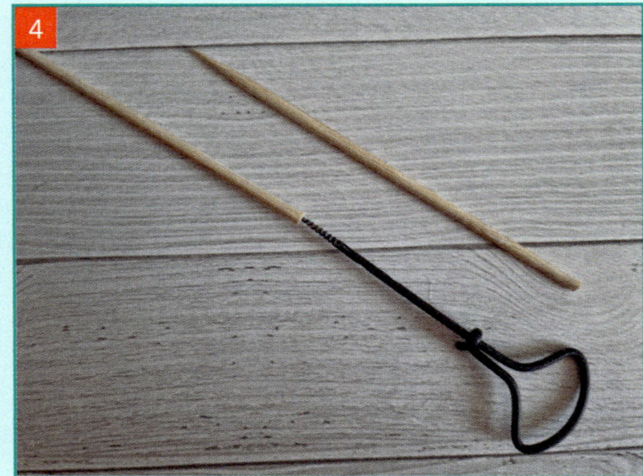

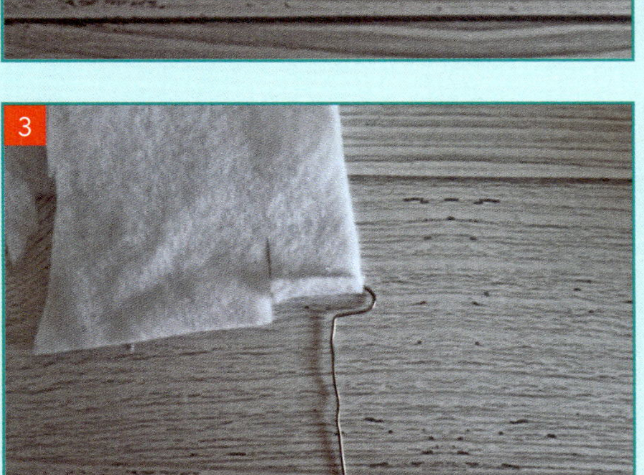

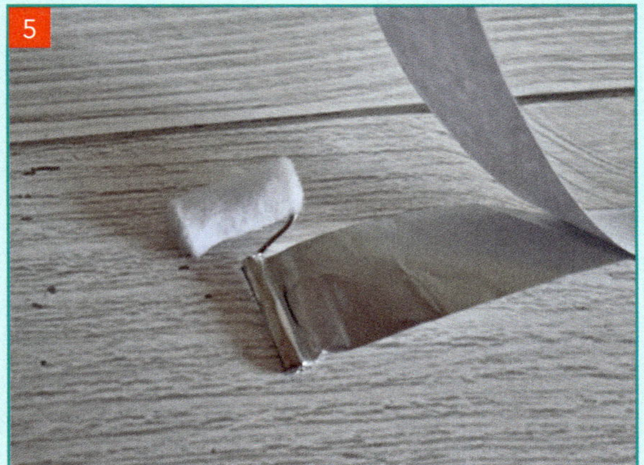

2. Schneide aus Filz einen 2 cm breiten Streifen zu.

3. Klebe den Filzstreifen am Anfang fest und rolle dann den Filz zusammen. Am Ende wieder festkleben.

4. Mit dem Handbohrer bohrst du ein Loch in den Cakepop-Stiel, gibst dann etwas Kleber oder Heißkleber ins Loch und steckst den Griff hinein. Du kannst den Holzgriff jetzt nach Lust kürzen. Hier ist er 5 cm lang.

5. Für eine kurze Farbrolle habe ich nur die Heftklammer gekürzt und sie mit Aluminiumklebeband aufgerollt.

Tipp:
Du kannst statt des Aluminiumklebebands einfach Moosgummi verwenden.

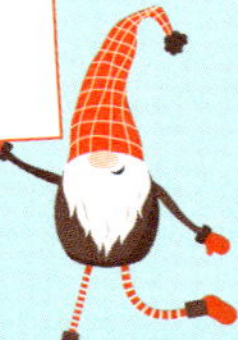

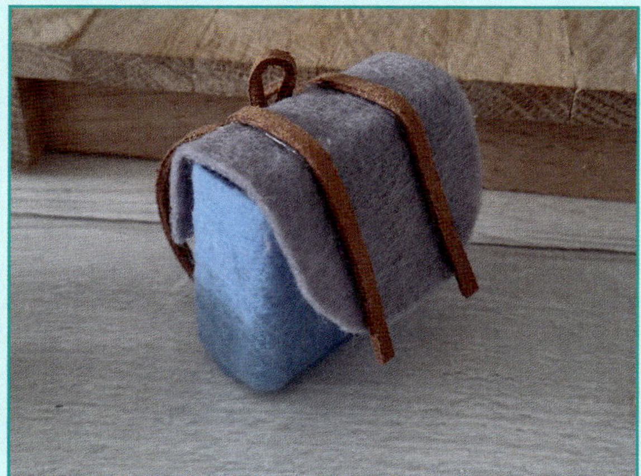

Rucksack

❄❄

Größe:
3,7 x 1,0 x 4,0 cm

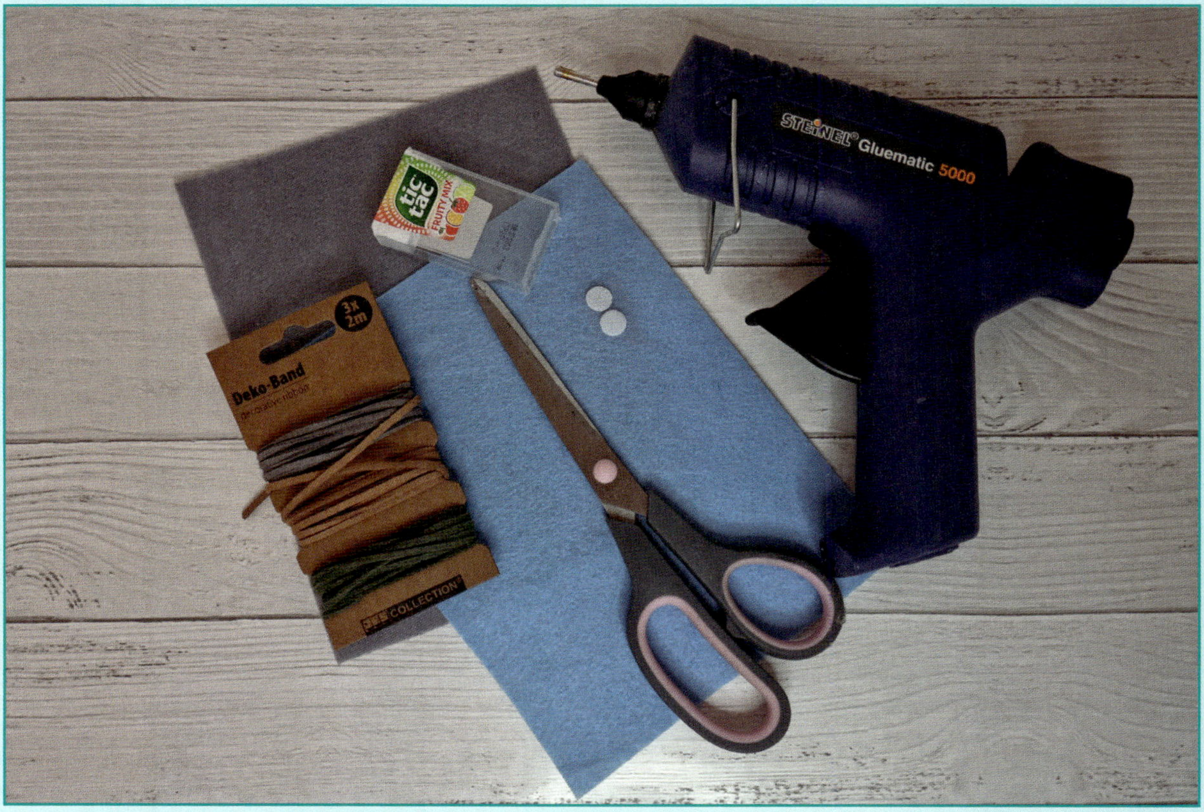

Materialien

- tic-tac®-Box
- Schere
- Lederband (Tedi)
- Filz
- Heißklebepistole
- runde Klettpunkte, 1,0 cm Durchmesser (Amazon)

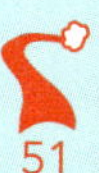

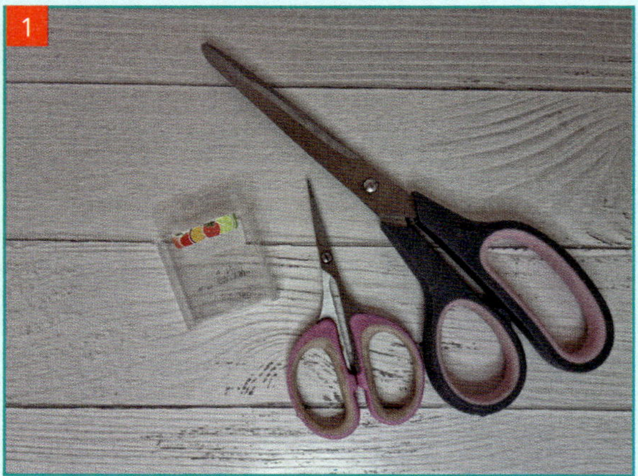

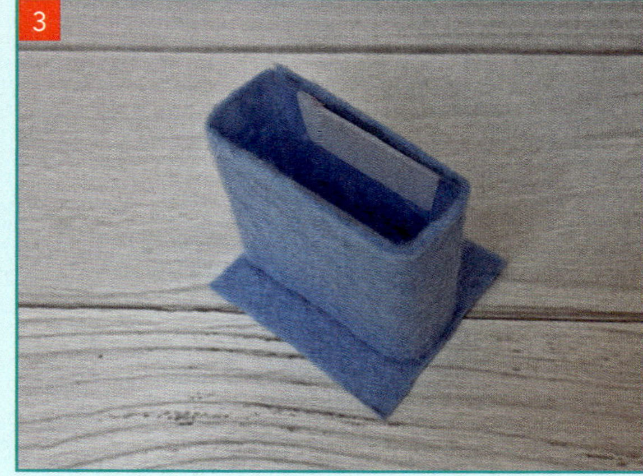

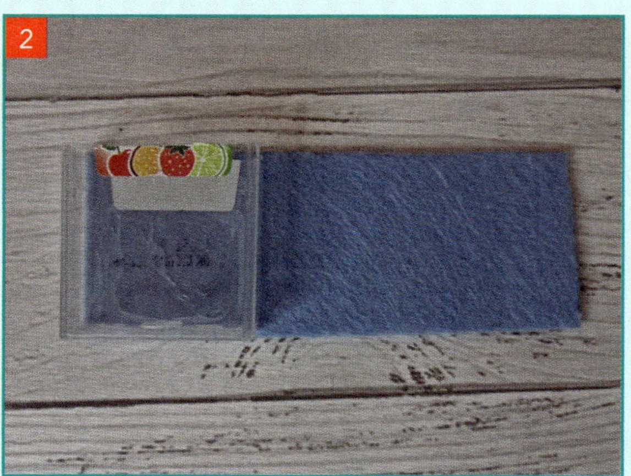

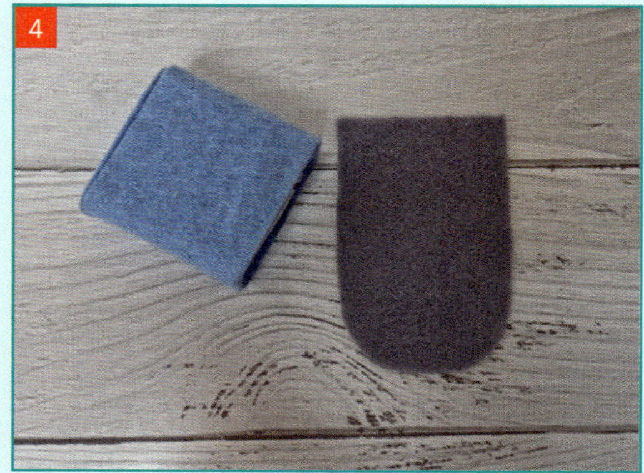

Und so geht`s:

1. Entferne den Deckel der Schachtel und schneide sie auf 3,5 cm zu.
2. Schneide ein 3,6 x 10 cm großes Stück Filz zu und klebe ihn mit der Heißluftpistole als Ummantelung an die Box. Den Rest vom Filz schneidest du ab.
3. Klebe die Plastikbox für den Boden des Rucksacks auf ein Stück Filz und schneide die Ränder ab.
4. Für die Lasche schneidest du ein 6,5 x 4 cm großes Stück Filz zu und vorne eine Rundung.

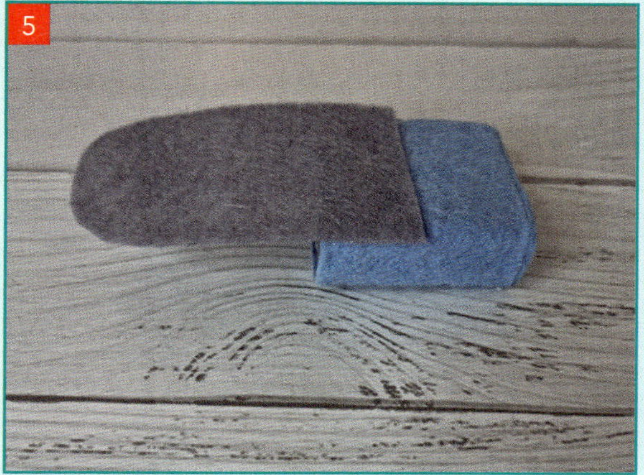

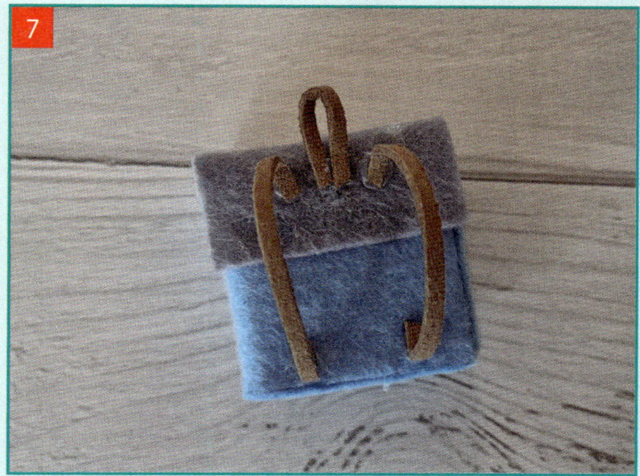

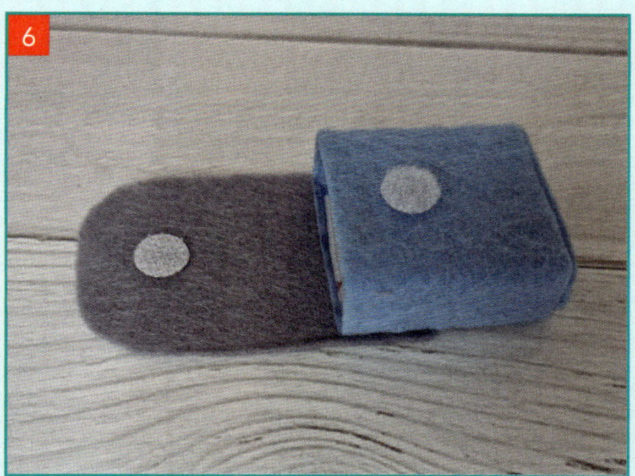

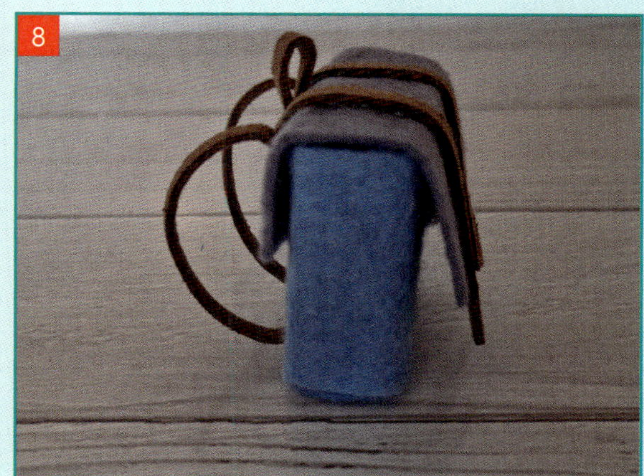

5. Klebe die Lasche mit Heißkleber fest.
6. Nimm dir einen Klettpunkt und befestige ihn, wie auf dem Foto abgebildet.
7. Für den Rücksackgurt schneide zwei Stücke Lederband in der Länge von 6 cm zu und klebe sie hinten an den Rucksack. Ein 3 cm langes Lederband kannst du als Aufhänger ankleben.
8. Als Verzierung vorne am Rucksack kannst du zwei 6 cm lange Lederbänder vorn auf die Lasche kleben. Fertig ist der Wichtel-Rucksack für einen Ausflug.

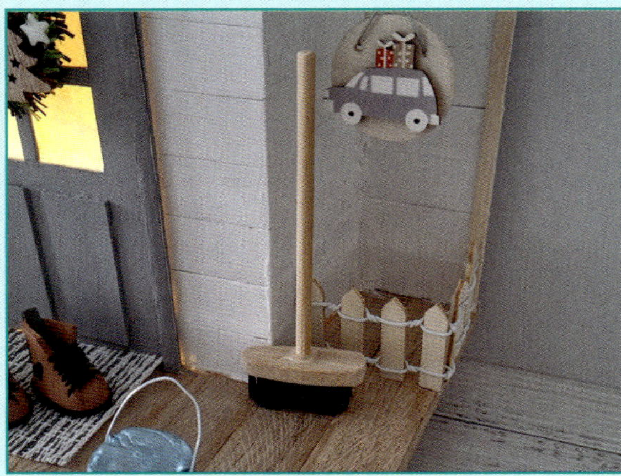

Besen

Größe:
9,5 cm

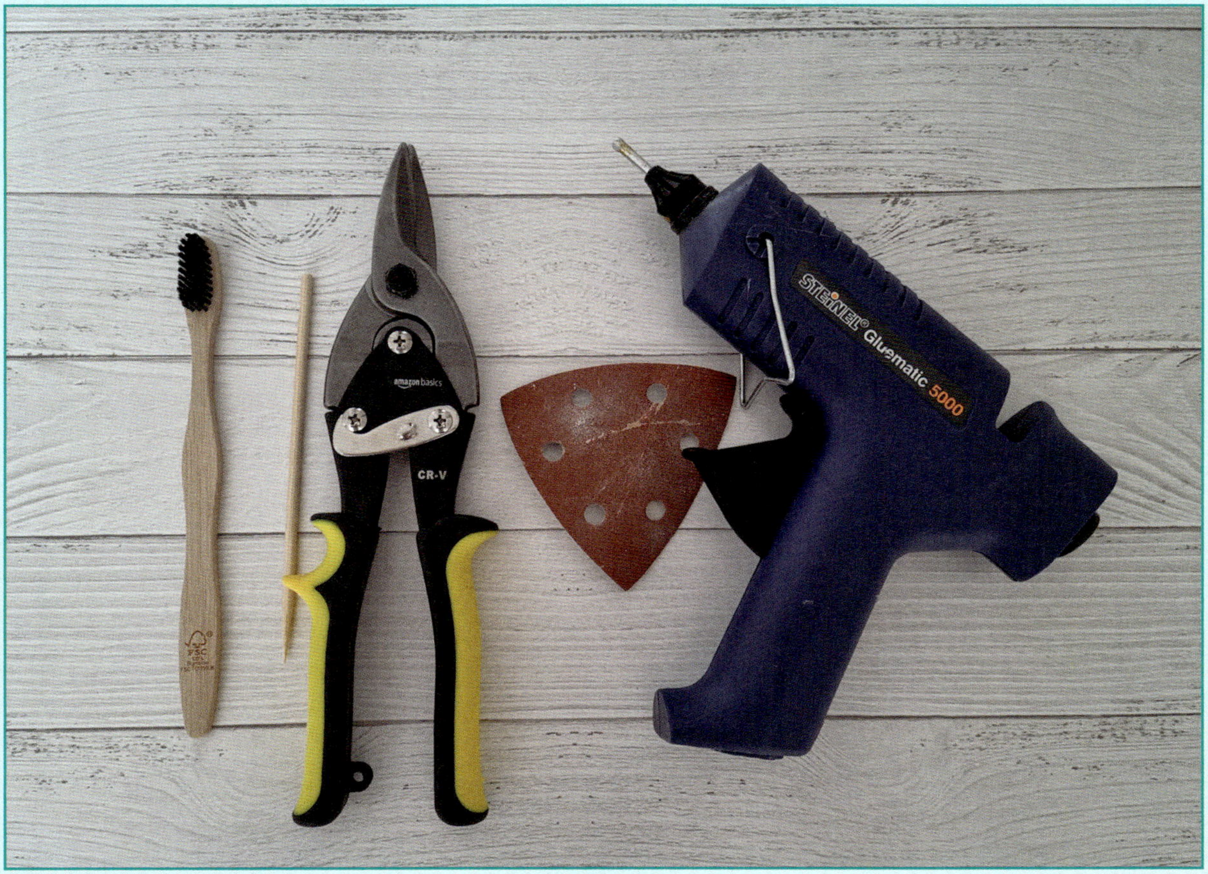

Materialien

- Holzzahnbürste (Drogeriemarkt)
- Heißklebepistole
- Blechschere
- Schleifpapier

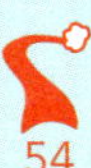

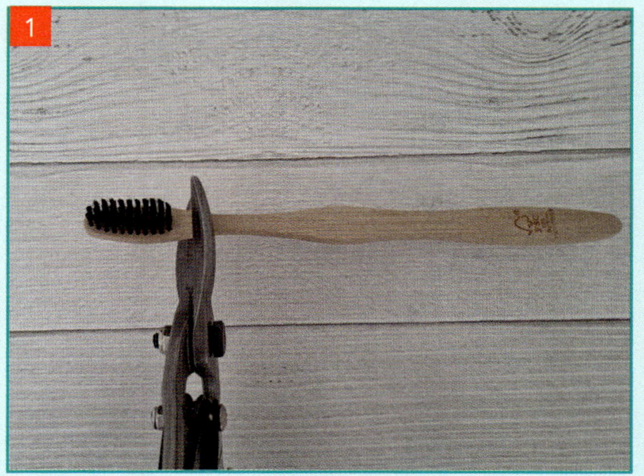

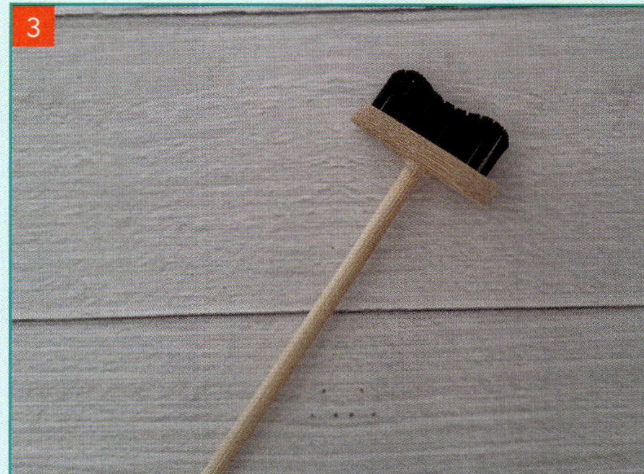

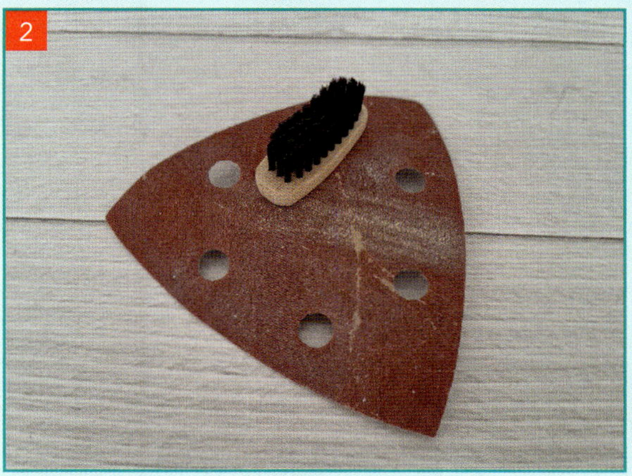

Und so geht`s:

1. Den Stiel der Zahnbürste wie auf dem Foto abgebildet abschneiden.
2. Mit Schleifpapier schleifst du dann die Schnittkante etwas ab.
3. Cakepop-Stiel in der Mitte des Zahnbürstenkopfes mit Heißkleber befestigen und auf 8,5 cm kürzen. Du kannst auch einen Schaschlikspieß benutzen.

Der Wichtel richtet sich wohnlich ein

Schon immer wussten Wichtel, dass es wichtig ist, sich heimisch zu fühlen. Nur wo sie abends entspannt ihre Füße hochlegen können, fließen die besten Ideen. Warme Füße und eine Schüssel Leckereien vor dem Kamin, gibt es etwas Besseres? Ein Hund darf dabei natürlich auch nicht fehlen.

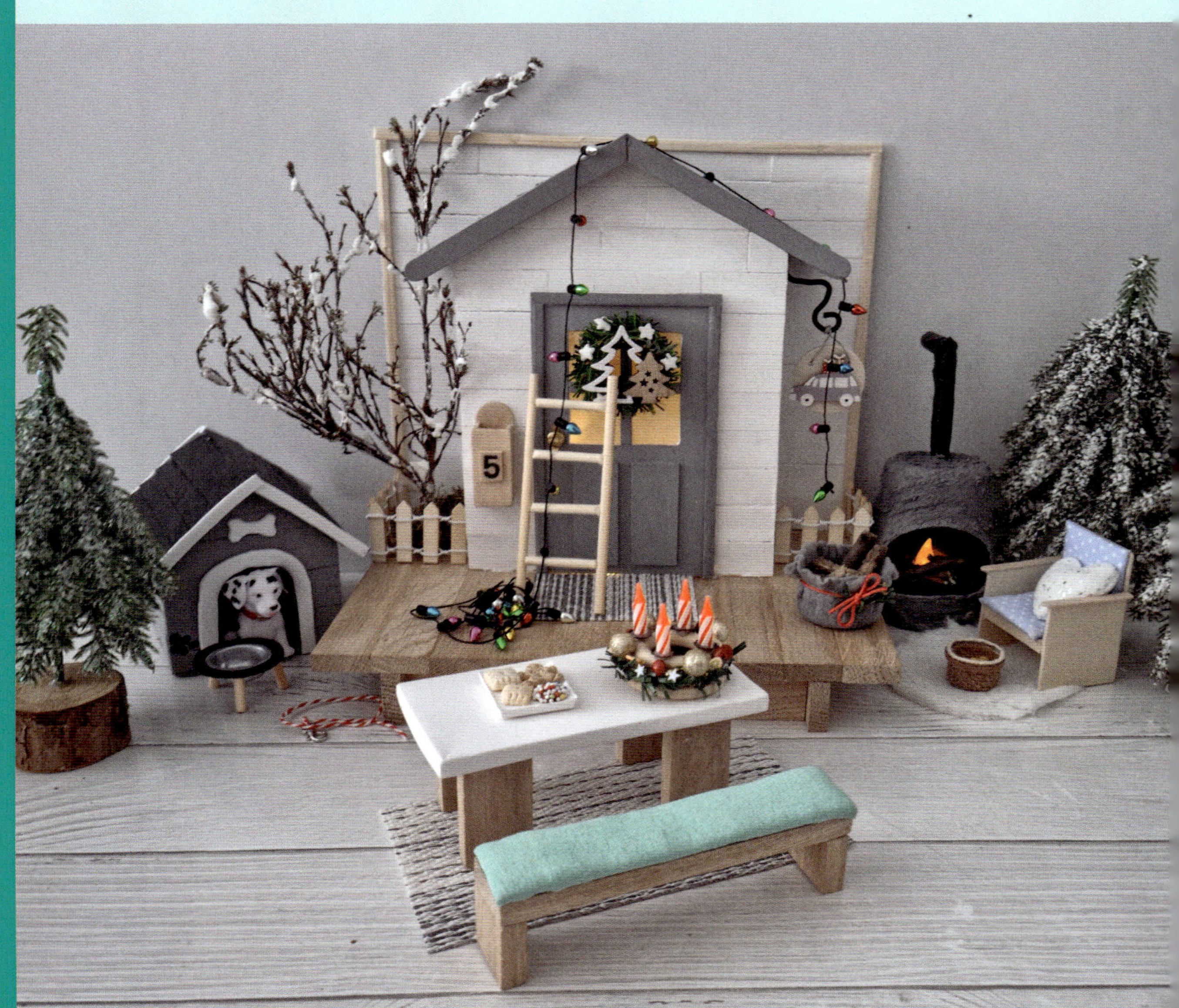

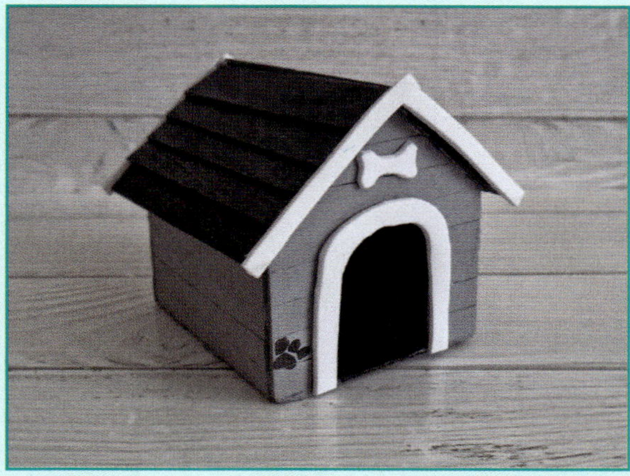

Hundehütte

Größe:
8 x 9,5 x 9 cm

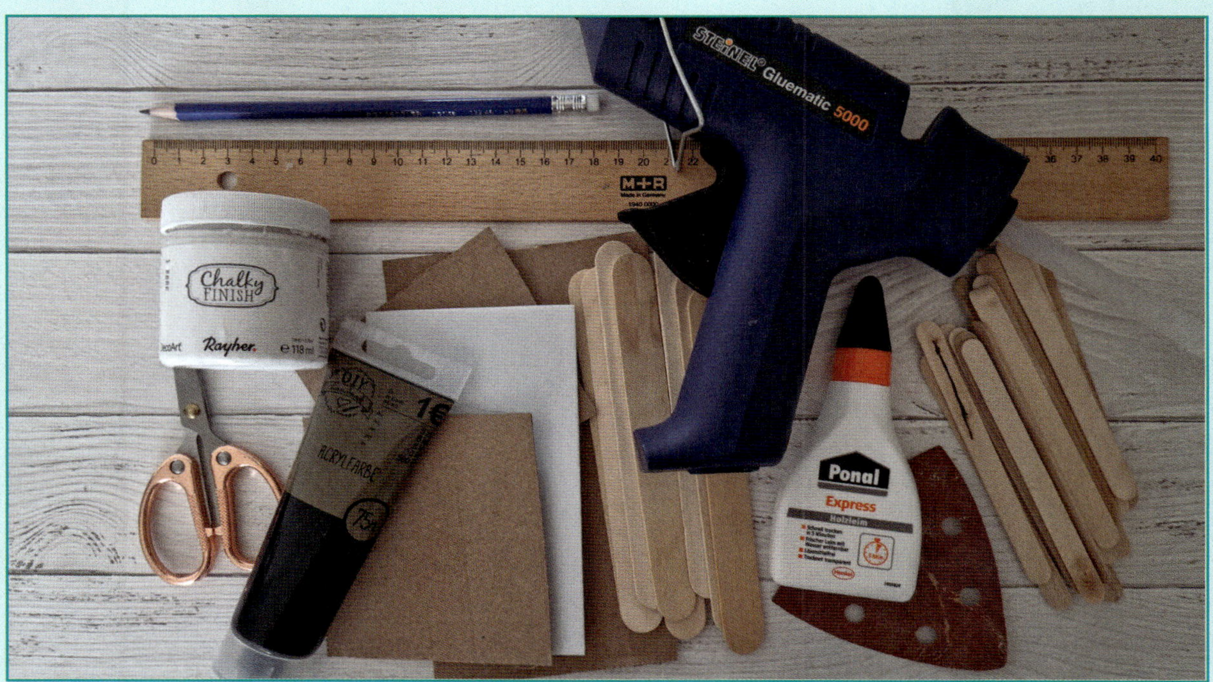

Materialien

- Lineal
- Bleistift
- Schere
- Heißklebepistole
- weiße und schwarze Acrylfarbe
- weißes Moosgummi
- Karton
- Feinwellpappe 0,5 Stärke, ca. 700 g/m²
- Eisstiele 11,4 x 0,9 cm
- Holzmundspatel 15 x 1,6 cm
- Holzleim
- Schleifpapier
- Blechschneider
- Gehrungsschneider
- Seitenschneider

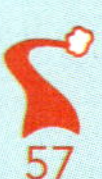

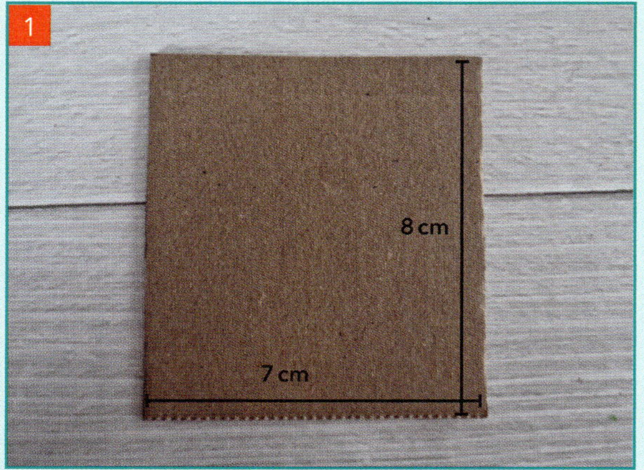

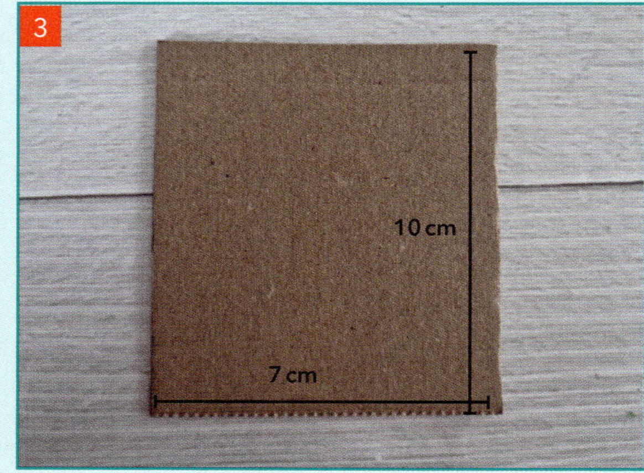

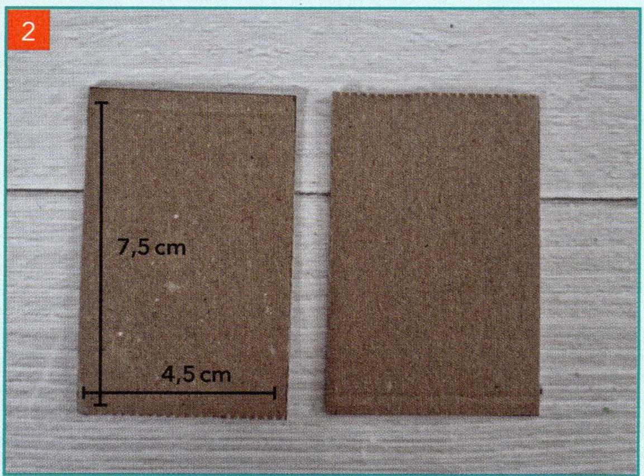

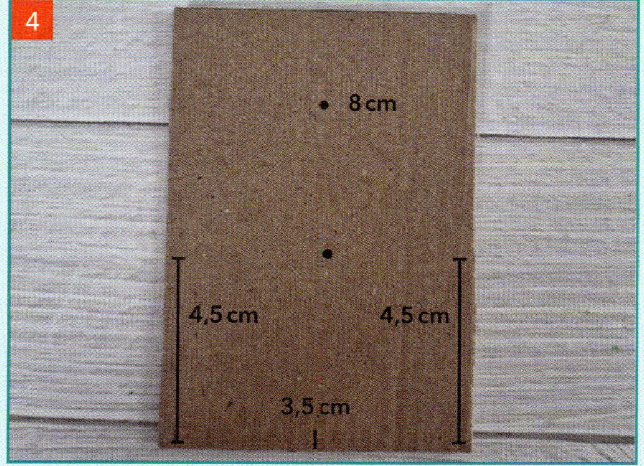

Und so geht`s:

1. Schneide aus Pappe eine 7 x 8 cm große Bodenplatte aus.

2. Schneide für die Seitenwände zweimal aus Pappe 4,5 x 7,5 cm aus.

3. Für die Vorder- und Rückwand benötigst du zwei Teile in der Größe von 7 x 10 cm. Schneide auch diese aus Pappe aus.

4. Nimm die Mitte von 7 cm und zeichne bei 3,5 cm einen Strich. Zeichne einen Punkt bei 4,5 cm und einen weiteren Punkt bei 8 cm.

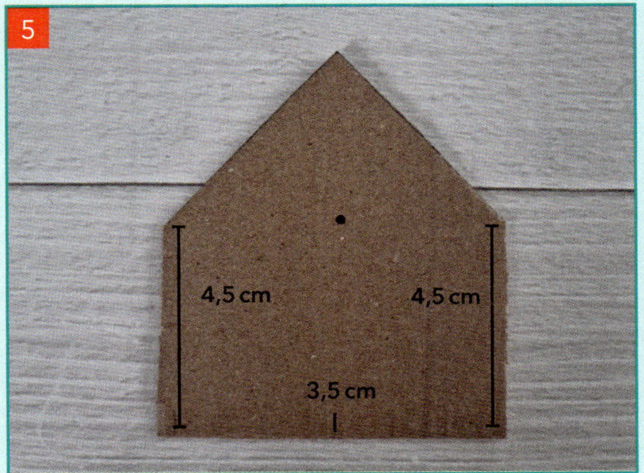

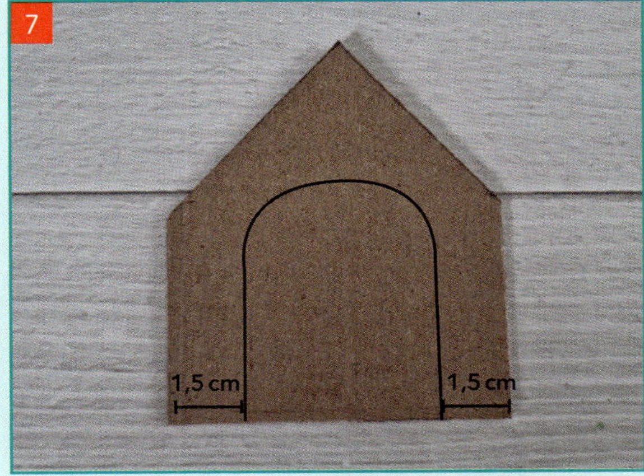

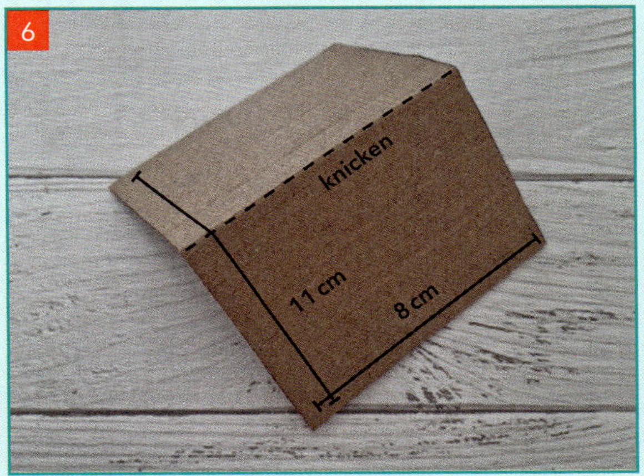

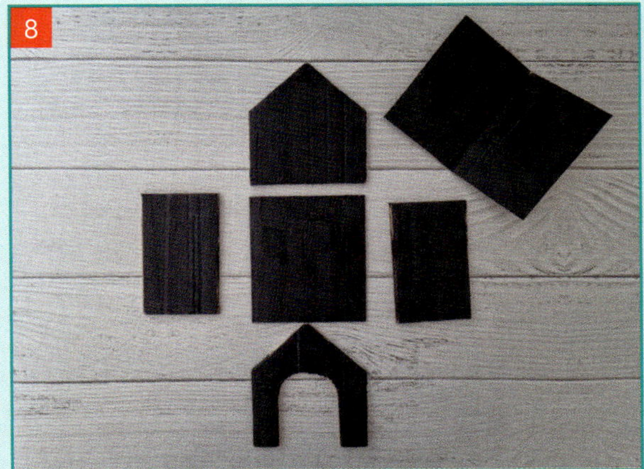

5. Verbinde den oberen Punkt links und rechts bei 4,5 cm und ziehe mit dem Lineal eine Schräge.

6. Schneide es entsprechend entlang der Linie aus. Schneide aus Pappe ein 11 x 8 cm großes Spitzdach aus und knicke es in der Mitte von den 11 cm.

7. Für die Öffnung der Hundehütte zeichne an beiden Seiten einen Abstand von 1,5 cm an. Schneide die von dir gezeichnete Bogentür aus.

8. Male alle Innenseiten und die Bodenplatte mit schwarzer Acrylfarbe an und lasse die Teile gut trocknen.

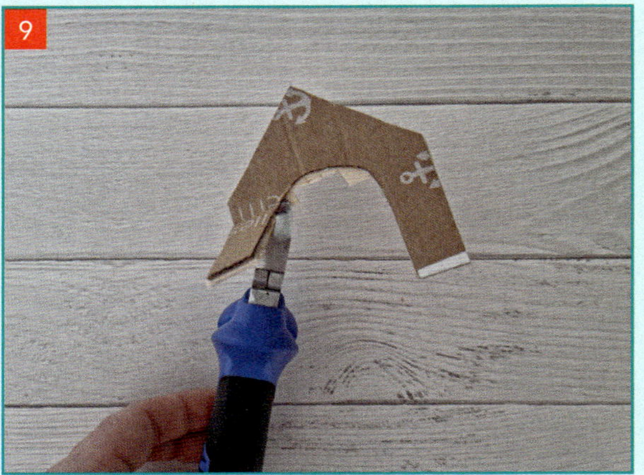

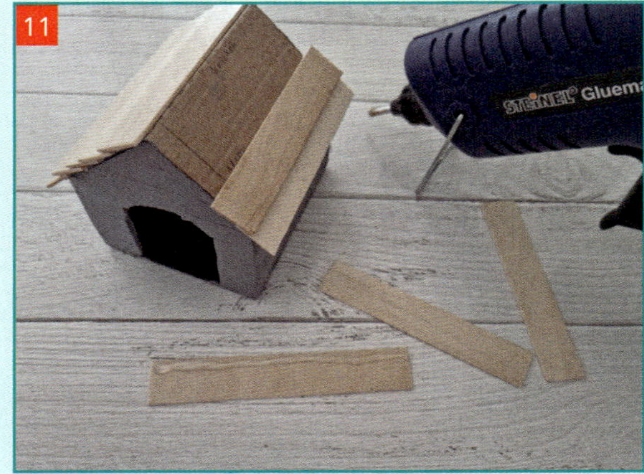

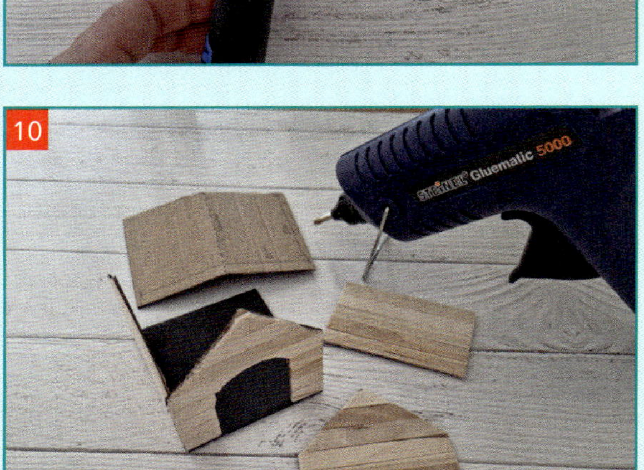

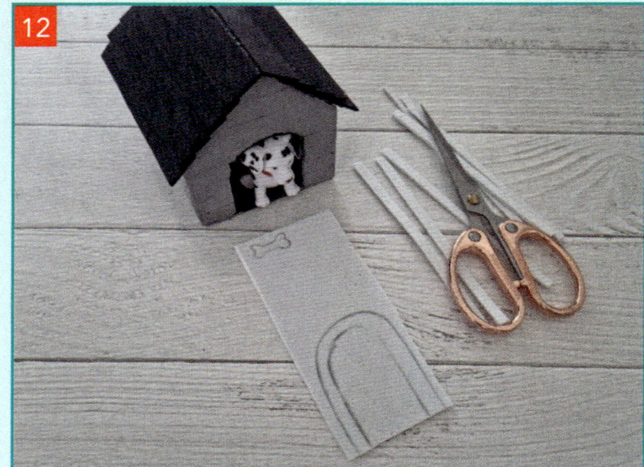

9. Verklebe mit Holzleim alle Außenseiten mit Eisstielen. Die Öffnung der Hundehütte lässt du frei. Wo der obere Türbogen ist, wird der abstehende Rest mit einem Seitenschneider abgeknipst.

10. Nun klebst du, wie auf dem Bild abgebildet, alle Seiten auf die Bodenplatte.

11. Schneide zehn Holzmundspatel mit einem Blechschneider auf 9 cm ab und klebe sie mit Heißkleber von unten nach oben fest. Male das Dach mit schwarzer Acrylfarbe an.

12. Zum Verzieren der Eingangstür zeichne auf ein Stück weißes Moosgummi einen Türbogen. Der Bogen ist 3,5 cm tief und ca. 5 cm hoch. Die Breite des Bogens beträgt ca. 0,5 cm. Zeichne zusätzlich vier 6 x 0,5 cm große Streifen für die Dachleisten. Als Deko kannst du einen kleinen Hundeknochen ausschneiden und alles mit Heißkleber auf die Hundehütte kleben.

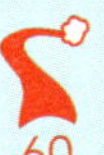

Blitz-Bastelprojekte – einfache Accessoires

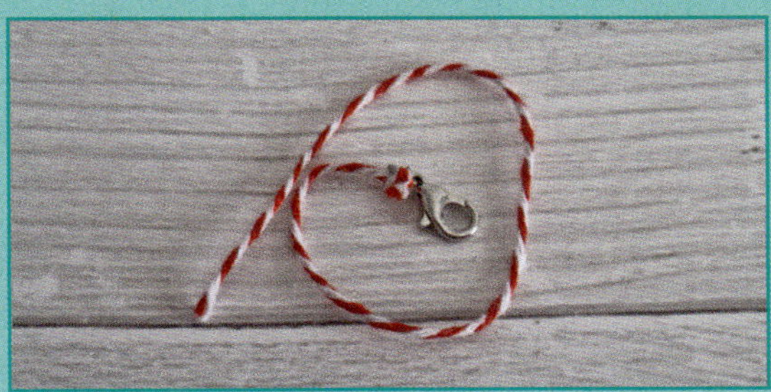

Hundeleine

Größe: 14 cm lang
Eine Kordel an einen Karabinerhacken knoten und auf die gewünschte Länge abschneiden.

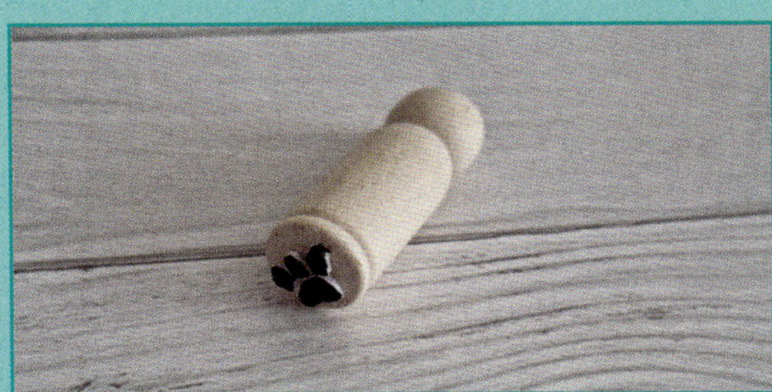

Hundepfote

Abdruckgröße: 1 cm
Etwas Moosgummi als Pfote ausschneiden und mit Klebestift auf einen Holzkegel kleben. Zum Stempeln kannst du gut Kreidefarbe nehmen, die wieder abgeht.

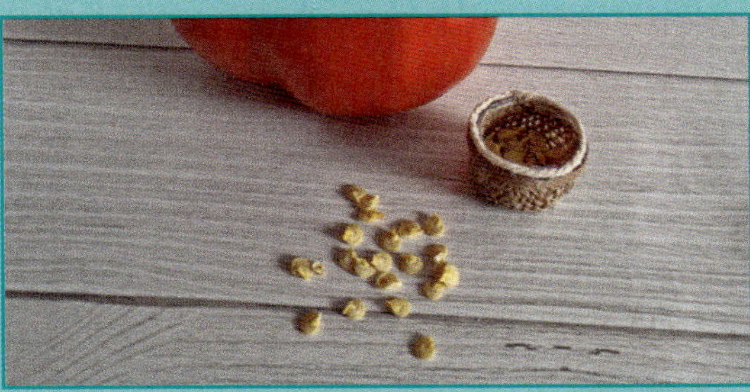

Chips

Für die Wichtelchips benötigst du die Kerne einer Paprika. Lass diese ein paar Tage auf einem Teller trocknen, und schon sind sie fertig.

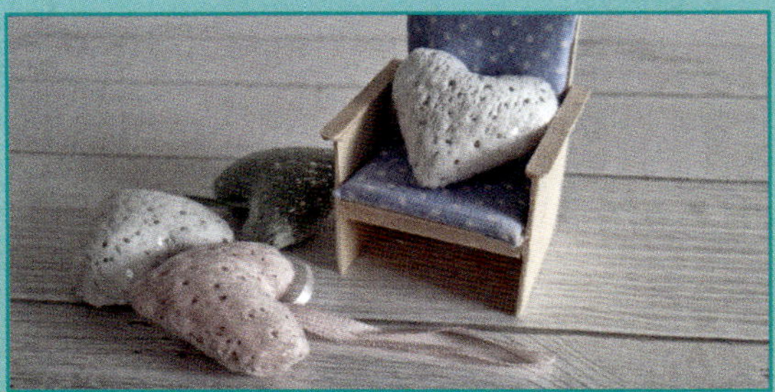

Kissen

Nimm dafür kleine Dekorationsanhänger. Schneide einfach das Bändchen oben ab. (Woolworth, Kik)

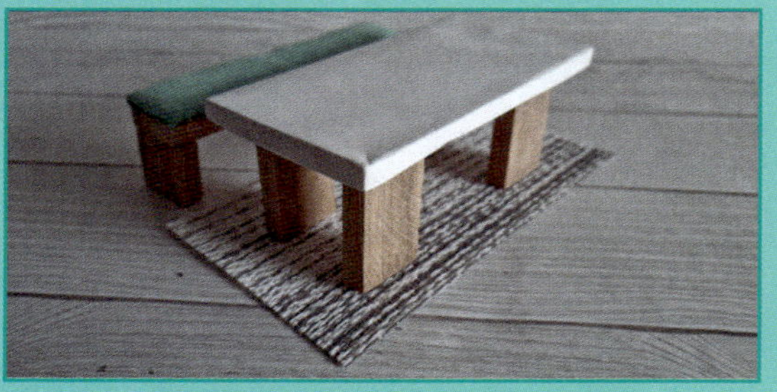

Teppich

Hier habe ich ein altes Tischset verwendet. Lässt sich leicht mit einer Schere abschneiden. Die Größe hier beträgt 14 x 7,5 cm.

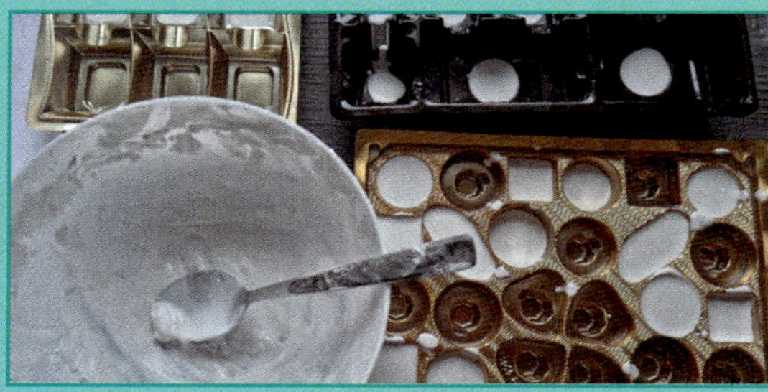

Teller

Gieße dafür einfach etwas Gießpulver in eine Pralinenschachtel.

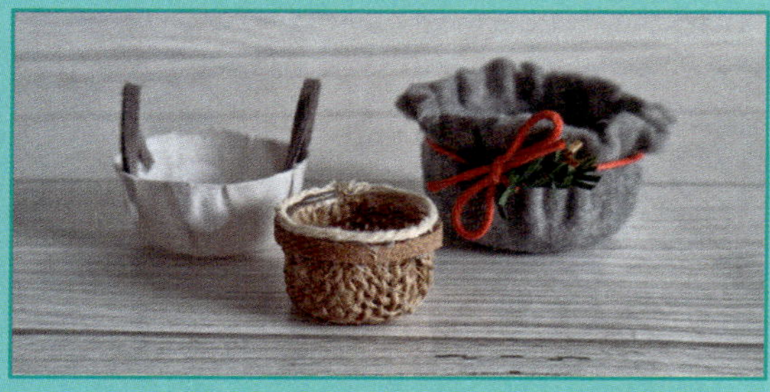

Schalen

Mische 1 EL Bastelkleber und 1 TL Wasser. Jetzt kannst du verschiedene Stoffe nehmen, etwa Jute, Filz, alte Stoffreste. Wickle sie um einen Gegenstand wie einem Deckel und fixiere sie mit einem Gummiband, damit nichts verrutscht. Verstreiche deinen Kleber nun mit einem Pinsel auf dem Stoff. Gut trocknen lassen, und wenn deine Schalen fertig sind, die Ränder abschneiden. Und nach Belieben mit Deko-Band verzieren.

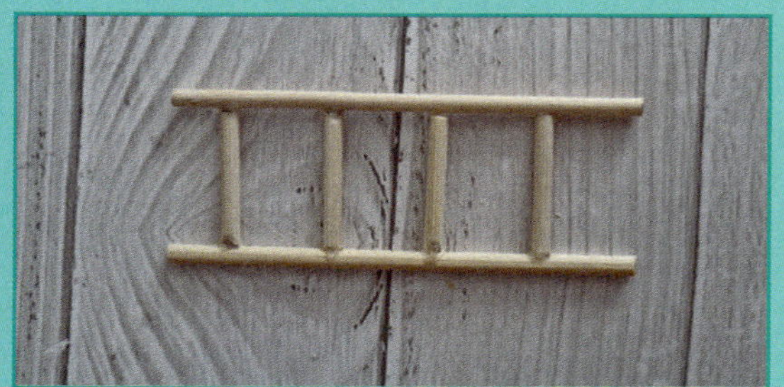

Leiter

Größe: 10 x 3,7 cm
Du brauchst dafür drei Cakepop-Stiele. Einen Stiel schneidest du viermal durch, sodass du 4 Teile à 3 cm erhälst. Klebe diese mit der Heißklebepistole zuerst auf einen Stiel, dann klebst du den zweiten Stiel an. Du kannst auch Schaschlikspieße oder kleine Äste verwenden.

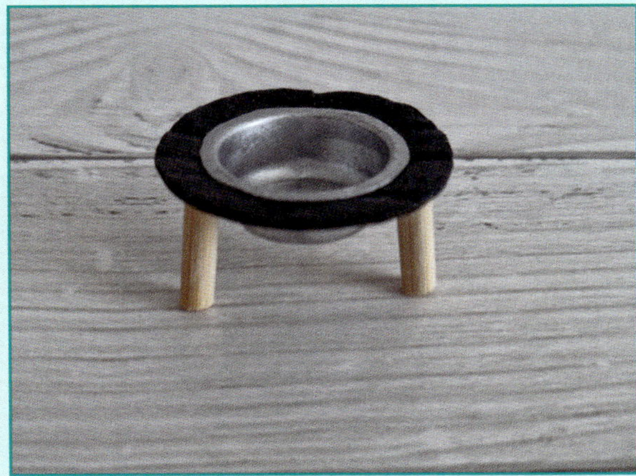

Hundenapf

❄❄

Größe:
3 x 1,6 cm

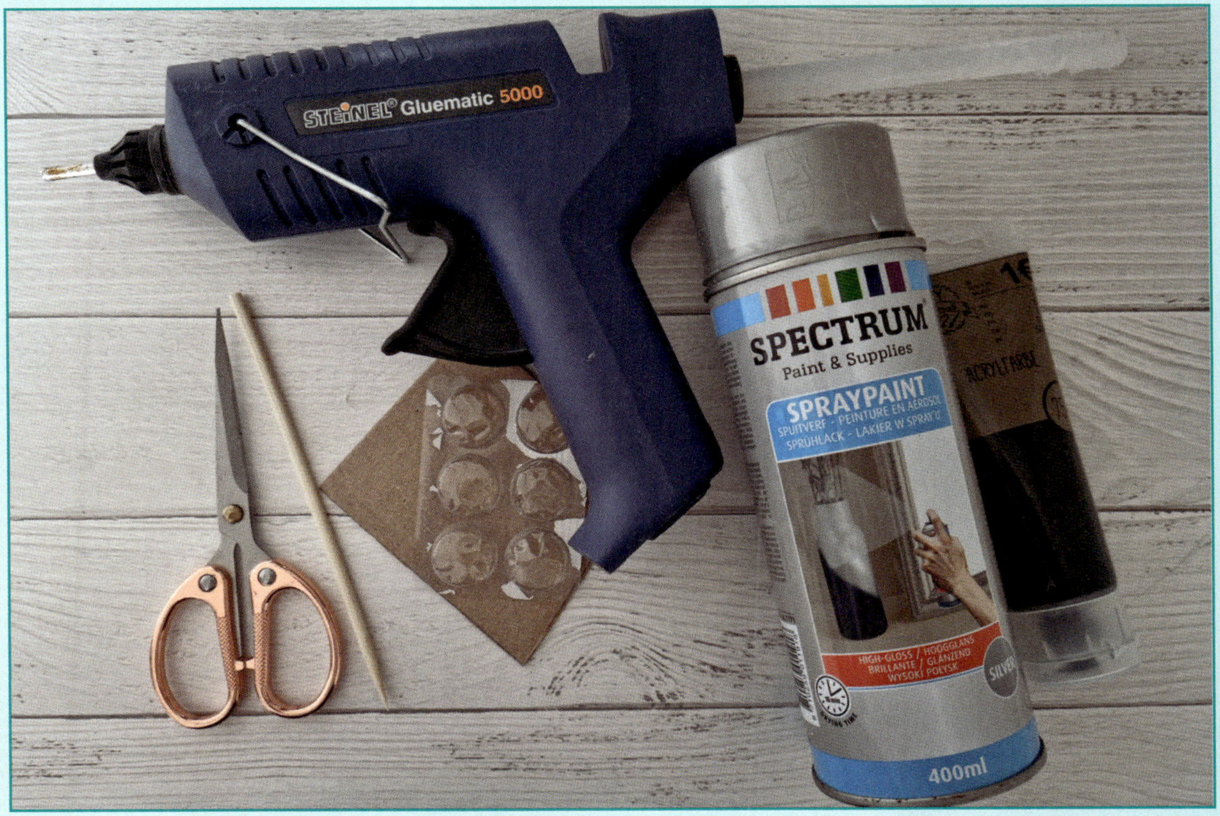

Materialien

- Schere
- Tablettenverpackung
- Karton 0,5 Stärke, ca. 700 g/m²
- Heißklebepistole
- Sprühfarbe in Silber oder Acrylfarbe in Silber und Schwarz
- Cakepop-Stiel 15 x 0,4 cm

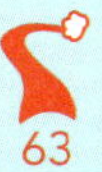

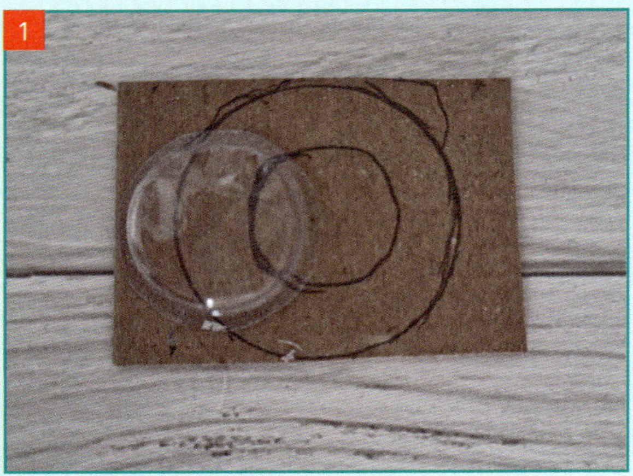

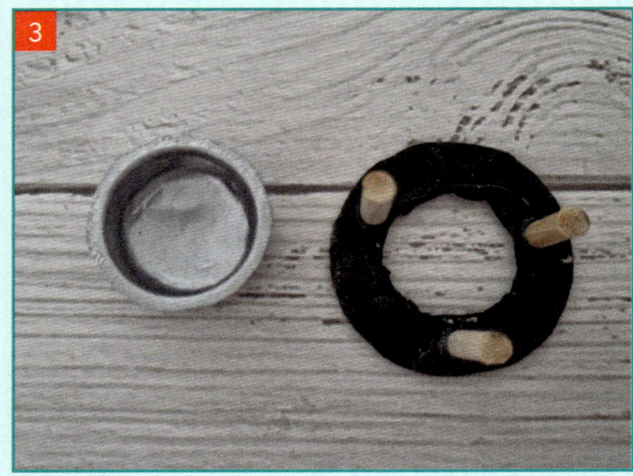

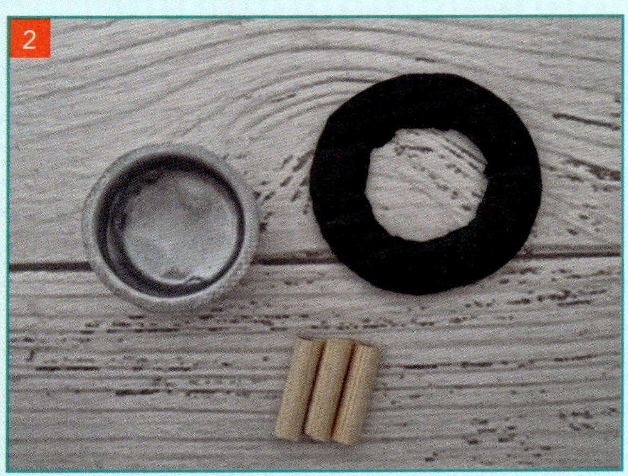

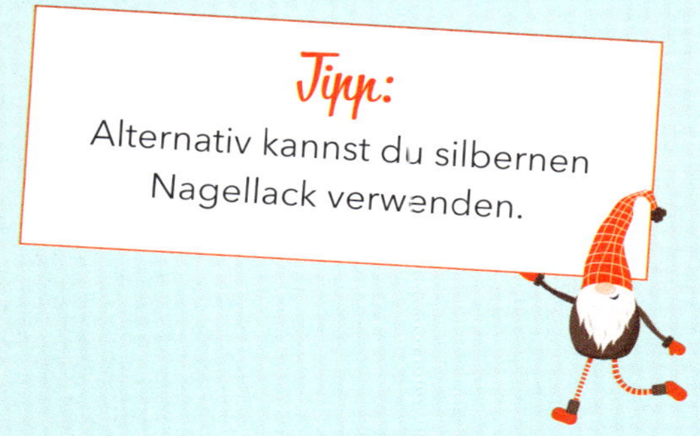

Und so geht's:

1. Schneide von einer Tablettenverpackung ein Stück ab. Das wird der Napf. Der innere Durchmesser der Pappe ist der Außendurchmesser der Verpackung. Die Breite des Papprings beträgt ca. 1 cm.

2. Den Pappring malst du mit schwarzer Acrylfarbe an, den Napf sprühst du silberfarben ein. Lasse beides trocknen.

3. Nimm einen Cakepop-Stiel und schneide mit einem Seitenschneider dreimal 1,5 cm ab. Das sind die Füße für den Napf. Die klebst du, wie auf dem Bild abgebildet, unter deinen Napf.

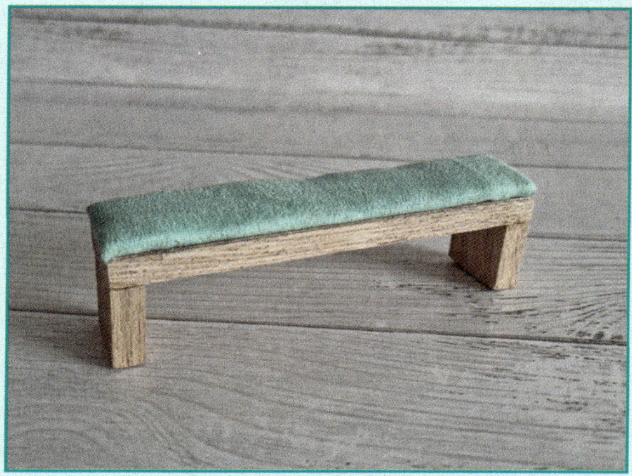

Sitzbank

Größe:
11,1 x 3,3 x 2,1 cm

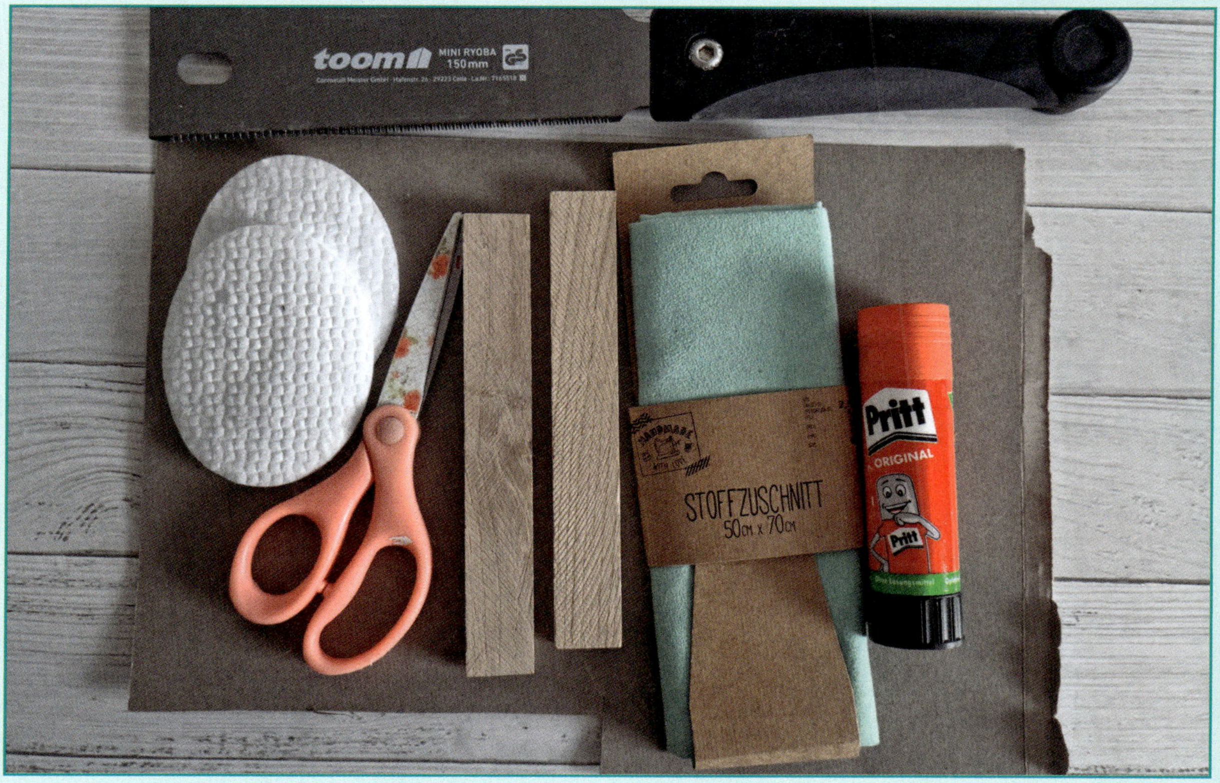

Materialien

- Feinholzsäge
- Schere
- Wattepads
- Bastelklötzchen 20 x 8 x 1,6 cm
- Klebestift
- Stoffschnitt (Tedi) oder alte Stoffreste
- Graupappe 1 mm stark ca. 700 g/m²
- Heißklebepistole
- Lineal
- Bleistift

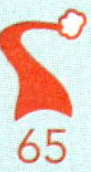

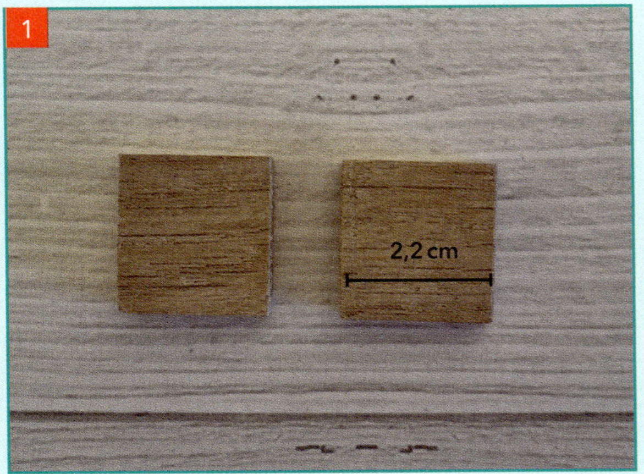

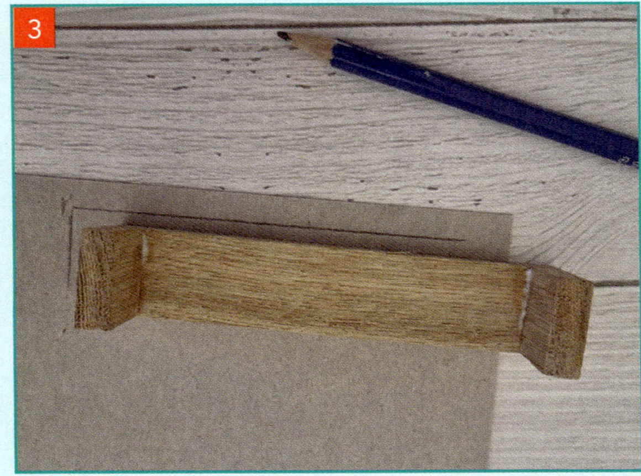

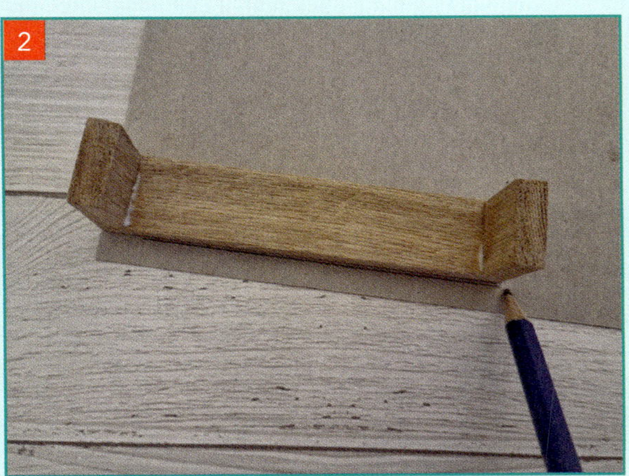

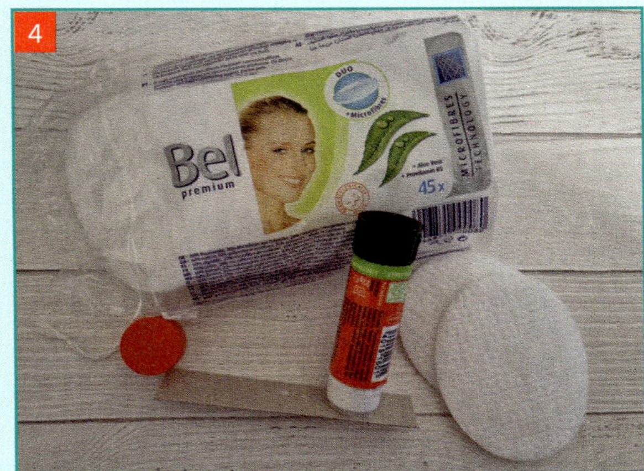

Und so geht`s:

1. Für die Sitzbeine säge zwei 2,2 cm lange Stücke von einem Klötzchen ab.
2. Klebe beide Stuhlbeine, wie auf dem Foto abgebildet, mit Holzleim auf ein Klötzchen. Fertig ist schon mal die Sitzbank.
3. Für die Sitzpolster lege die Bank kopfüber auf ein Stück Pappe und umzeichne sie mit einem Bleistift. Schneide das Stück aus der Pappe aus.
4. Klebe mit einem Klebestift die Watte auf die Pappe und schneide die restliche Watte ab.

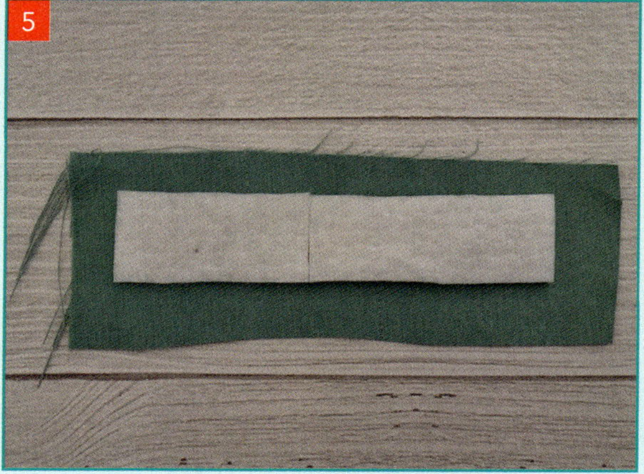

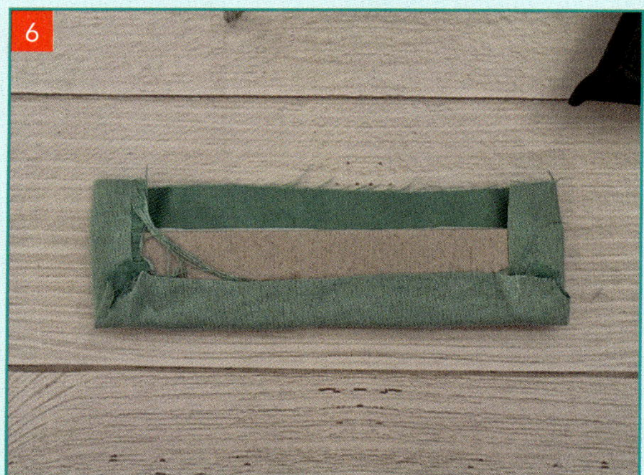

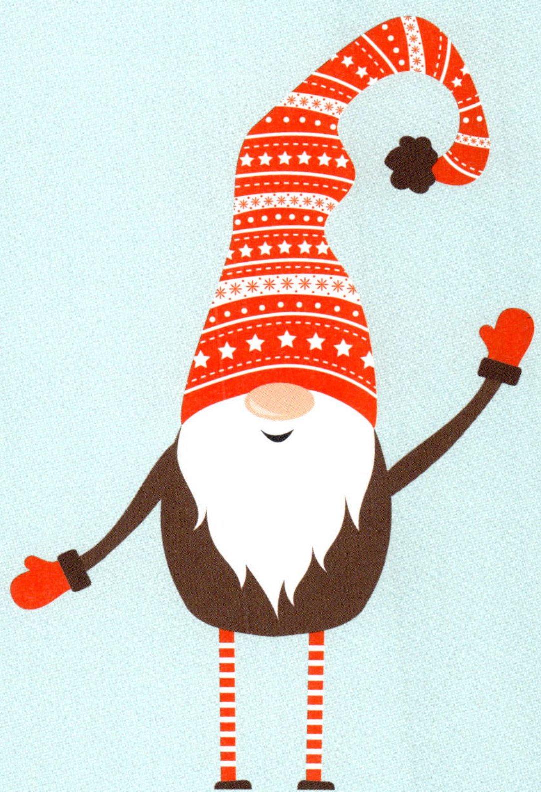

5. Für den Polsterstoff schneidest du ein 14 x 5 cm großes Stück Stoff zu.

6. Klebe mit Heißkleber den Stoff an die Pappe und befestige das Sitzpolster mit Heißkleber an der Sitzbank.

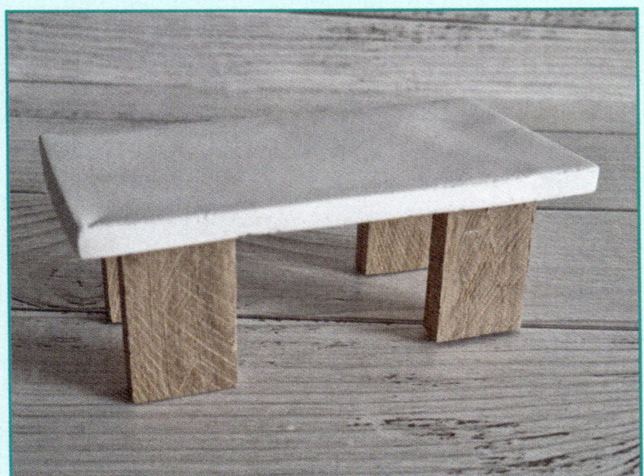

Tisch

Größe:
11 x 4,5 x 5,5 cm

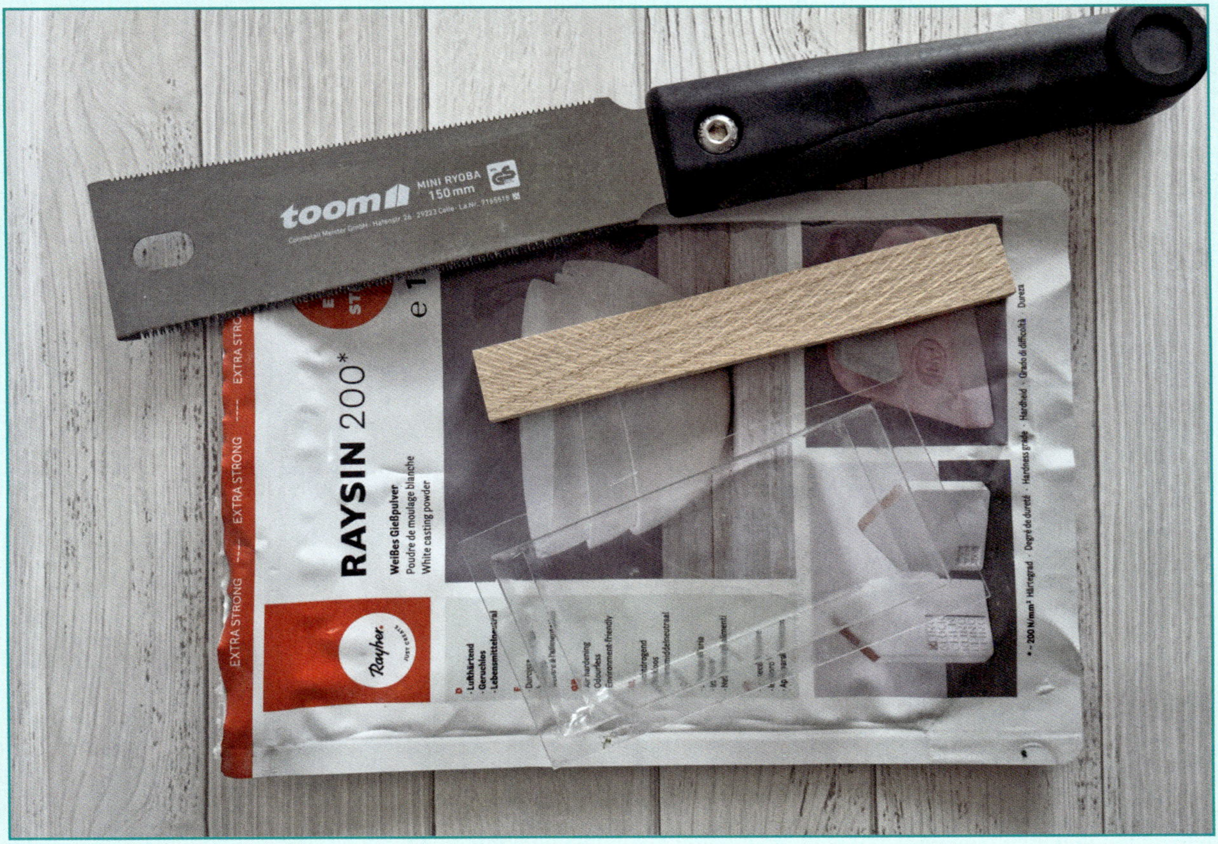

Materialien

- Feinholzsäge
- Spachtelmasse
- Gießpulver
- Holzklötzchen 22 x 8 x 1,6 cm
- alte quadratische Plastikverpackung, ca. 11 x 5,5 cm

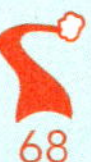

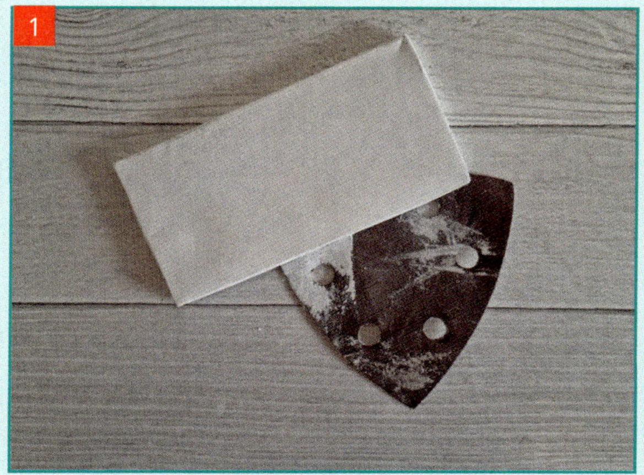

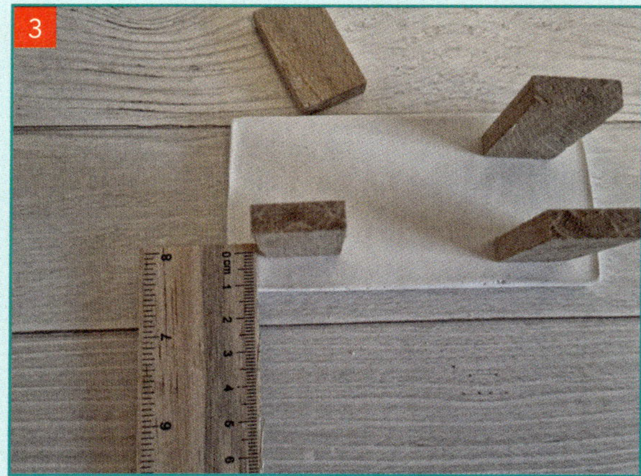

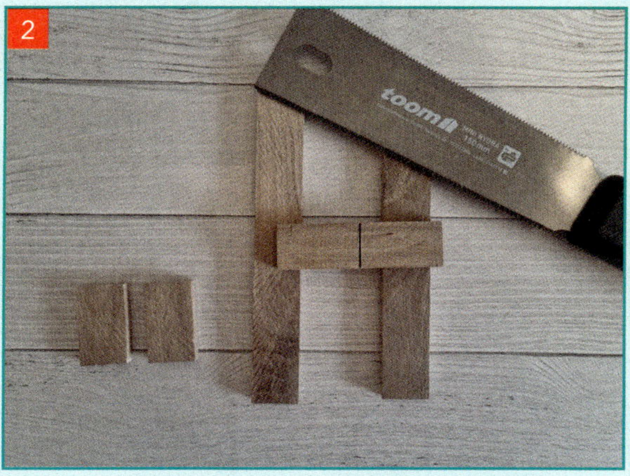

Und so geht's:

1. Als Erstes gießt du nach Packungsangabe die Tischplatte in eine alte Plastikverpackung. Lasse sie trocknen, nimm sie heraus und schleife sie nach Bedarf etwas ab. Du kannst sie auch mit Acrylfarben anmalen.

2. Säge dir aus einem Holzklötzchen vier 4 cm lange Stuhlbeine.

3. Klebe alle Stuhlbeine mit etwas Spachtelmasse mit 1 cm Abstand auf die Rückseite der Tischplatte.

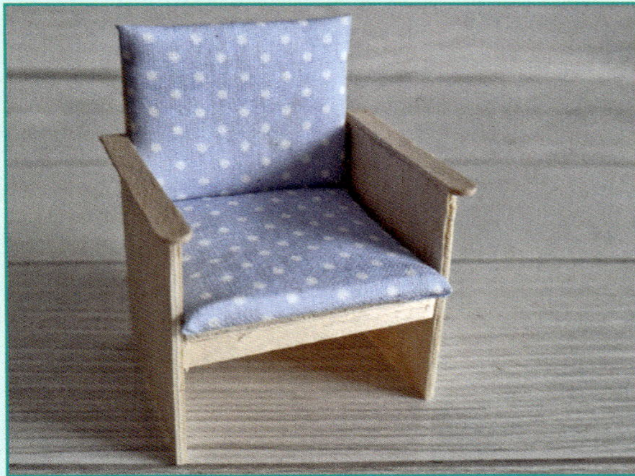

Sessel

❄❄

Größe:
6 x 4,5 x 4 cm

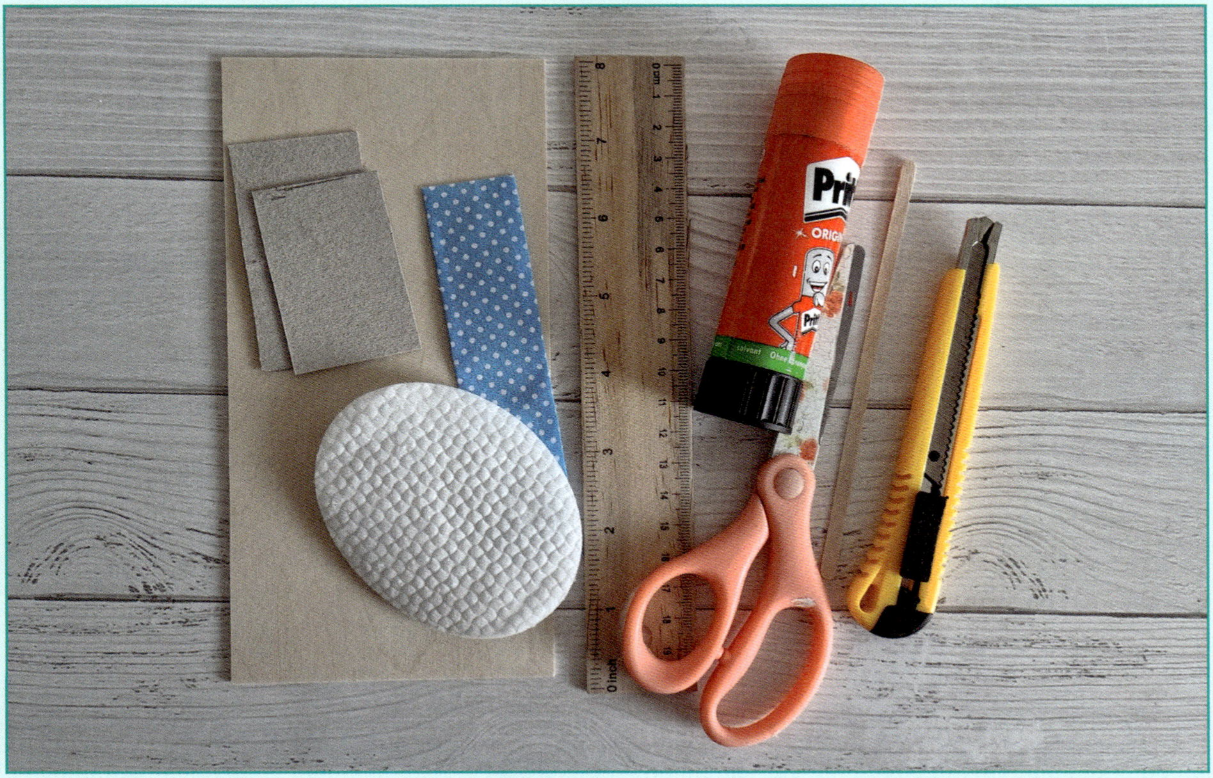

Materialien

- Schere
- Klebestift
- Cuttermesser
- Graupappe 1 mm stark ca. 700 g/m²
- Balsaholz 20,0 x 10 x 1,5 cm
- Wattepad
- Lineal
- Heißkleber
- Stoffsticker (Tedi)
- Holzleim

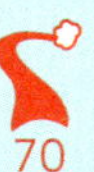

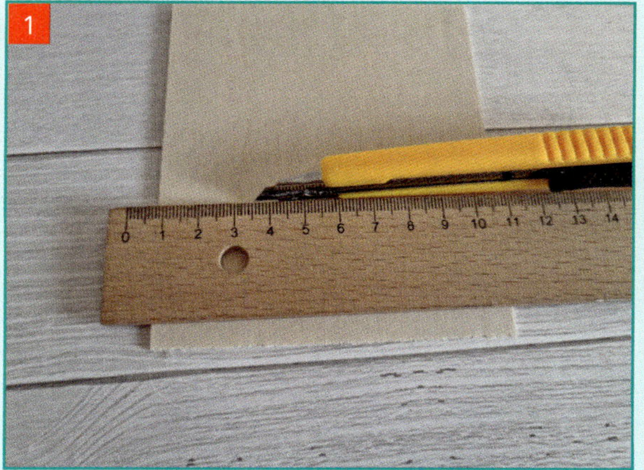

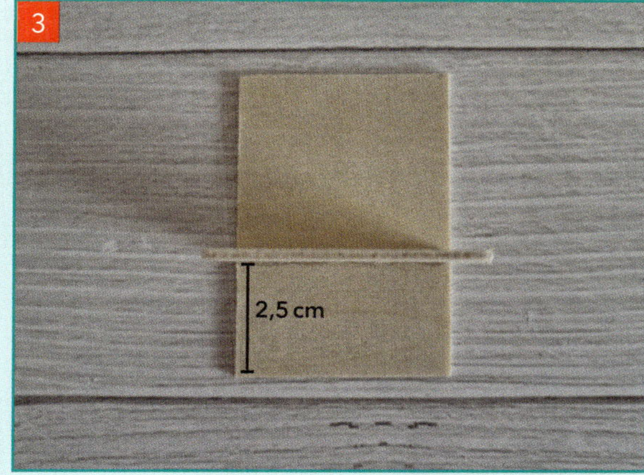

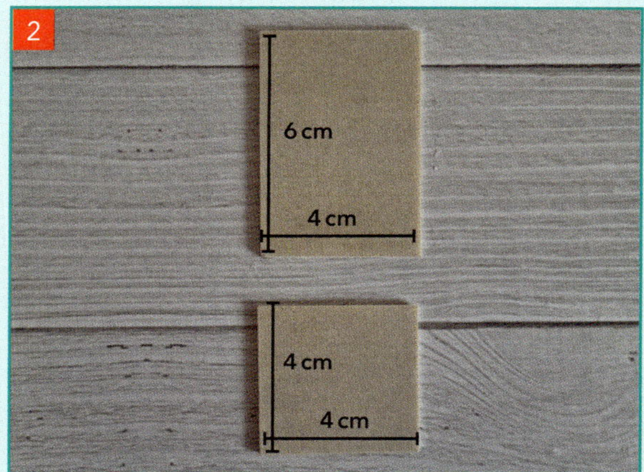

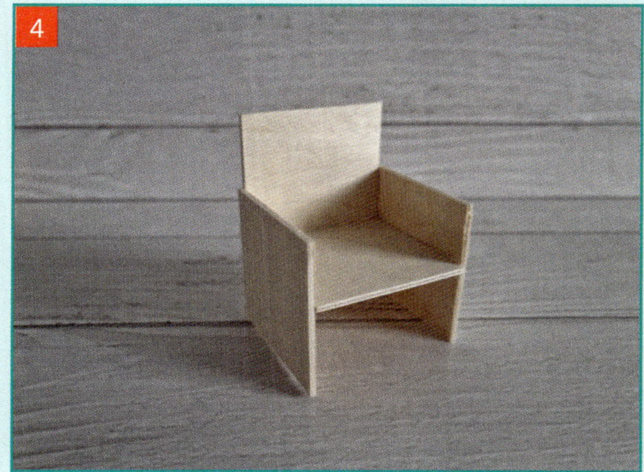

Und so geht`s:

1. Schneide mit dem Cutter zwei 4 x 4 cm große Stücke Balsaholz für die Armlehne zu.
2. Dann schneide mit dem Cuttermesser 6 x 4 cm für die Rückenlehne und 4 x 4 cm für die Sitzfläche zu.
3. Klebe mit Holzleim die Sitzfläche bei 2,5 cm an die Rückenlehne.
4. Nun klebst du links und rechts die Armlehnen an.

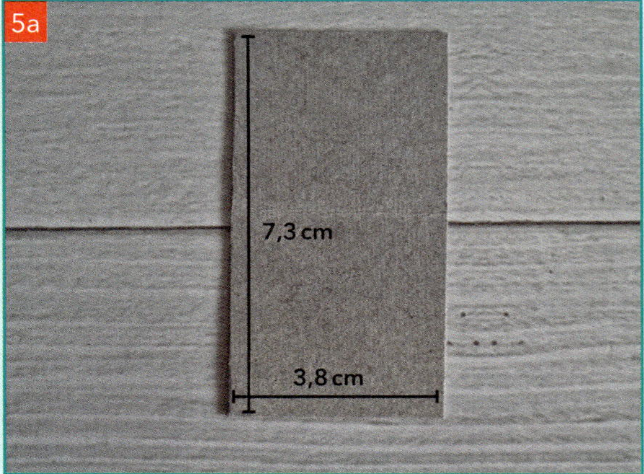

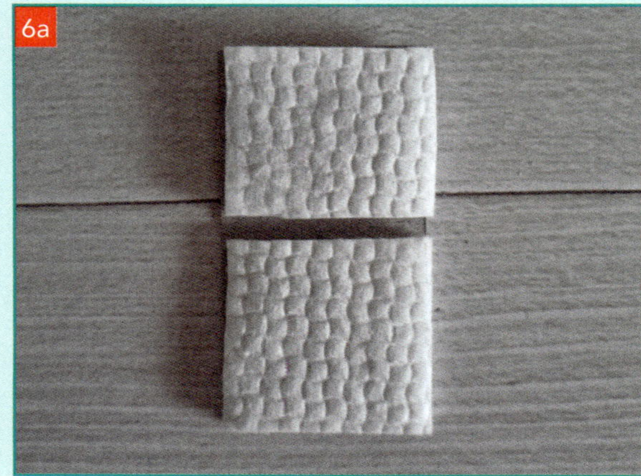

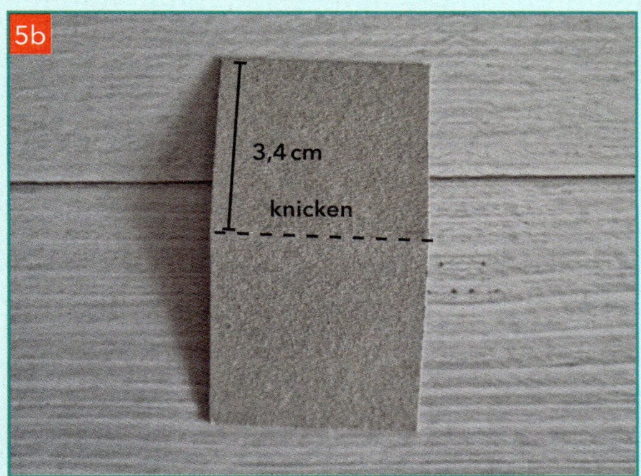

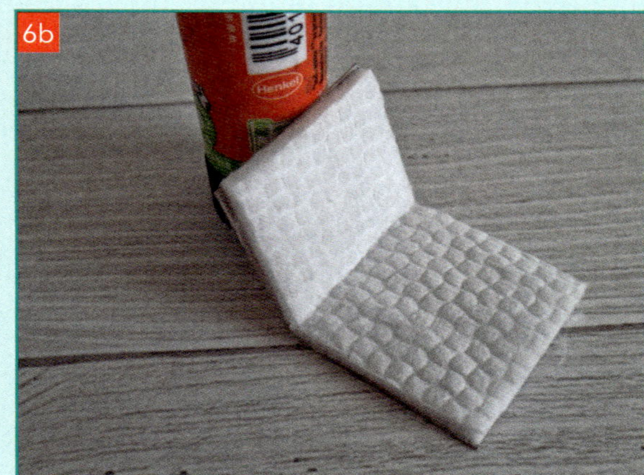

5. Für dein Sitzpolster benötigst du ein 7,3 x 3,8 cm großes Stück Graupappe. Knicke es bei 3,4 cm.

6. Mit einem Klebestift klebst du den Wattepad auf die Graupappe. Lasse in der Mitte etwas Platz, damit du das Sitzpolster später knicken kannst.

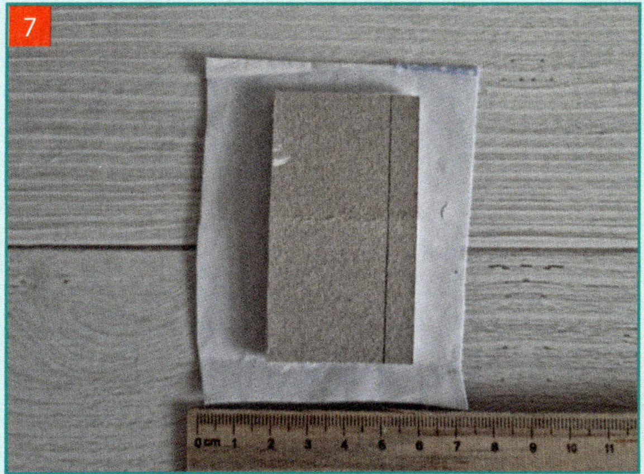

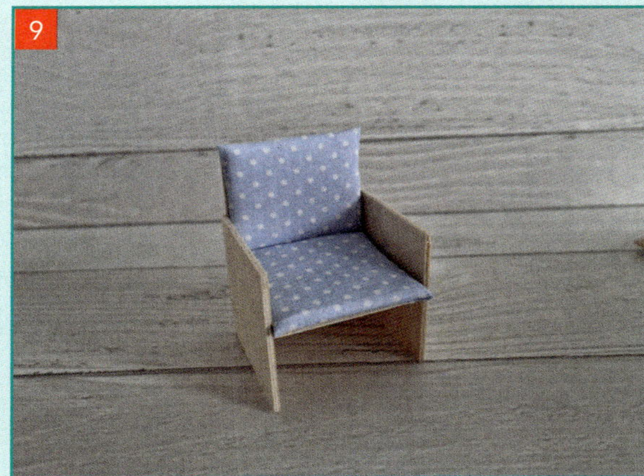

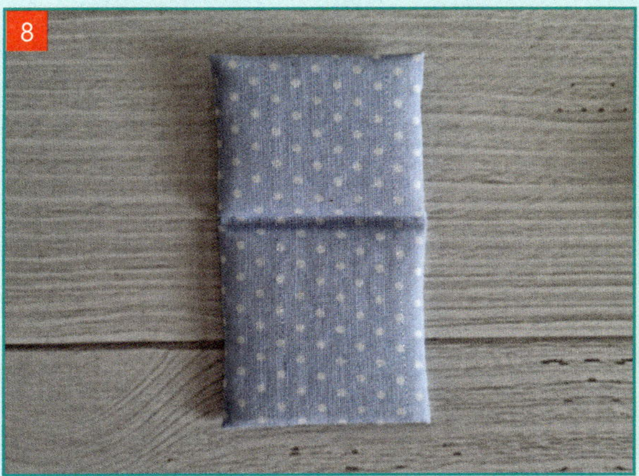

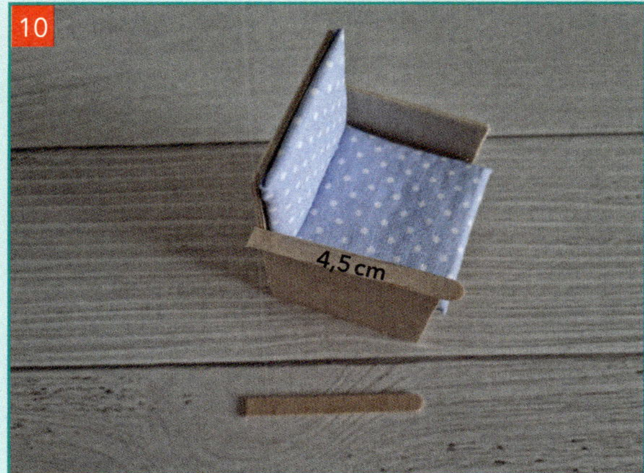

7. Nimm einen ca. 9,5 x 7 cm großen Stoffsticker, entferne das Schutzpapier, klebe ihn auf die Watte hinten an der Pappe.

8. Drücke mit dem Finger etwas in die Vertiefung.

9. Klebe mit Heißkleber die Sitzpolster auf den Sessel. Wenn du magst, kannst du den Sessel vorher mit weißer Acrylfarbe anmalen.

10. Schneide zwei 4,5 cm lange Rührstäbchen zu und klebe diese auf die Armlehne.

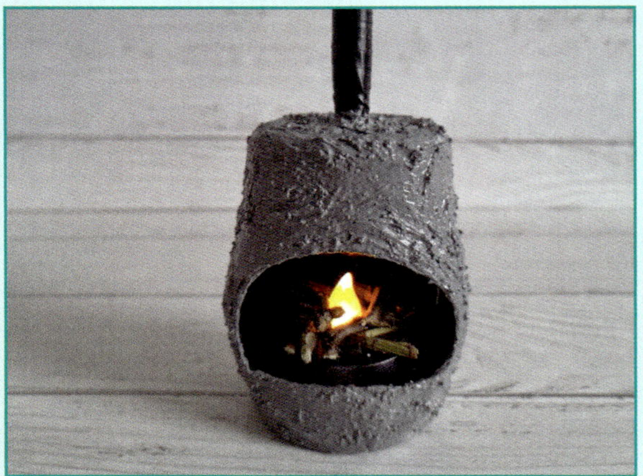

Kamin

❄ ❄

Größe:
6 x 4 x 13,5 cm

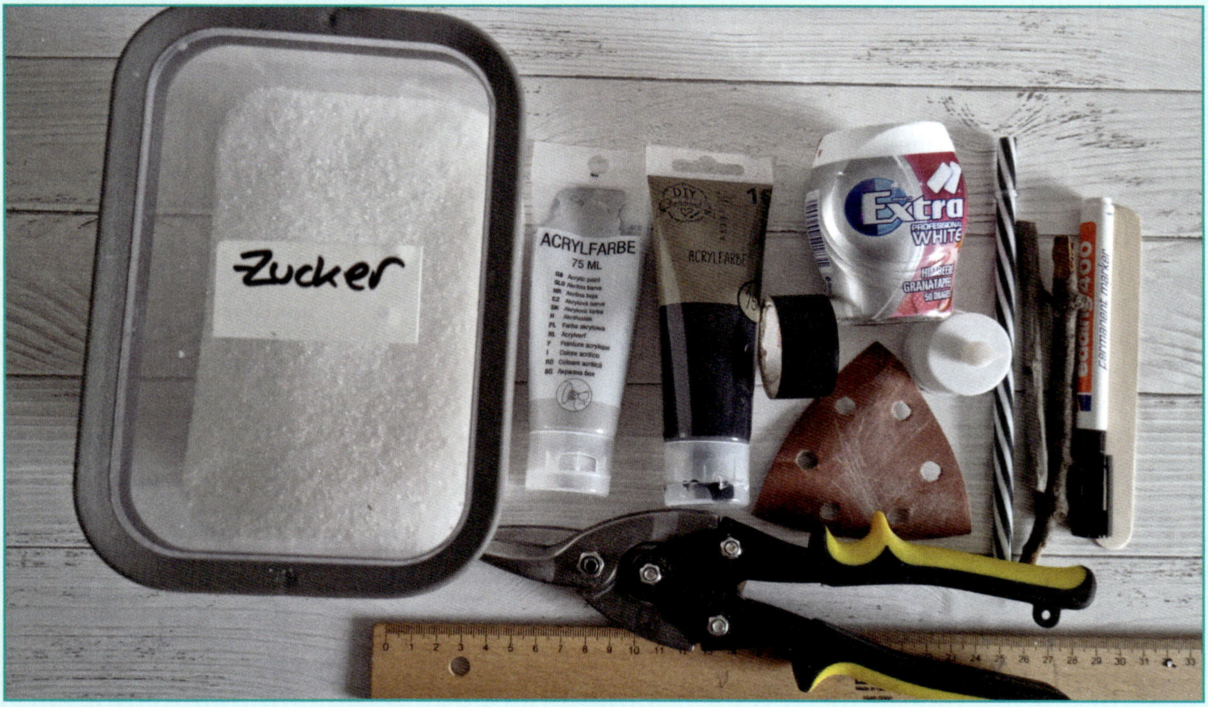

Materialien

- Kaugummiverpackung
- Zucker
- Acrylfarben in Schwarz und Grau
- Schleifpapier
- Blechschneider
- Schere
- Heißklebepistole
- schwarzes Isolierband
- LED-Teelicht
- Strohhalm
- Äste
- schwarzer Permanentmarker
- Holzmundspatel
- schwarze Sprühfarbe

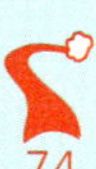

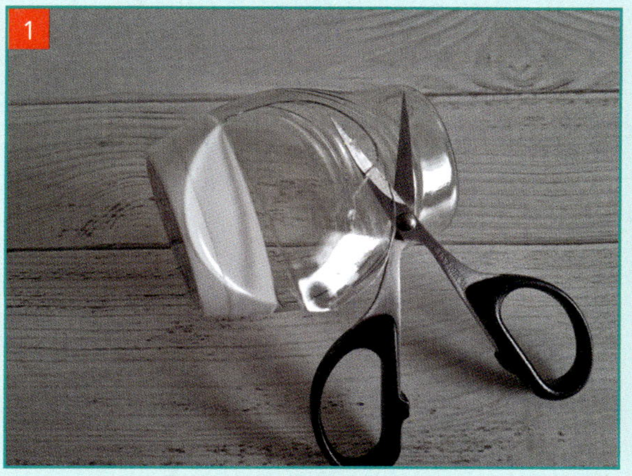

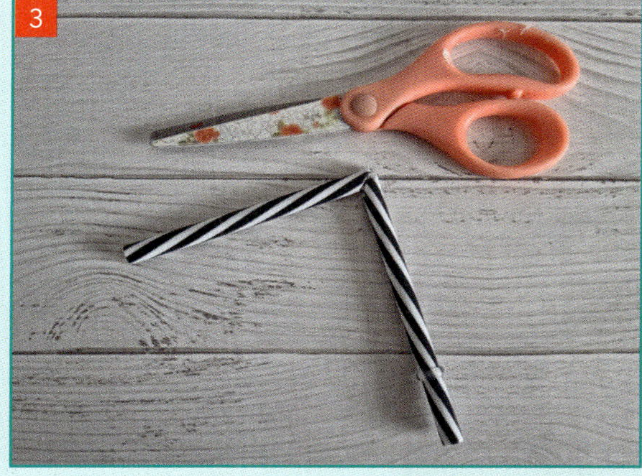

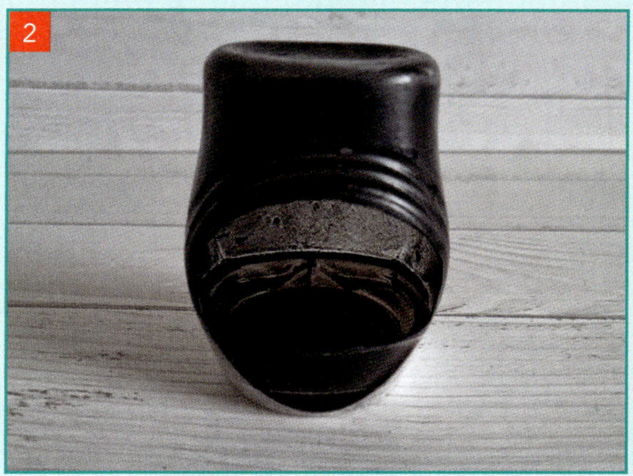

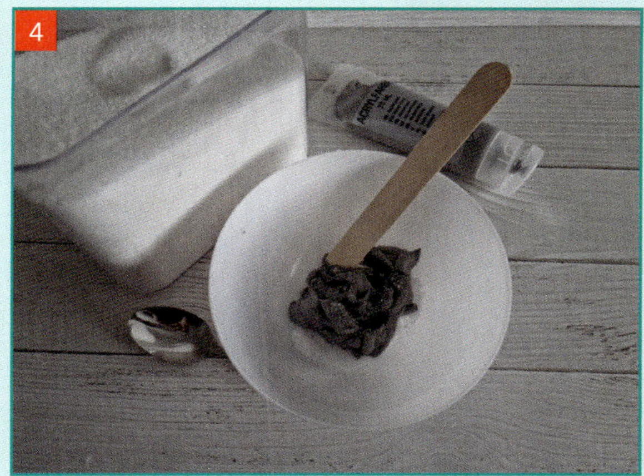

Und so geht's:

1. Entferne das Etikett von der Kaugummiverpackung und schneide ein Loch in die Plastikverpackung. Die Ränder etwas mit Schleifpapier abschleifen.

2. Sprühe mit schwarzer Acrylfarbe die Kaugummiverpackung von innen und außen ein. Oder bemale sie mit schwarzer Acrylfarbe.

3. Halbiere einen Strohhalm und klebe ihn mit Heißkleber wieder zusammen, wie auf dem Bild abgebildet.

4. Mische ca. 2–3 EL graue Acrylfarbe mit ca. 8–10 TL Zucker. Gut umrühren, damit sich das Ganze gut vermischt. So bekommst du eine betonartige Konsistenz.

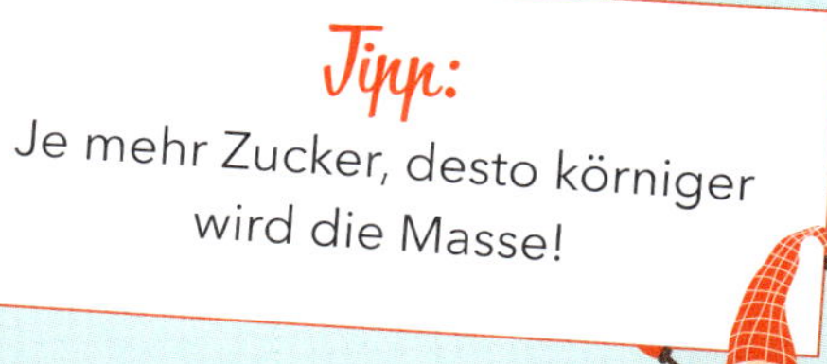

Tipp:
Je mehr Zucker, desto körniger wird die Masse!

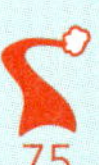

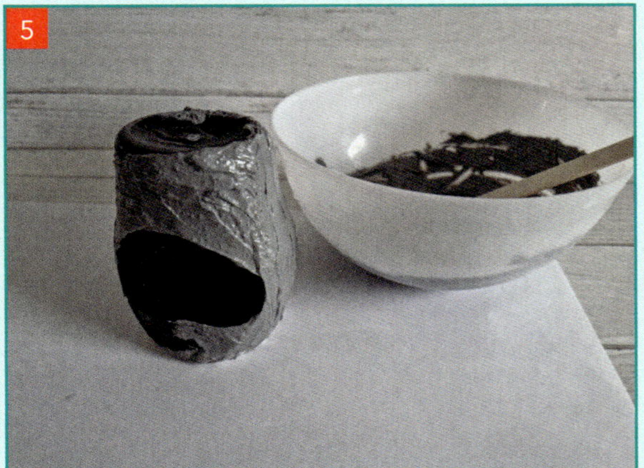

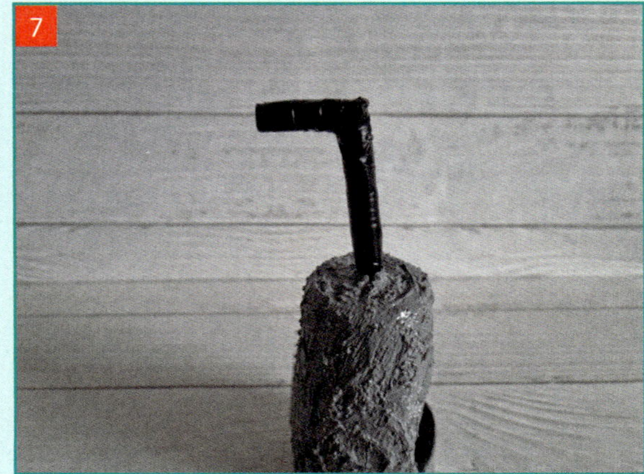

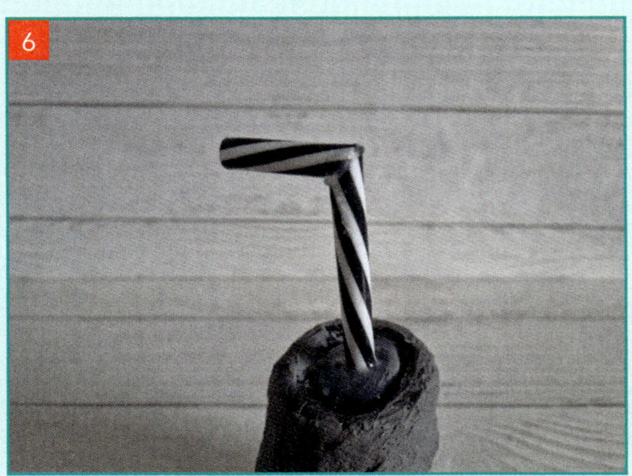

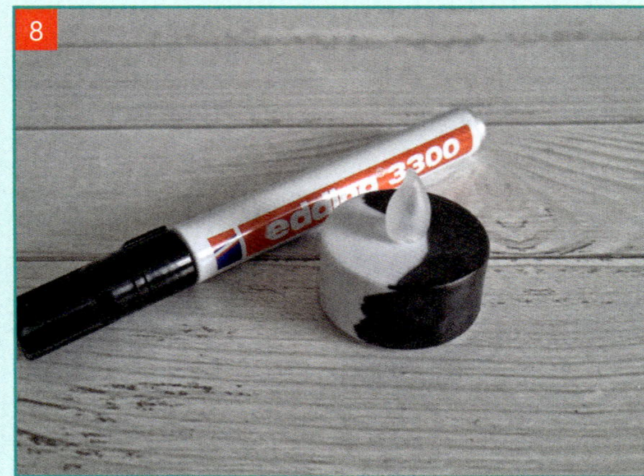

5. Verstreiche die Masse mit einem Holzmundspatel außen auf der Verpackung. Es dauert ein paar Tage, bis dein Kamin komplett getrocknet ist.

6. Schneide vom Strohhalm oben 2 cm ab und unten 5 cm. Das lange Stück klebst du mit Heißkleber auf den Kamin.

7. Ummantele den Strohhalm mit schwarzem Isolierband.

8. Bemale ein LED-Teelicht mit Permanentmarker und klebe kleine Äste mit Heißkleber auf das Teelicht

Der Wichtel handwerkelt

Weil den Wichteln immer wieder so viele Dinge einfallen, die sie noch benötigen, brauchen sie dafür Platz. Dazu bauen sie sich jedes Jahr ein Ideenlager aus Holz, wo sie alle Einfälle aufbewahren können. Verwunderlich ist es daher nicht, dass sie neben dem Backen auch das Handwerken lieben. Und dafür braucht man so einiges an Werkzeug und Accessoires.

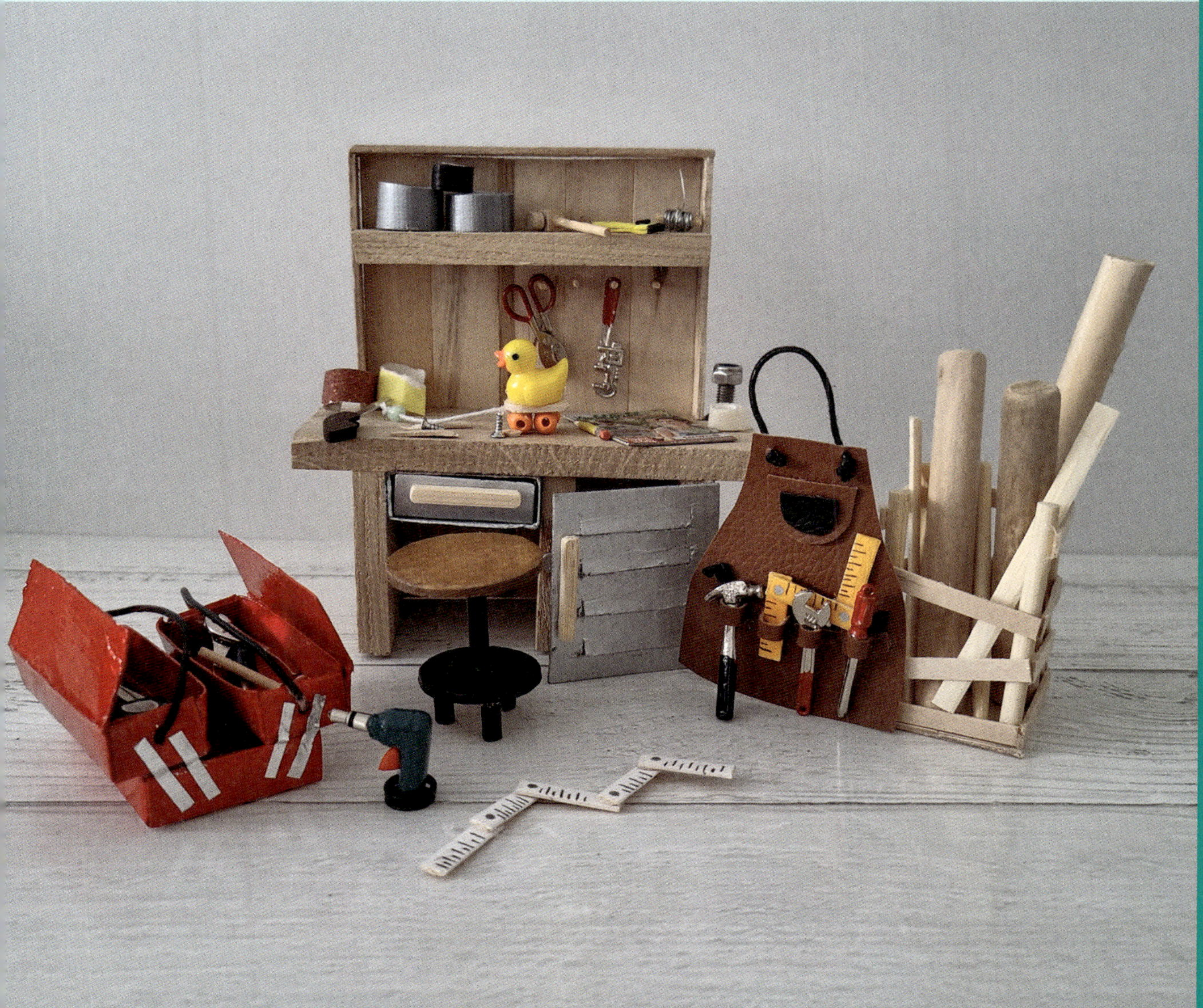

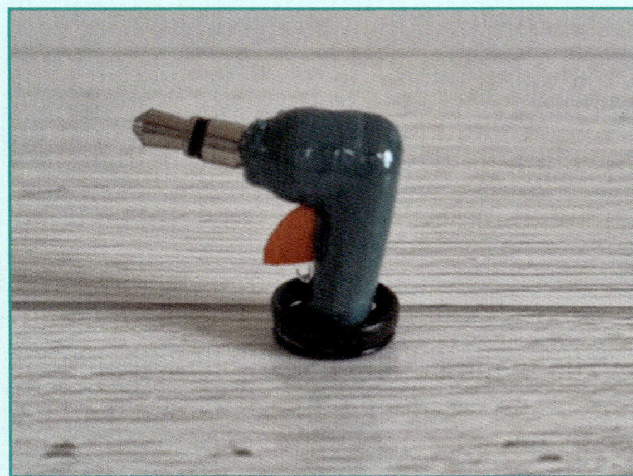

Akkubohrer

Größe:
8 x 9,5 x 9 cm

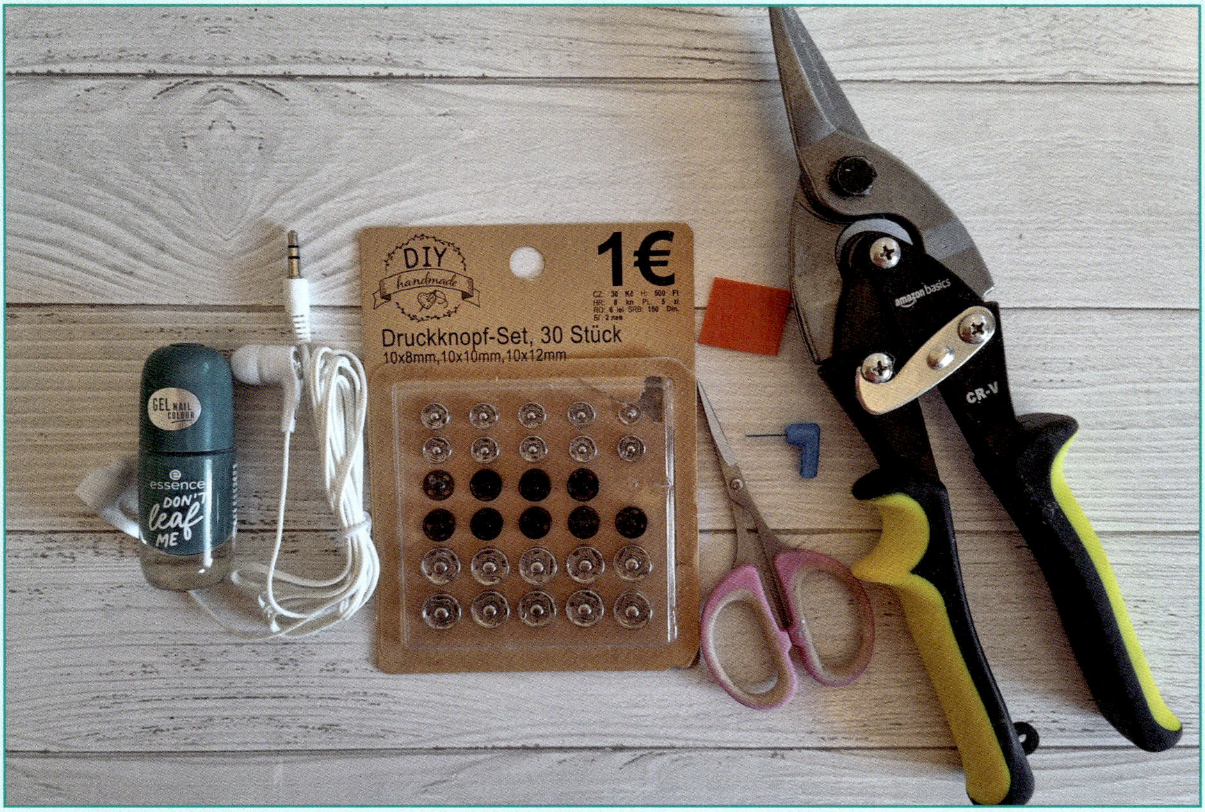

Materialien

- Interdentalbürstchen von dm
- Druckknopf, 0,9 cm Durchmesser
- Nagellack
- Kopfhörer
- rotes Moosgummi
- Schere
- Blechschneider
- Heißklebepistole

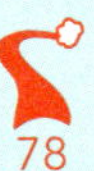

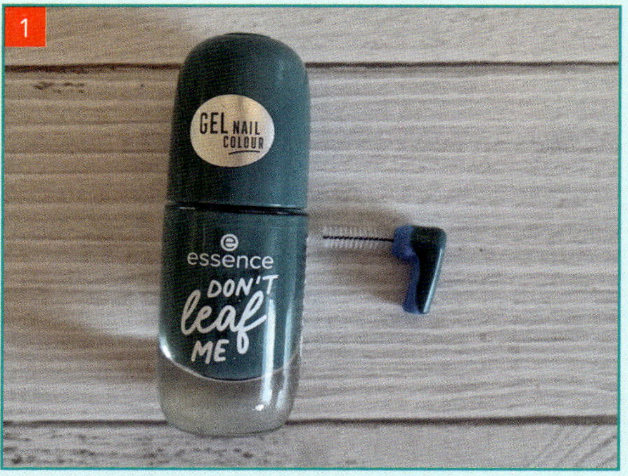

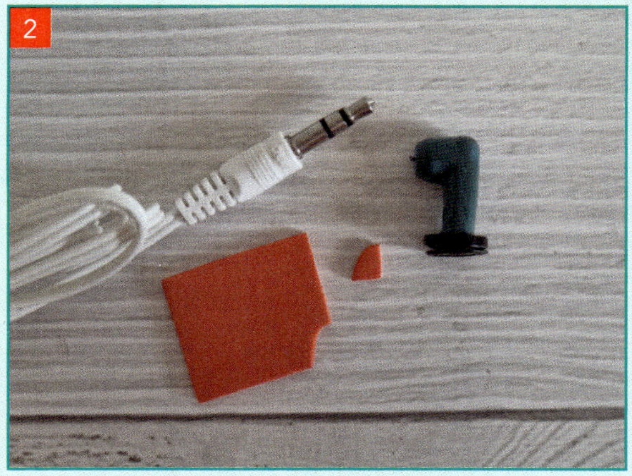

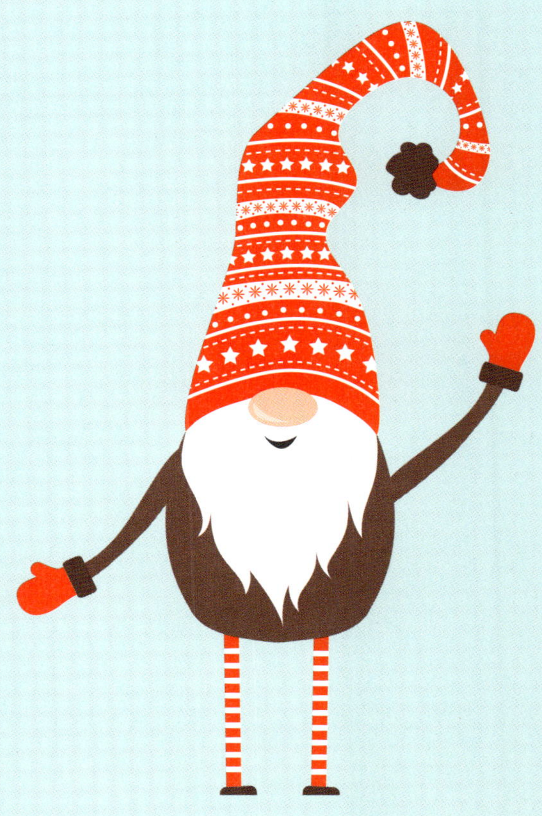

Und so geht`s:

1. Das Interdentalbürstchen mit Nagellack anstreichen und gut trocknen lassen.
2. Nimm einen Druckknopf und stecke ihn unten in das Bürstchen, entferne den Bürstenkopf. Knipse mit dem Blechschneider bei der zweiten schwarzen Markierung das Metall vom Kopfhörer und klebe ihn mit Heißkleber an das Bürstchen. Schneide dir einen Griff in der Größe von 0,5 cm zurecht, wie auf dem Bild abgebildet, und klebe ihn mit Heißkleber fest. Knicke das Metallstück (Bohrer) etwas nach oben, so kann dein Akkubohrer auch stehen.

Blitz-Bastelprojekte – einfache Accessoires

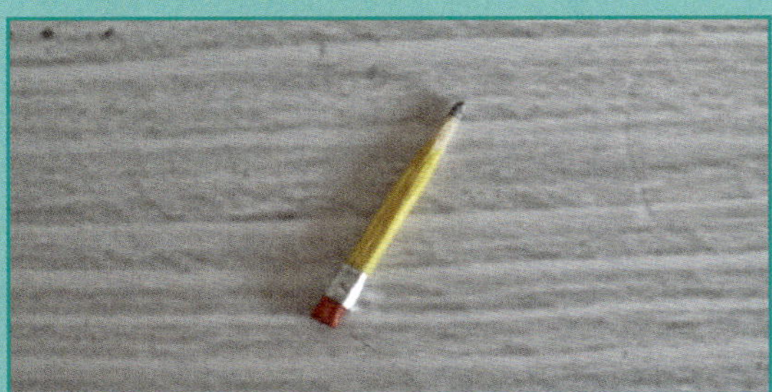

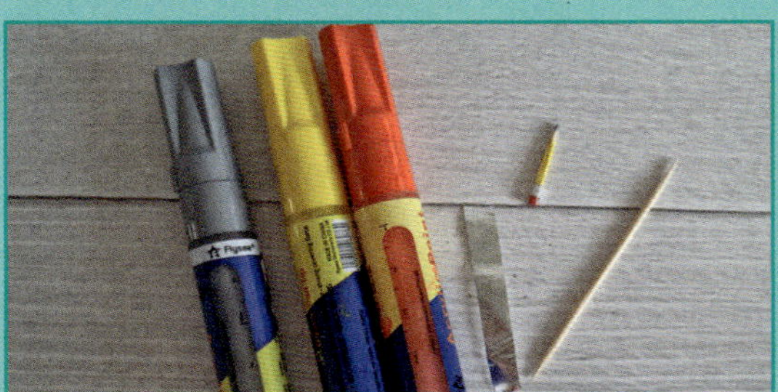

Bleistift

Größe: 2 cm
Knipse den Zahnstocher auf 2 cm ab. Schneide mit der Schere ein 0,3 x 1,5 cm großes Stück Alufolie ab und klebe es mit Flüssigkleber um den Zahnstocher. Bemale den Bleistift wie auf dem Bild. Statt Alufolie kannst du auch einen silbernen Acrylstift benutzen.

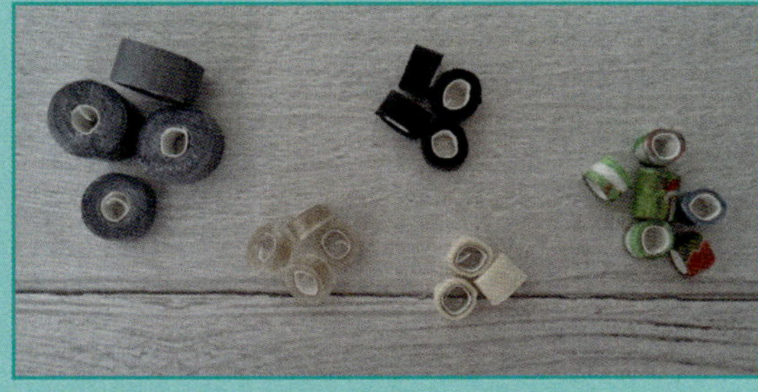

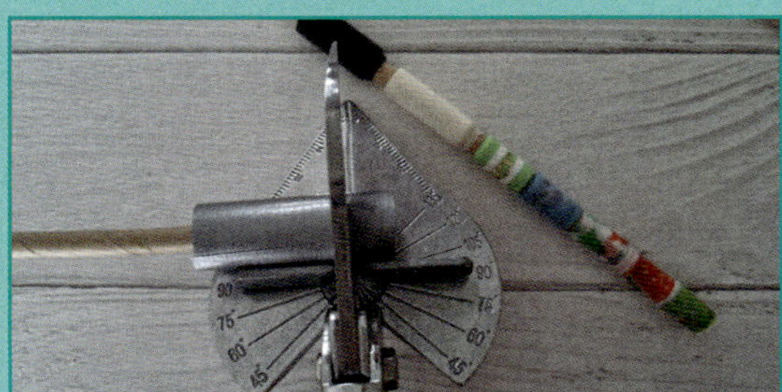

Panzerband und weitere Klebebänder

Größe: 1,7 x 0,8 cm
Rolle deine gewünschten Bänder auf einen Strohhalm und schneide sie mit einem Gehrungsschneider ab.

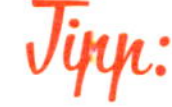

Die Dicke der Bänder kannst du variieren. Panzerband sieht toll aus, wenn es etwas dicker gerollt wird.

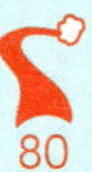

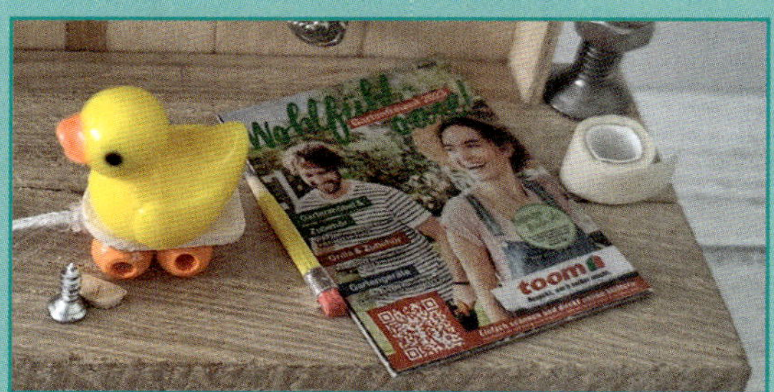

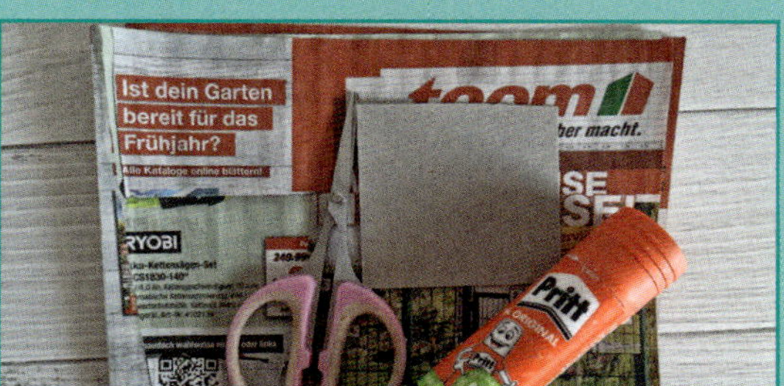

Zeitschrift

Größe: 3,9 x 2,9 cm
Schneide dir ein Bild aus, klebe es mit Klebestift auf die Pappe und schneide es aus.

Tipp:
Bei solchen Werbezeitschriften sind natürlich keine Grenzen gesetzt. Du kannst auch andere Motive ausschneiden, wie zum Beispiel Schokolade.

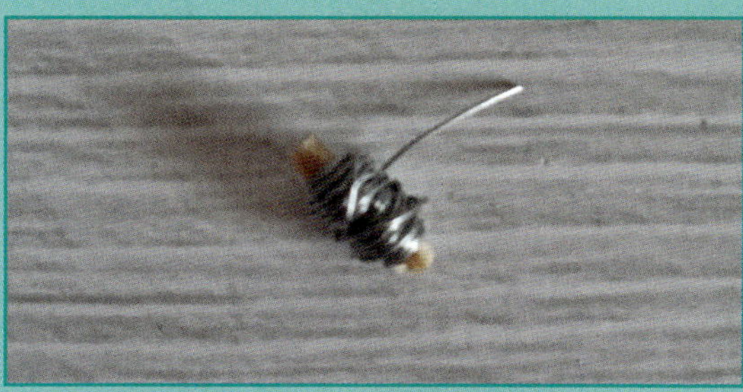

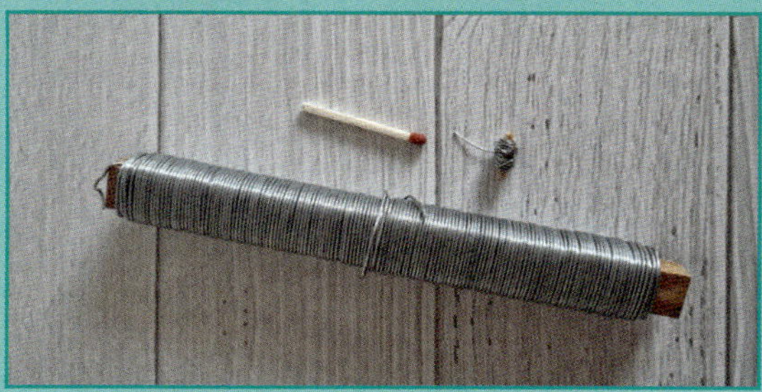

Wickeldraht

Größe: 1 cm
Rolle etwas Blumendraht auf ein Streichholz und schneide ihn bei 1 cm ab.
Du kannst auch Accessoires benutzen, wie zum Beispiel kleine Holzreste, etwas Schleifpapier klein schneiden oder Mini-Nägel benutzen. Wie auch Accessoires von anderen Wichtelkulissen.

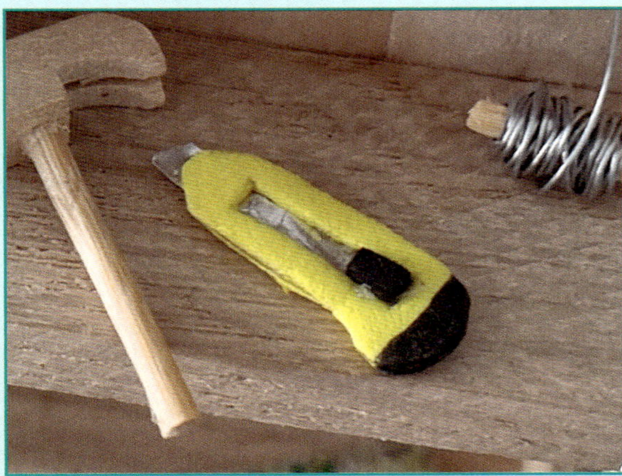

Cuttermesser

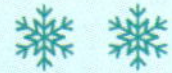

Größe:
2,1 x 0,6 cm

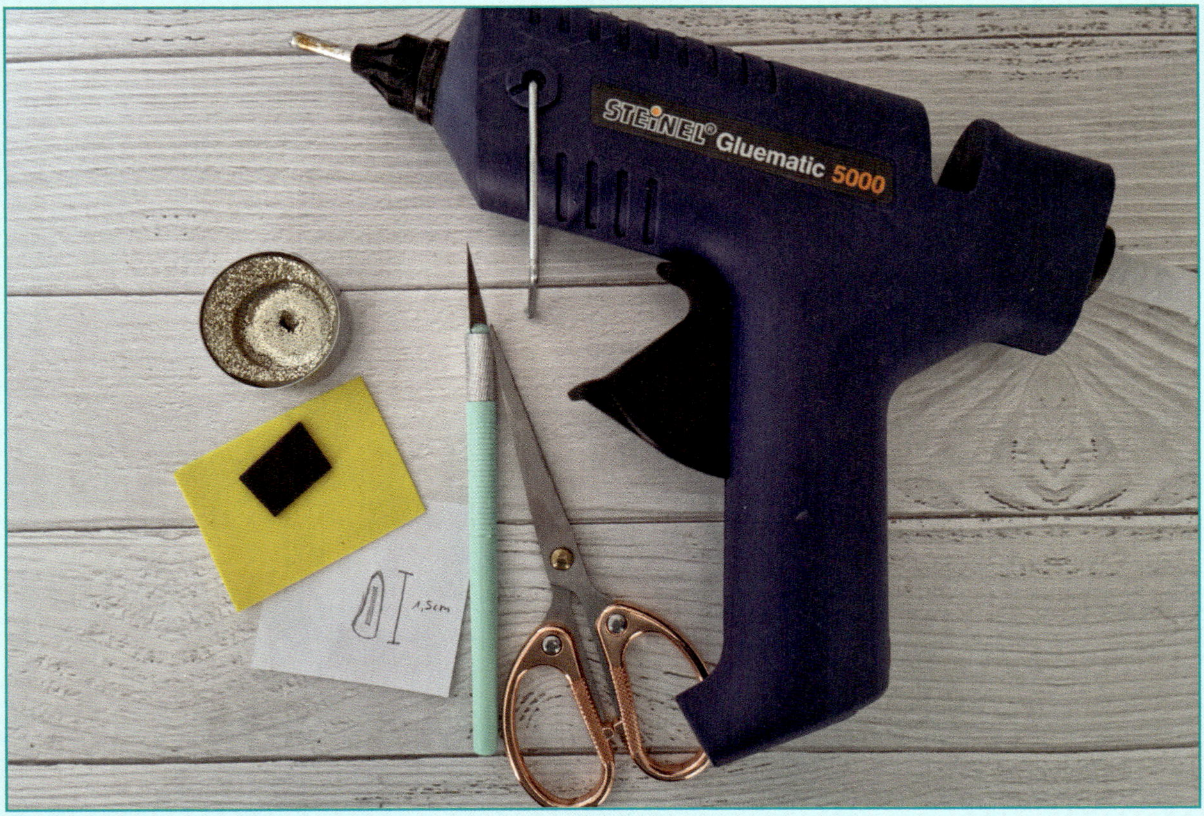

Materialien

- gelbes Moosgummi
- Skalpell
- Schere
- Bleistift
- Papier
- Heißklebepistole
- Teelicht,
- schwarzer Permanentmarker

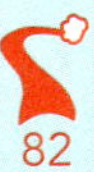

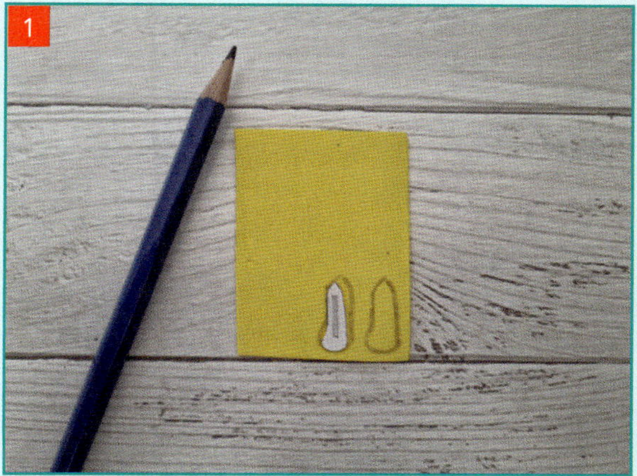
1

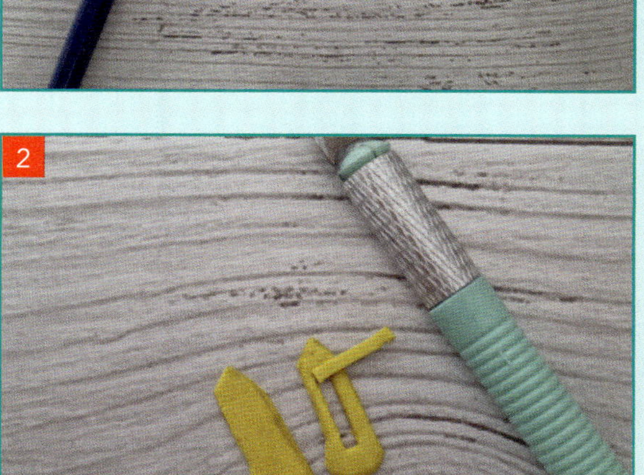
2

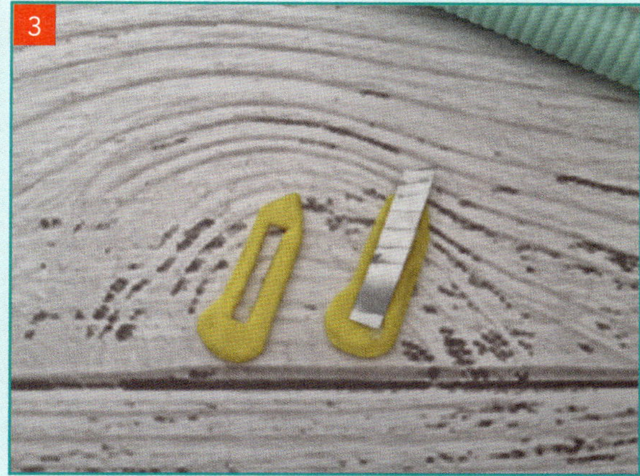
3

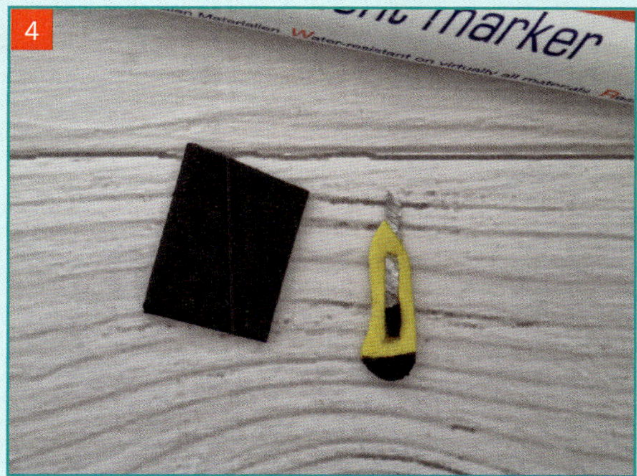

4

Und so geht`s:

1. Mach auf einem Blatt Papier eine Skizze und übertrage diese auf das Moosgummi. Das überträgst du zweimal.

2. Schneide beide mit einem Skalpell aus und löse jeweils das Mittelteil heraus.

3. Nun schneidest du ein 1,5 x 0,2 cm großes Stück Aluminium vom Teelicht ab. Ritze mit einem Skalpell kleine Abbrechklingen an.

4. Klebe beide Teile zusammen und schneide ein 0,3 x 0,1 cm großes Stück schwarzes Moosgummi für den Schieber zurecht. Den Griff kannst du mit Permanentmarker unten schwarz anmalen.

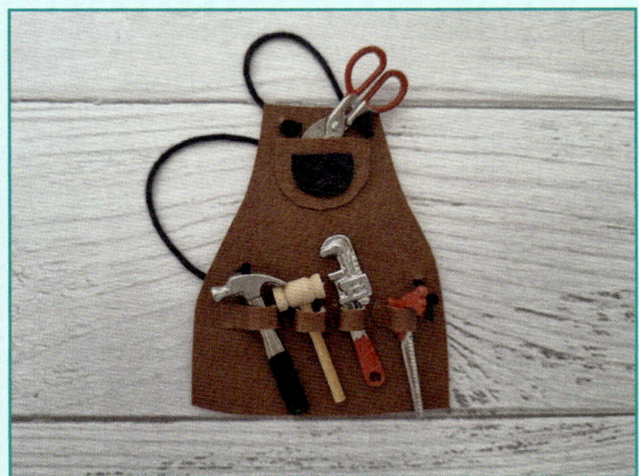

Werksschürze

Größe:
6,5 x 5 cm

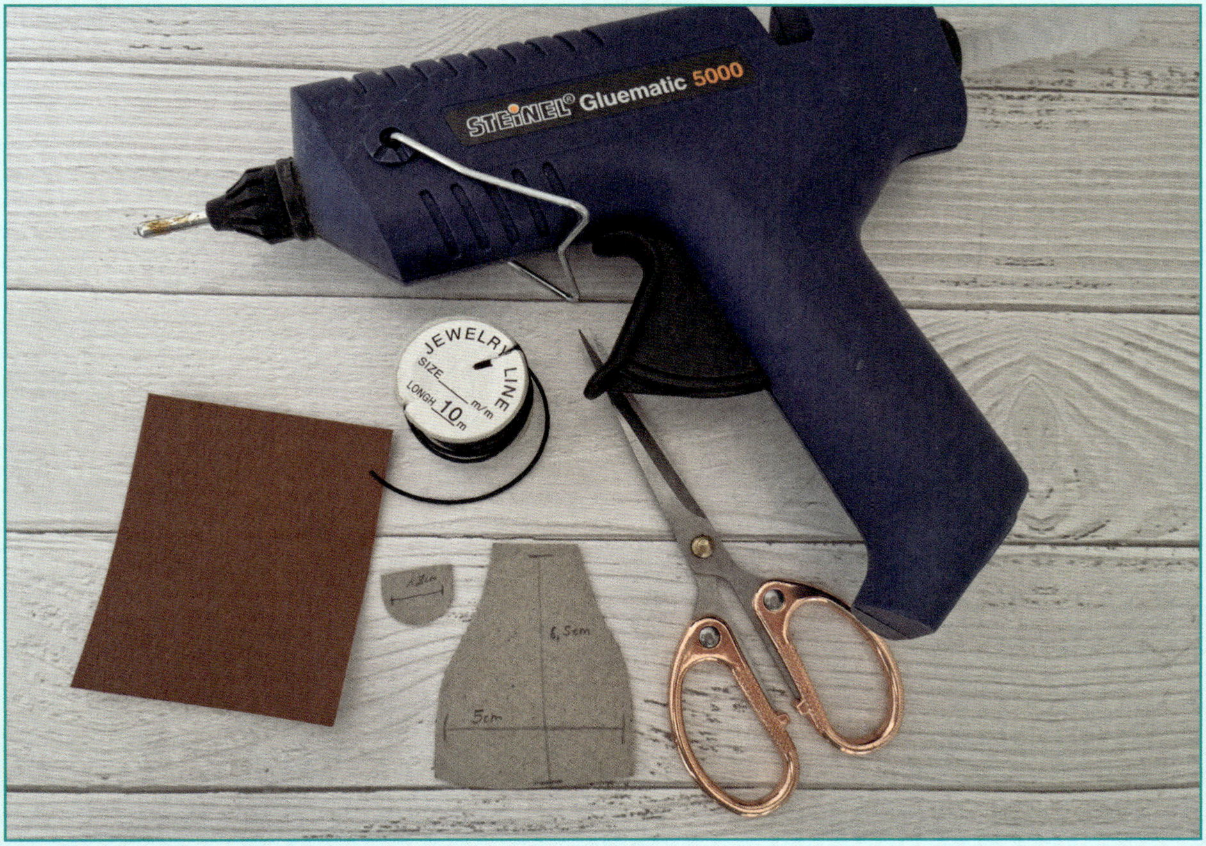

Materialien

- Lederstoff
- Schere
- Lederriemen
- Heißklebepistole
- Graupappe 1 mm (ca. 700 g/m²)

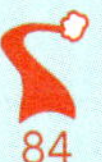

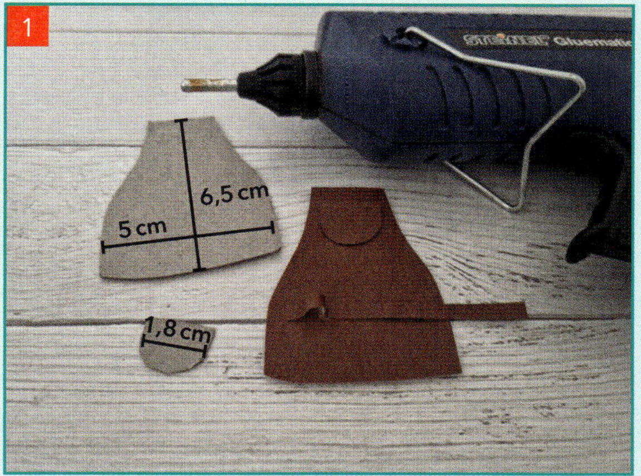

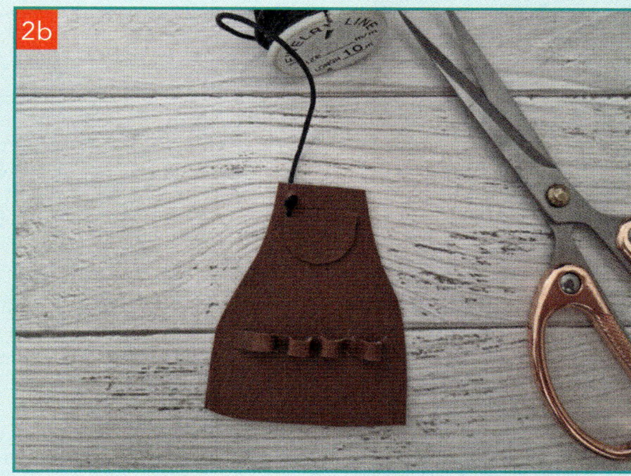

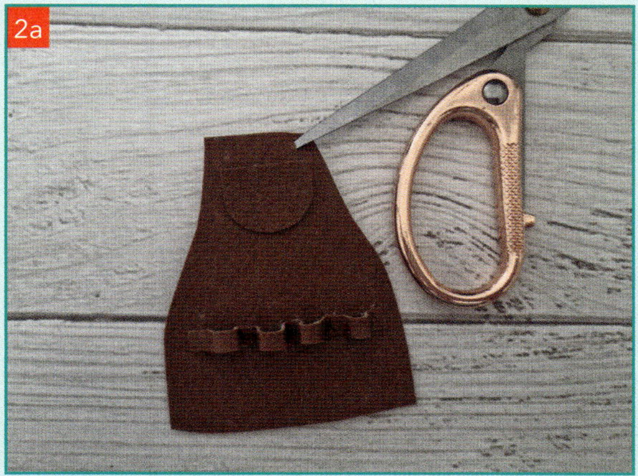

Und so geht`s:

1. Schneide eine Schablone in der Größe von 6,5 x 5 cm auf ein Stück Graupappe. Für die Tasche benötigst du eine 1,8 cm breite Schablone.

2. Für den Gurt benötigst du ein Stück Lederstoff. Lege deine Schablone auf ein Stück Lederstoff und klebe ihn, wie auf dem Bild abgebildet, mit Heißkleber fest. Die Tasche klebst du oben an und den Gurt, wie auf dem Foto abgebildet, unten. Nun schneidest du oben links und rechts Einschnitte in die Schürze, ebenso seitlich oberhalb des Gürtels, und fädelst dir eine Schnur ein.

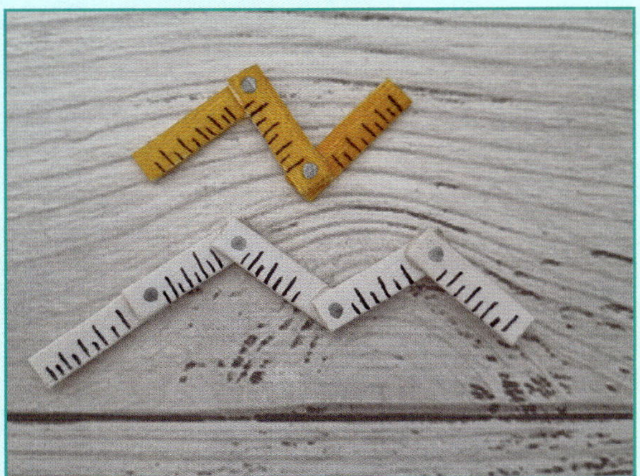

Zollstock

Größe:
Zollstock in Gelb: 4 x 0,5 cm,
Zollstock in Weiß: 6,9 x 0,5 cm

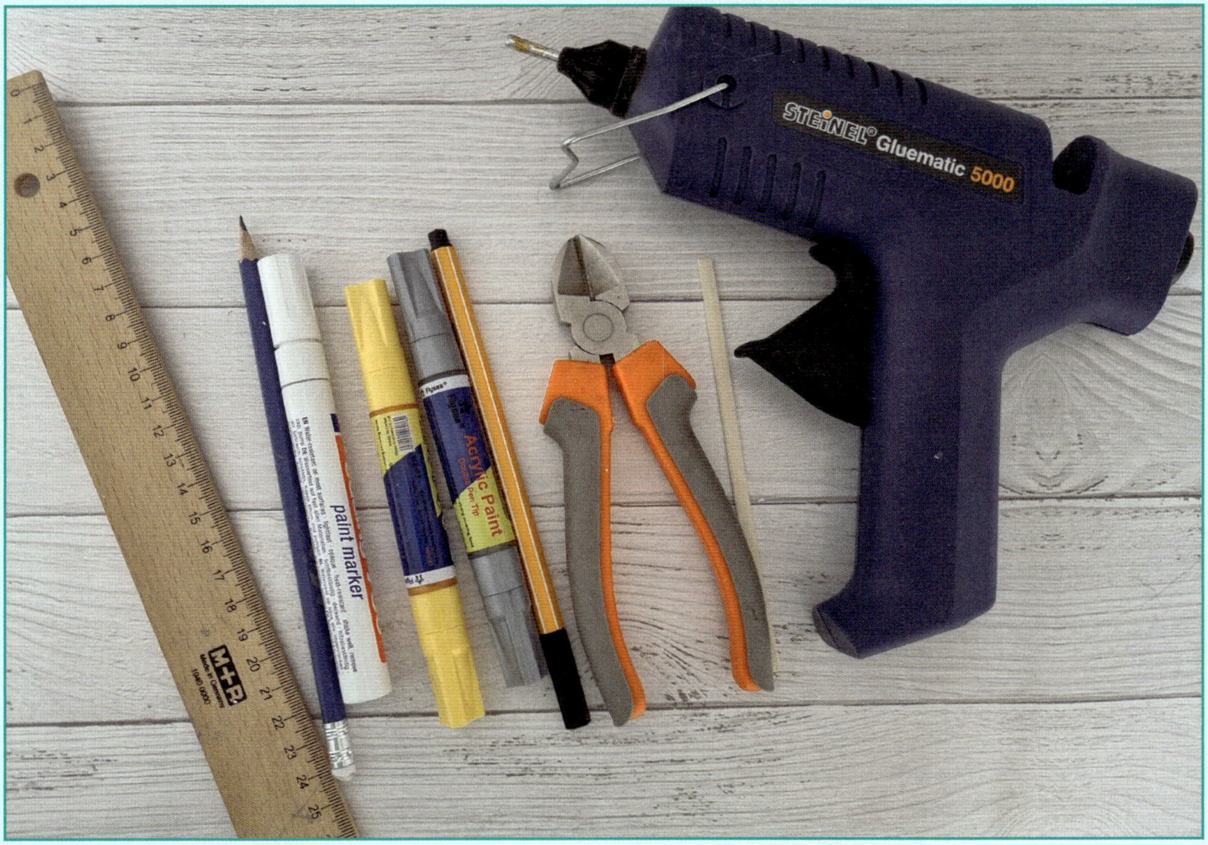

Materialien

- Rührstäbchen, 14 x 0,5 cm
- Acrylstifte in Gelb, Weiß, Silber
- Seitenschneider
- Fineliner
- Heißklebepistole
- Bleistift

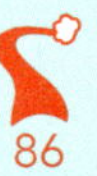

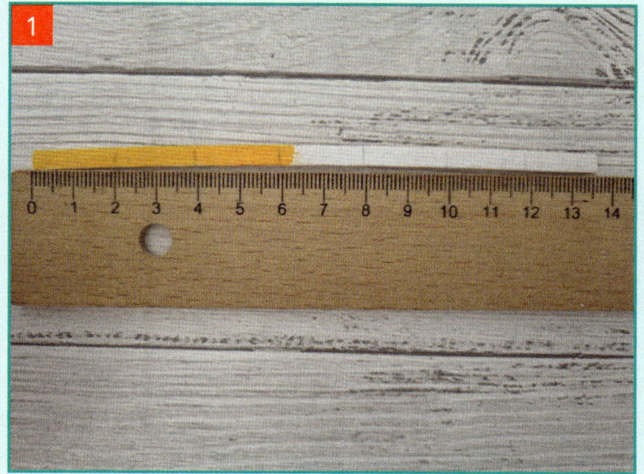

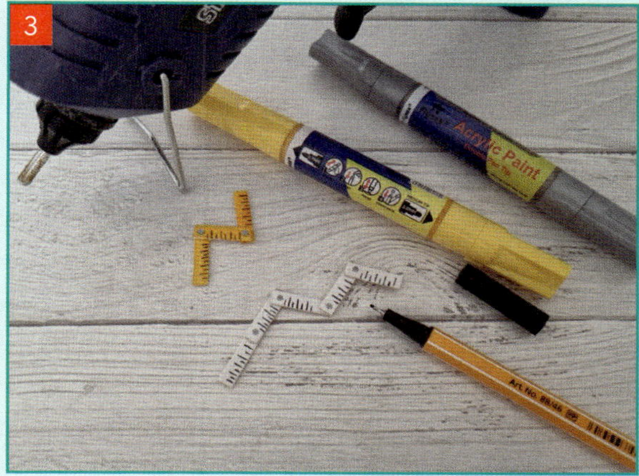

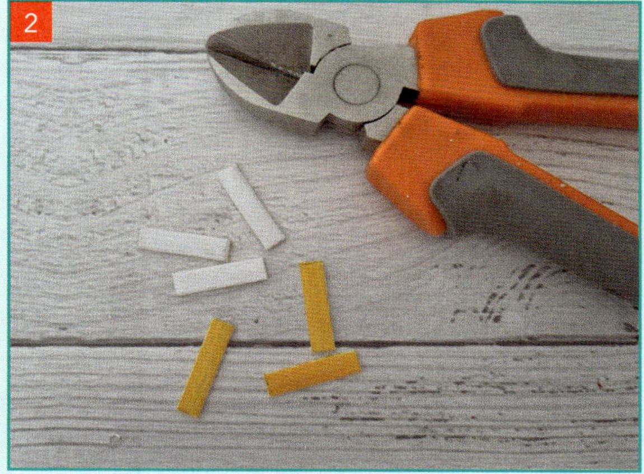

Und so geht`s:

1. Male eine Seite des Rührstäbchens gelb und die andere Seite weiß an. Zeichne mit dem Bleistift kleine Markierungen bei 2 cm an.

2. Knipse mit einem Seitenschneider das Rührstäbchen an der Markierung ab.

3. Klebe die Enden des Stäbchens wie auf dem Foto mit Heißkleber fest. Verziere den Zollstock mit schwarzem Fineliner, und als Nägel malst du silberne Punkte.

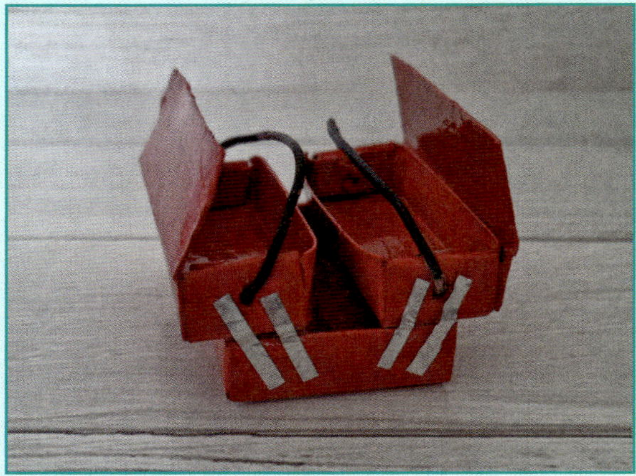

Werkzeugkiste

❄❄❄

Größe:
5 x 4,5 cm

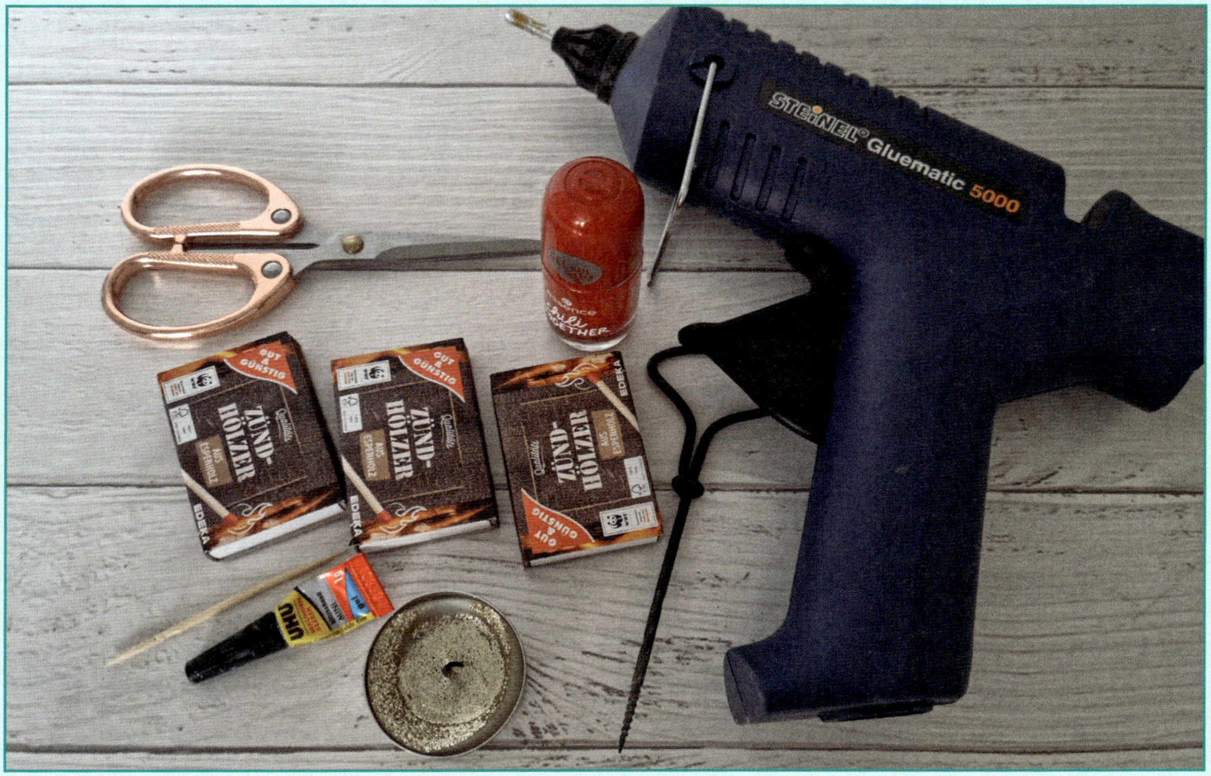

Materialien

- 3 Streichholzschachteln
- roter Nagellack
- Heißklebepistole
- Sekundenkleber
- Schere
- Klebstift
- Handbohrer
- Teelicht
- Skalpell
- altes Stromkabel

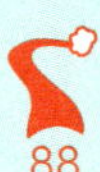

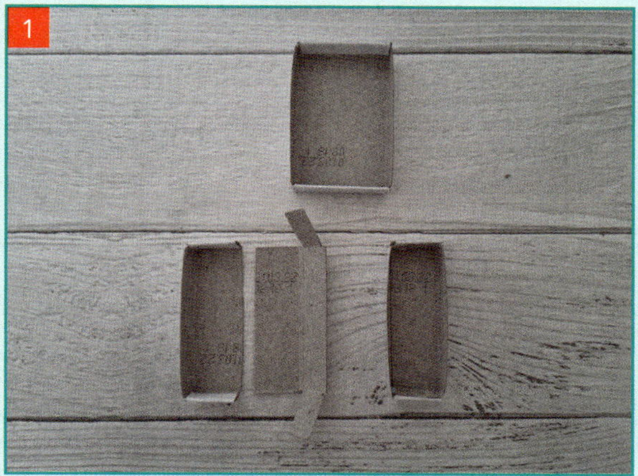

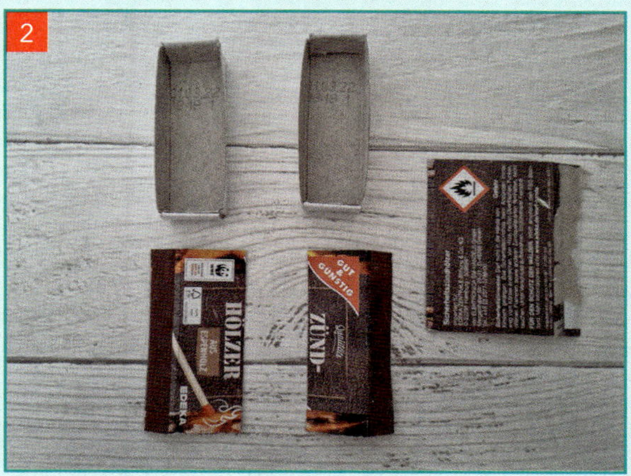

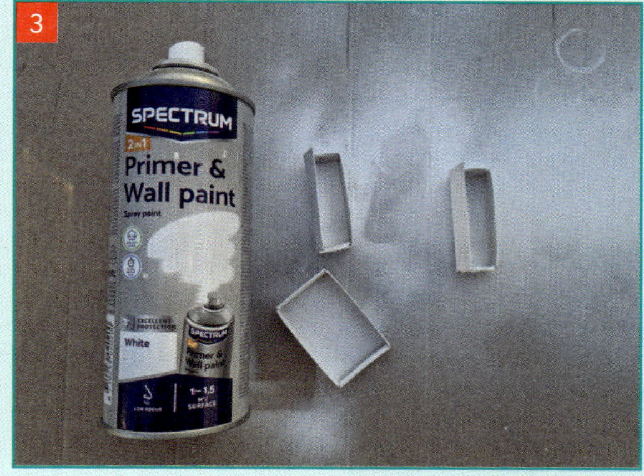

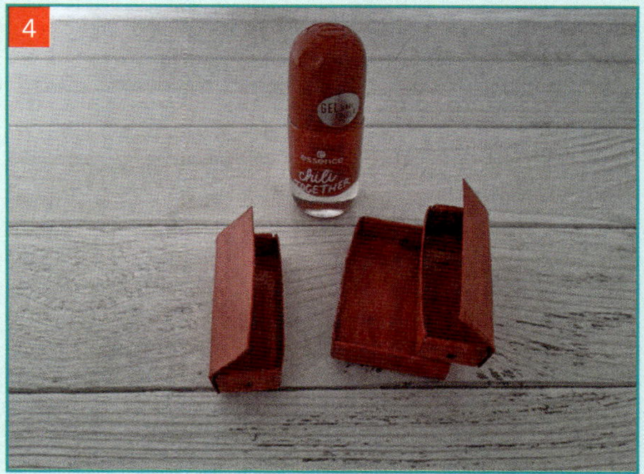

Und so geht`s:

1. Entferne die Deckel der Streichholzschachteln und lege sie beiseite. Schneide mit einer Schere jede Schachtel längs in der Mitte durch, dann lege sie aufeinander und klebe sie so zusammen, dass quasi eine halbe Streichholzschachtel entsteht.

2. Nimm einen Streichholzschachteldeckel, schneide ihn ebenfalls mittig durch und klebe jeweils eine Hälfte davon seitlich auf die halben Streichholzschachteln. Mit einem Skalpell oder Handbohrer machst du zwei Löcher parallel in die Schachtel. Der untere Teil des Deckels wird entsorgt.

3. Sprühe alle drei Schachteln mit weißem Acryllack an oder male sie an.

4. Nun trage 1–3 Schichten roten Nagellack auf und lasse die Schachteln gut trocknen. Mit dem Heißkleber klebst du die schmalen Kästchen auf die große Schachtel.

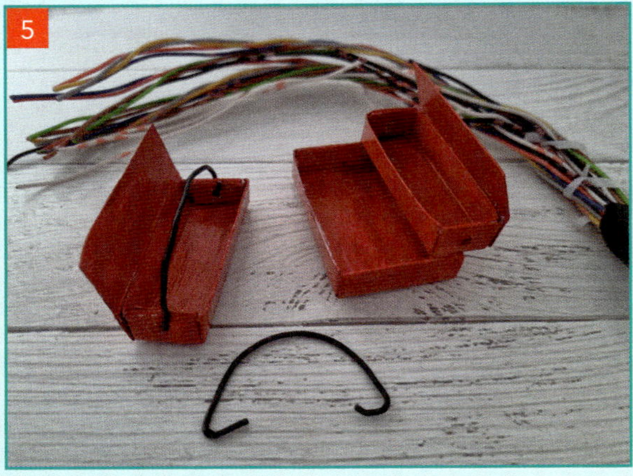

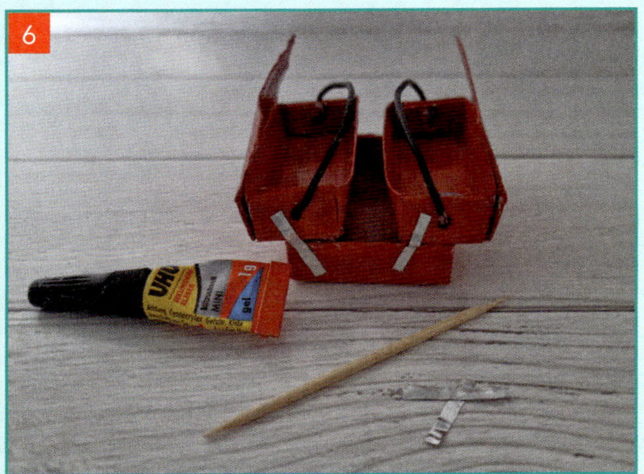

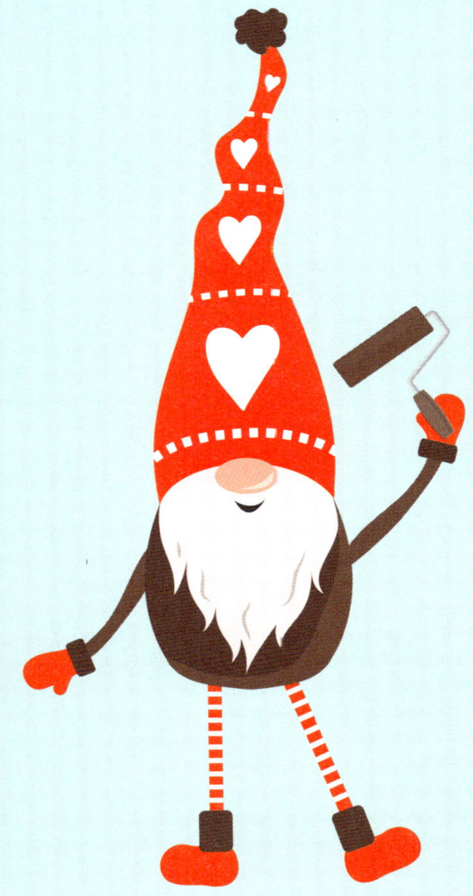

5. Knicke zwei Stromkabel zurecht und stecke sie in die Löcher. Blumendraht geht auch.

6. Als Verzierung schneidest du vier 1,7 x 0,2 cm große Aluminiumstreifen eines Teelichts aus und klebst diese mit Superkleber fest. Das klappt gut, wenn du dies mithilfe eines Zahnstochers machst. Den Zahnstocher tauchst du in den Kleber und verteilst ihn dann auf deinen Streifen.

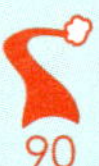

Hocker

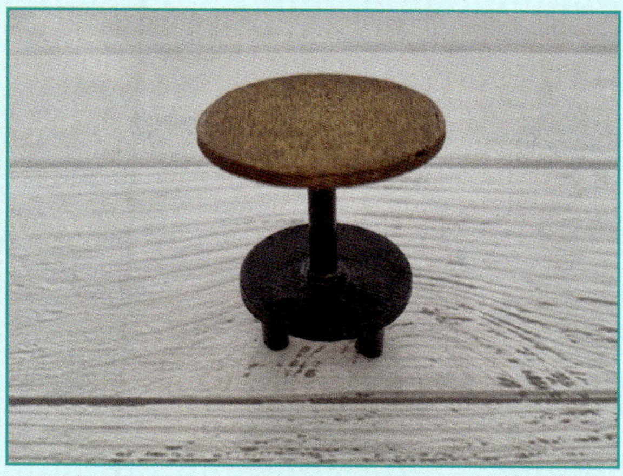

Größe:
ca. 3,8 x 3,0 cm

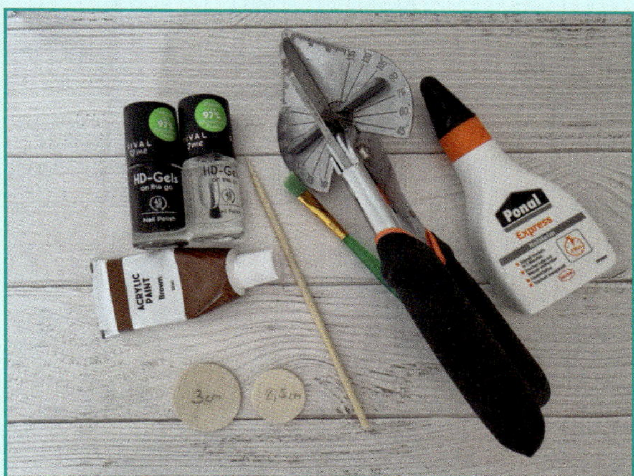

Materialien

- runde Holzplättchen, 2,5 und 3 cm Durchmesser
- Cakepop-Stiel, 15 x 0,4 cm
- Pinsel
- braune Acrylfarbe (Action)
- Nagellack in Weiß und Schwarz
- Holzleim
- Gehrungs- oder Seitenschneider

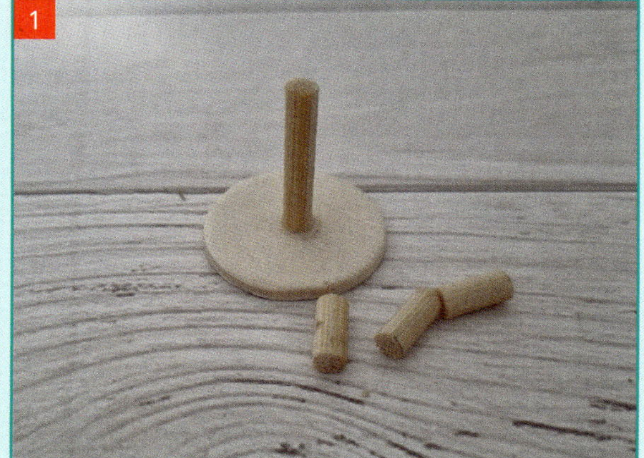

Und so geht`s:

1. Schneide mit dem Gehrungs- oder Seitenschneider aus dem Cakepop-Stiel ein 2 cm und drei 1 cm lange Stücke ab.

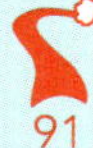

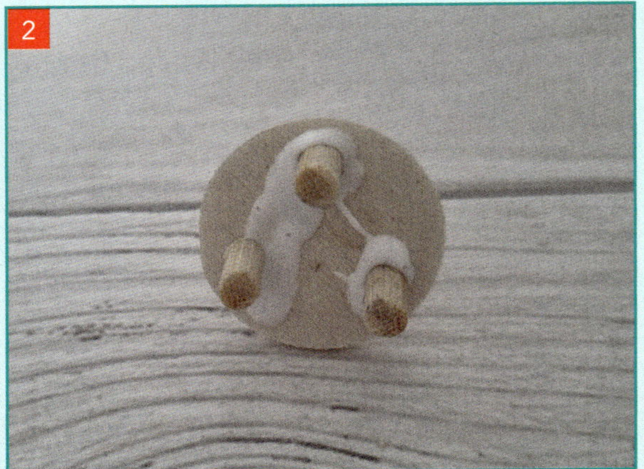

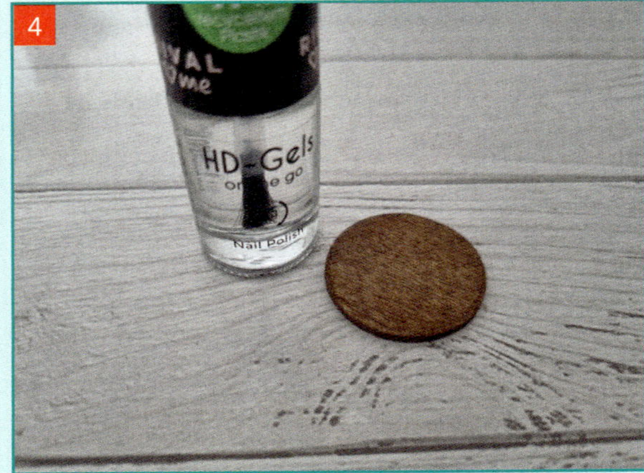

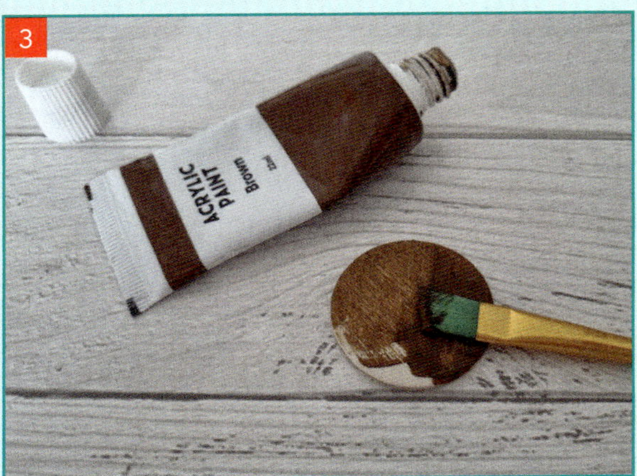

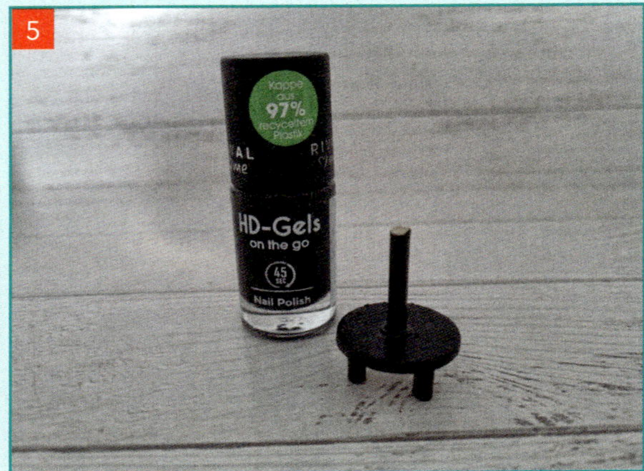

2. Klebe mit Holzleim die drei kurzen Stücke (Füße), wie abgebildet, fest.

3. Bemale das 3 cm große Stück mit Acrylfarbe und wische diese mit einem Feuchttuch oder Taschentuch wieder ab. So bekommst du einen Maserungseffekt. Trocknen lassen.

4. Male es danach mit transparentem Nagellack an.

5. Male den unteren Teil des Hockers mit schwarzem Nagellack an.

6. Zum Schluss verbindest du die Sitzfläche mit dem Untergestell mit Heißkleber.

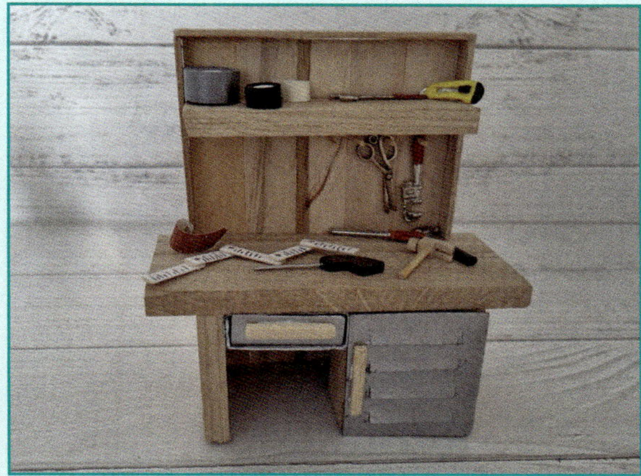

Werkbank

❄❄❄

Größe:
11,5 x 11 x 4,5 cm

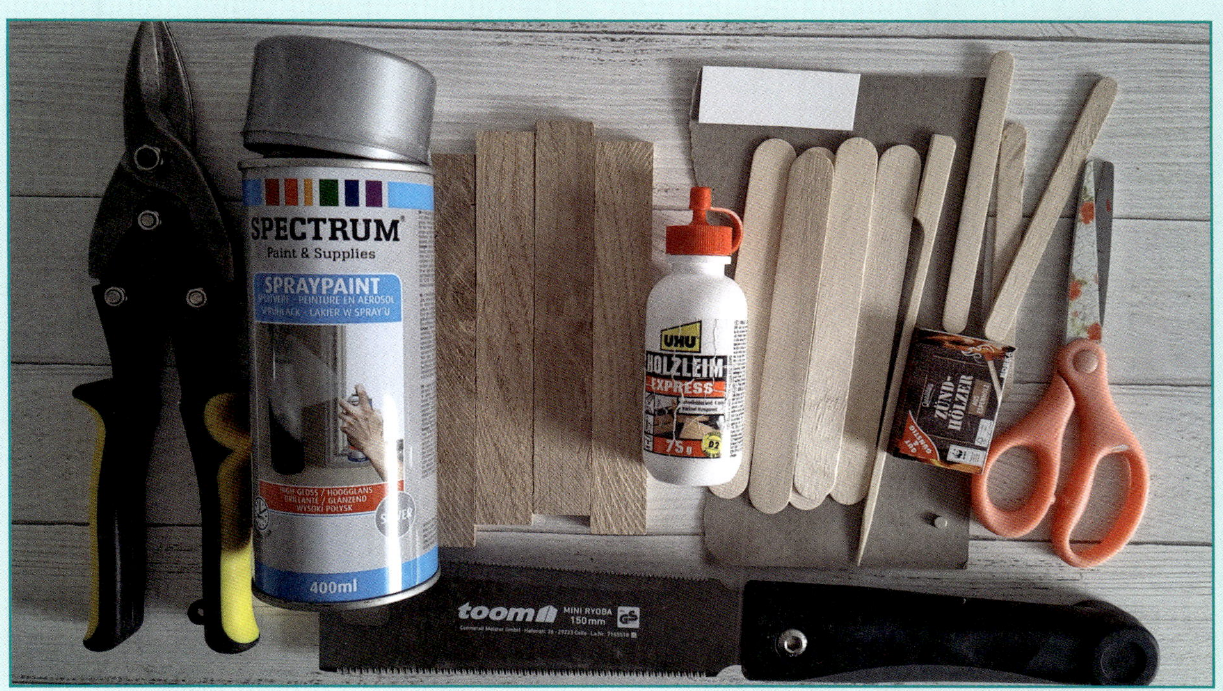

Materialien

- Feinholzsäge
- Blechschneider,
- Holzklötzchen 22 x 8 x 16 cm
- Holzmundspatel 15 x 16 cm
- Eisstiele 11,4 x 0,9 cm
- Schaschlikspieße 19,9 x 0,5 x 0,2 x 0,3 cm
- Zahnstocher
- Holzleim
- Schere
- Graupappe 1 mm Stärke, ca. 700 g/m^2
- Streichholzschachtel
- Lederpapier, 0,55 mm dick
- Mini-Magnete, 1,0 x 0,5 cm
- Sekundenkleber
- silberne Sprühfarbe
- Bleistift

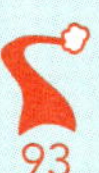

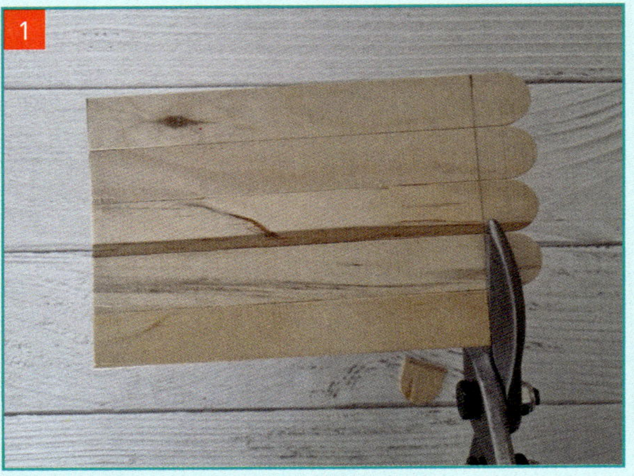

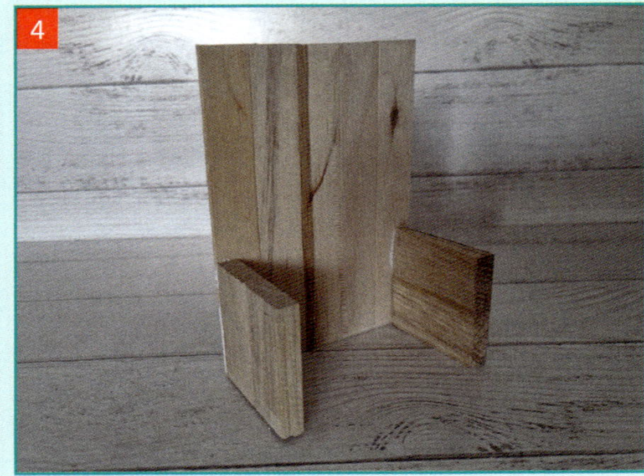

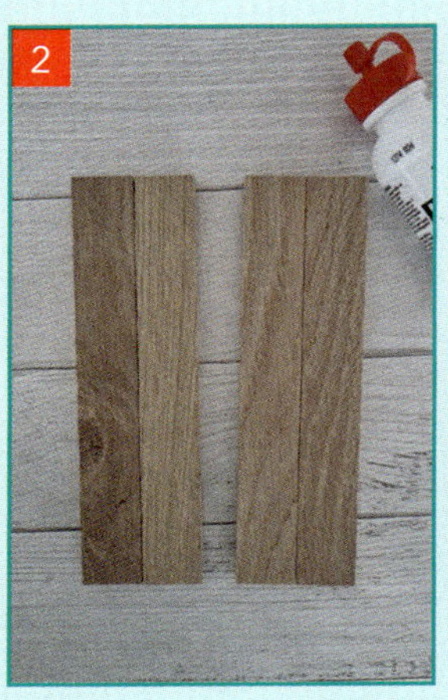

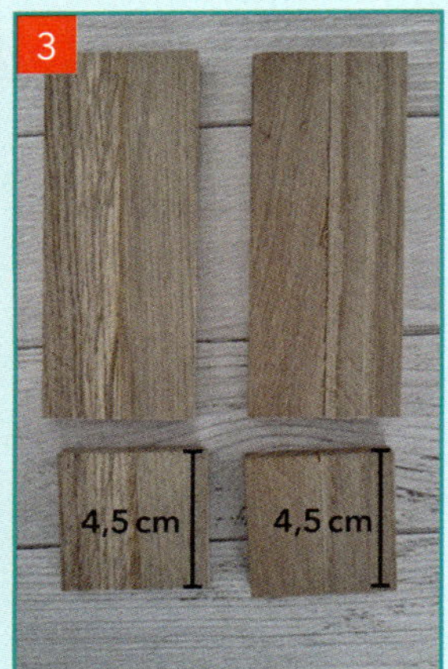

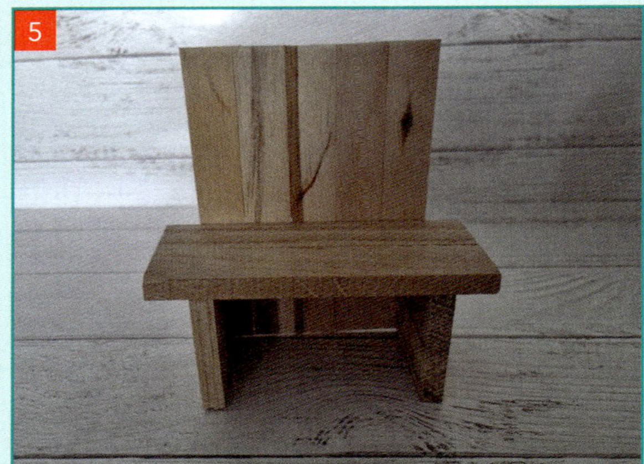

Und so geht`s:

1. Klebe mit Holzleim fünf Holzmundspatel zusammen. Ziehe mit dem Bleistift eine Linie, wie auf dem Foto zu sehen, und schneide die Spatel auf der einen Seite mit dem Blechschneider gerade ab. Jetzt miss von oben 12 cm ab, markiere auch dies und schneide hier ebenfalls gerade ab.
2. Klebe zweimal zwei Holzklötzchen zusammen.
3. Säge mit einer Feinholzsäge jeweils 4,5 cm ab.
4. Klebe die Seiten mit Holzleim auf die Rückwand.
5. Für die Arbeitsplatte klebst du zwei Klötzchen zusammen, sägst sie bei 11 cm ab und klebst sie mittig auf die Tischbeine.

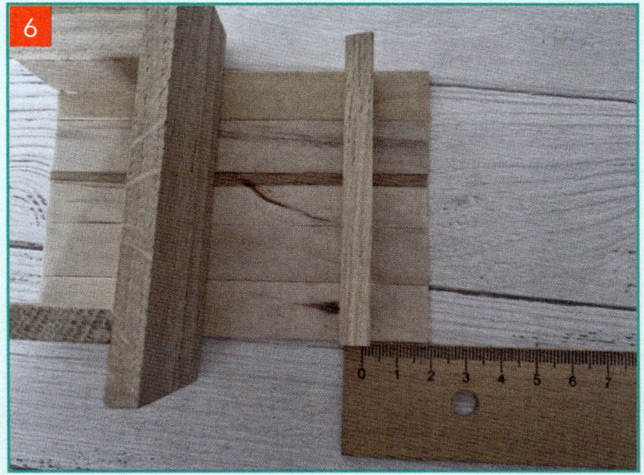

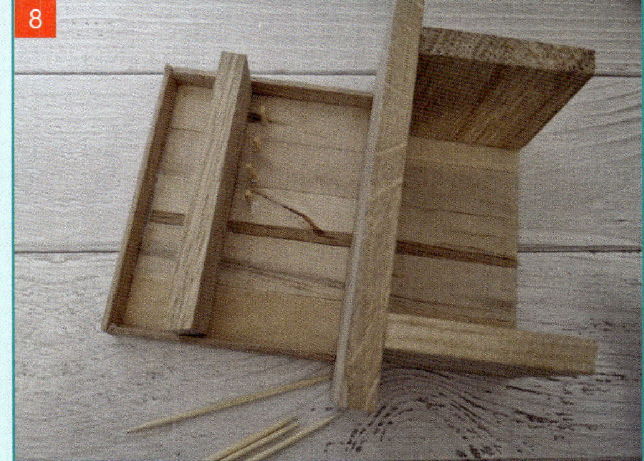

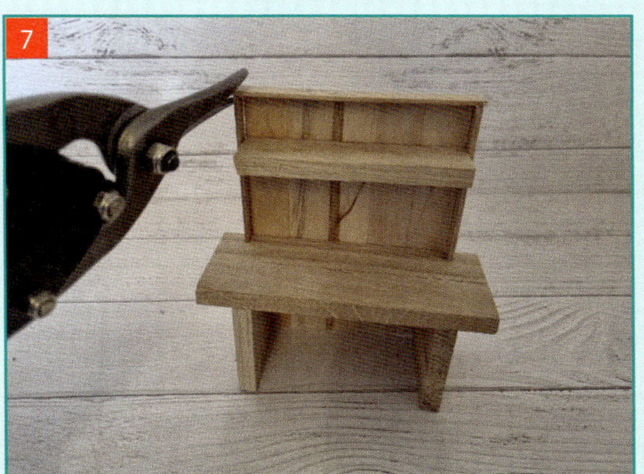

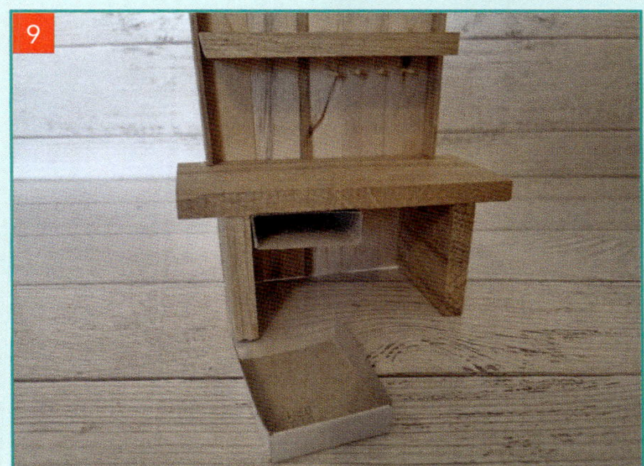

6. Säge für das Regal ein 8,5 cm langes Klötzchen und klebe es mit Holzleim bei 2 cm auf deine Rückwand.

7. Klebe zunächst links und rechts Eisstiele auf deine Rückwand und begradige sie dann mit dem Blechschneider. Dann klebst du einen Stiel oben an und schneidest ihn ebenfalls gerade ab.

8. Für die Holzstangen knipst du vier Zahnstocher in 1-cm-Länge ab und klebst sie an die Wand.

9. Für die Schublade klebst du die Streichholzschachtel mit Heißkleber unter deine Arbeitsplatte. Die Schachtel schneidest du zurecht und legst sie erst einmal beiseite.

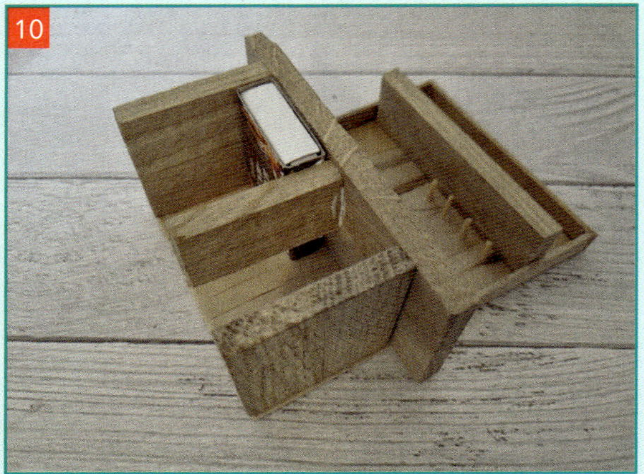
10

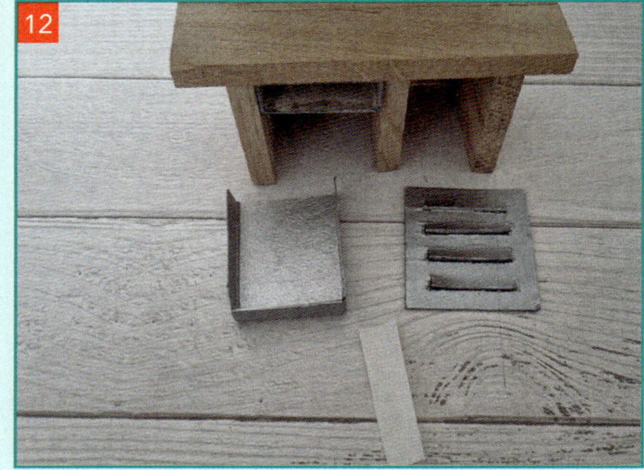
12

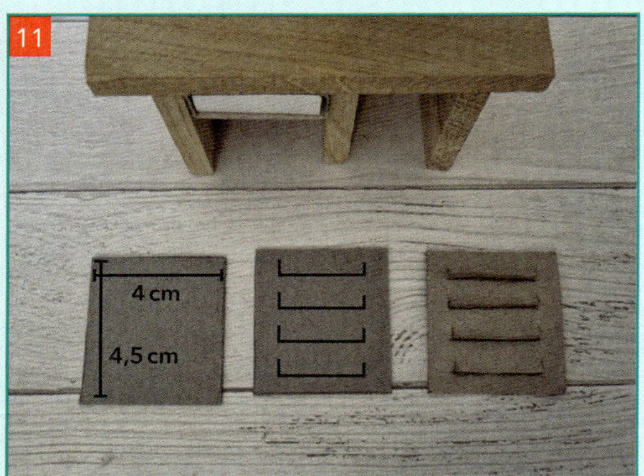

11

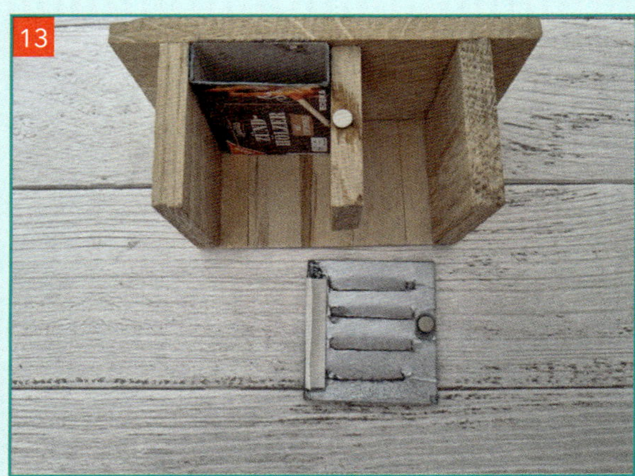
13

10. Säge ein 4,5 cm langes Klötzchen ab und klebe es neben die Schublade. Achte darauf, dass 3 mm Abstand zur Arbeitsplatte bleiben, also nicht bündig festkleben.

11. Nun schneide ein 4,5 x 4 cm großes Stück Graupappe aus. Zeichne mit dem Bleistift Striche, wie auf dem Bild zu sehen. Ritze es mit einem Cutter nach. Drücke die angeschnittenen Seiten nach oben.

12. Sprühe die Streichholzschublade und die Schranktür silberfarben an oder male sie mit silbernem Nagellack an. So bekommst du einen metallischen Industrielook.

13. Nun die Mini-Magnete mit Sekundenkleber parallel auf die Tür und das Klötzchen kleben.

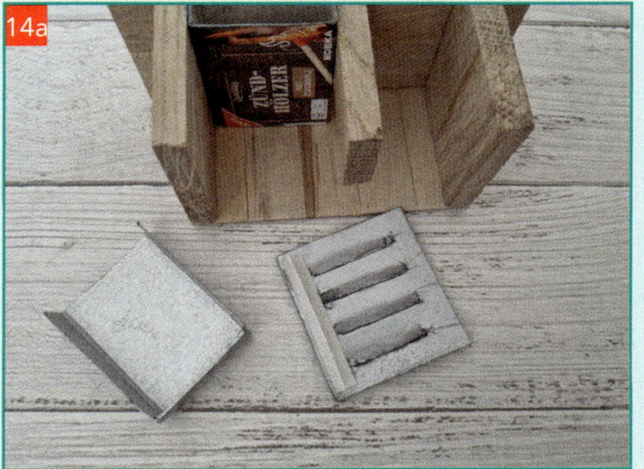

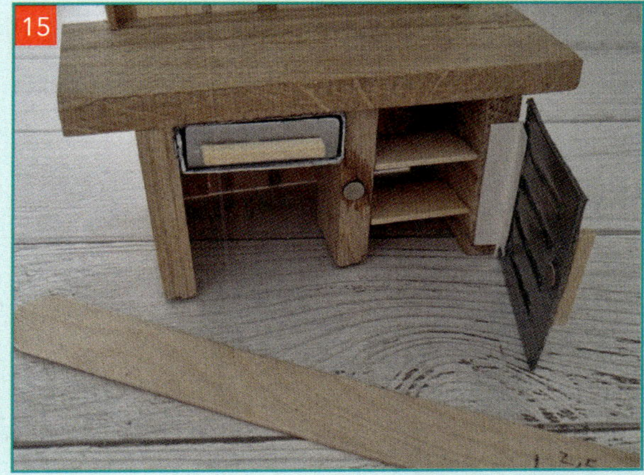

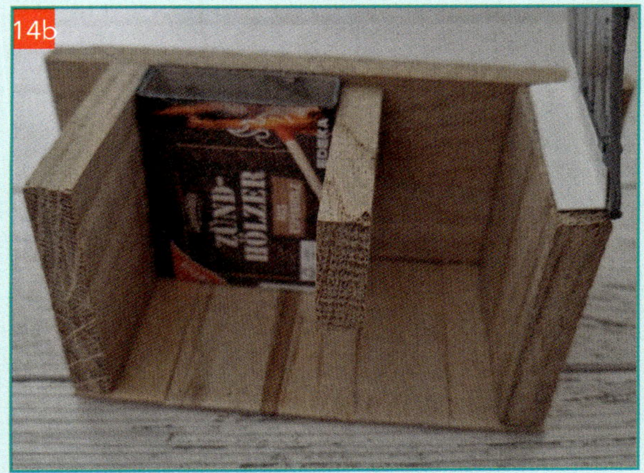

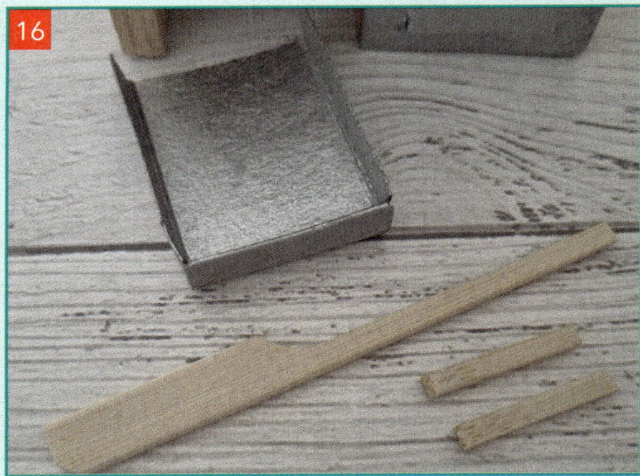

14. Schneide ein 3,5 x 2 cm großes Stück Lederstoff aus, knicke es in der Mitte und klebe es mit Sekundenkleber auf deine Tür und dann auf das Klötzchen.

15. Für die Schrankbretter zweimal zwei Holzmundspatel bei 2,5 cm kürzen und mit etwas Kleber in deinen Schrank setzen.

16. Für die Griffe schneidest du aus einem Schaschlikspieß zweimal zwei 2,5 cm breite Griffe aus.

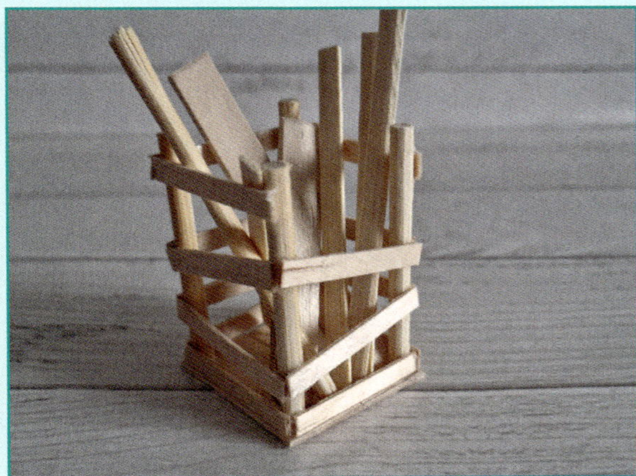

Holzlager

❄ ❄

Größe:
5 x 3,5 cm

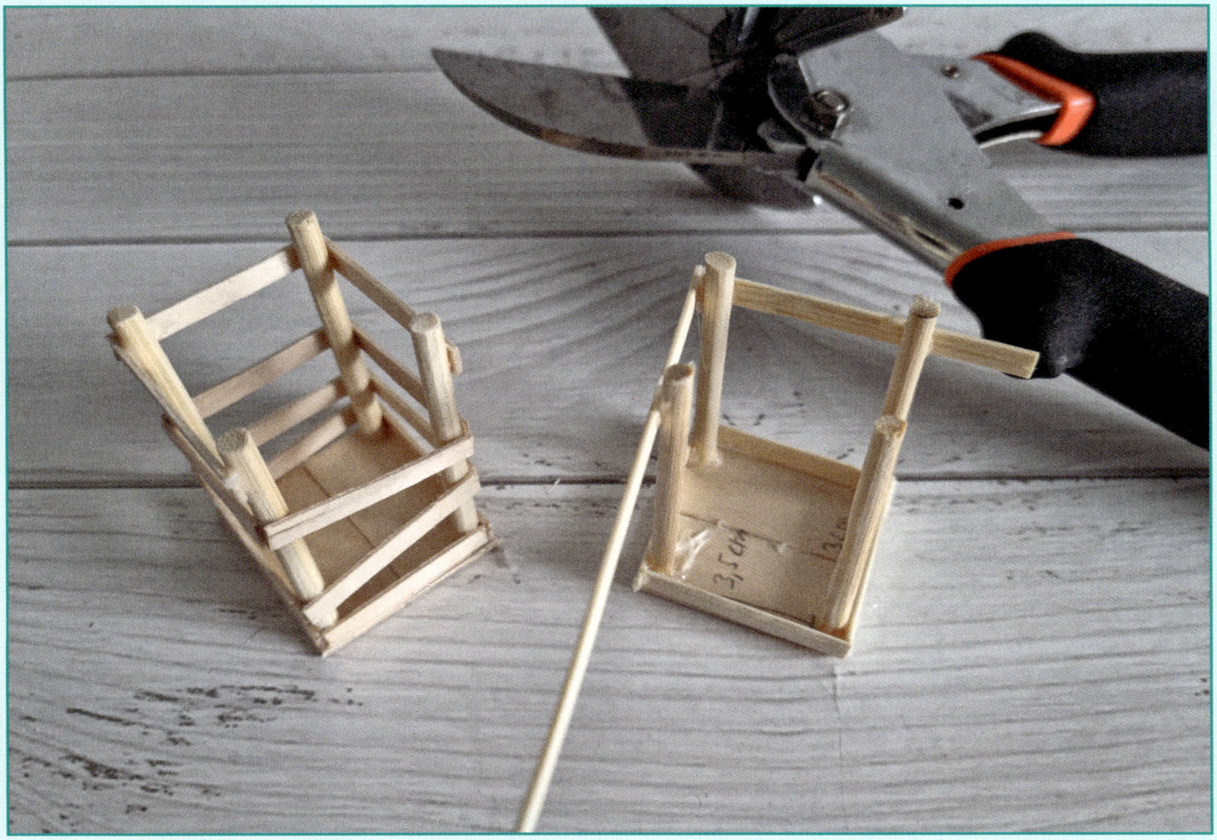

Materialien

- Mundholzspatel 15 x 1,6 cm
- Cakepop-Stiel ca. 15 x 0,3 cm
- Rührstäbchen 14 x 0,5 cm
- Heißklebepistole
- Gehrungs- oder Seitenschneider

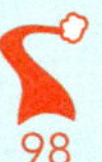

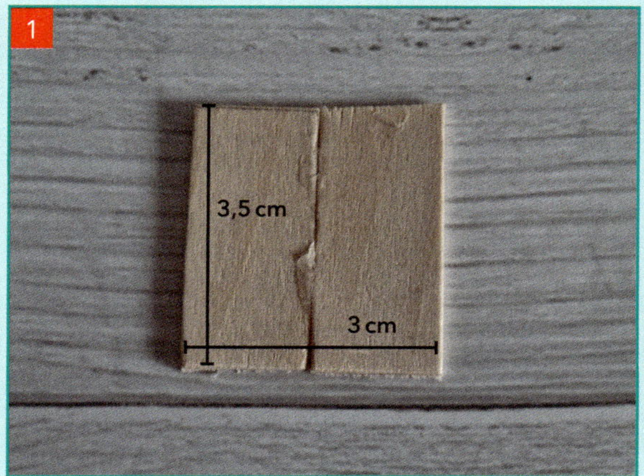

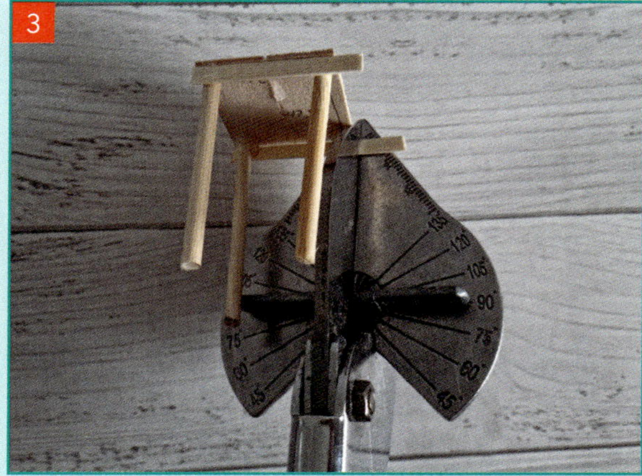

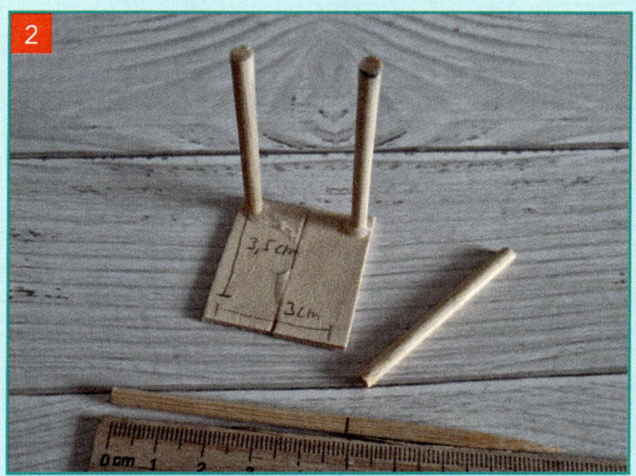

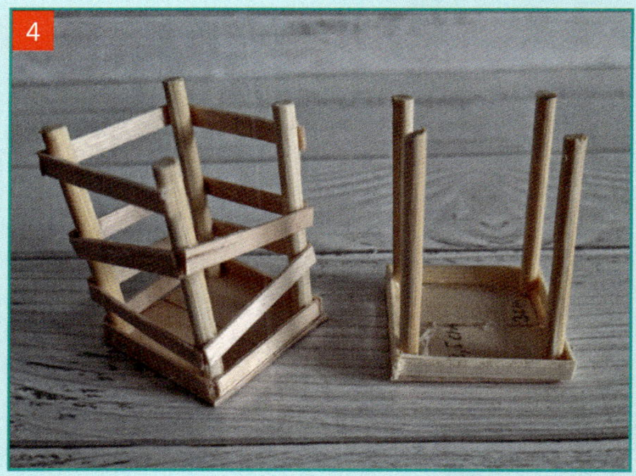

Und so geht's:

1. Klebe zwei 3,5 x 3 cm lange Holzmundspatel mit Heißkleber zusammen.
2. Nun aus Cakepop-Stielen vier 5 cm lange Stücke schneiden und diese jeweils in die Ecke kleben, dabei 1 mm Abstand zur Außenkante lassen.
3. Unten am Boden klebst du die Rührstäbchen an und schneidest sie mit einem Gehrungsschneider ab.
4. Das wiederholst du mittig und oben. Es muss nicht perfekt sein.

Der Wichtel gärtnert

Wusstest du, dass die saftigsten Tomaten der Welt von den Wichteln kommen? Schon früh haben sie sich entschlossen, als Selbstversorger durchzustarten. Durch die lange Übung haben sie viel dazugelernt. Insbesondere, wie sie das vorzüglichste Gemüse aus der Natur auf den Tisch bringen können.

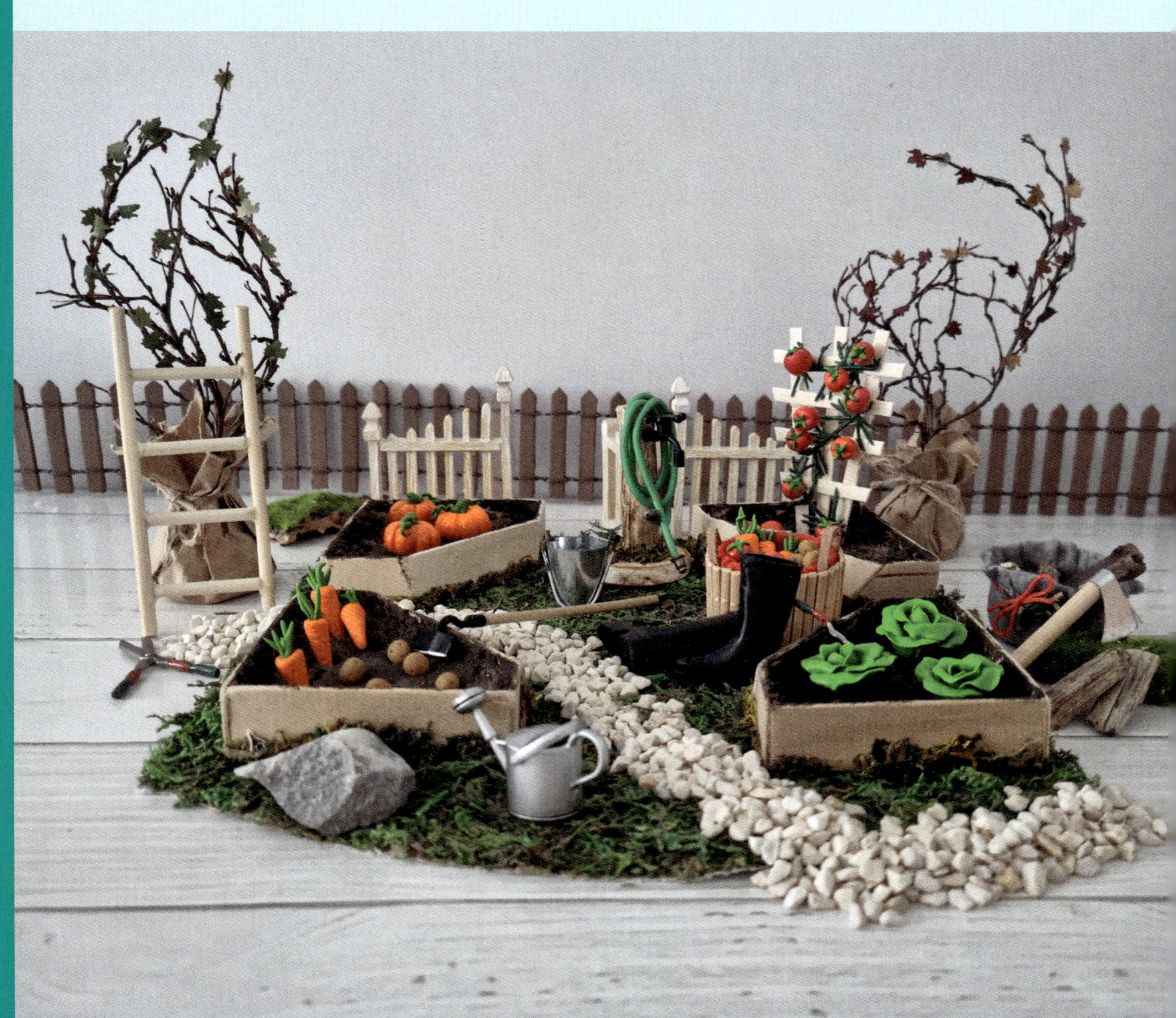

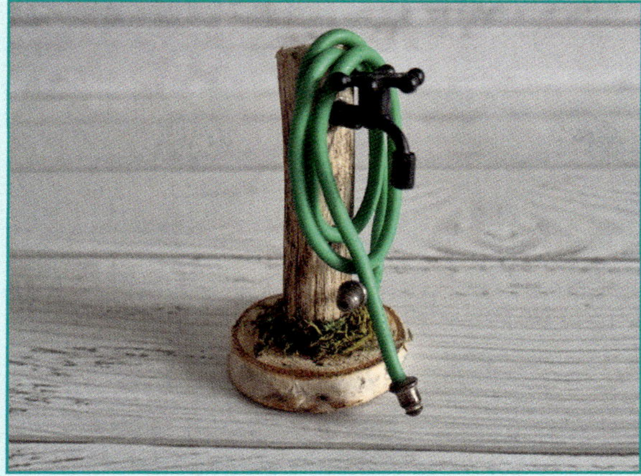

Gartenschlauch

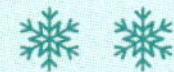

Größe:
ca. 5 cm

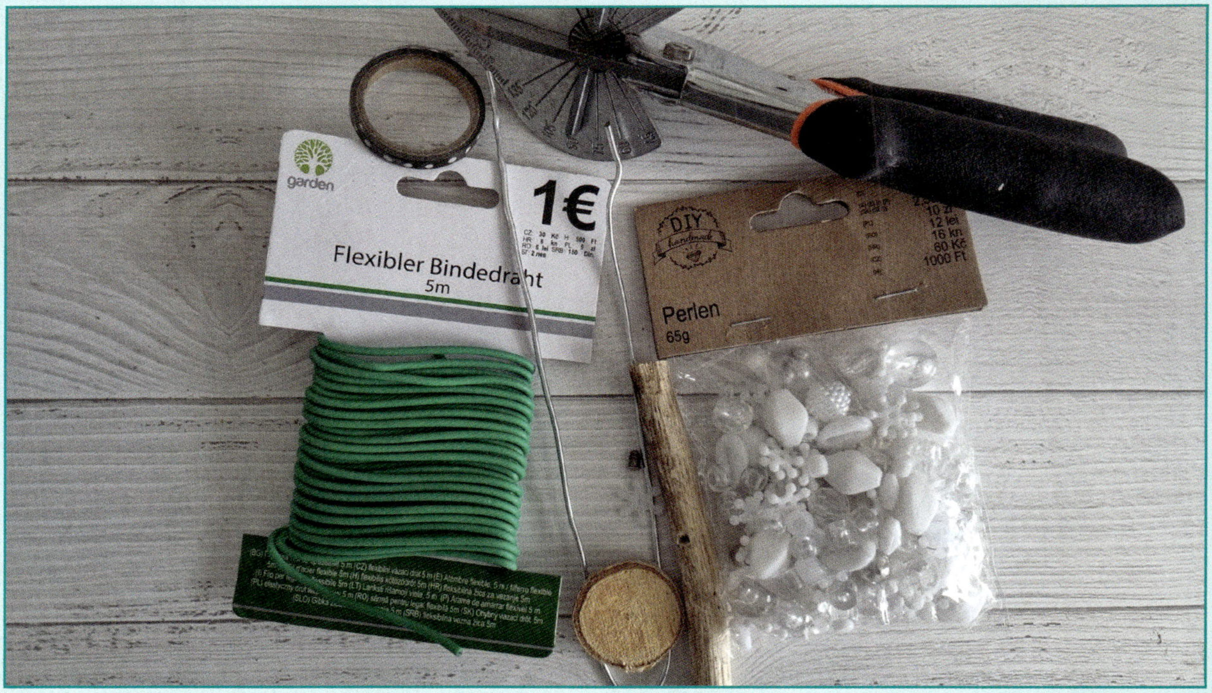

Materialien

- Bindedraht
- Ast
- Holzscheibe
- Aluminiumdraht
- Washi-Tape
- Gehrungsschneider
- Schmuckperlen von Tedi
- Ohrringverschluss
- Acrylspray in Schwarz oder einer anderen Farbe
- Handbohrer
- Bastelkleber
- Moos

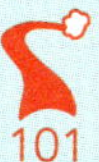

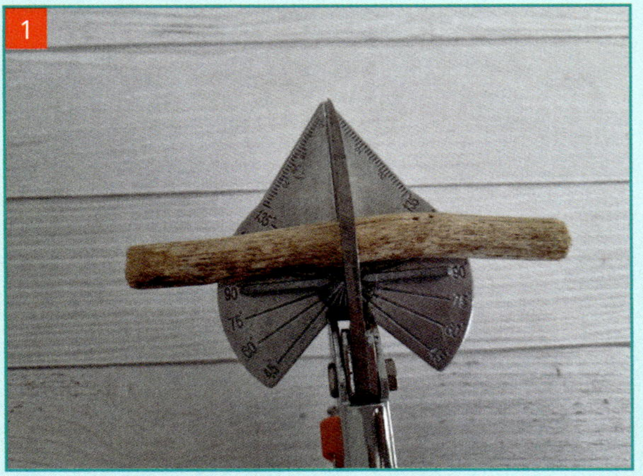

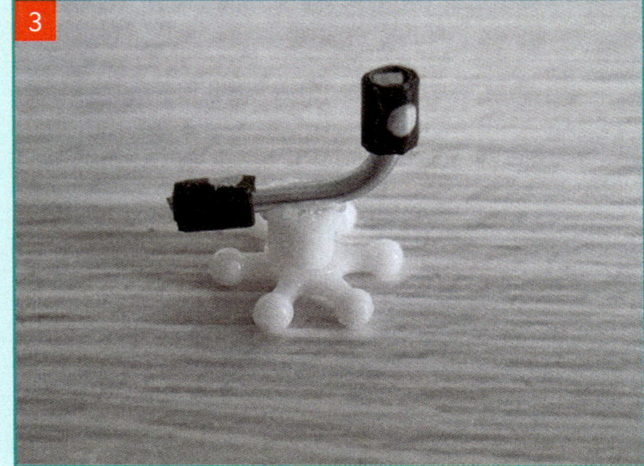

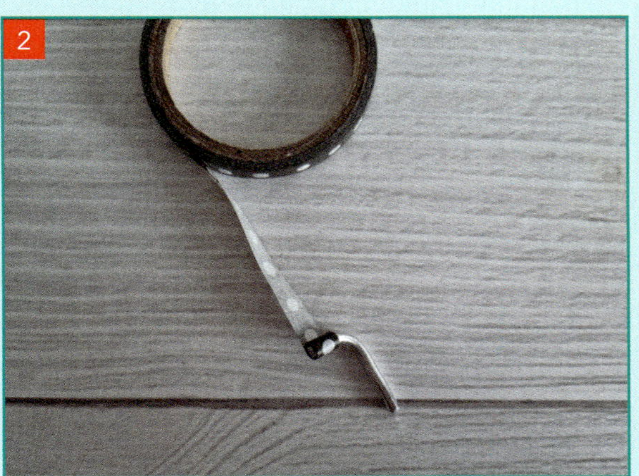

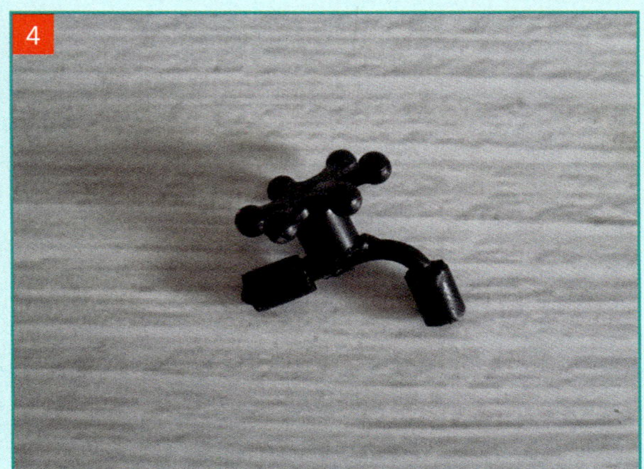

Und so geht`s:

1. Kürze einen Ast auf 5 cm.
2. Umwickle den 2-cm-Wasserhahn (abgeknickt 1,5 x 0,5 cm) aus Aluminiumdraht mit dünnem Washi-Tape.
3. Mit Heißkleber klebst du nun den Wasserhahn, wie auf dem Bild zu sehen, auf eine sternenförmige Schmuckperle.
4. Besprühe den Wasserhahn mit schwarzer Acrylfarbe.

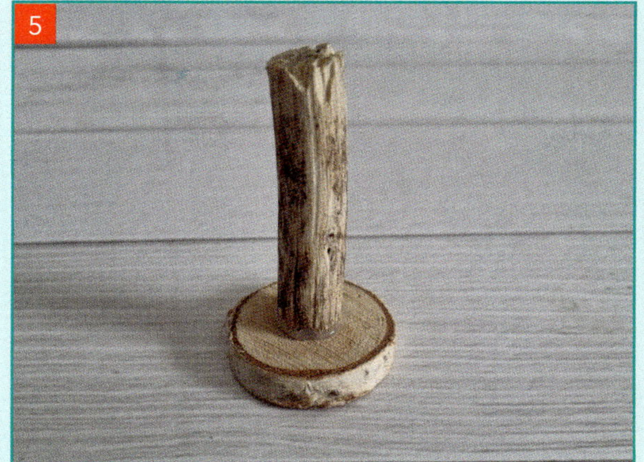

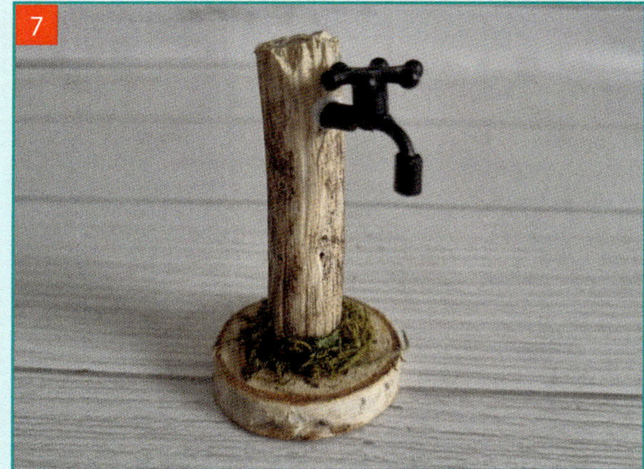

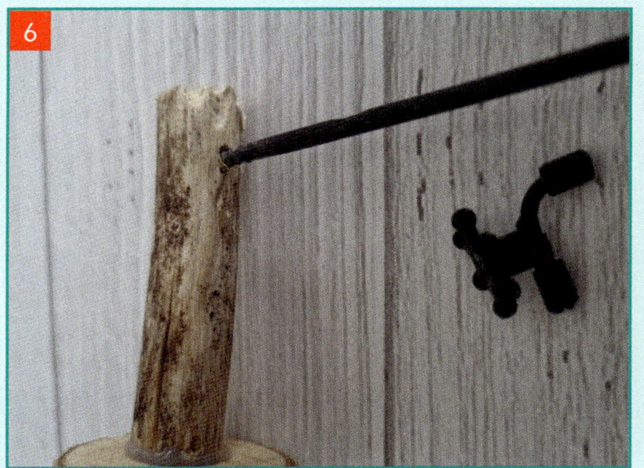

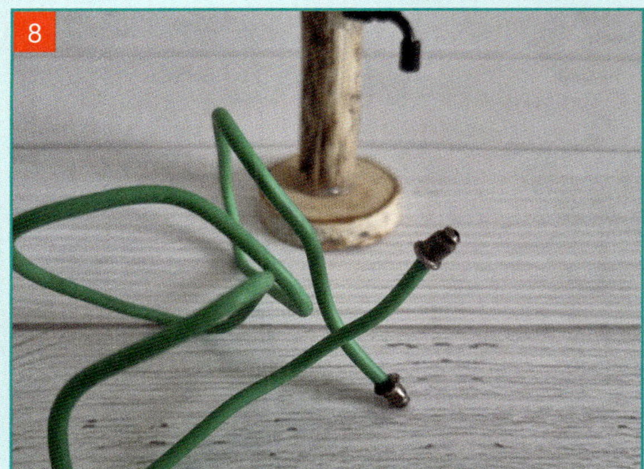

5. Klebe den Ast auf die Holzscheibe.

6. Mit dem Handbohrer bohrst du ein kleines Loch in den Ast und klebst den Wasserhahn mit Bastelkleber darin fest.

7. Verziere den Gartenständerschlauch mit etwas Moos.

8. Schneide 30 cm vom Bindedraht ab und umwickle damit zweimal Zeige- und Mittelfinger. Klebe an die Enden Ohrringverschlüsse an. Nun kannst du deinen Gartenschlauch an den Wasserhahn hängen.

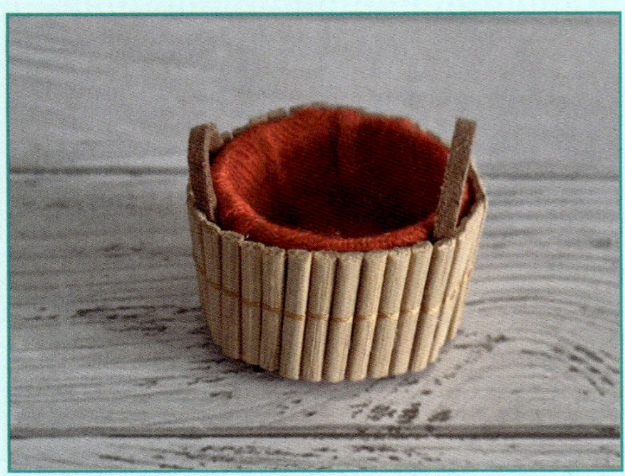

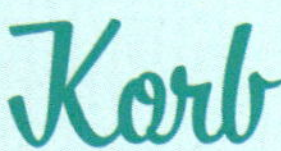

Korb

Größe:
2,2 x 3,8 cm

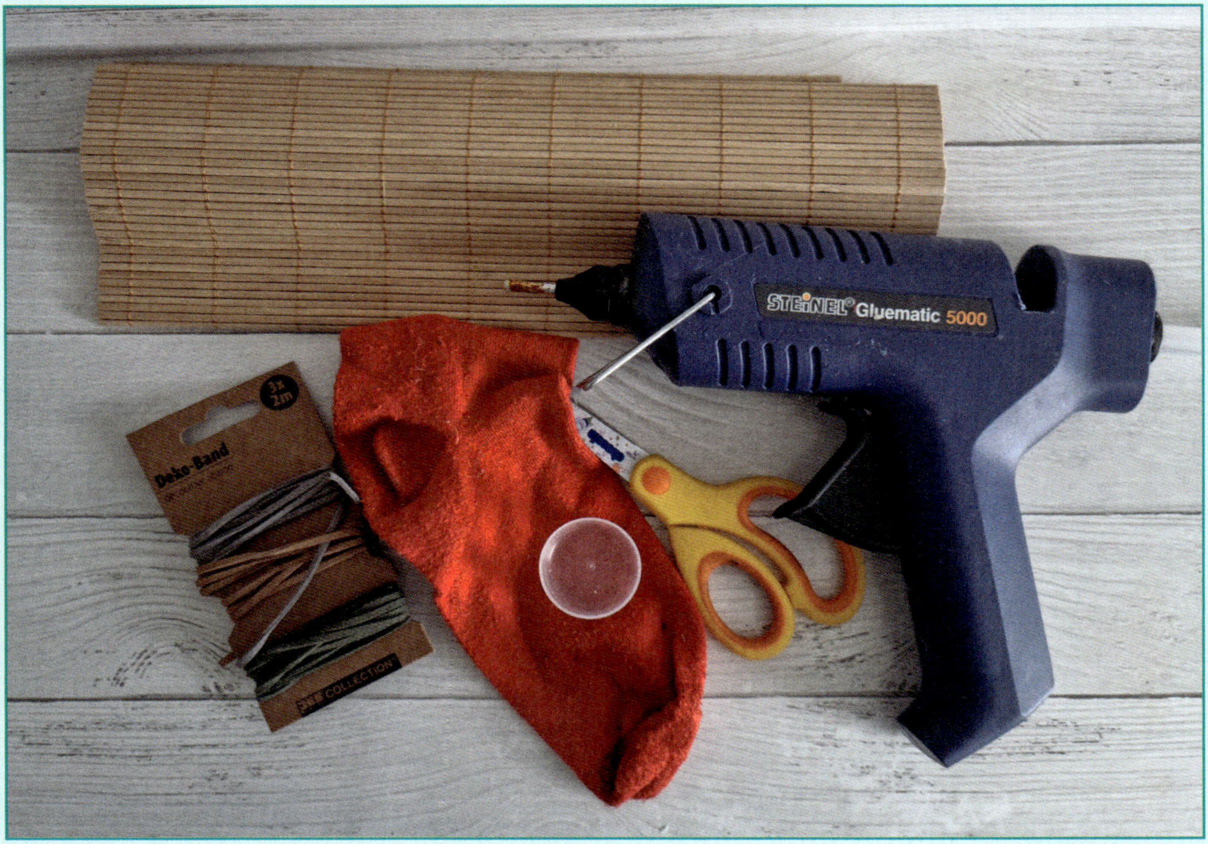

Materialien

- alte Socke
- Deckel (Duschgel)
- Lederband
- Schere
- Heißkleber
- Tischset Bambus

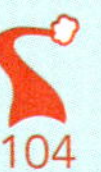

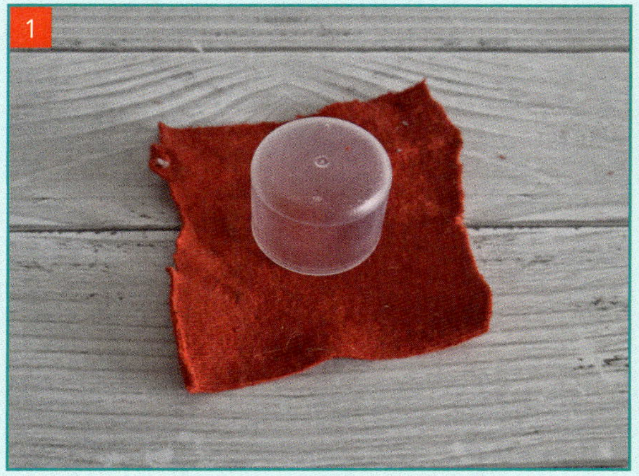

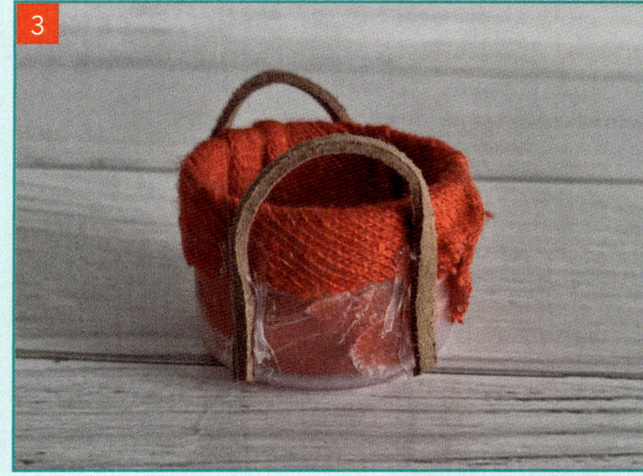

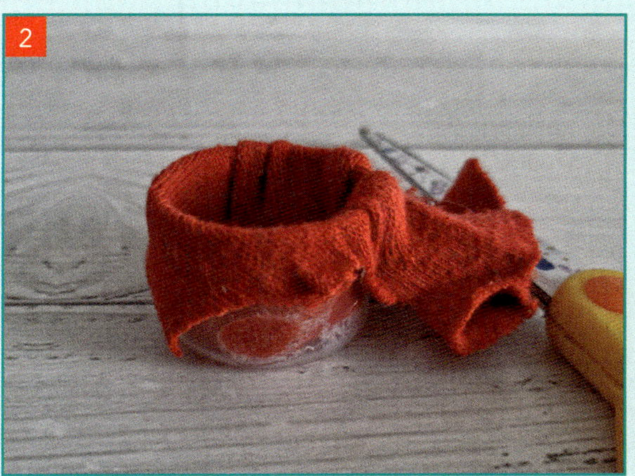

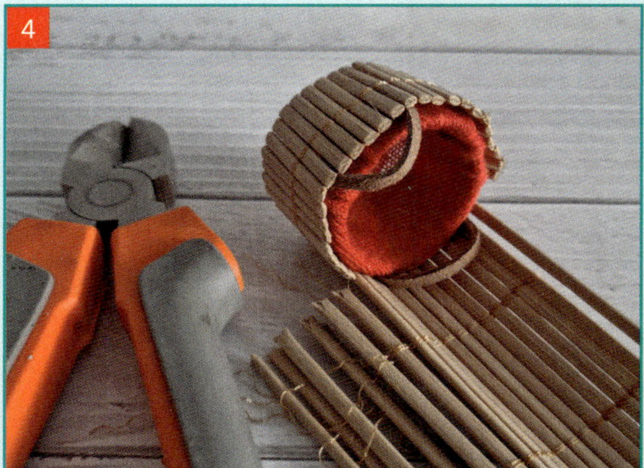

Und so geht`s:

1. Schneide ein Stück von der Socke ab und gib Heißkleber in den Deckel.

2. Drücke den Stoff innen an den Heißkleber, das machst du auch an den Seiten außen. Den überstehenden Stoff schneidest du ab.

3. Klebe zwei 6 cm lange Lederbänder als Henkel parallel auf den Deckel.

4. Verteile Heißkleber auf dem Deckel und umwickle ihn mit dem Tischset. Den überstehenden Rest schneidest du ab.

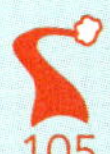

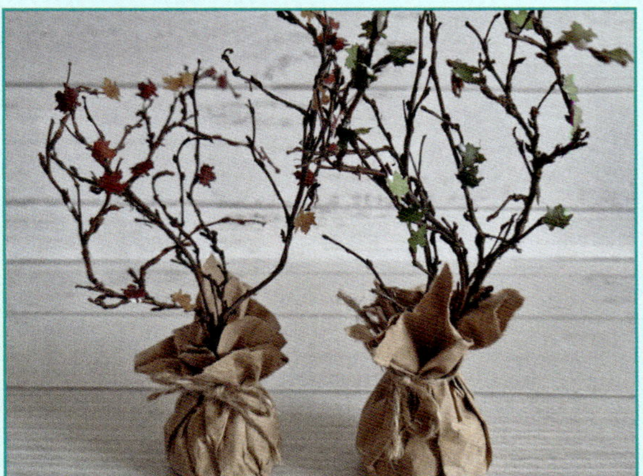

Bäume

Größe:
ca. 14 cm hoch

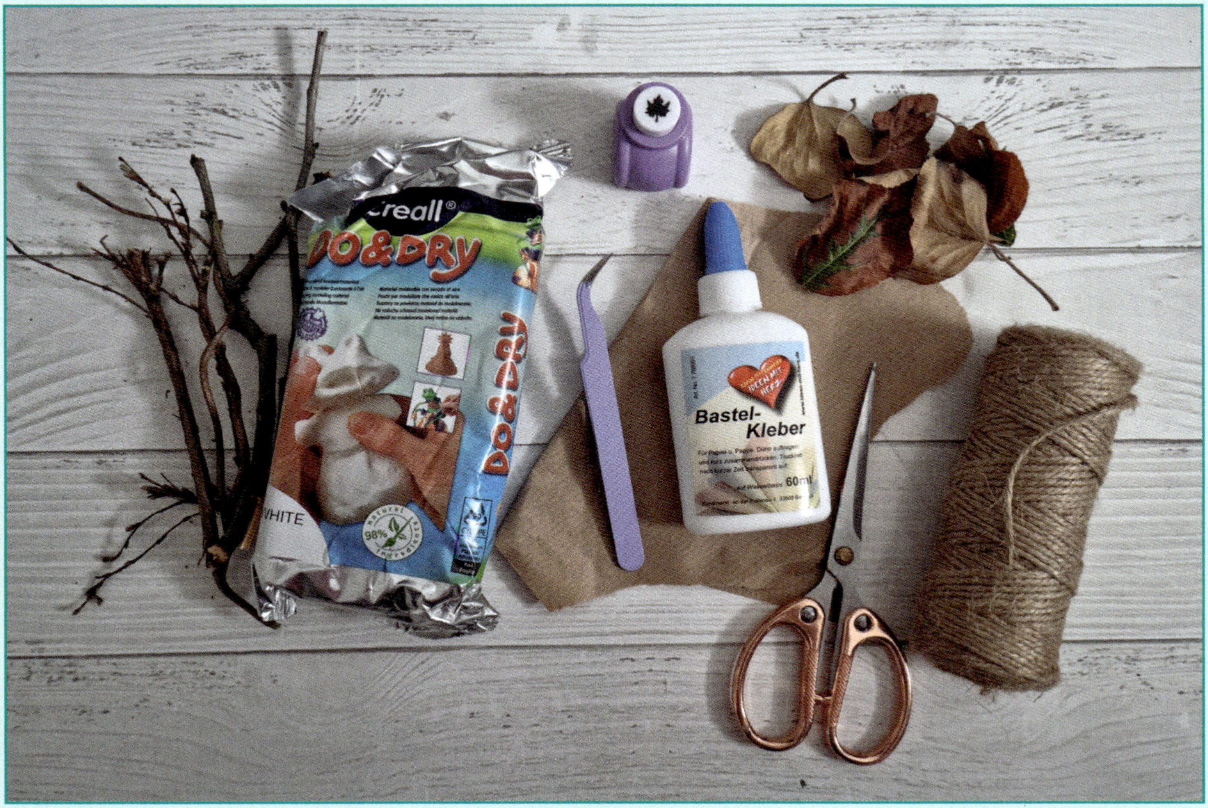

Materialien

- Modelliermasse
- Mini-Stanzer Blatt (Set bei Amazon)
- Juteschnur
- Bastelkleber
- Moos
- braunes Versand- oder Geschenkpapier
- Blätter
- Pinzette

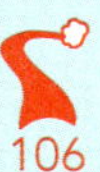

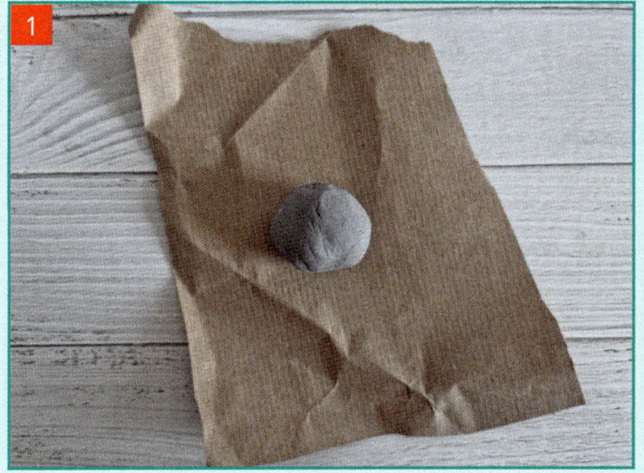

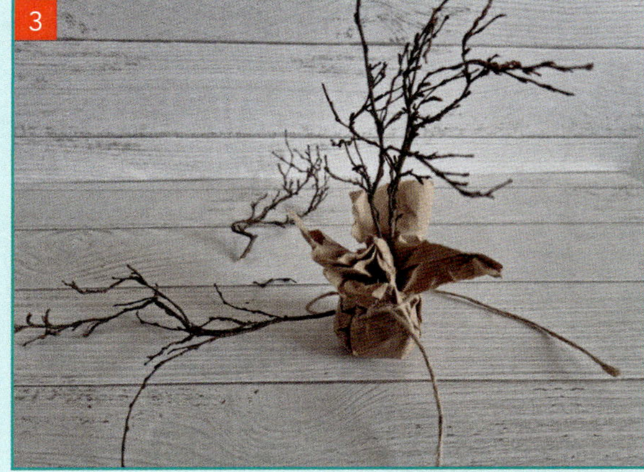

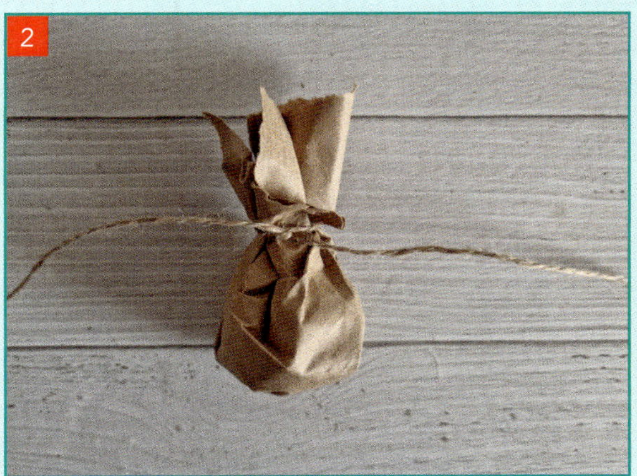

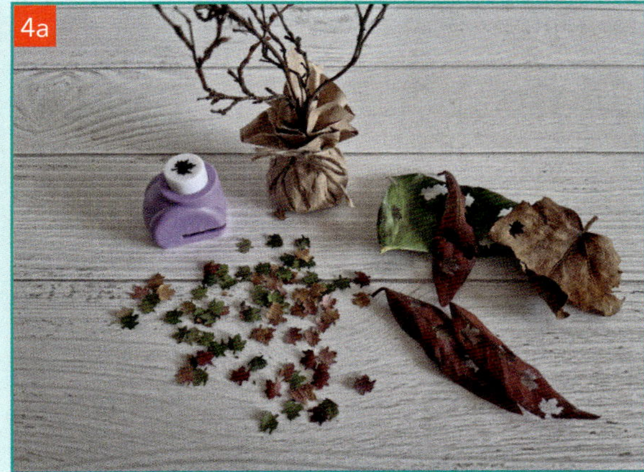

Und so geht`s:

1. Rolle Modelliermasse zu einer ca. 3,5 cm breiten Kugel.
2. Verpacke die Kugel wie ein Geschenk in das Versand- oder Geschenkpapier und binde es mit einer Juteschnur zu.
3. Stecke jetzt einen Ast in die Verpackung.
4. Stanze kleine Blätter aus echten Blättern aus, sie sollten aber nicht zu trocken sein, sonst zerbröseln sie. Klebe sie nun mithilfe einer Pinzette und Kleber auf deine Äste.

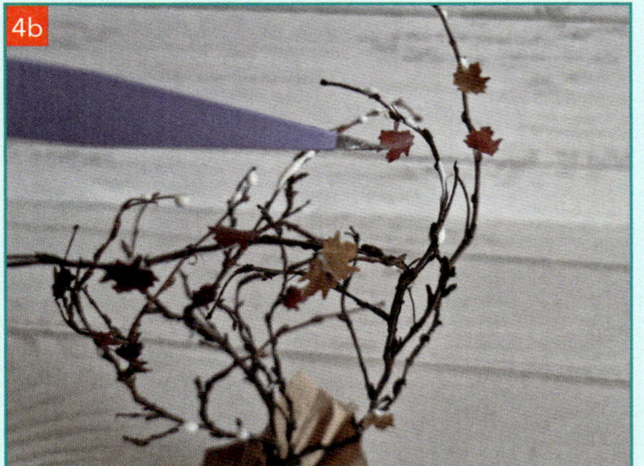

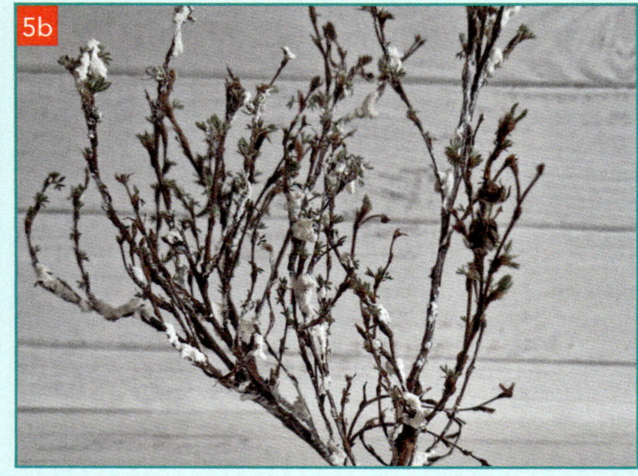

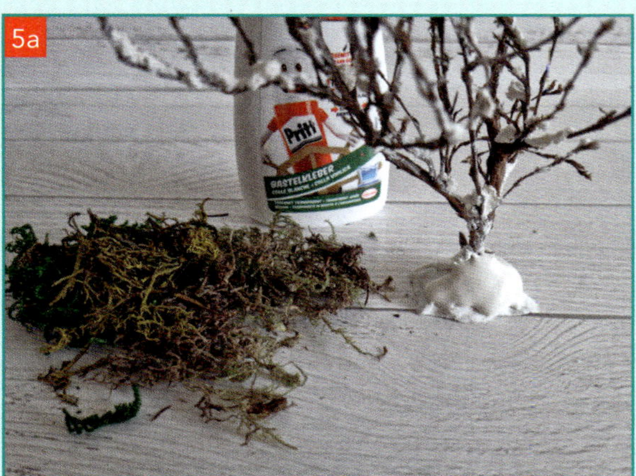

Tipp:

Mit der Anleitung für Schnee auf Seite 163 kannst du dein Bäumchen noch mit Schnee bedecken.

5. Der Baum an der Wichteltür wurde ohne Papier gemacht. Einfach den Ast unten mit Modelliermasse fixieren, flach drücken, damit er stehen kann, und mit Moos verzieren.

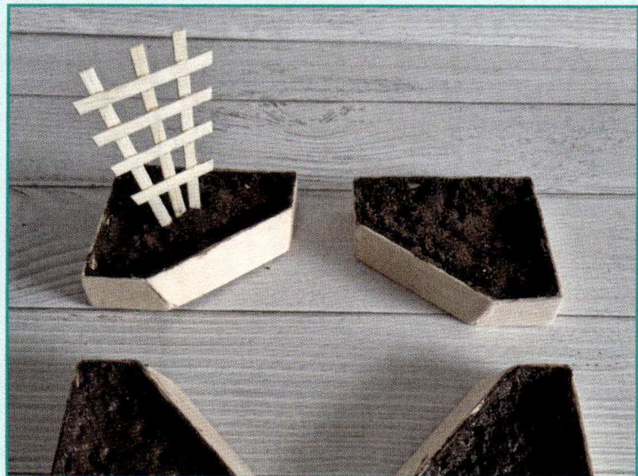

Hochbeete und Rankhilfe

❄❄❄

Größe:
pro Hochbeet ca. 7,0 x 6,5 cm
Rankhilfe ca. 5 x 7 cm

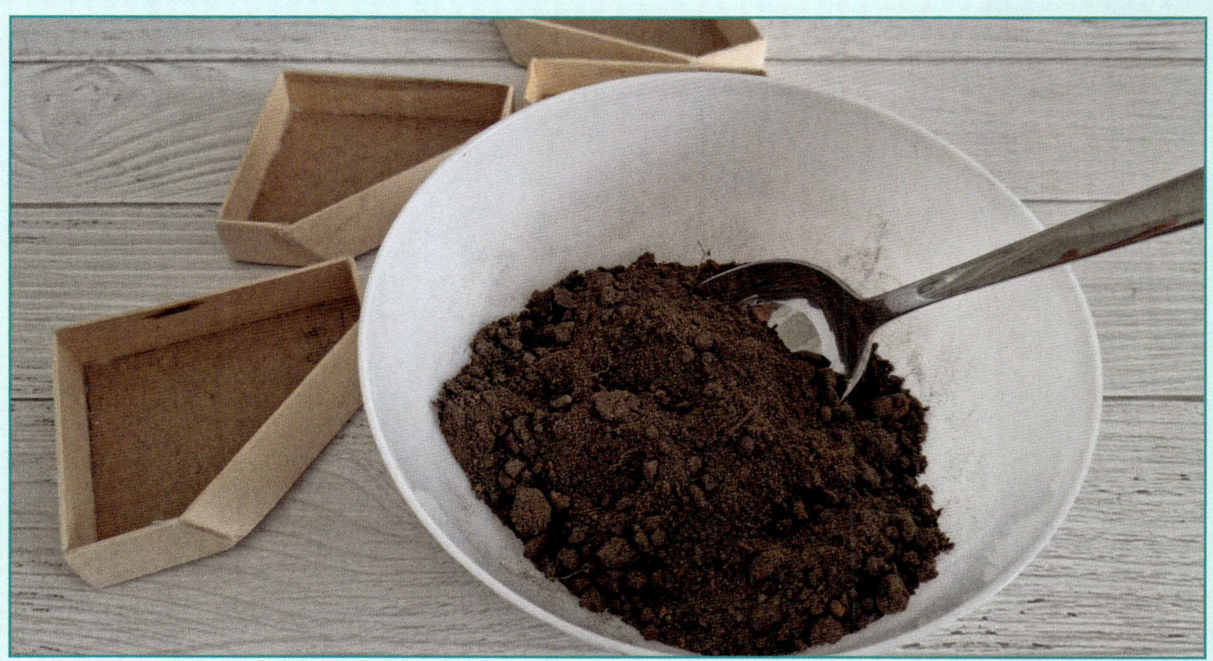

Materialien

Für die Hochbeete
- Holzmundspatel 15 x 1,6 cm
- Mikrowellpappe 1,5 Stärke, ca. 700 g/m²
- Erde
- Bastelleim
- Schere
- Bleistift
- Blechschneider
- Schleifpapier
- Rührstäbchen 14 x 0,5 cm

Für die Rankhilfe
- Rührstäbchen
- Heißklebepistole
- Seitenschneider
- künstliche Pflanzen

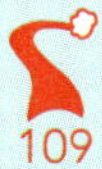

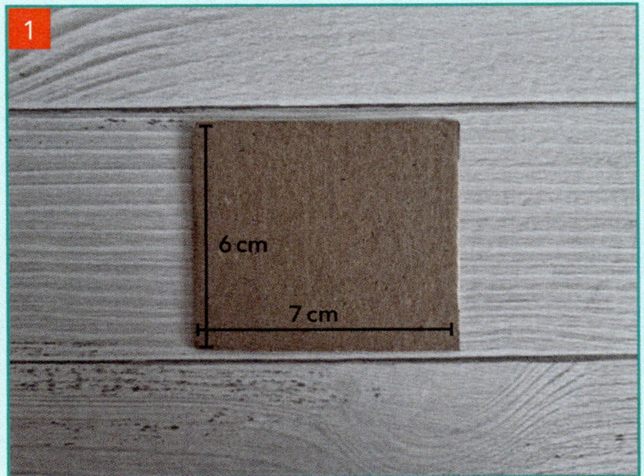

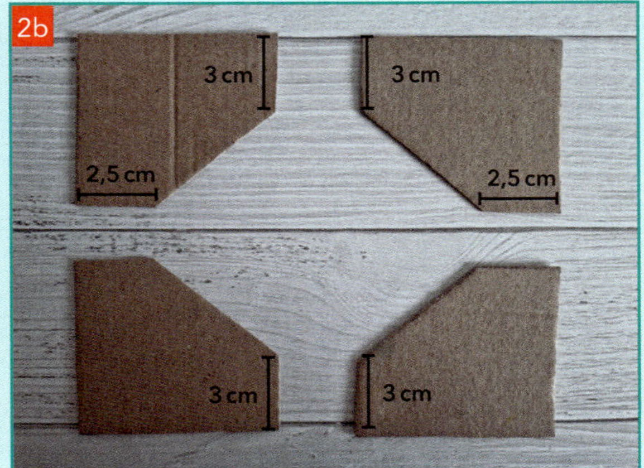

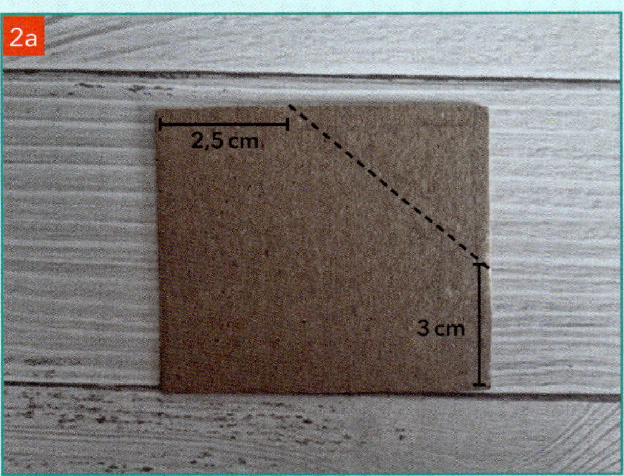

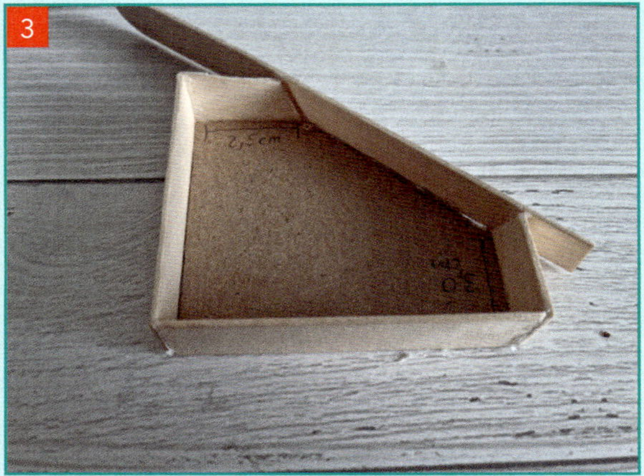

Und so geht`s:

Hochbeete

1. Ein 6 x 7 cm großes Stück Pappe ausschneiden.
2. An der 7 cm langen Seite bei 3 cm eine Markierung machen, an der 6 cm langen Seite bei 2,5 cm. Verbinde beide Markierungen mit einer Linie und schneide dort schräg ab. Das alles wiederholst du noch dreimal – für insgesamt 4 Beete.
3. Klebe Holzmundspatel an die Pappe und schneide das überstehende Holz ab.

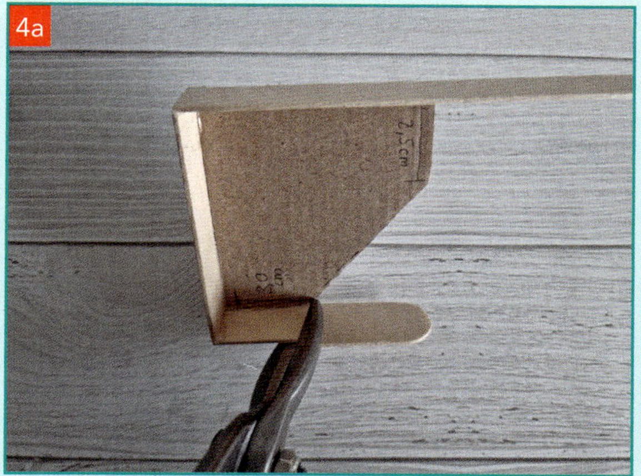

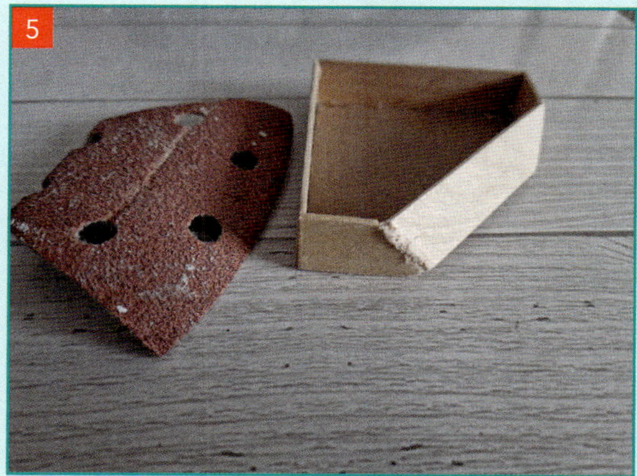

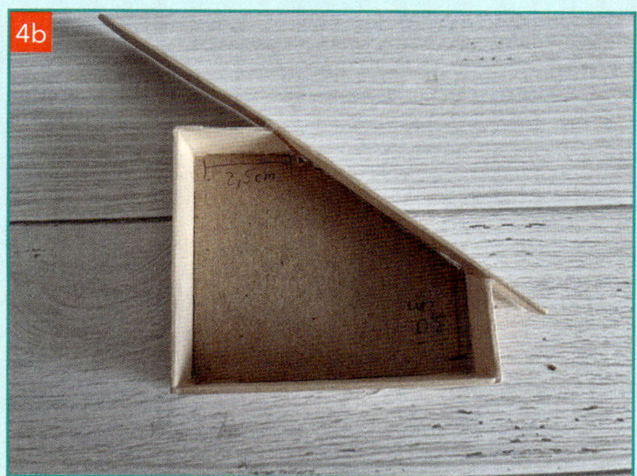

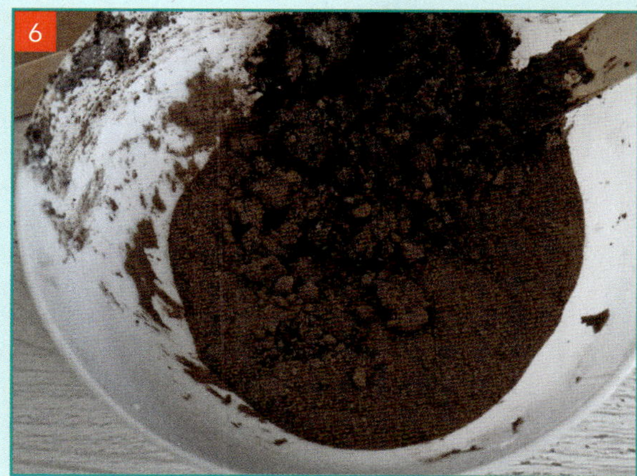

4. Die kurzen Seiten bei 3,0 cm und 2,5 cm schräg abschneiden, ein Holzmundstäbchen daraufkleben und bündig abschneiden.

5. Die Ecken mit Schleifpapier sauer abschleifen.

6. Für die Blumenerde gibst du trockene Erde in eine kleine Plastikschale und vermischst sie mit Bastelleim, bis eine feuchte Masse entsteht.

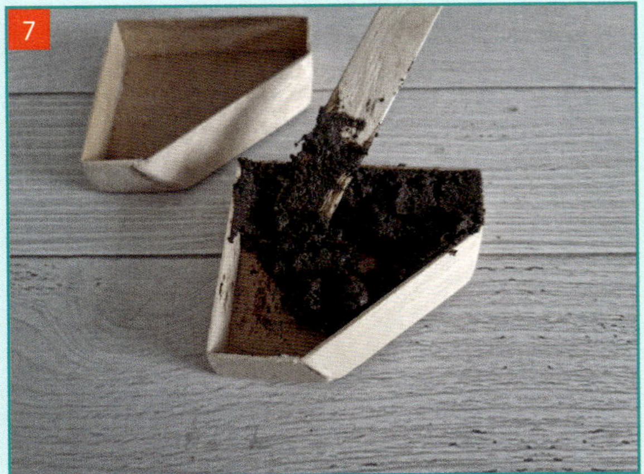

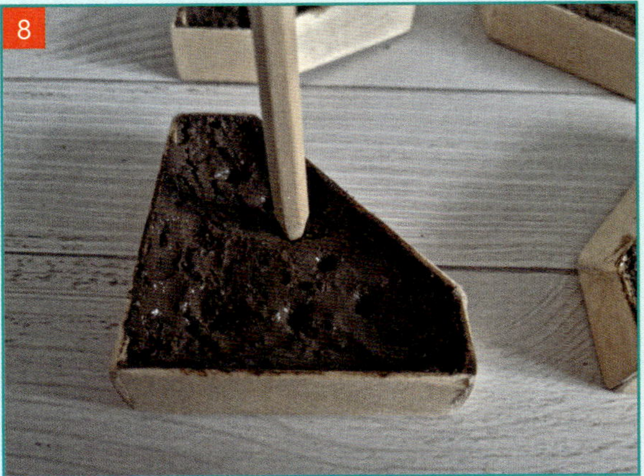

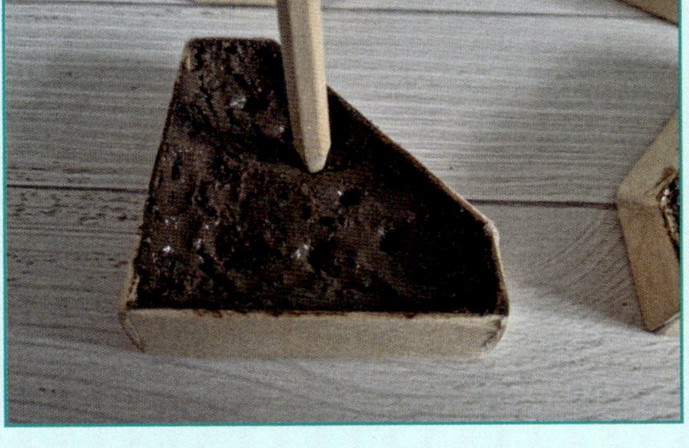

7. Nun nimmst du 2 Holzmundspatel zur Hilfe und füllst die Erde in die Beete. Es wird ein paar Tage dauern, bis deine Blumenerde komplett trocken ist.

8. Zwischendurch machst du mit einem Bleistift Löcher in ein Beet für die Möhren.

Bis die Blumenerde getrocknet ist, hast du Zeit, um eine Rankhilfe für die Tomaten zu basteln.

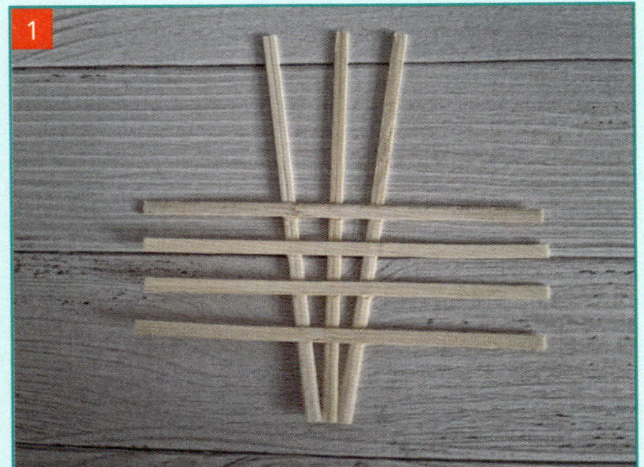

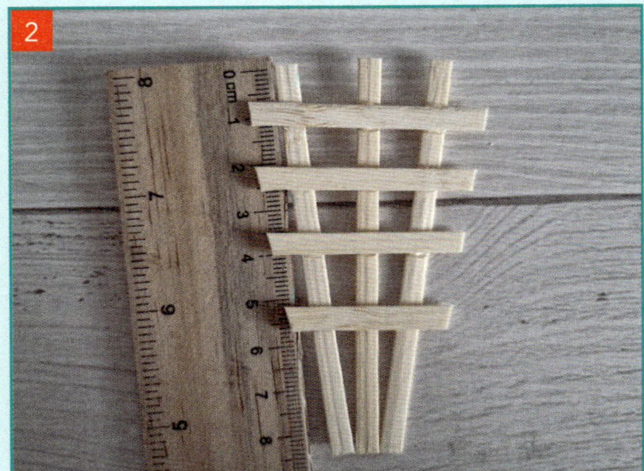

Und so geht`s:

Rankhilfe

1. Klebe, wie auf dem Foto abgebildet, Rührstäbchen zu einer Rankhilfe. Unten lässt du 2,5 cm Platz.

2. Schneide mit dem Seitenschneider die abstehenden Stäbchen bei 1 cm ab. Stelle die Rankhilfe in die noch feuchte Blumenerde.

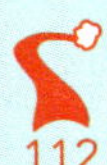

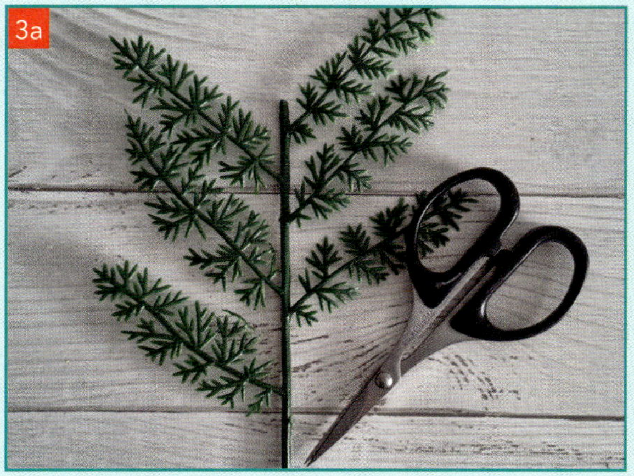
3a

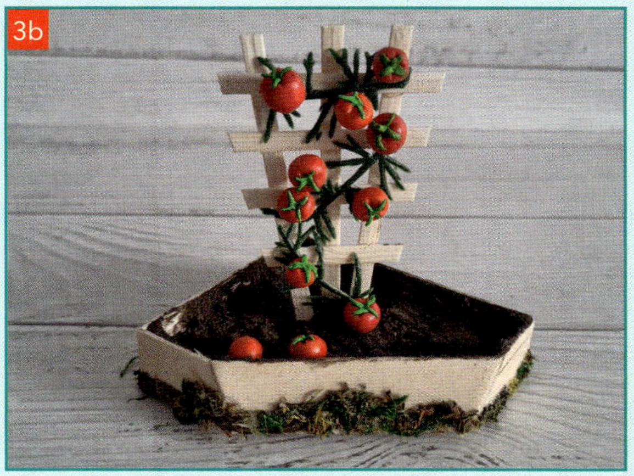
3b

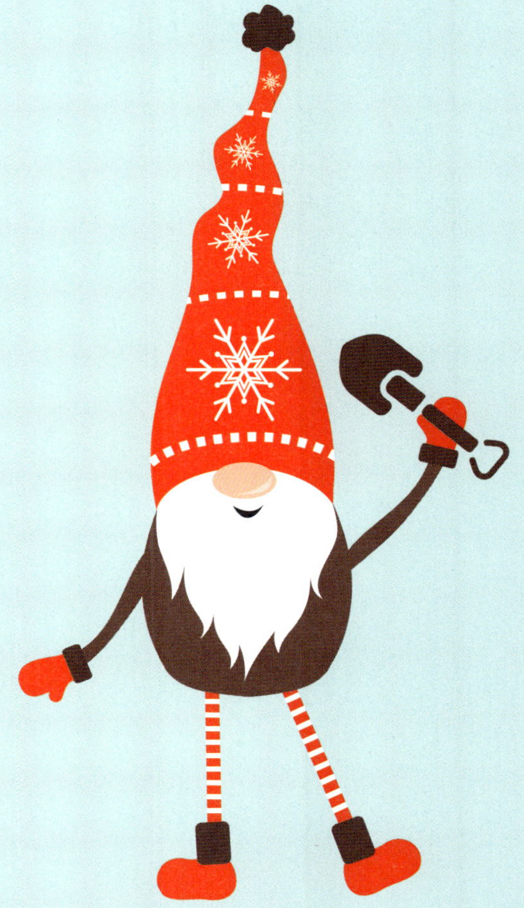

3. Für deine Tomatentriebe schneidest du dir künstliche Pflanzen zurecht und klebst sie mit Heißkleber an die Rankhilfe. Die Tomaten kannst du dann nach Belieben ankleben.

Gemüse aus Fimo

Wenn du Gemüse aus Fimo modellieren möchtest, solltest du dies an einem Tag tun, an dem du mehr Zeit hast. Für ein einzelnes Salatblatt wäre es Stromverschwendung, den Backofen vorzuheizen. Also mach gleich mehr Gemüse und tobe dich kreativ aus. Lege dein Gemüse auf ein mit Backpapier belegtes Backblech und backe sie bei 110 °C 30 Minuten.

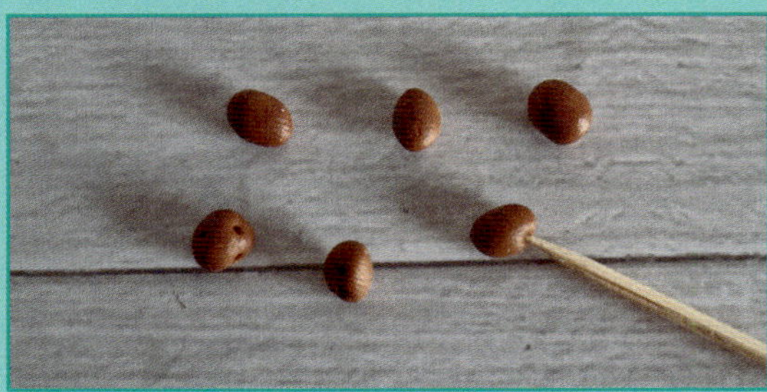

Kartoffel

Größe: 0,5 cm

Forme ca. 0,4–0,5 cm große Kugeln; du kannst auch kleine und größere modellieren. Drücke mit dem Zahnstocher kleine Löcher rein.

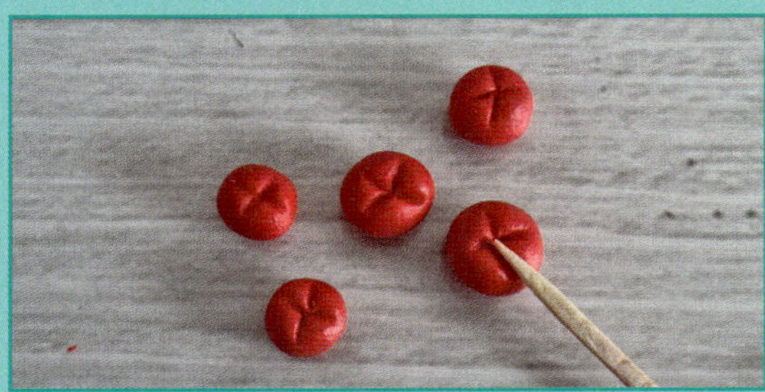

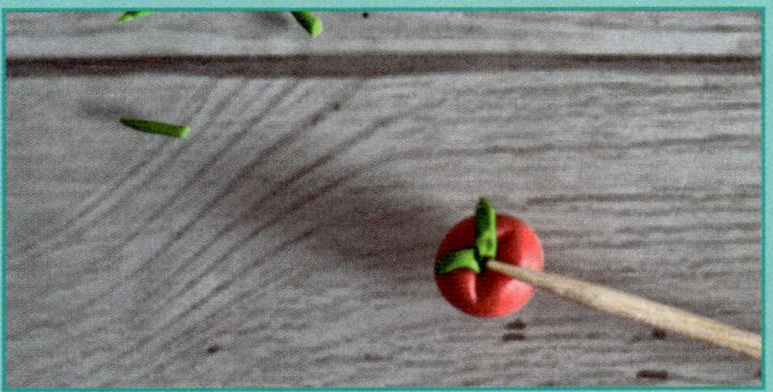

Tomaten

Größe: ca. 0,5–0,7 cm

Forme ca. 0,5–0,7 cm große Kugeln. Drücke mit einem Zahnstocher kleine Vertiefungen in die Kugeln für die Stängelansätze.

Rolle etwas grüne Modelliermasse zu einer dünnen Rolle aus, nimm kleine Stücke ab und forme eine Seite etwas spitz. Lege diese mit der spitzen Seite nach außen in die Kerben der Tomaten und drücke sie etwas an. Nach dem Backen abkühlen lassen und mit Nagellack anmalen.

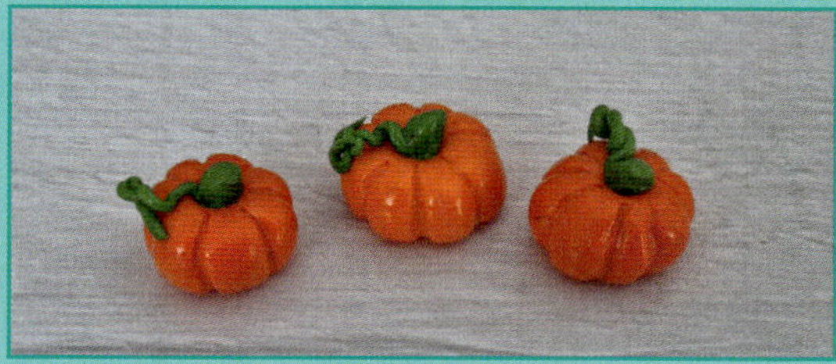

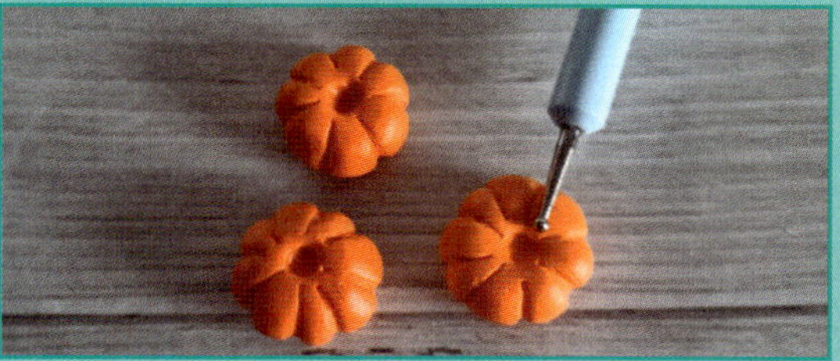

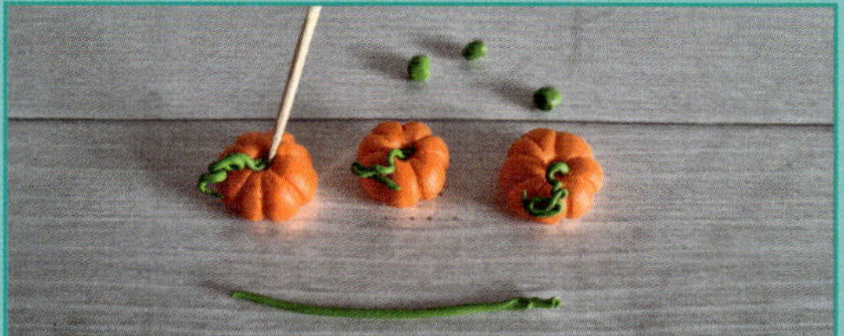

Kürbis

Größe: ca. 1,2 x 1,9 cm
Forme drei etwa 1,7 cm große Kugeln und drücke sie ein wenig flach. Mithilfe eines Zahnstochers drückst du feine Streifen in den Kürbis. Mit dem Dotting Pen machst du am Stielansatz eine Kerbe.
Rolle grünes Fimo zu dünnen Röllchen aus und verdrehe sie, wie auf dem Foto zu sehen. Stecke mithilfe eines Zahnstochers zuerst den gedrehten Stiel in die Kerben der Kürbisse. Forme aus grüner Modelliermasse kleine Kugeln und drücke sie als Stiel zum Schluss hinein. Nach dem Backen abkühlen lassen. Dann kannst du sie mit klarem Nagellack bemalen.

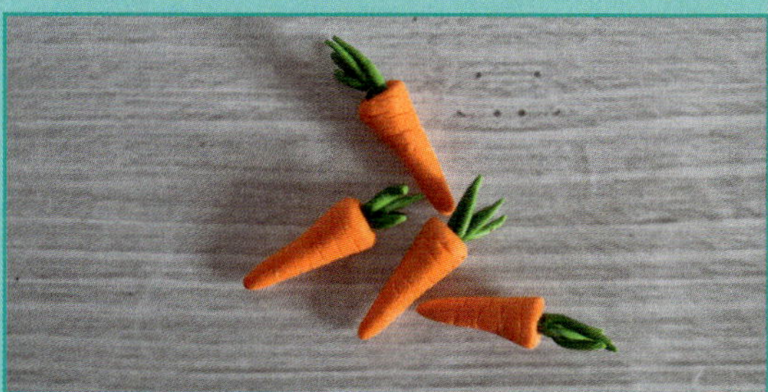

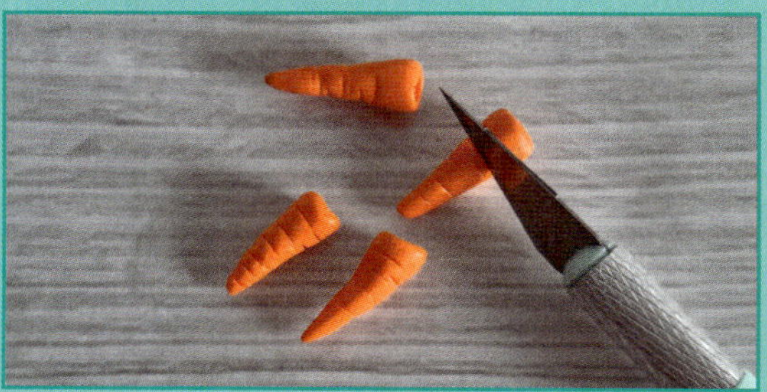

Karotten

Größe: 2,5 cm
Rolle ca. 0,7 cm große Kugeln aus der orangefarbenen Modelliermasse. Jetzt rollst du die Kugeln kegelförmig zu. Mit dem Dotting Pen drückst du am dicken Ende der Karotten jeweils ein kleines Loch hinein. Ritze mit einem Skalpell ein paar Rillen in die Karotte. Sieht realistischer aus. Rolle grüne Modelliermasse aus und teile diese in ca. 0,4–0,6 cm große Stücke. Drücke mit dem Zahnstocher ca. 3–4 Karottengrünstiele in die Karotten.

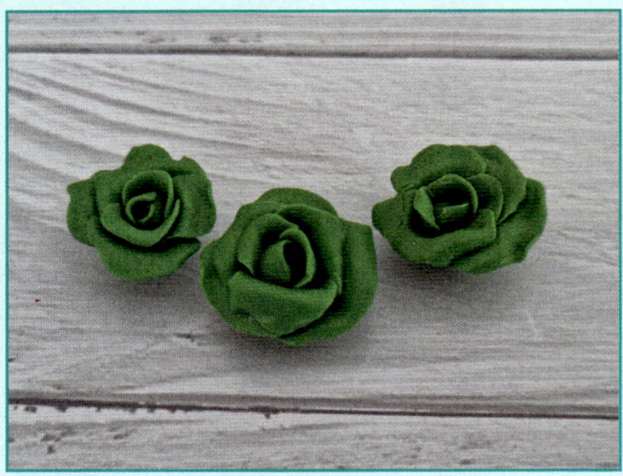

Salat

Größe:
1,1 x 2,1 cm

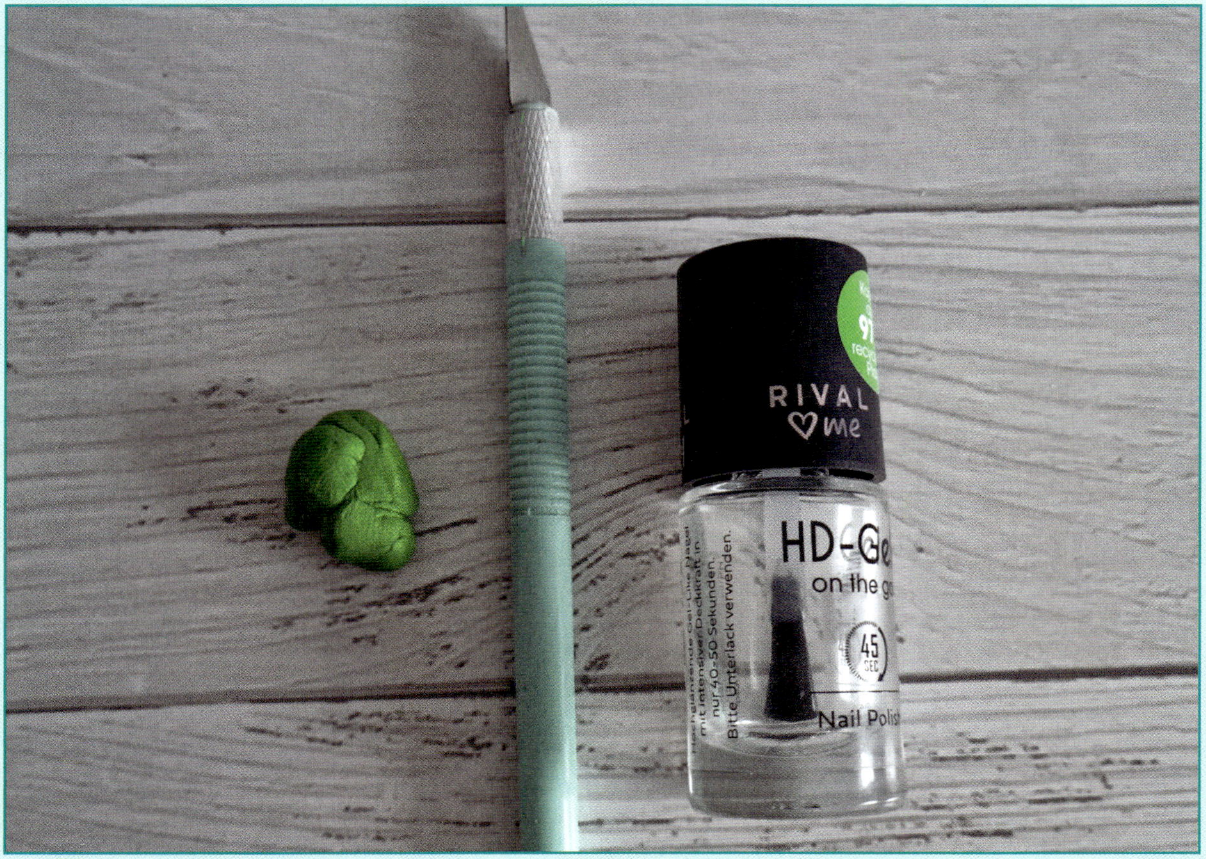

Materialien

- Fimo in Grün
- Skalpell

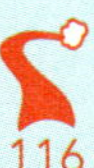

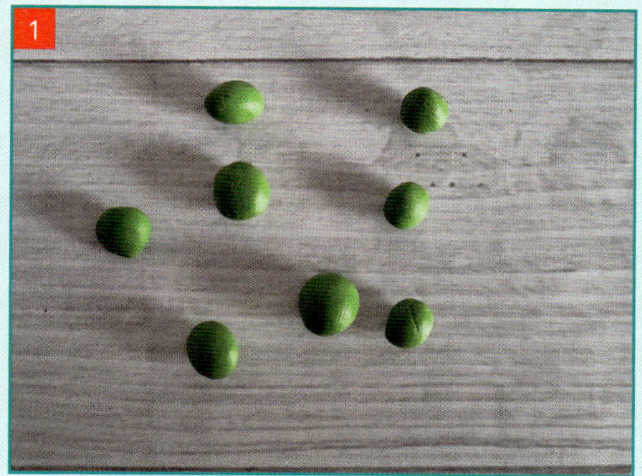

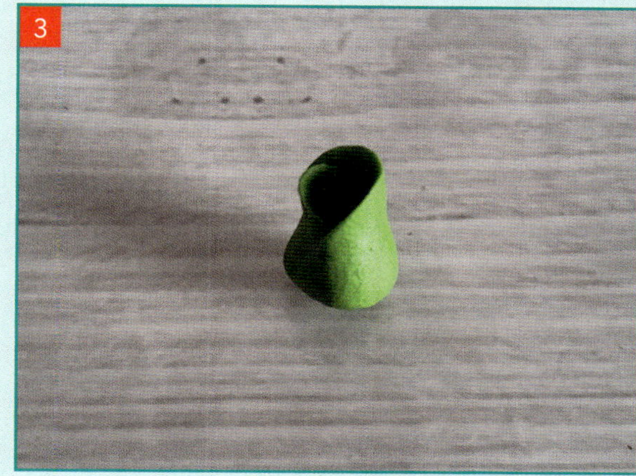

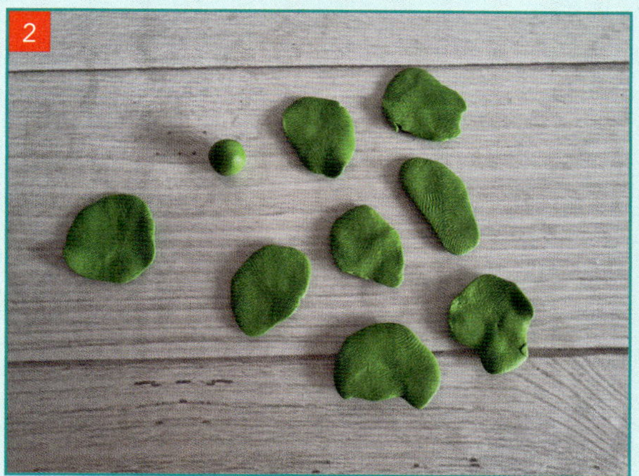

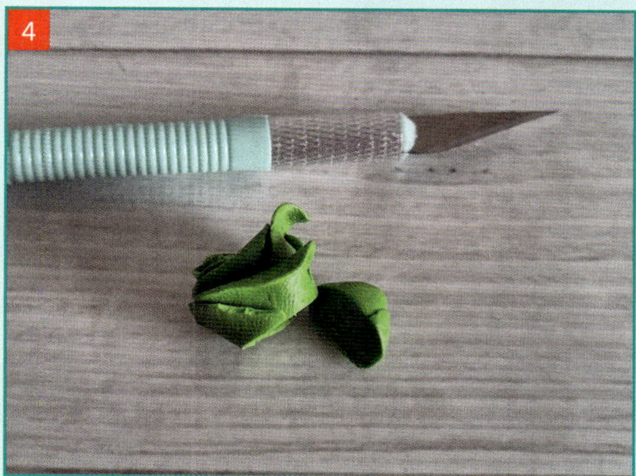

Und so geht`s:

1. Rolle mehrere, ca. 0,5 cm große Kugeln aus der grünen Modelliermasse aus.

2. Drücke die Kugeln flach und forme sie unterschiedlich. Eine Kugel bleibt.

3. Nun ummantle deine Kugel mit deinen Blättern.

4. Die letzten Blätter klappst du etwas nach außen. Zum Schluss schneidest du mit einem Skalpell die überflüssige Modelliermasse ab. Bei 110 °C 30 Minuten backen und nach dem Trocknen mit transparentem Nagellack lackieren.

Der Wichtel feiert das Sternschnuppenfest

Jeder Wichtel weiß, dass er eine ganz besondere Gabe besitzt. Doch erst am alljährlich stattfindenden Sternschnuppenfest erfahren die Wichtel, dass sie diese eine Fähigkeit besitzen. Wenn der Sternschnuppenregen erst einmal abgeklungen ist, erhalten sie ihre magischen Urkunden. Eine Feier, die alle Wichtel gemeinsam am Lagerfeuer genießen können.

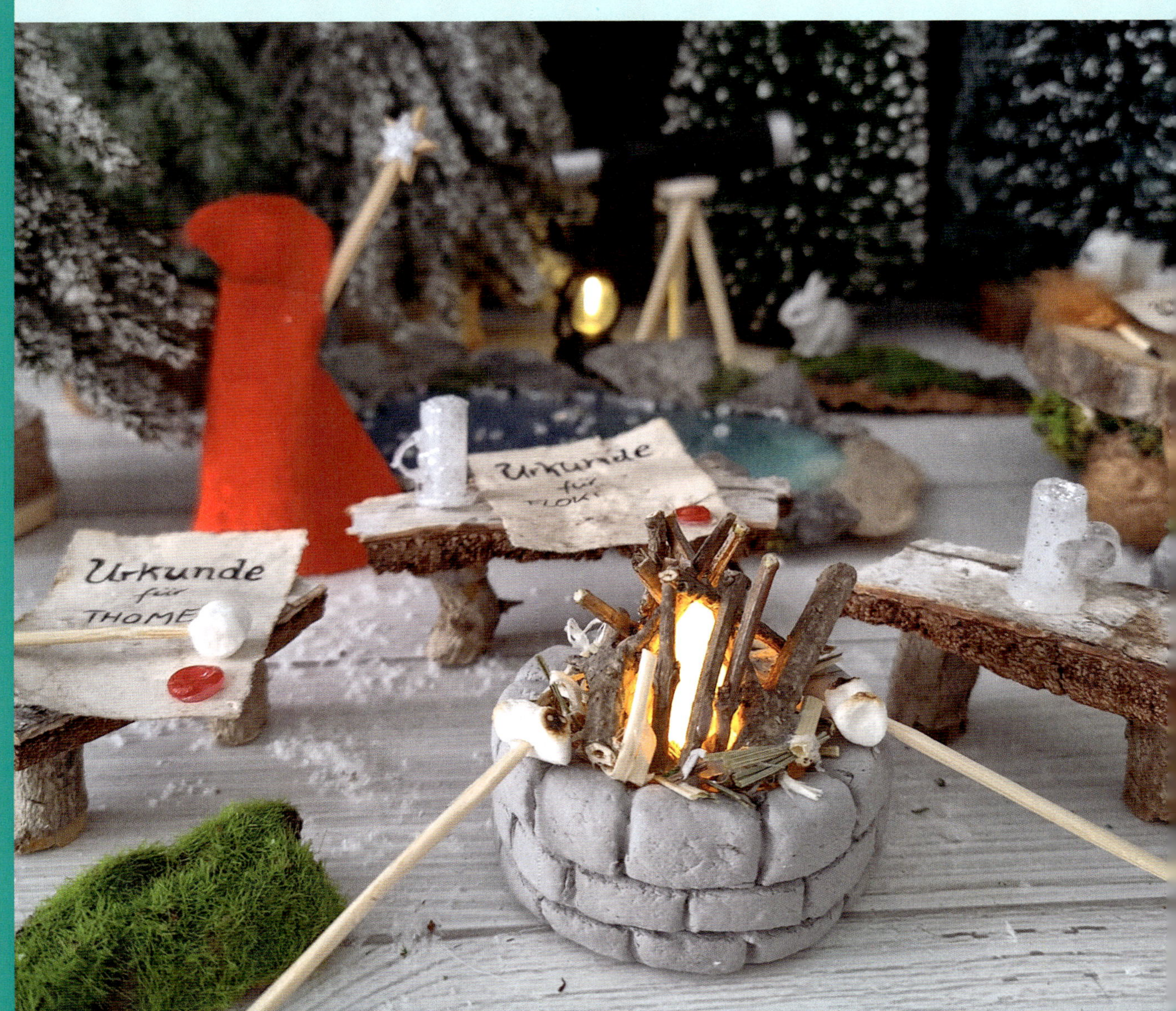

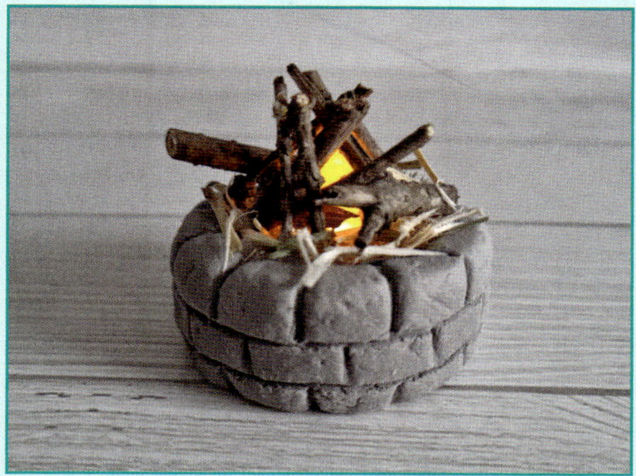

Lagerfeuer

❄❄

Größe:
5 x 4,5 cm

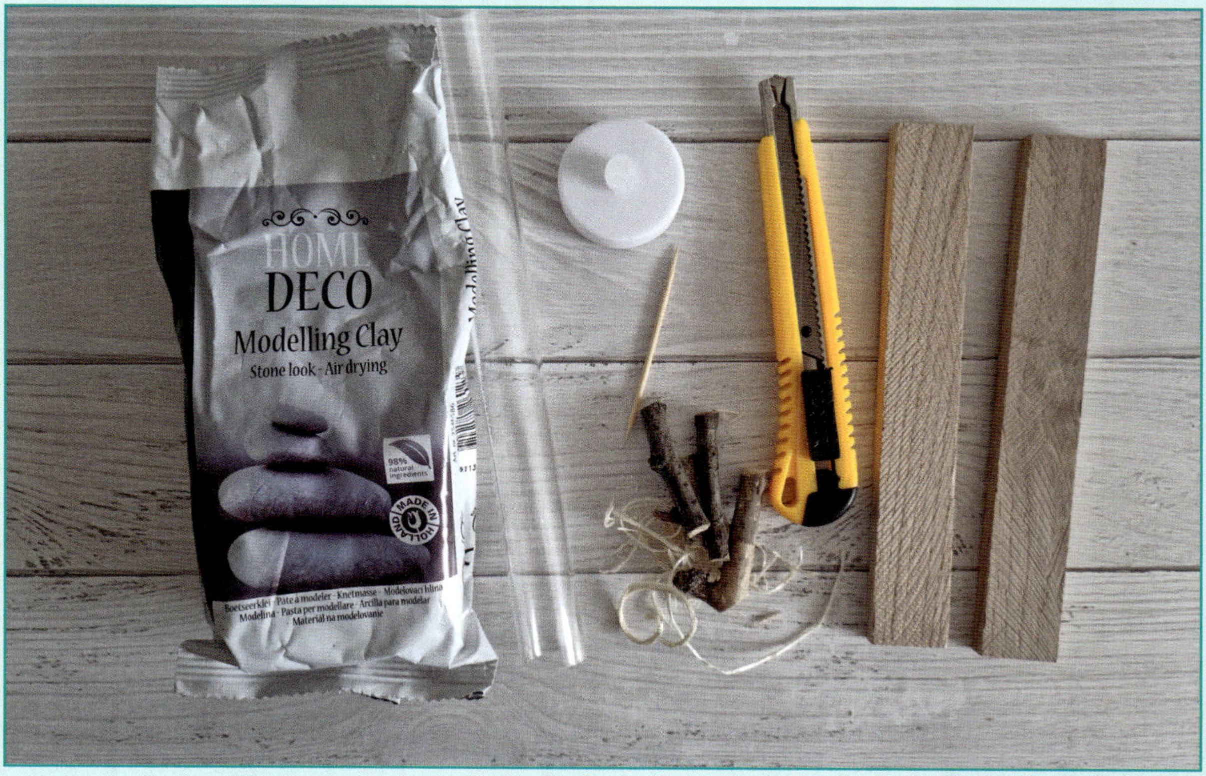

Materialien

- Modelliermasse in Stein-Optik
- LED-Teelicht
- Cuttermesser
- Bastelklötzchen
- Zahnstocher
- Äste
- Stroh
- Acrylroller
- Lineal

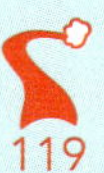

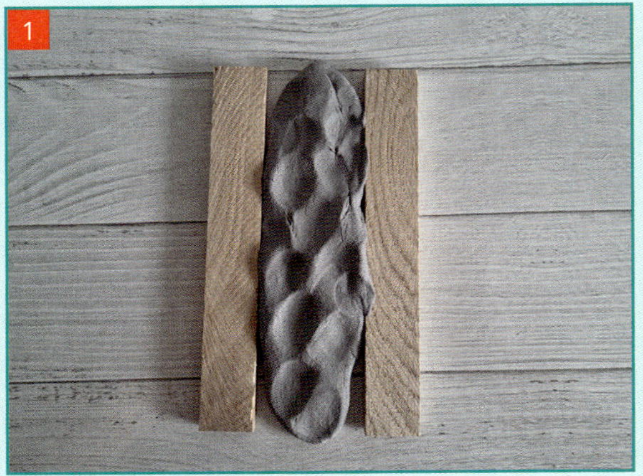

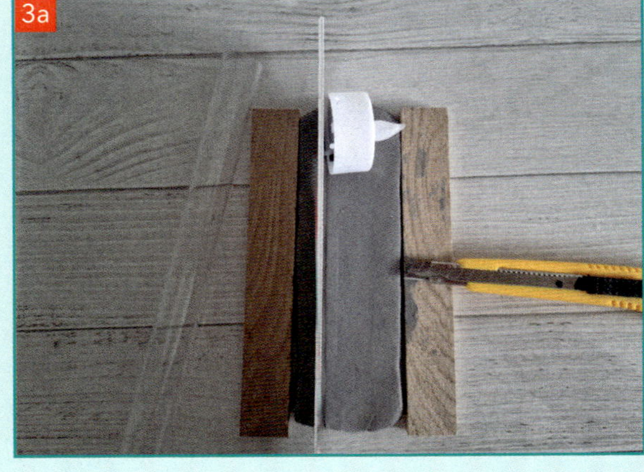

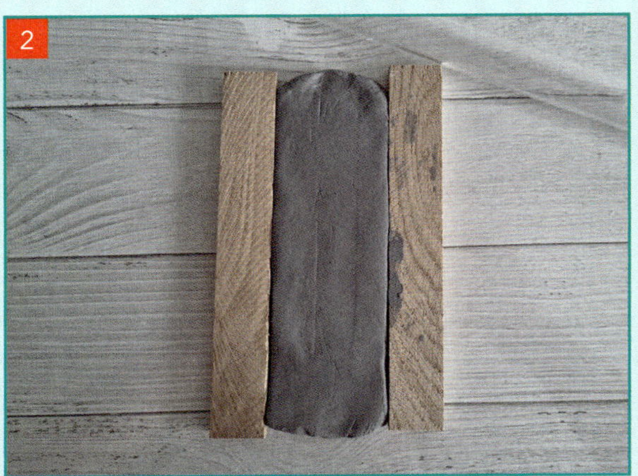

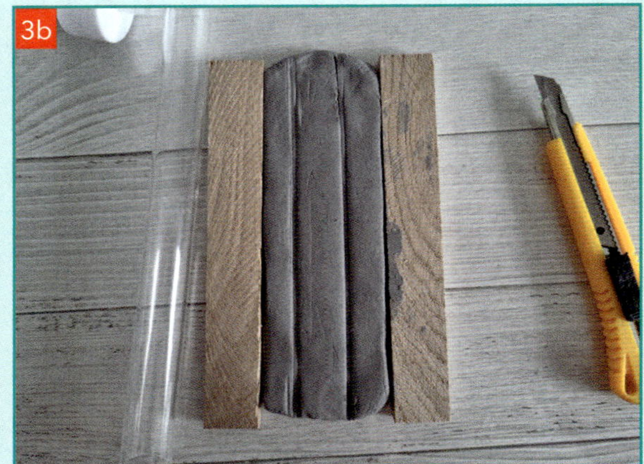

Und so geht`s:

1. Wiege ca. 100 g Modelliermasse ab und drücke diese zwischen 2 Bastelklötzchen.
2. Rolle die Modelliermasse mit dem Acrylroller glatt.
3. Lege jetzt ein Teelicht auf deine Modelliermasse und nimm ein Lineal zur Hilfe (siehe Foto), um die Breite fürs Teelicht abzumessen.

Tipp:
Du kannst auch eine Teigrolle verwenden, musst aber vorher Frischhaltefolie auf die Modelliermasse legen, damit die Modelliermasse nicht am Teigroller festklebt.

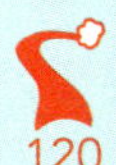

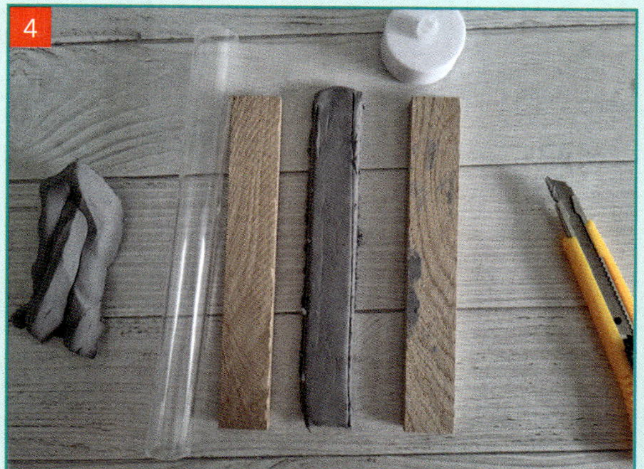

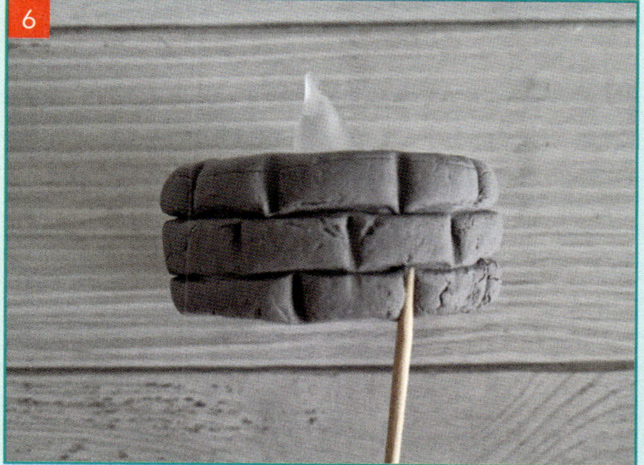

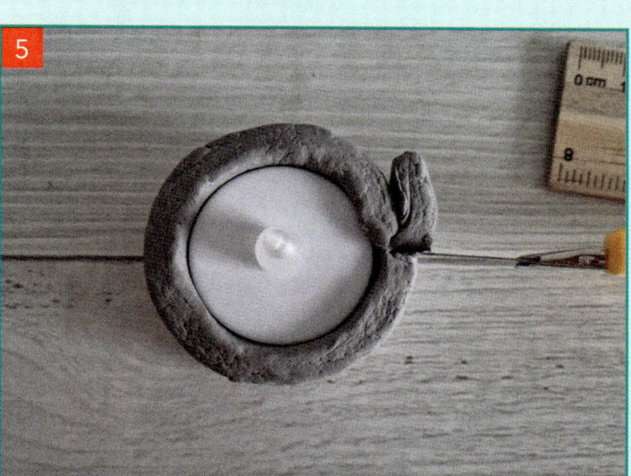

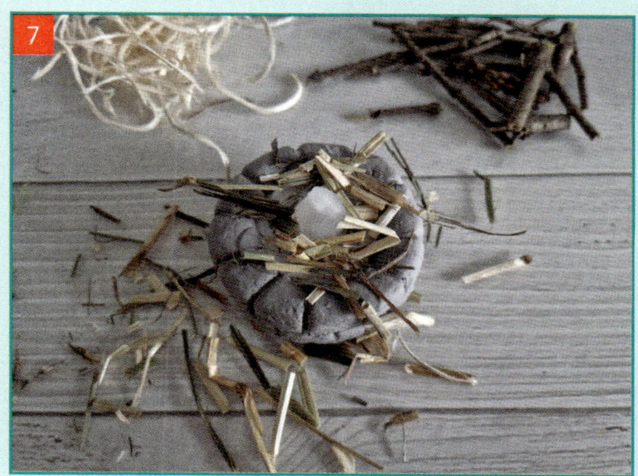

4. Mit dem Cuttermesser schneidest du links und rechts die überflüssige Modelliermasse weg.

5. Ummantle dein Teelicht mit der Modelliermasse und entferne auch hier im Anschluss die überflüssige Modelliermasse.

6. Mit einem Zahnstocher drückst du das Muster für eine Steinmauer ein. Der Abstand der Steine beträgt ca. 1,5 cm. Lass es gut trocknen.

7. Beklebe mit Heißkleber deine fertige Feuerstelle mit Ästen, Gräsern oder Stroh.

Tipp:
Als Dekoration kannst Mini-Marshmallows besorgen, sie auf einen Zahnstocher stecken und ganz leicht mit einem Feuerzeug anrösten.

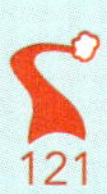

Blitz-Bastelprojekte – einfache Accessoires

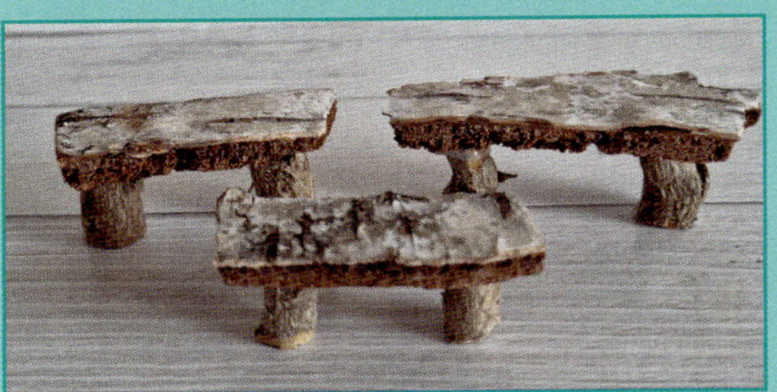

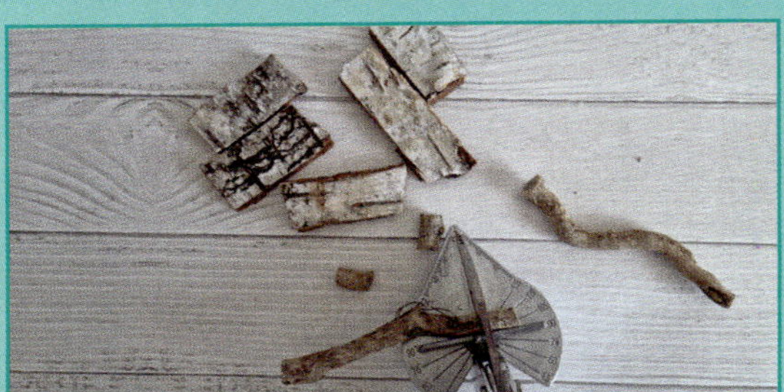

Bänke

Größe: ca. 5 x 2 x 2,5 cm
Schneide mit dem Gehrungsschneider 5 x 2 cm große Sitzbänke zurecht. Oder benutze dafür eine Holzsäge. Für die Bankfüße schneide 1,5 cm kleine Äste zu und klebe sie mit Heißkleber unter die Sitzbank. Du kannst auch kleine Holzscheiben als Sitzfläche benutzen.

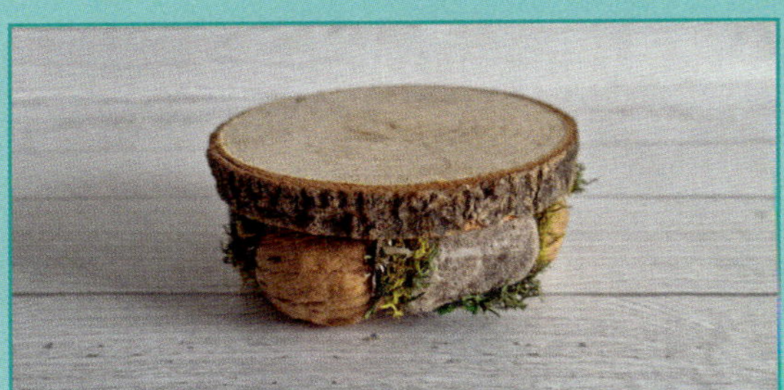

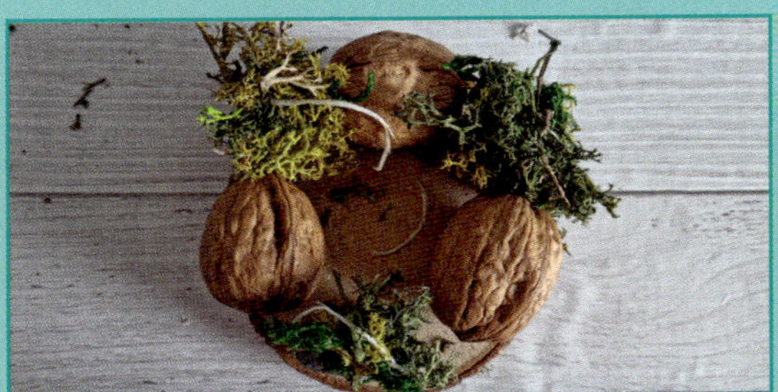

Tisch

Größe: 9 x 3,5 cm
Klebe Steine und Walnüsse mit Heißkleber auf eine Holzscheibe. Achte darauf, dass alles eben ist und dein Tisch später nicht schief steht. Nun klebst du mit Heißkleber Islandmoos oder Moos in die Lücken zwischen Steinen und Nüssen. Trocknen lassen und das überflüssige Moos abzupfen.

Federstift

Größe: 3,5 cm

Knipse 2,5 cm von einem Zahnstocher ab. Verteile Bastelkleber oben an den Zahnstocher und beklebe ihn mit Federn. Mit einem Acrylstift bemalst du die Spitze des Zahnstochers.

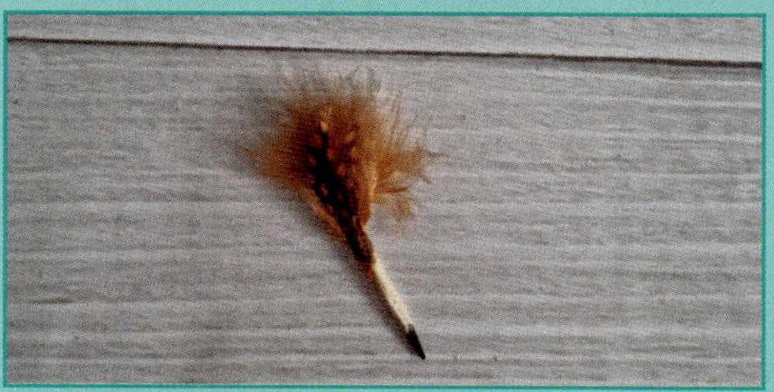

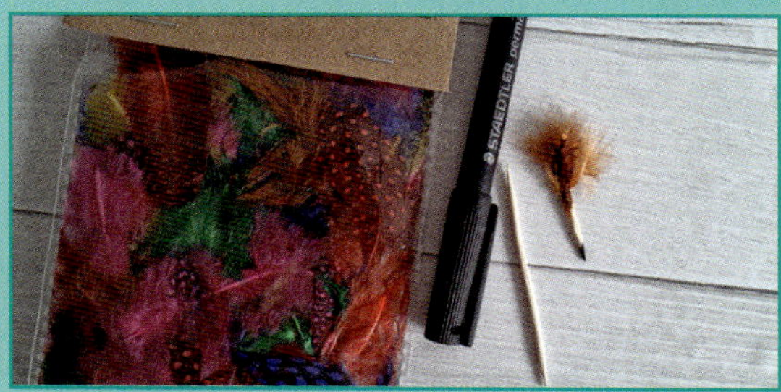

Wichtelstab

Größe: 9,7 cm

Klebe den Sticker auf die Spieße und kürze die Spieße nach Belieben.

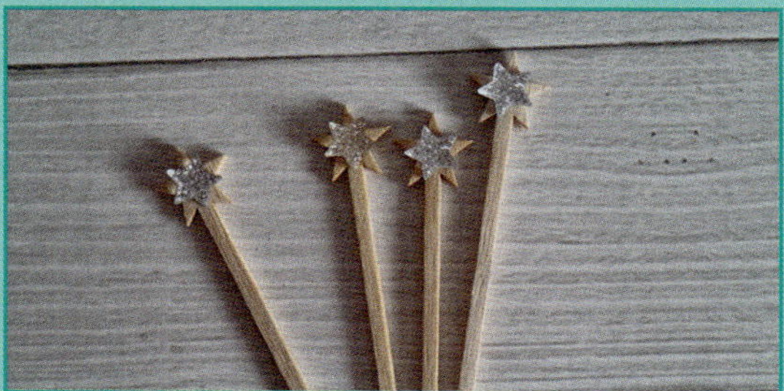

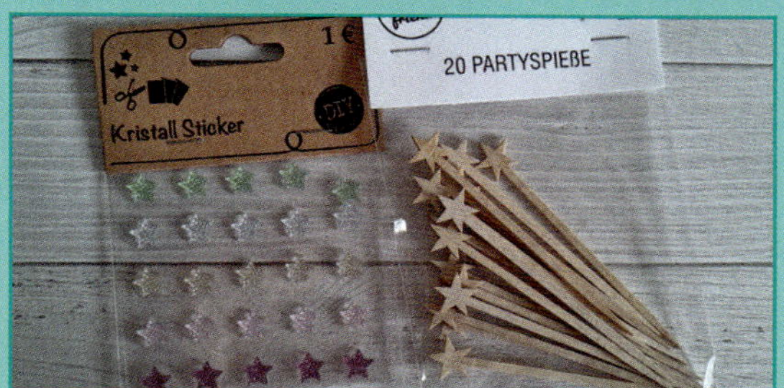

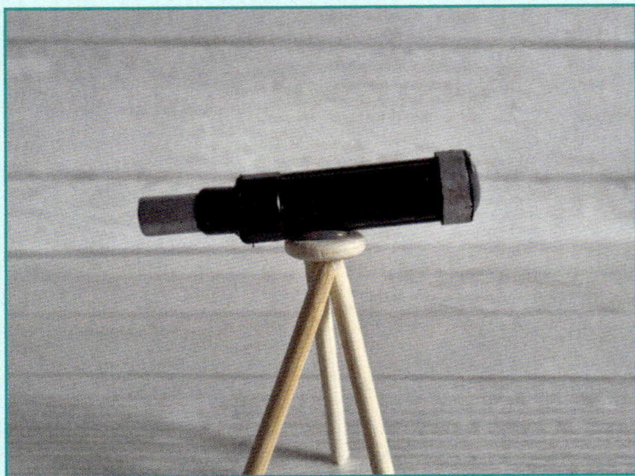

Teleskop

❄ ❄

Größe:
7 x 5,9 cm

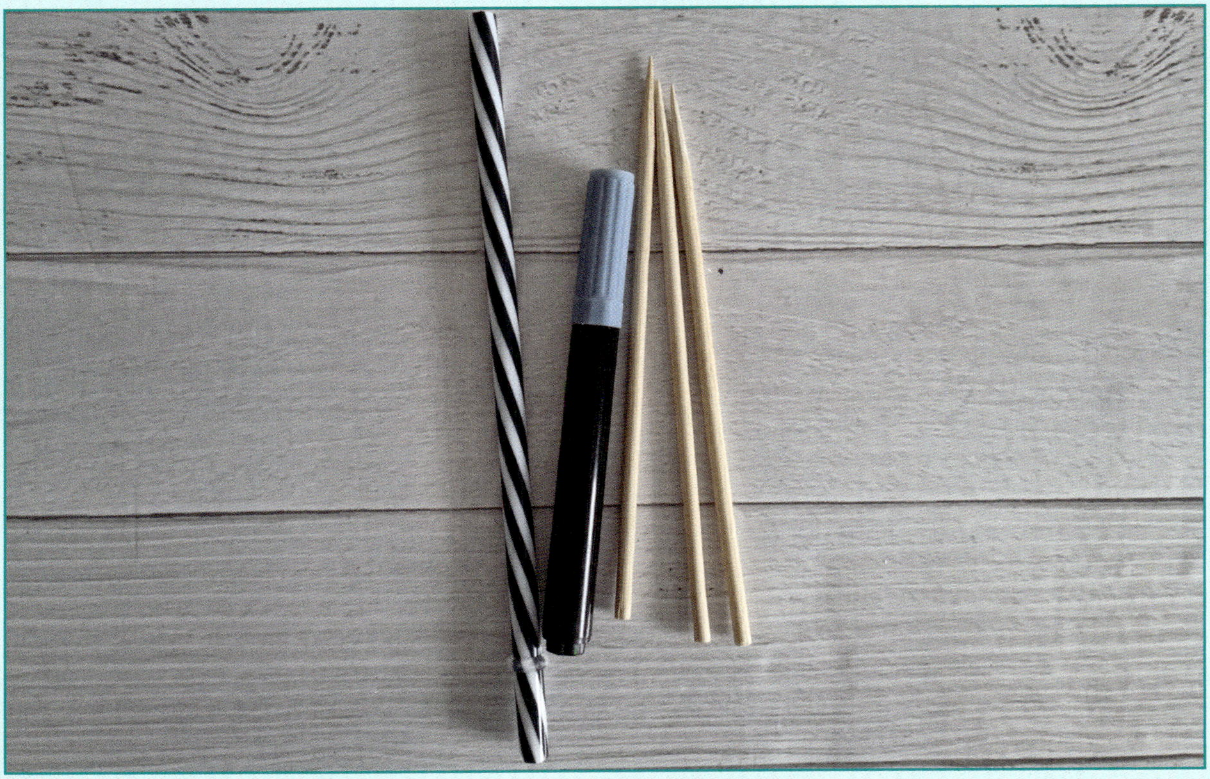

Materialien

- Plastikstrohhalm
- Deckel eines Filzstifts
- Washi-Tape
- Cakepop-Stiel
- Holzring 1,3 cm
- Graupappe 1 mm Stärke, ca. 700 g/m²
- Acrylstift in Silber
- Acrylfarbe in Schwarz
- transparenter Nagellack

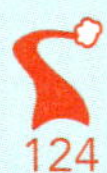

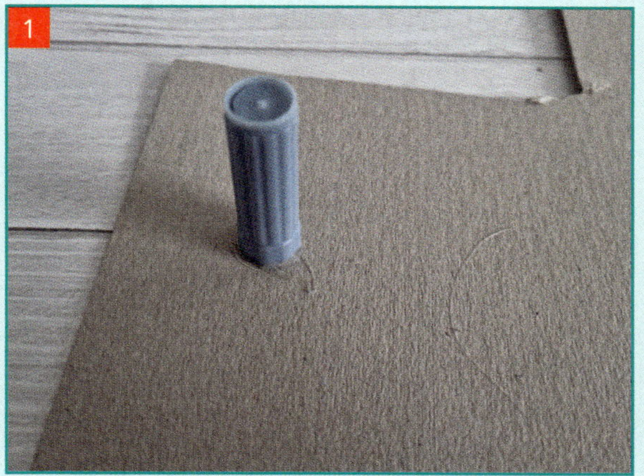

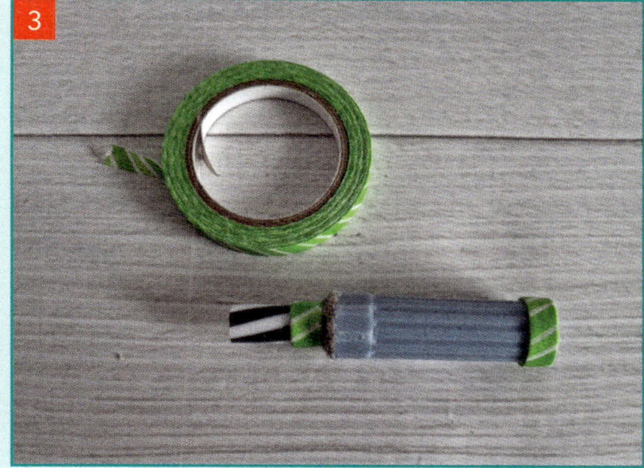

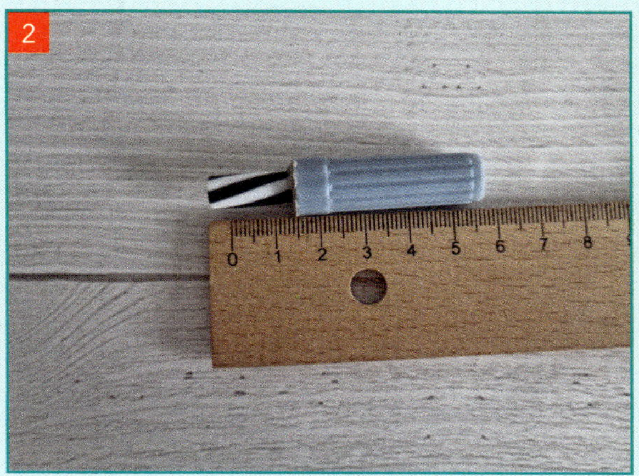

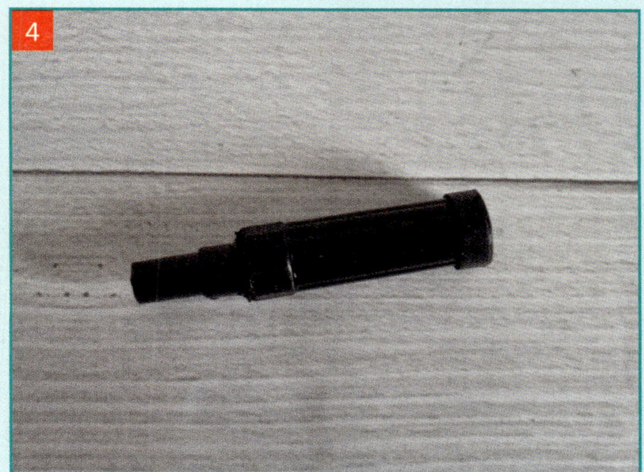

Und so geht`s:

1. Klebe mit Heißkleber den Deckel auf Graupappe und schneide dies aus.
2. Nun klebst du den Strohhalm mittig auf die Graupappe und schneidest den Strohhalm bei 1,5 cm ab.
3. Mit Washi-Tape umwickelst du ein paar Mal den Strohhalm und den Deckel des Stifts.
4. Bemale alles mit schwarzer Acrylfarbe.

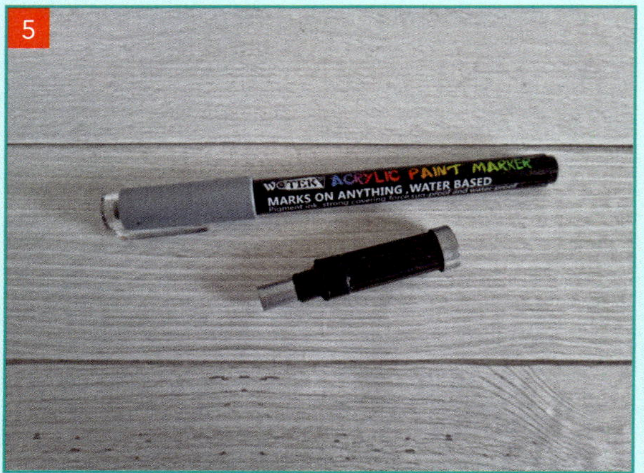

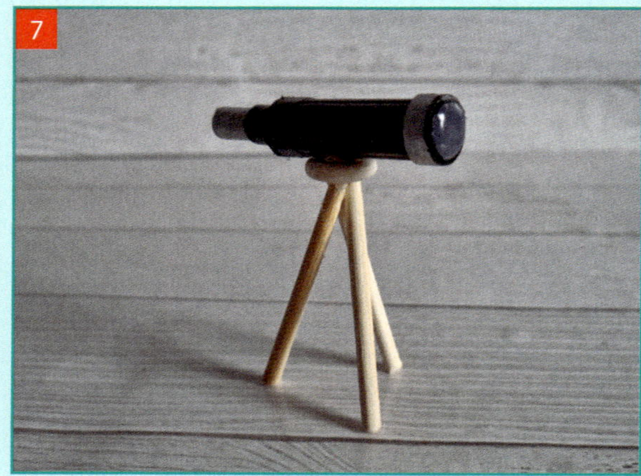

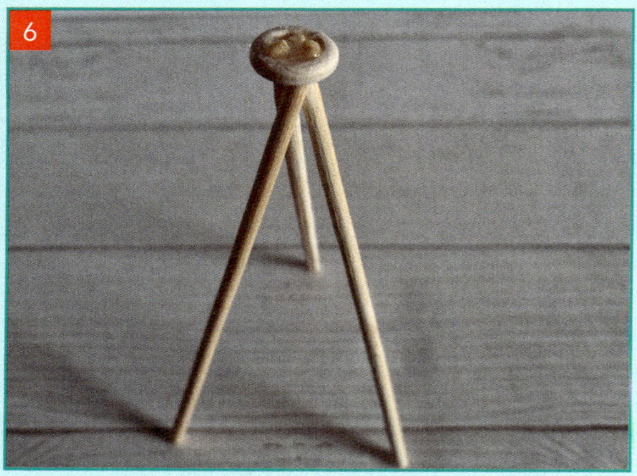

5. Verziere das Teleskop mit einem silberfarbenen Acrylstift.

6. Schneide mit einem Seitenschneider drei 6 cm lange Cakepop-Stiele zurecht. Klebe Sie mit Heißkleber in den Holzring. Falls etwas Heißkleber absteht, kannst du es mit einem groben Schleifpapier glatt schleifen.

7. Jetzt kannst du mit Heißkleber das Teleskop auf das Stativ kleben. Für die Objektivlinse kannst du Heißkleber vorne in den Deckel kleben und mit transparentem Nagellack anmalen.

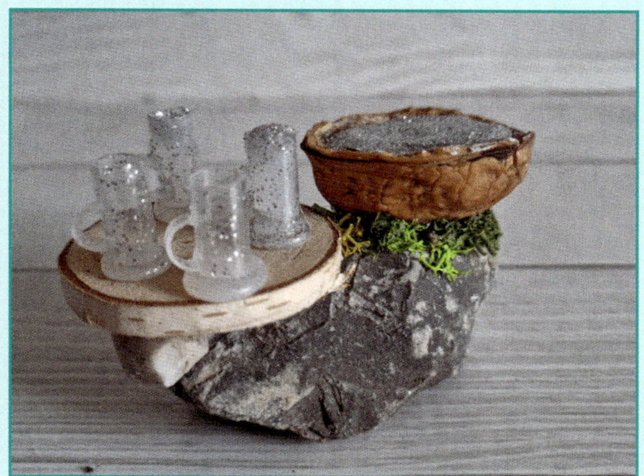

Steintisch mit Sternenpunsch und Gläsern

❄❄

Größe:
Tisch: ca. 7,5 x 4 x 3,7 cm, Gläser: 1,5 cm

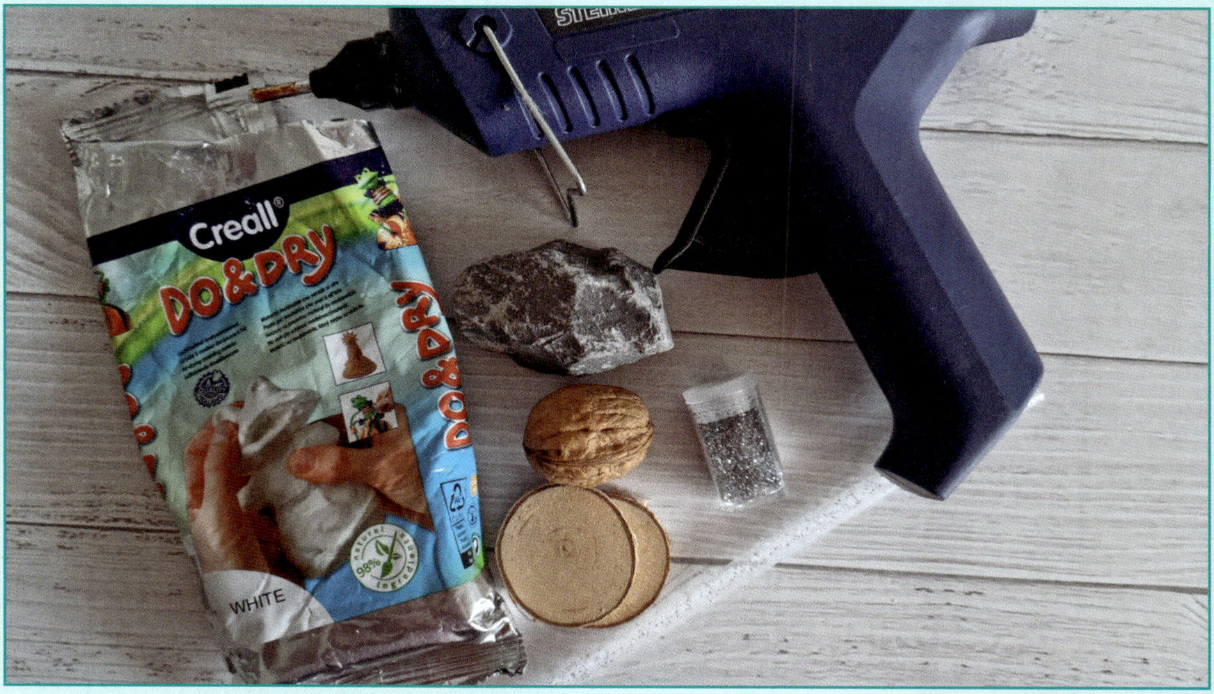

Materialien

Tisch:
- Stein
- kleine Holzscheiben
- Walnuss
- Modelliermasse
- Glitzer
- Moos oder Islandmoos
- Messer

Gläser:
- Plastikstrohhalm
- Cuttermesser
- Heißkleber
- Glitzer

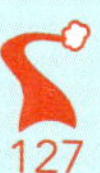

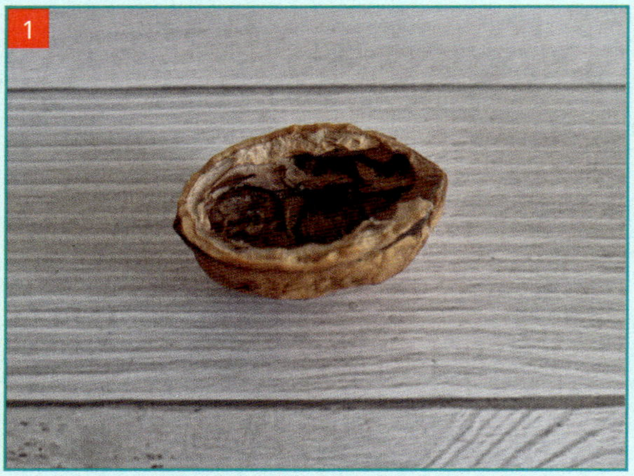

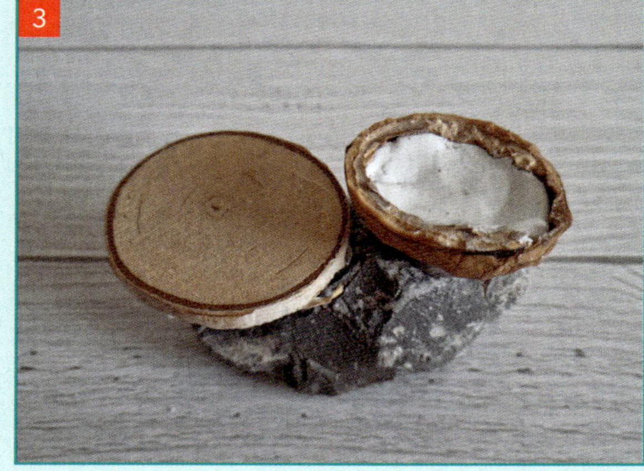

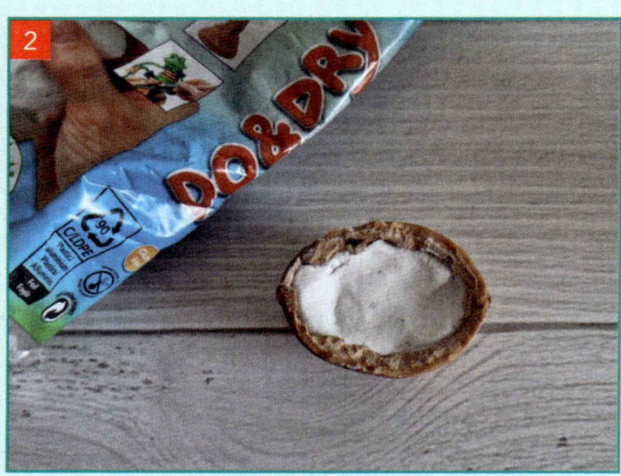

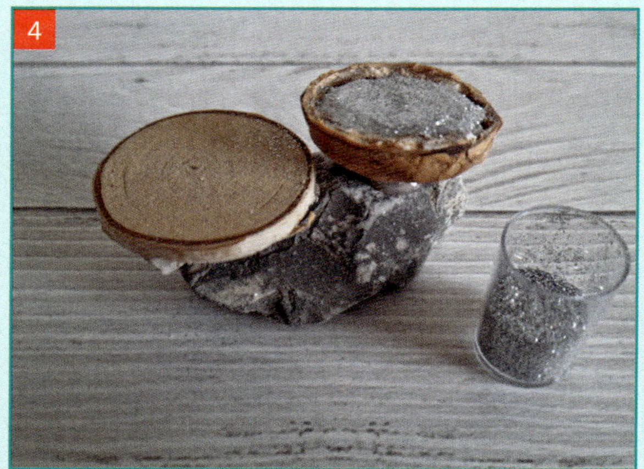

Und so geht`s:

Tisch

1. Teile eine Walnuss vorsichtig in der Mitte und entferne die Kerne. Wenn du die Walnuss vorher in heißes Wasser legst, geht das besser. Dann die Walnusshälfte trocknen lassen.

2. Drücke etwas Modelliermasse in deine Walnuss und lasse diese trocknen.

3. Klebe mit Heißkleber eine Holzscheibe als Tischplatte auf den Stein und die Walnuss, wie auf dem Bild zu sehen, daneben. Falls der Stein nicht gerade ist, kann man noch einen kleinen Stein auf den größeren Stein kleben.

4. Fülle die Walnusshälfte mit Heißkleber und streue Glitzer drauf. Du kannst auch Flüssigkleber dafür benutzen.

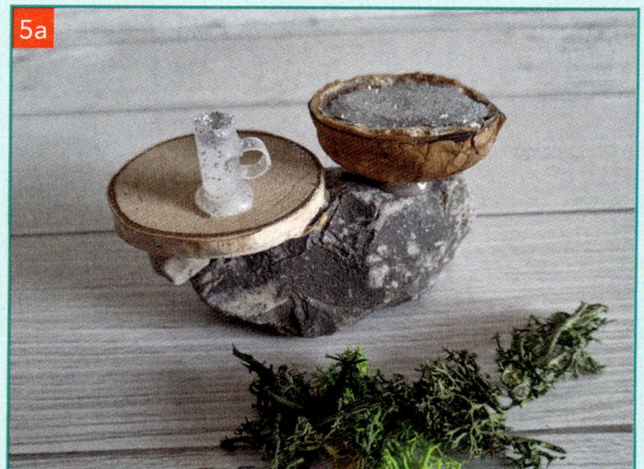

5a

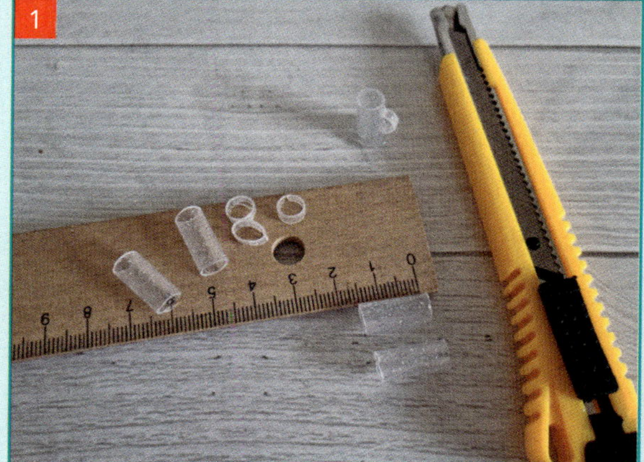

1

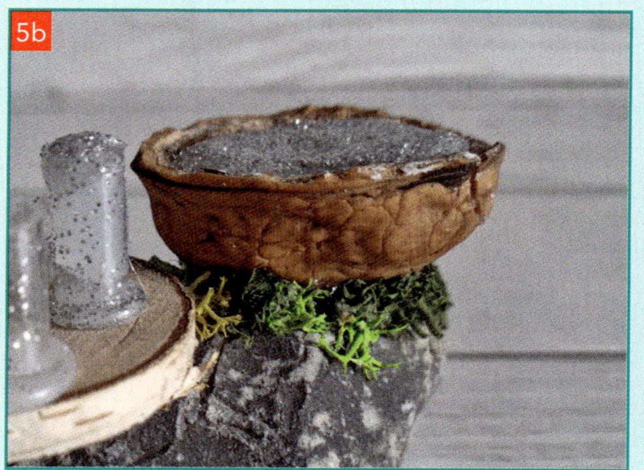

5b

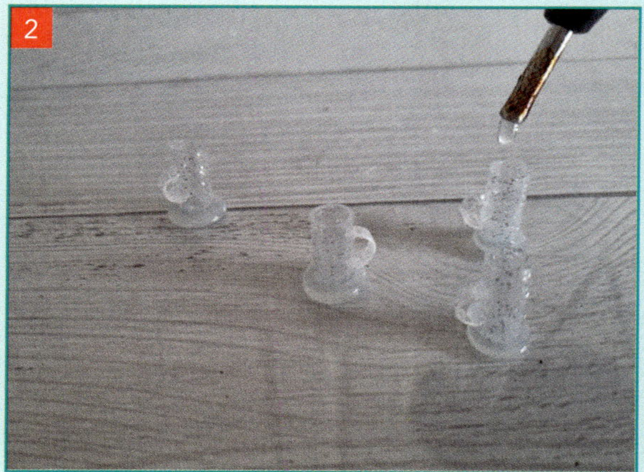

2

5. Dekoriere das Ganze mit Moos und Gräsern.

Gläser

1. Schneide mit einem Cuttermesser aus einem Strohhalm 1,5 cm lange Stücke für die Gläser und 0,5 cm lange Streifen für die Henkel. Gib jeweils einen Klecks Heißkleber auf eine glatte Unterlage und drücke die Gläser auf den noch flüssigen Heißkleber. Gut trocken lassen und mit etwas Druck lösen.
2. Klebe die Henkel mit etwas Heißkleber oder Sekundenkleber auf die Gläser und gib etwas Glitzer darauf.

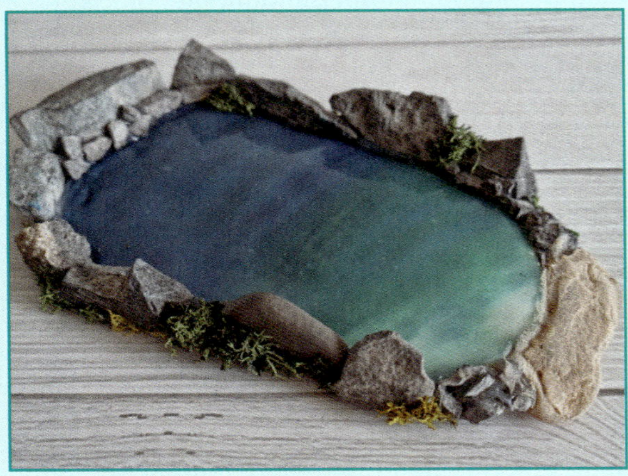

See

❄❄❄

Größe:
12,5 x 7,5 cm

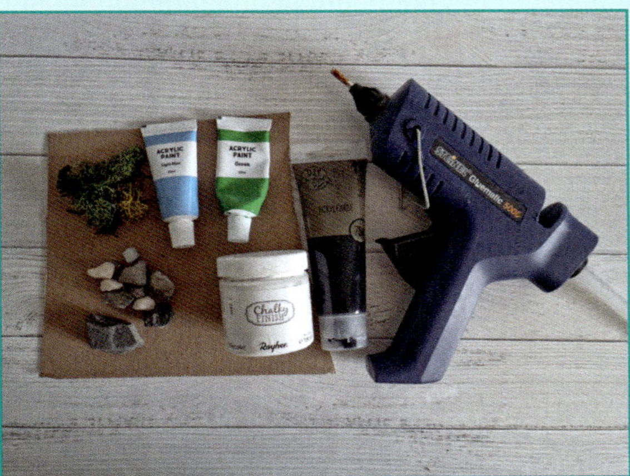

Materialien

- Mikrowellpappe 1,5 mm Stärke, ca. 700 g/m²
- Acrylfarben: Schwarz, Weiß, Grün, Blau
- Pinsel
- Heißklebepistole
- Sand
- Steine
- Moos
- Islandmoos
- transparenter Nagellack

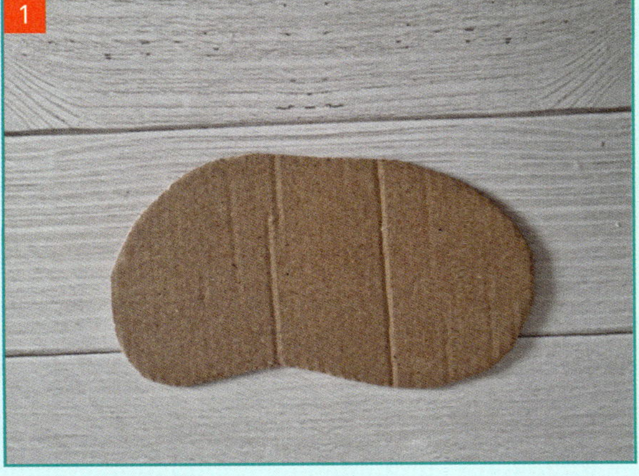

Und so geht`s:

1. Schneide aus Pappe die Vorlage für den See zurecht, z. B. wie hier. Die Form kannst du aber auch ganz anders machen. Da sind deiner Fantasie keine Grenzen gesetzt.

2. Streiche mit einem Pinsel in Hin- und Her-Bewegungen Acrylfarben auf die Pappe. Zuerst Blau, dann etwas Grün, das du mit

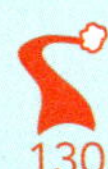

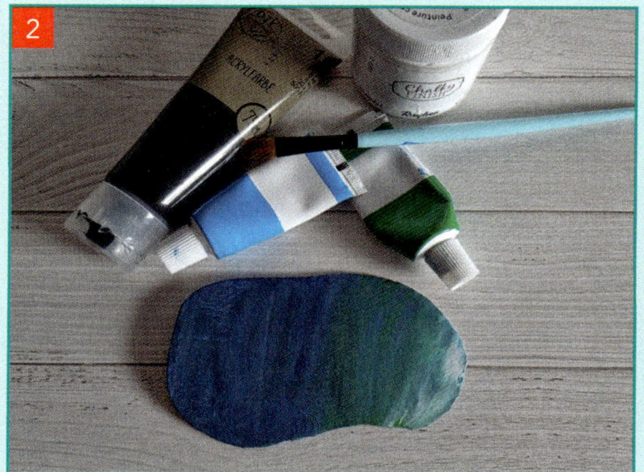

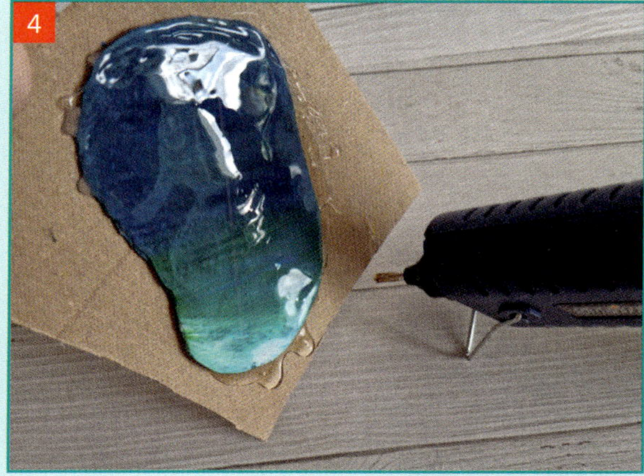

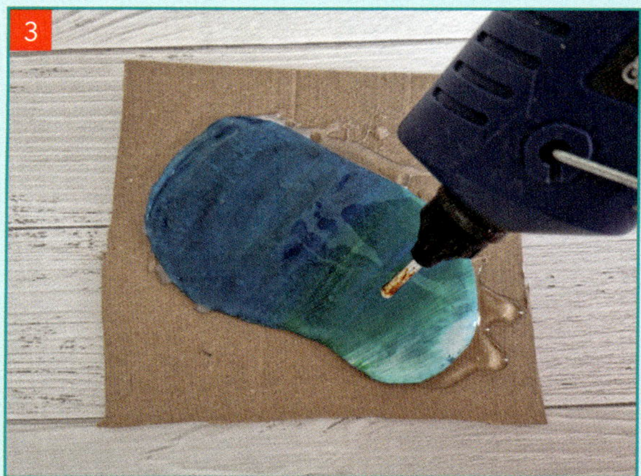

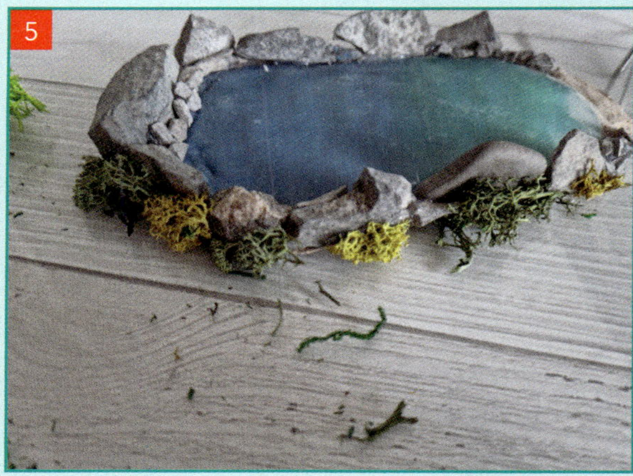

Blau mischst. Vorne mischst du Weiß mit Grün.

3. Jetzt nimmst du noch ein Stück Pappe, das etwas größer ist als dein See. Lege den See auf die Pappe. Nun klebst du von oben nach unten in Hin- und Her-Bewegungen Heißkleber auf den See. Der Heißkleber muss ganz heiß sein. Unterbrich den Vorgang nicht, damit sich der Kleber verbindet.

4. Neige den See etwas, so kann sich der Heißkleber besser verteilen. Solange der Heißkleber heiß ist, streue Sand auf den See und drücke ihn vorsichtig an. Nun ringsherum Steine an den See auf die Pappe kleben.

5. Die Löcher zwischen den Steinen stopfst du mit Islandmoos. Dafür nimmst du Heißkleber und drückst das Moos darauf. Wenn sich das Moos mit dem Heißkleber verbunden hat und trocken ist, kannst du das überflüssige Moos abzupfen oder es so wild lassen. Du kannst den getrockneten See mit transparentem Nagellack lackieren, dann glänzt er noch mehr.

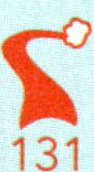

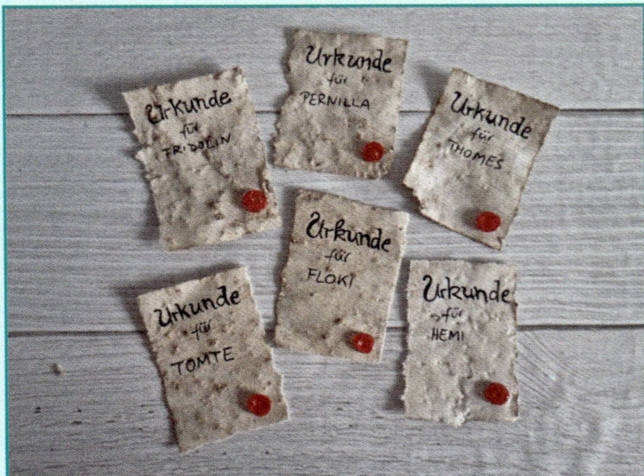

Urkunde

❄ ❄

Größe:
ca. 4 x 3,5 cm

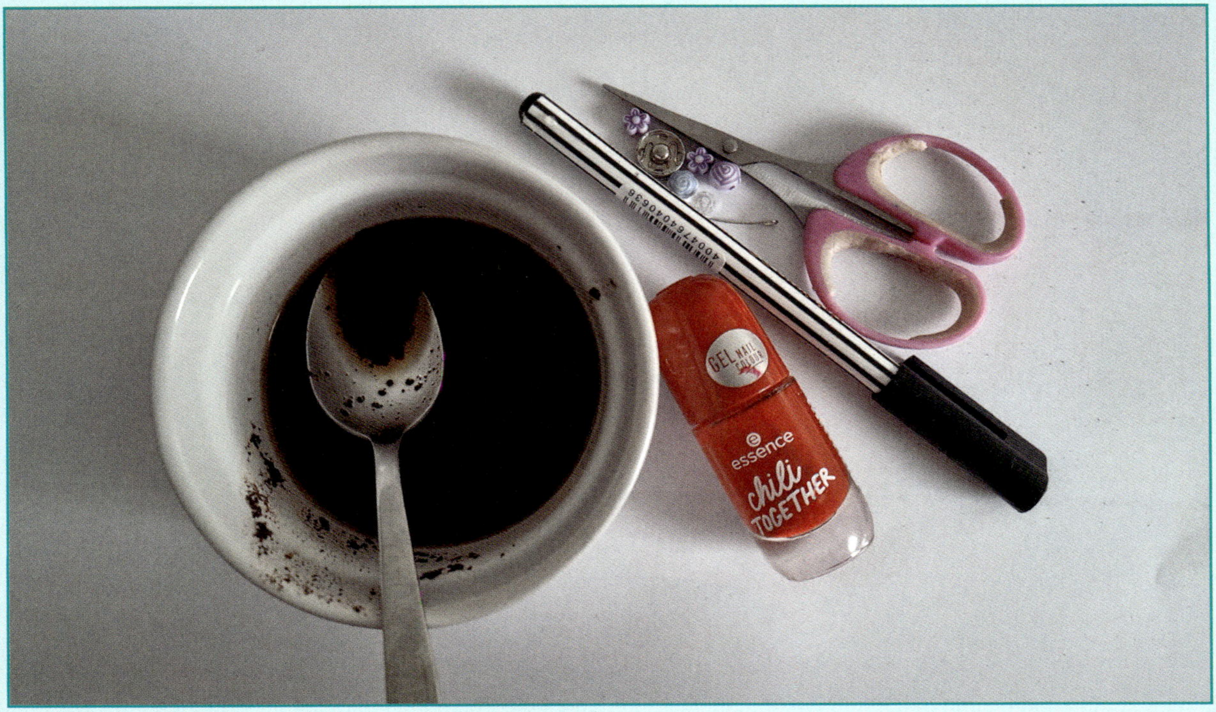

Materialien

- DIN-A4-Papier
- Kaffeesatz
- Schwamm
- Pinsel
- Teelöffel
- Nagelbürste
- roter Nagellack
- Heißklebepistole
- Druckknöpfe
- Perlen
- alte Zeitung
- Fineliner
- Bastelkleber

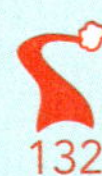

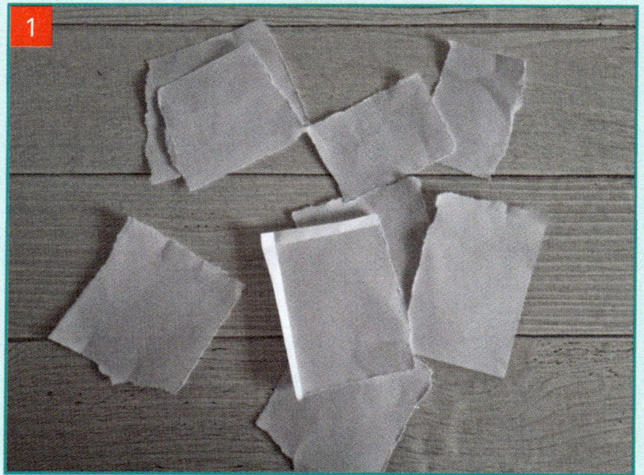

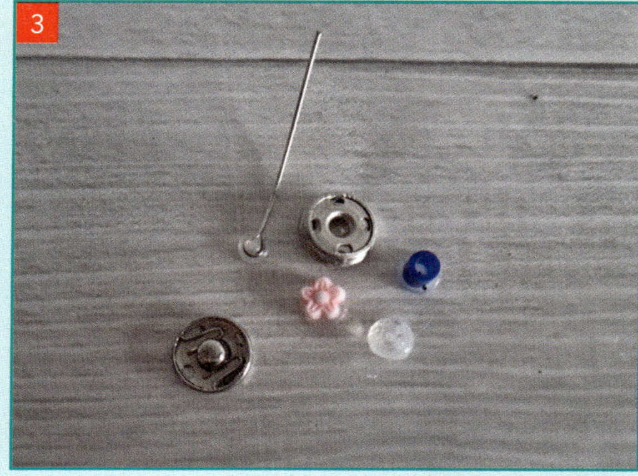

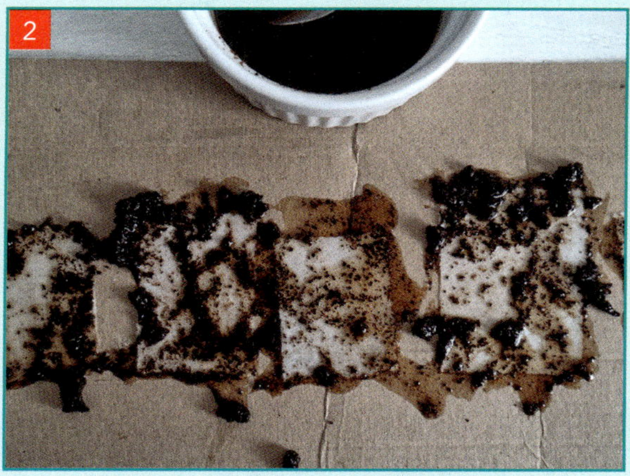

Tipp:
Damit die Urkunden schneller trocknen, kannst du den Kaffeesatz schon jetzt vorsichtig mit einem Schwamm entfernen. Lasse alles 3 Stunden trocknen. Dann fegst du den restlichen Kaffee mit einer Bürste oder einem Schwamm ab.

Und so geht`s:

1. Reiße das Papier in mehrere Stücke. Es muss nicht perfekt sein.
2. Lege sie auf eine Unterlage, z. B. auf Zeitungpapier, und verteile mit einem Teelöffel die Kaffeesatzmischung, die du mit etwas Wasser verdünnst, auf dem Papier. Nimm nicht zu viel Wasser, sonst reißt das Papier. Drehe die Papierstücke um und wiederhole den Vorgang auf der anderen Seite.
3. Für die Siegel gibst du einen Klecks Heißkleber auf eine glatte Unterlage wie Glas und drückst einen kleinen Gegenstand wie einen winzigen Druckknopf auf den Heißkleber.

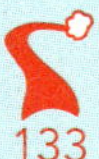

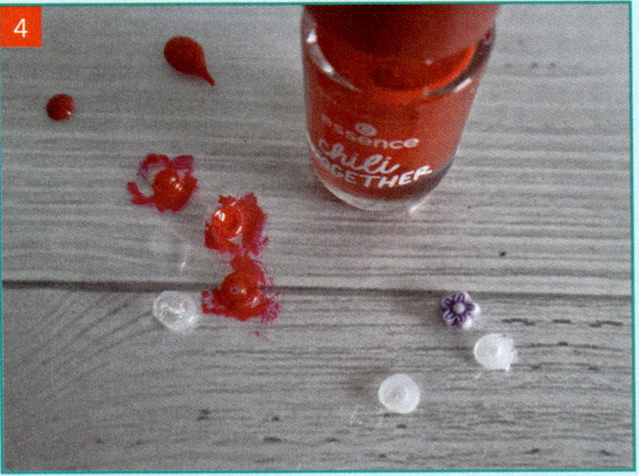

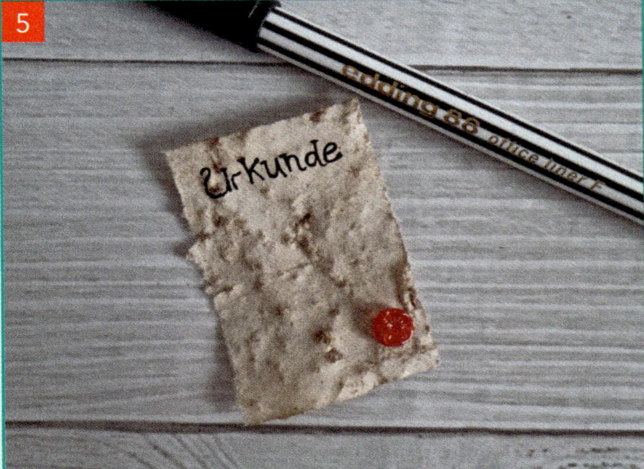

Tipp:

Das Papier kannst du größer zurechtschneiden und es für deine Wichtelbriefe oder als Landkarte für einen Wichtelausflug nutzen. Papier kann man mit allen Pflanzensäften färben, z. B. mit einem Sud aus Roter Bete, Spinat oder schwarzem Tee.

4. Jetzt malst du es mit Nagellack oder einem Permanentmarker an. Lass es gut trocken. Mit etwas Druck kannst du das Siegel entfernen.

5. Klebe die Siegel mit etwas Kleber auf die Urkunden und beschrifte diese nach Lust und Laune mit einem Fineliner.

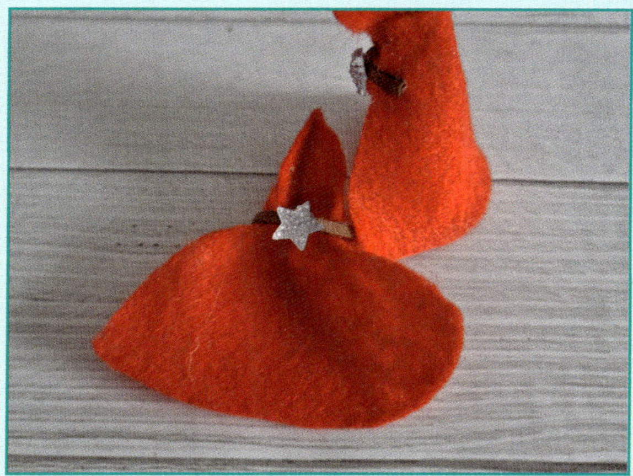

Wichtel-Cape

Größe:
Breite unten 8 c, oben 3 cm, Länge 5 cm, Mütze 2 cm

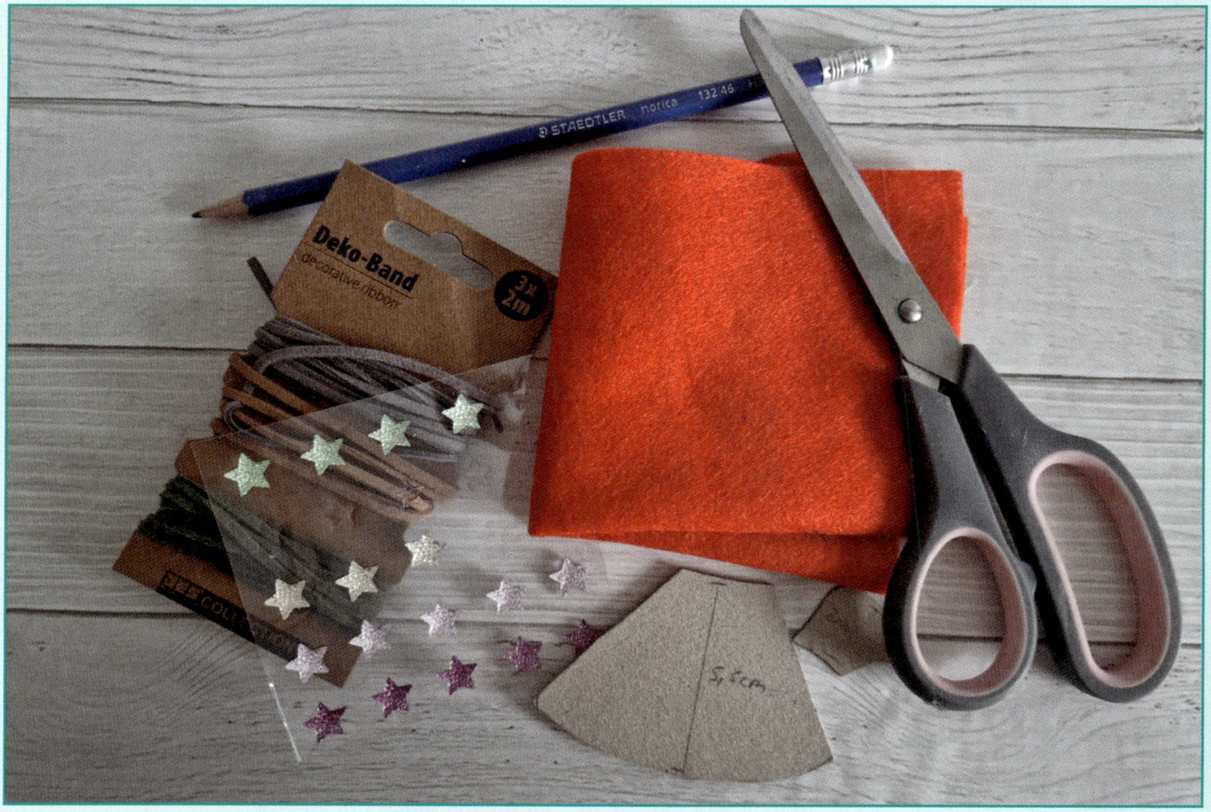

Materialien
- roter Filz
- Lederband
- Heißkleber
- Papier
- Bleistift
- Schere
- eventuell Graupappe

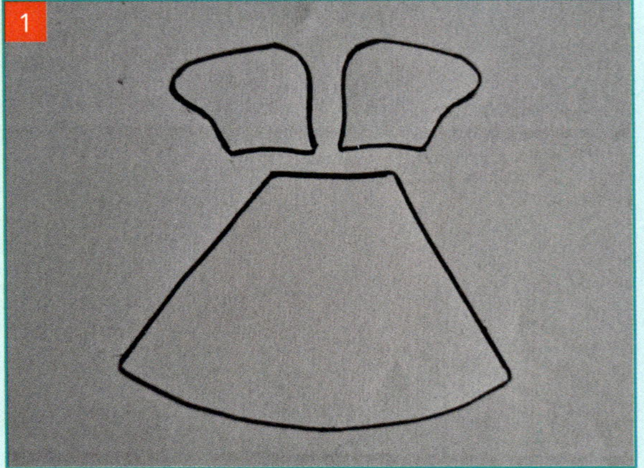

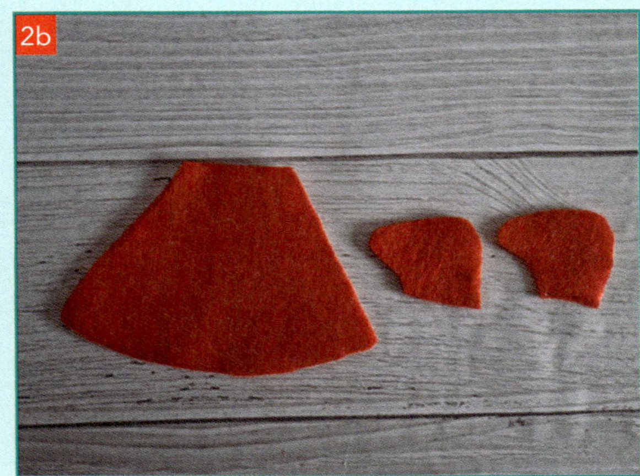

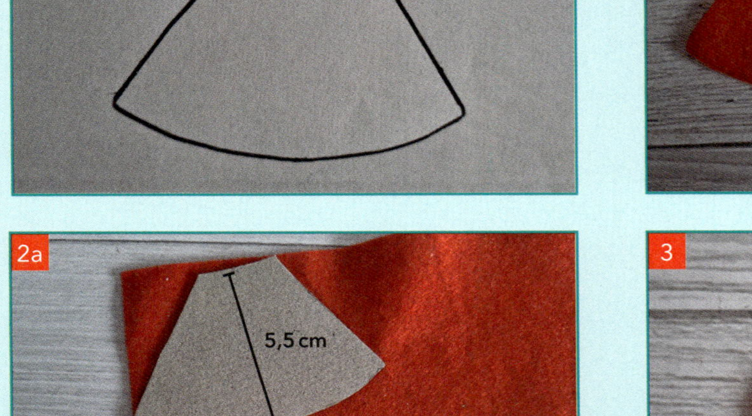

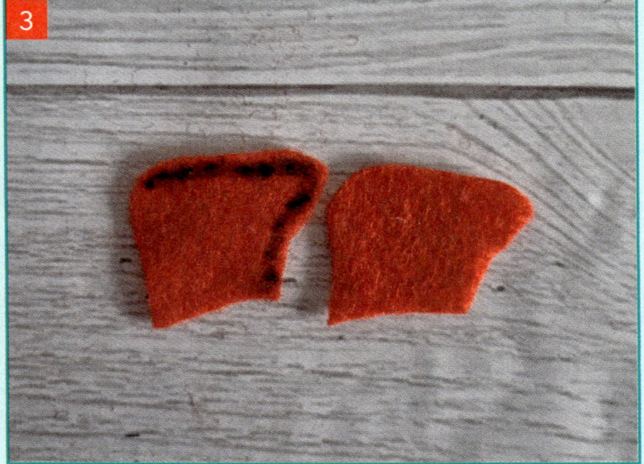

Und so geht`s:

1. Zuerst paust du dir die Vorlage auf ein Blatt Papier ab.

2. Du kannst die Schablone noch auf Graupappe übertragen, so hast du eine festere Vorlage und kannst sie dann auch häufiger benutzen. Die Mütze musst du zweimal ausschneiden.

3. Klebe mit etwas Heißkleber den Filz an (siehe schwarze Markierung). Die Reste kannst du vorsichtig abschneiden.

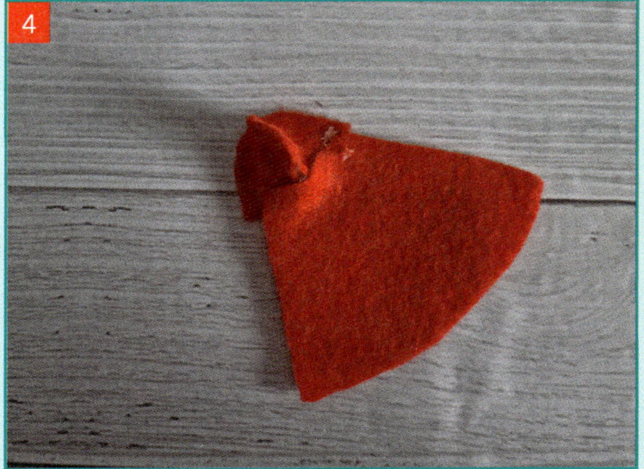

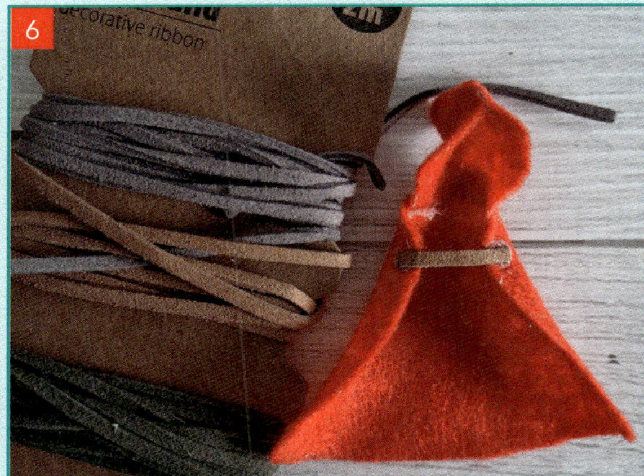

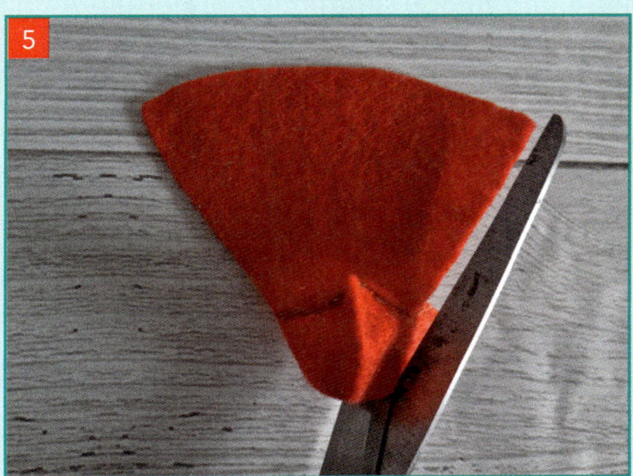

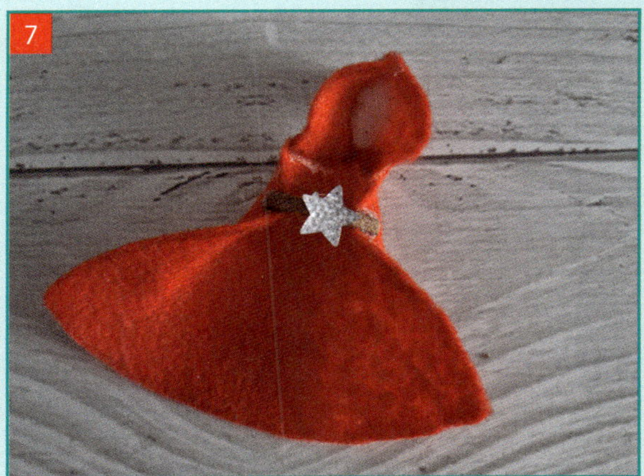

4. Nun klebe die Cap auf die Mütze.

5. Schneide die abstehenden Seiten ab.

6. Zum Schluss dekorierst du mit einem Lederband und einem Steinsticker.

7. Falls dir die Mütze zu flach ist, kannst du etwas Watte hineinstecken.

Der Wichtel backt

Noch lieber als ihren Schokoladenkuchen mögen Wichtel Teigschaber. Das mag verrückt klingen, aber das beste Kribbeln im Bauch bringt ihnen das heimliche Teignaschen. Mopst sich da ein Wichtel gerade einen Keks aus der Dose? Sicher wirst du bald einige Krümel entdecken können.

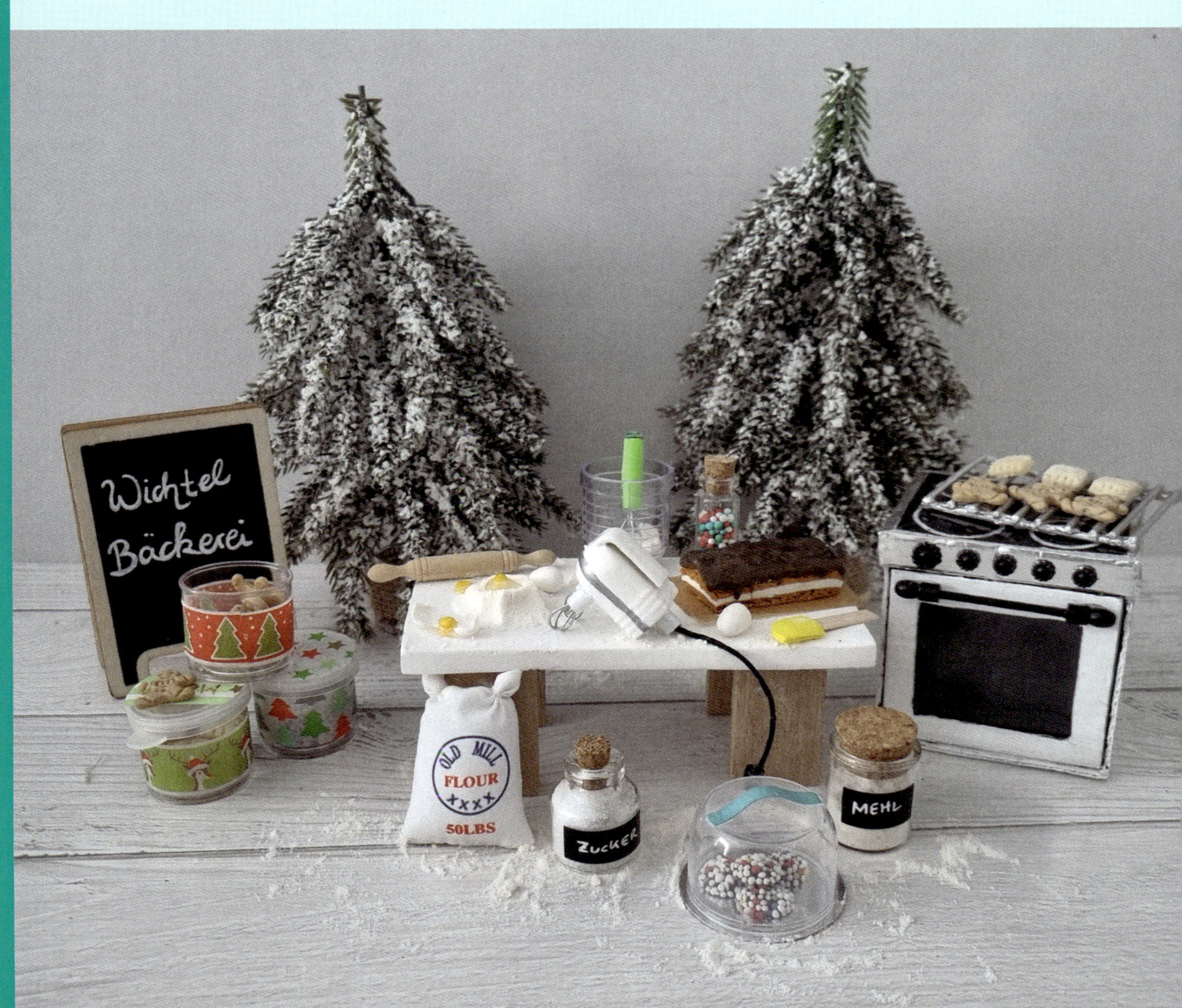

Blitz-Bastelprojekte – einfache Accessoires

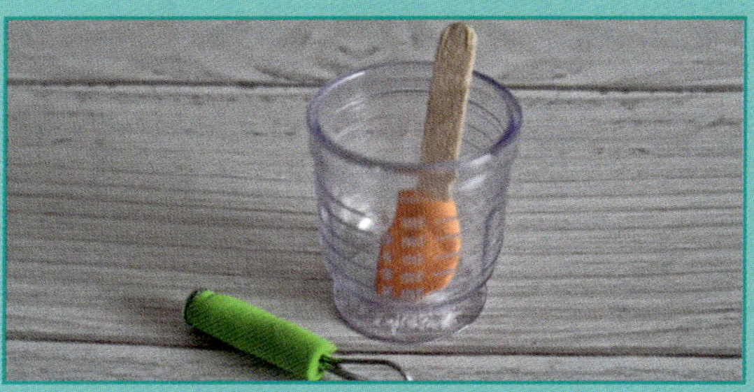

Rührschüssel

Größe: 2,9 x 2,6 cm
Ein kleiner Messbecher für Medizin, z.B. für Hustensaft, eignet sich hervorragend als Rührschüssel. Ganz besonders, weil eine Skala auf dem Becher ist. Vorher natürlich gut reinigen. Du kannst auch einen kleinen Griff aus Aluminiumdraht anfertigen wie beim Glühweintopf (siehe Seite 164).

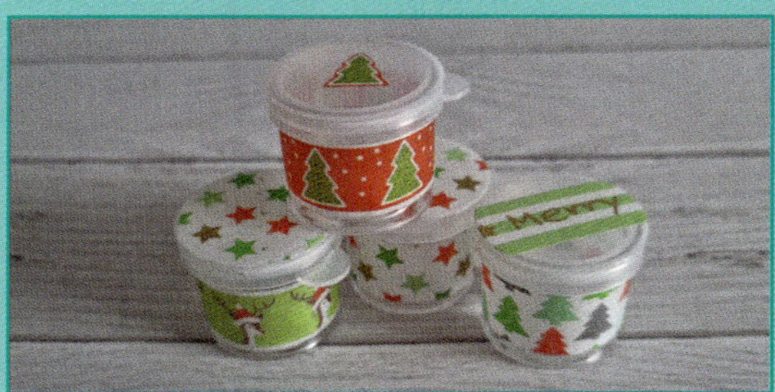

Keksdosen

Größe: 2,6 x 2,7 cm
Beklebe die Dosen dekorativ mit Washi-Tape. Du kannst sie auch mit Acrylstiften oder Stickern verzieren.

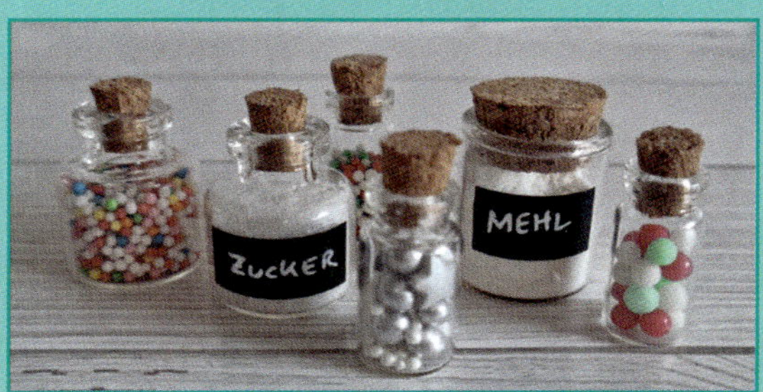

Mehl, Zucker und Streusel

Befülle kleine Fläschchen mit Mehl, Zucker oder bunten Streuseln. Schneide dir kleine Label aus Tafelfolie oder neutralen Aufklebern aus und beschrifte die Fläschchen.

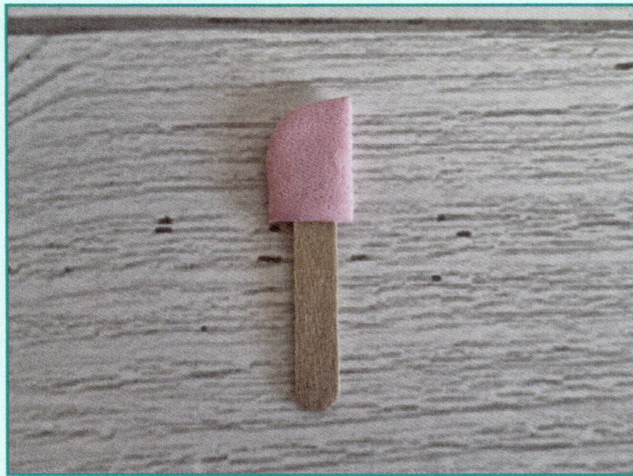

Teigschaber

Größe:
3,4 cm

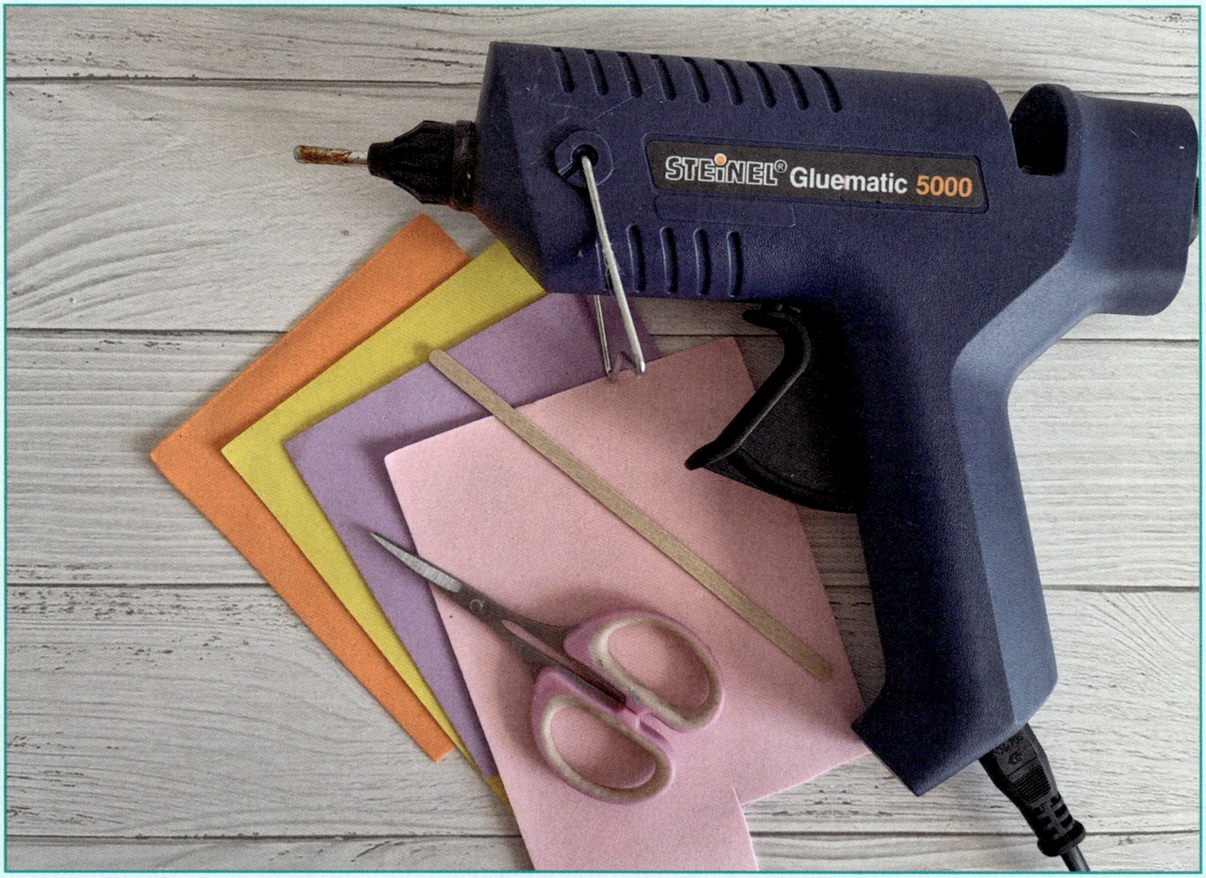

Materialien

- Moosgummi
- Schere
- Rührstäbchen
- Heißklebepistole

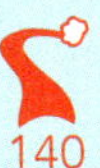

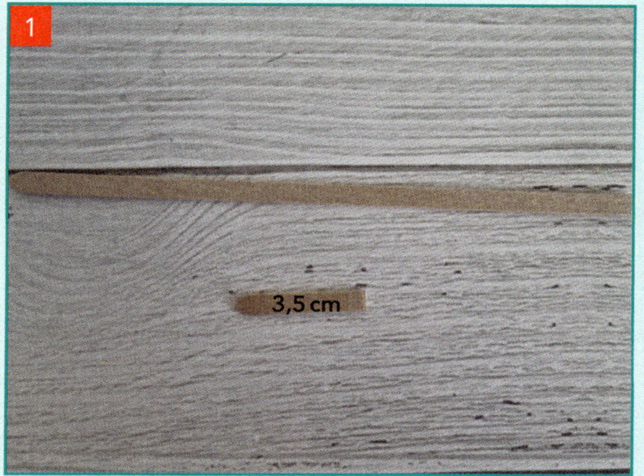

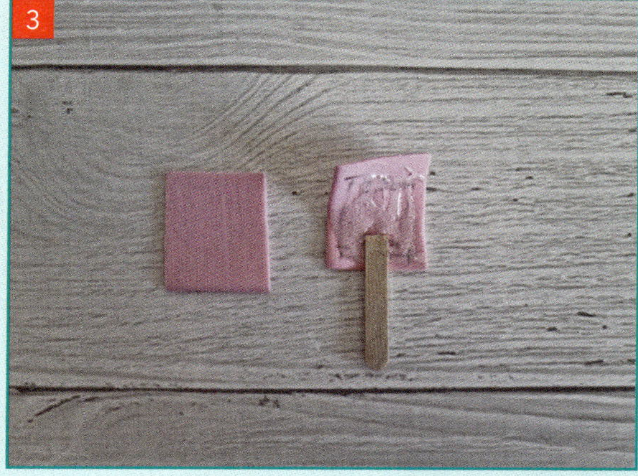

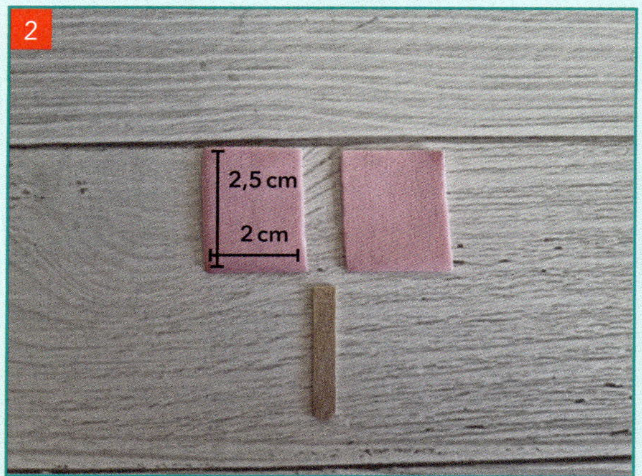

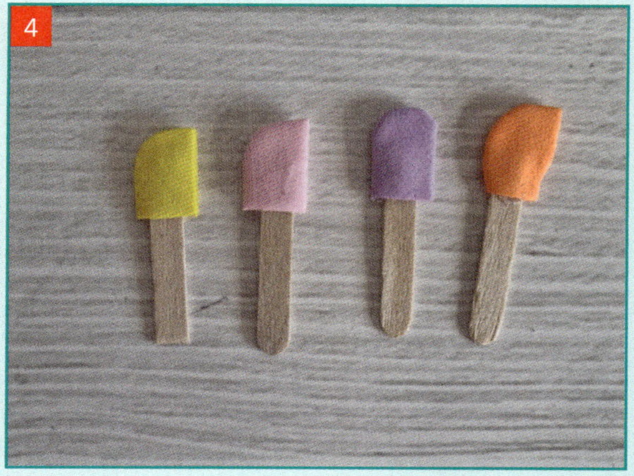

Und so geht`s:

1. Schneide vom Rührstäbchen 3,5 cm ab.
2. Jetzt schneidest du zwei Moosgummis zu (2,5 x 2 cm).
3. Klebe den Stiel auf ein Stück Moosgummi, und das andere Stück Moosgummi klebst du darauf.
4. Schneide das Moosgummi zurecht und forme dir einen Teigschaber. Du kannst ihn unterschiedlich formen.

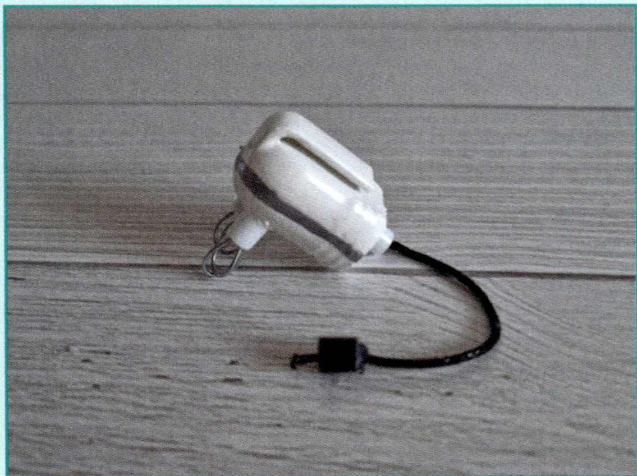

Handmixer

Größe:
2,9 x 2,9 cm

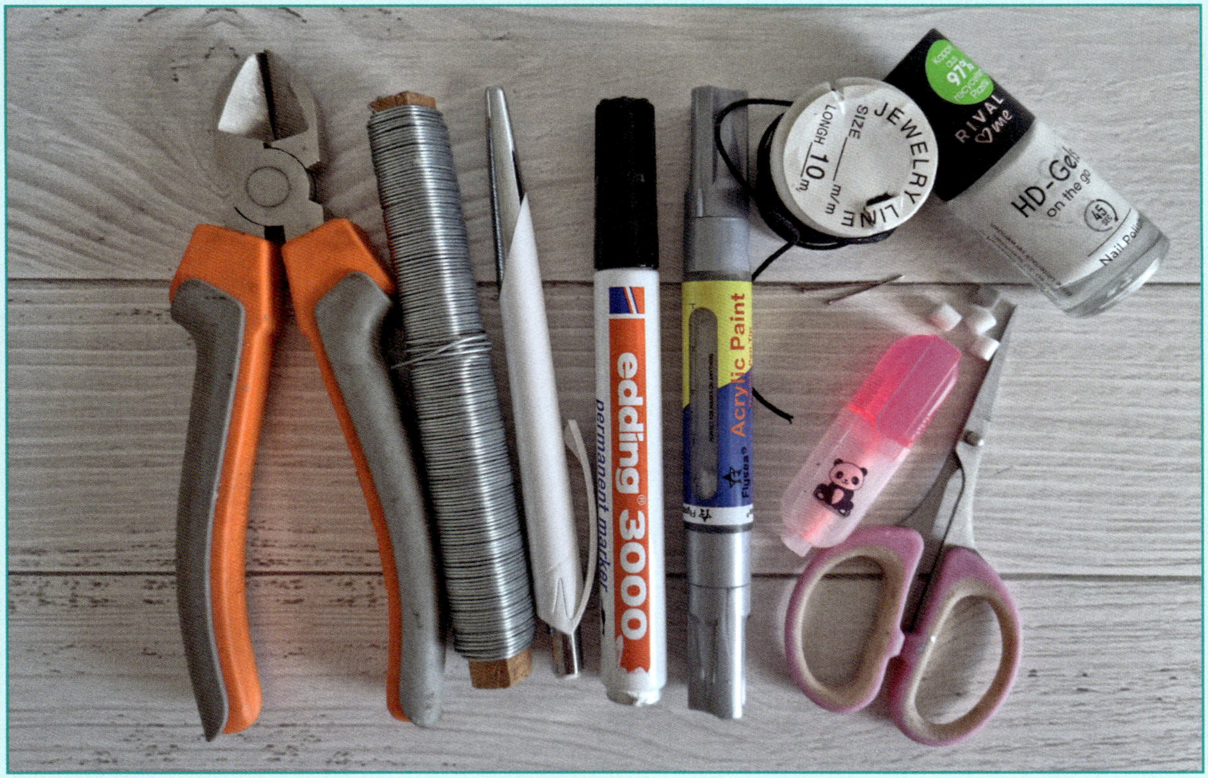

Materialien

- Seitenschneider
- Bindedraht
- Kugelscheiber
- Permanentmarker in Schwarz und Silber
- Mini-Textmarker
- 4 Bügelperlen
- Schere
- weißer Nagellack
- schwarze Lederkordel
- Stecknadeln

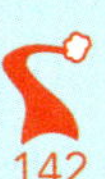

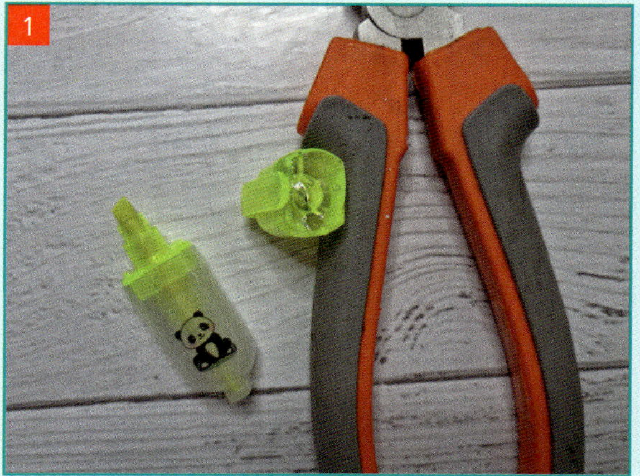

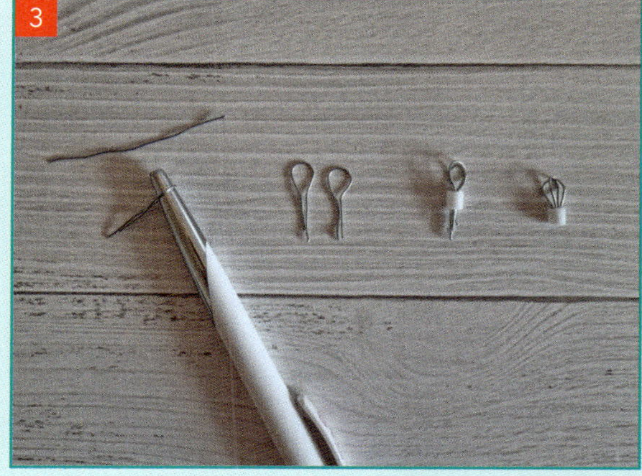

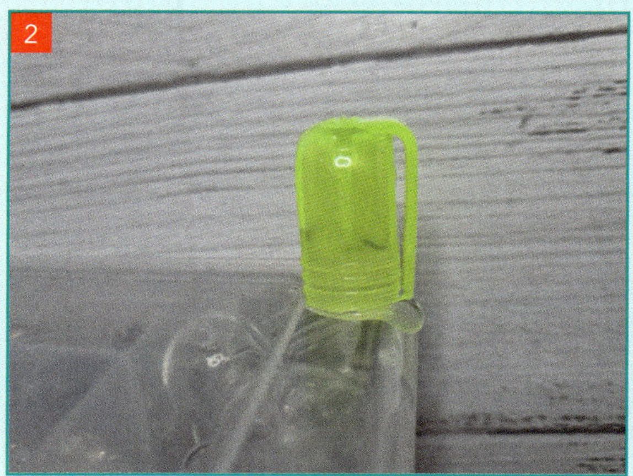

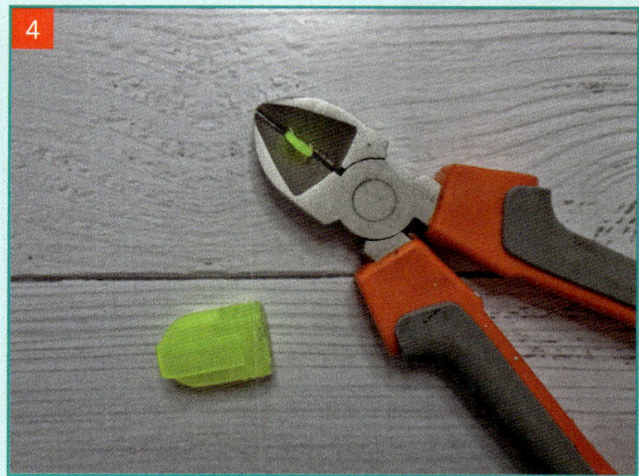

Und so geht`s:

1. Entferne den Verschluss des Mini-Textmarkers und fülle ihn mit Heißkleber.
2. Stelle ihn kopfüber auf eine glatte Oberfläche und lass den Kleber gut trocknen.
3. Währenddessen knipst du zwei Bindedrähte auf 4 cm Länge zu und formst mithilfe eines Kugelschreibers Rundungen. Den Rührbesen klebst du parallel mit Heißkleber in eine Bügelperle und schneidest mit einem Seitenschneider den abstehenden Rest unten ab. Das machst du zweimal.
4. Wenn der Heißkleber getrocknet ist, entferne den Verschluss und knipse mit einem Seitenscheider ein Stück vom Henkel ab.

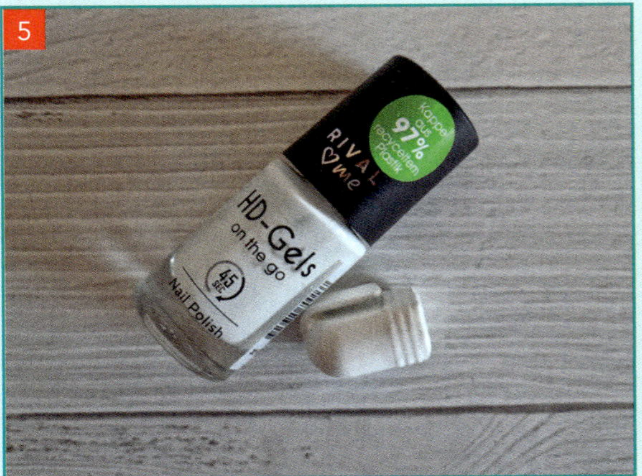

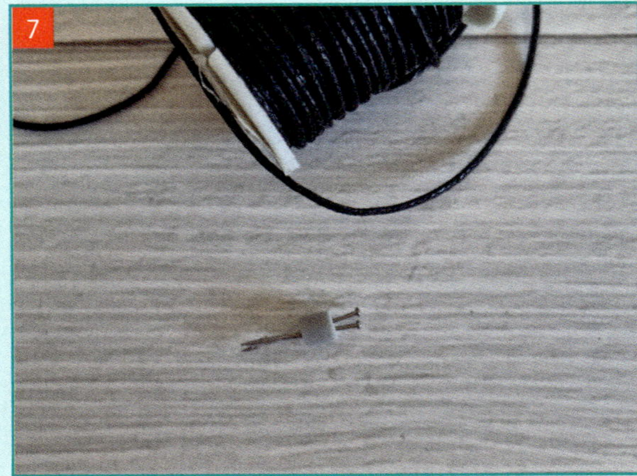

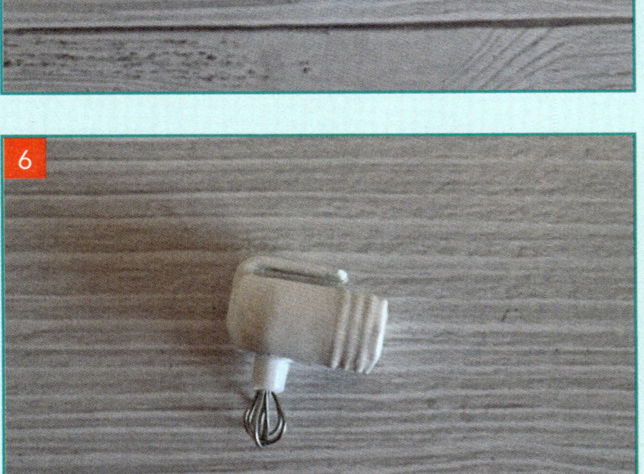

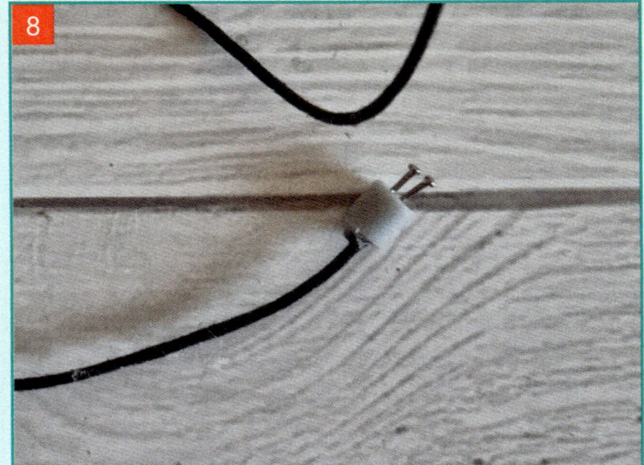

5. Mit weißem Nagellack malst du den Mixer an, mach das ruhig zwei- bis dreimal. Nach jeder Schicht immer gut trocknen lassen.

6. Klebe mit Heißkleber die zwei Rührbesen nebeneinander auf den Mixer.

7. Klebe mit Heißkleber zwei Stecknadeln in eine Bügelperle und schneide die Enden ab.

8. Nun klebst du die Lederkordel an den Stecker und schneidest sie auf 5 cm ab.

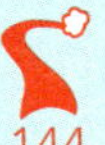

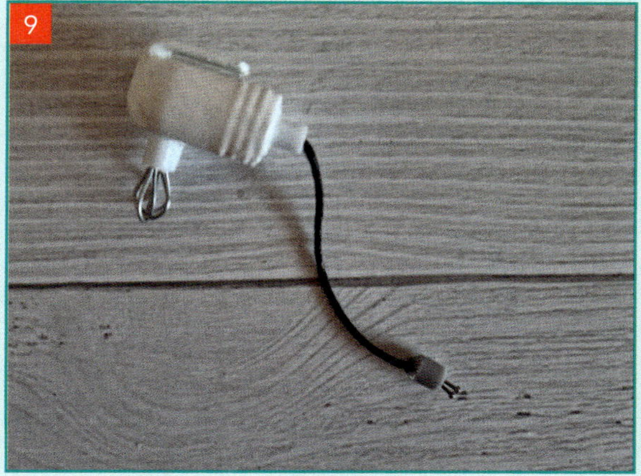

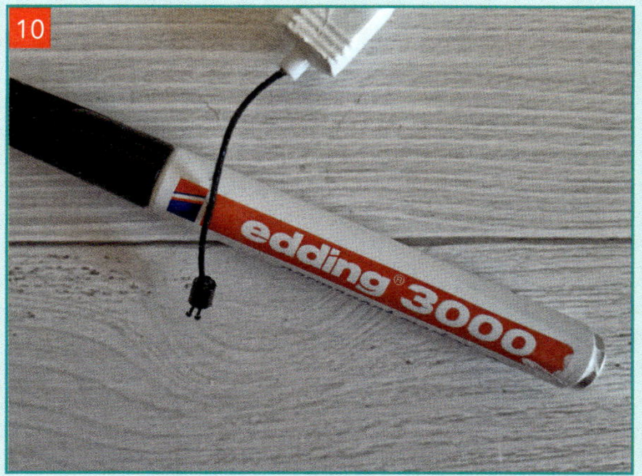

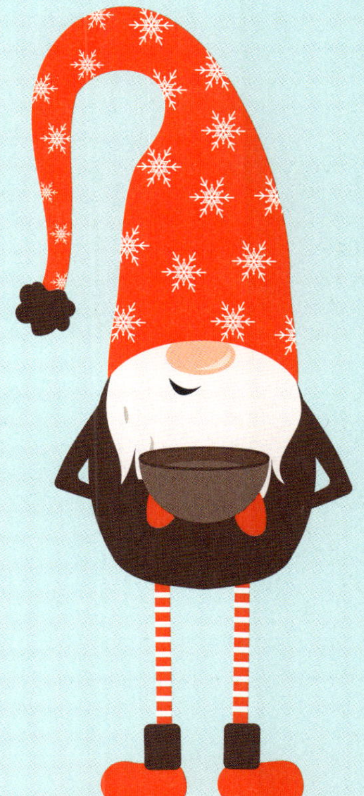

9. Klebe hinten an den Mixer eine Bügelperle und klebe das Lederband dort rein.

10. Zum Schluss bemalst du den Stecker mit dem schwarzen Permanentmarker.

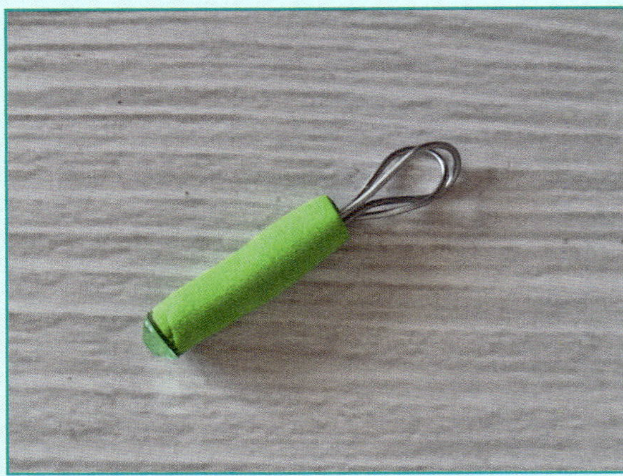

Schneebesen

Größe:
3,5 cm

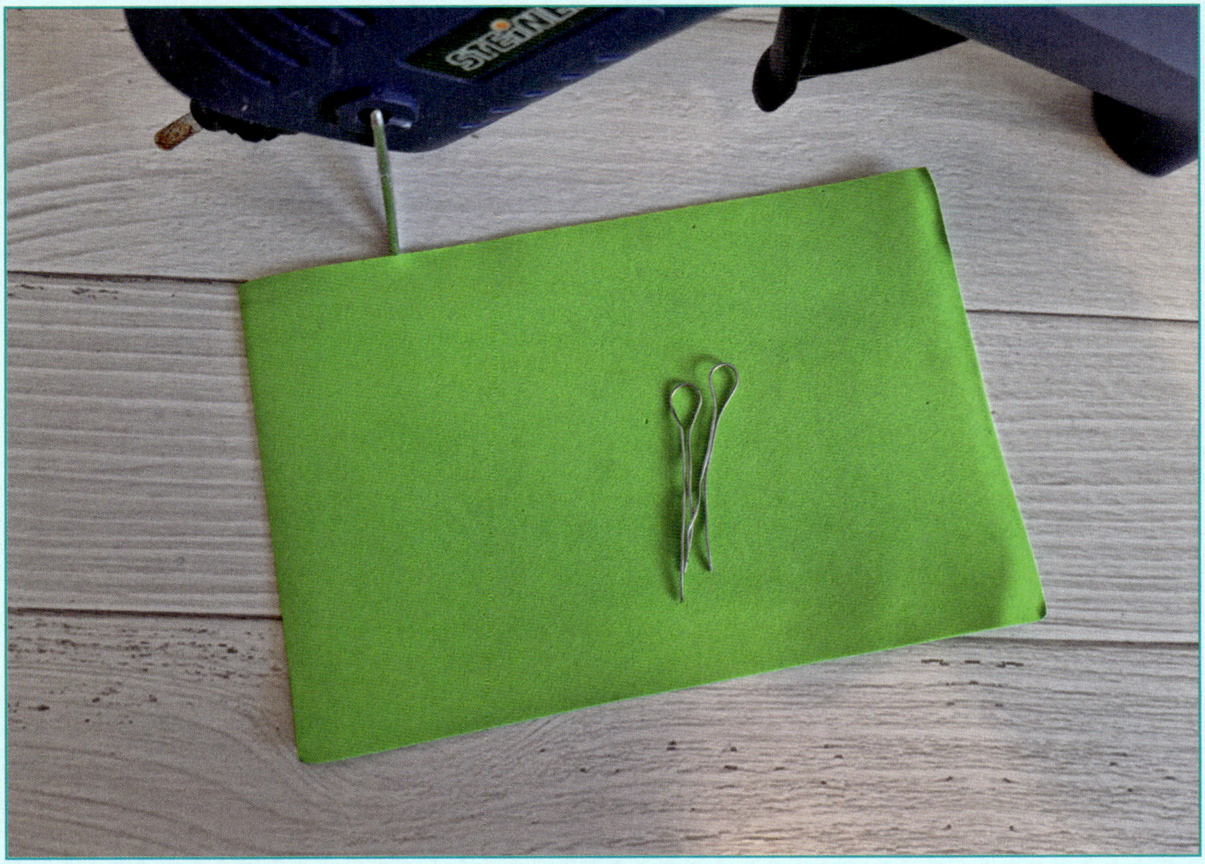

Materialien

- grünes Moosgummi
- Bindedraht
- Heißklebepistole
- Strassstein

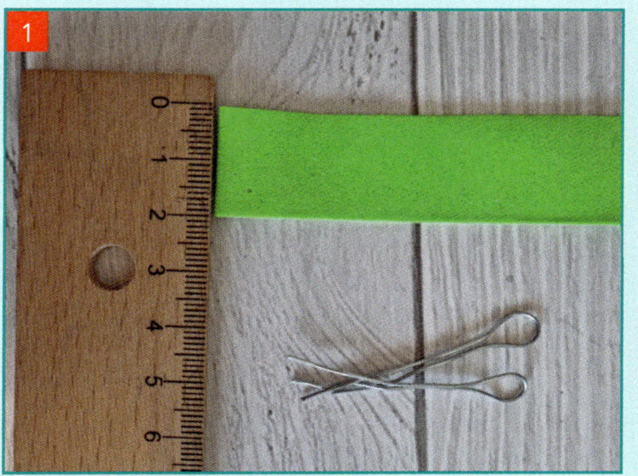

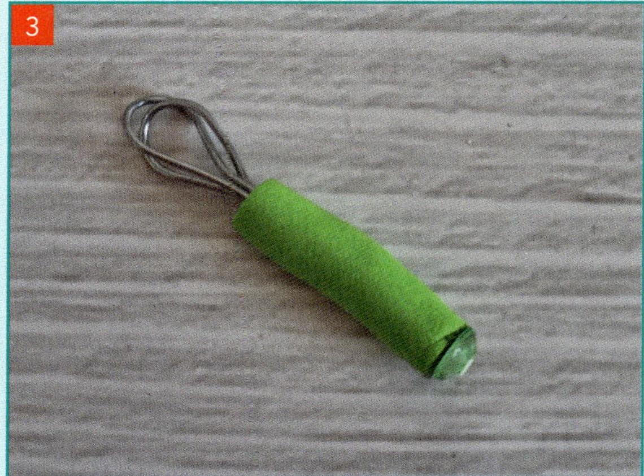

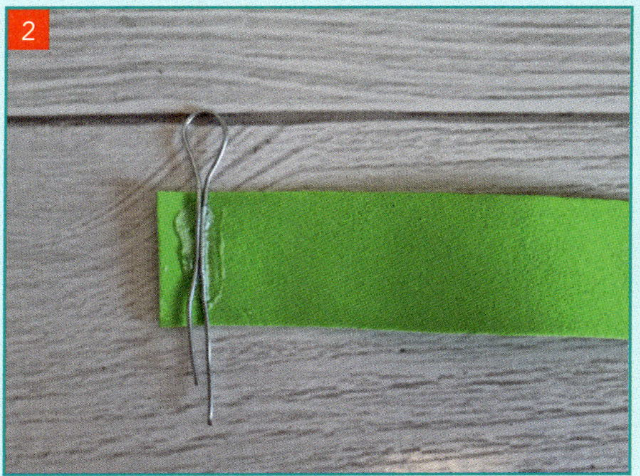

Und so geht`s:

1. Schneide zwei 9 cm lange Bindedrähte zurecht und knicke sie, wie auf dem Bild abgebildet.

2. Schneide ein Stück Moosgummi von 2 cm Breite und wickle es mit Heißkleber an die Rührbesen. Achte darauf, dass beide Rührbesen, wie auf dem Bild zu sehen, parallel zueinander sind.

3. Zum Schluss kannst du das Ende des Schneebesens mit einem Strassstein verzieren.

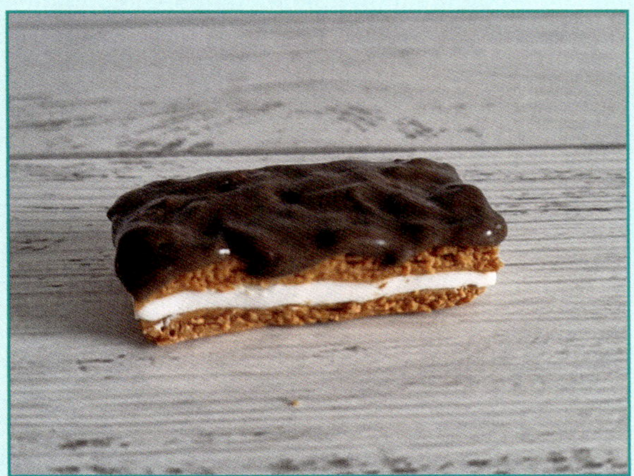

Schokoladenkuchen

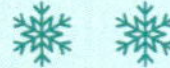

Größe:
4 x 1,1 cm

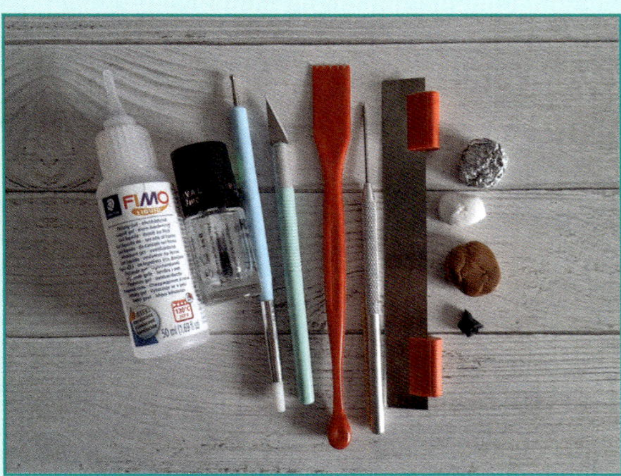

Materialien

- Fimo in Weiß, Braun, Hellbraun, Schwarz
- Fimo Liquid
- transparenter Nagellack
- Dotting Pen
- Skalpell
- Fimo-Werkzeug
- scharfes Messer
- Nadel
- Alufolie

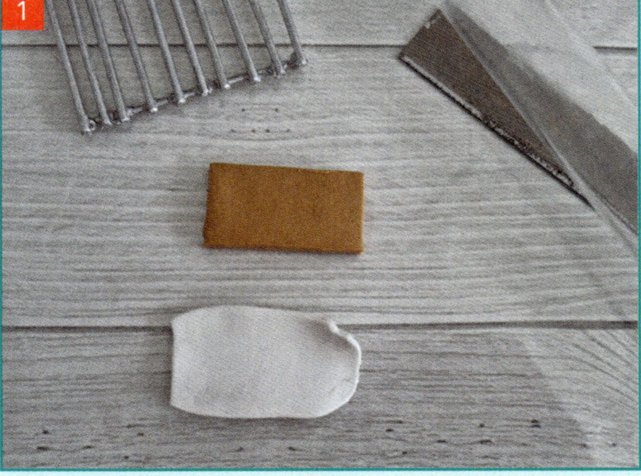

Und so geht`s:

1. Mische braunes und schwarzes Fimo oder nimm gleich hellbraunes Fimo. Rolle 2 x hellbraunes Fimo aus, einmal weißes.

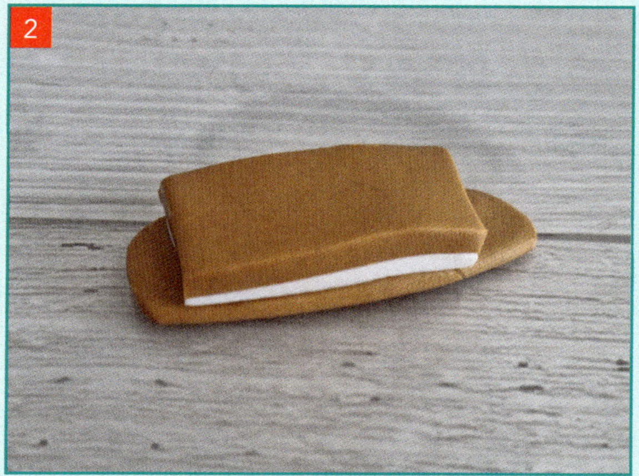
2

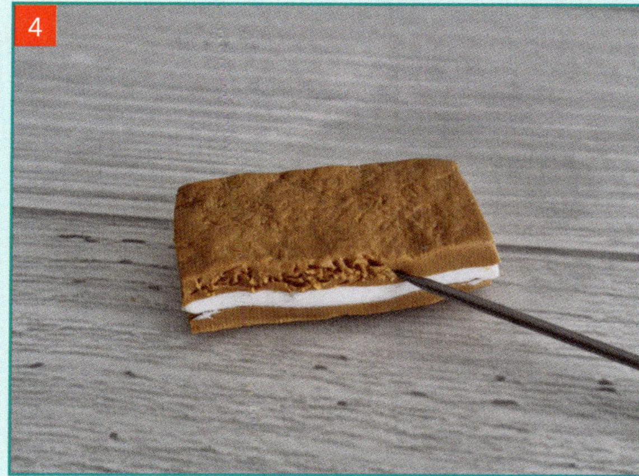
4

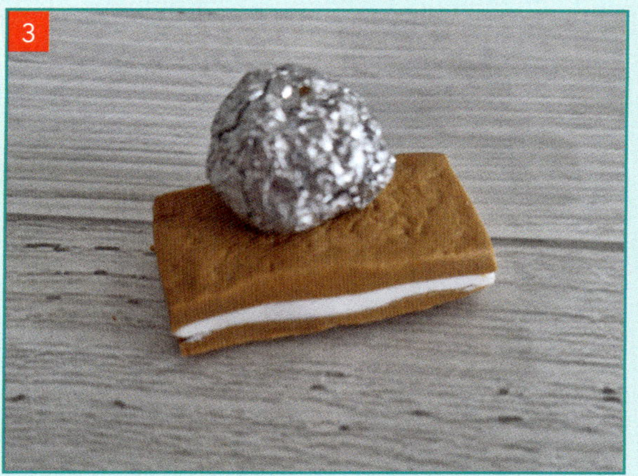
3

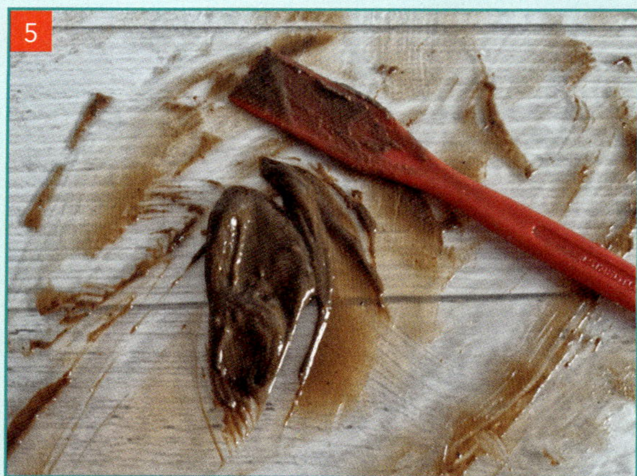
5

2. Schneide beide Fimosorten jeweils in 3,5 x 2 cm große Stücke. Schichte sie wie auf dem Bild aufeinander. Erst braun, dann weiß, dann braun.

3. Mache eine kleine Kugel aus Alufolie und drücke diese oben leicht auf den Kuchen, so bekommt der Kuchen eine feine Maserung.

4. Damit deine Böden realistischer aussehen, nimm eine Nadel (oder einen Zahnstocher bzw. eine Stecknadel) zur Hilfe und ritze eine Struktur in den Teig. Nicht in die weiße Creme.

5. Für die Schokocreme mischst du braunes Fimo mit Liquid. Verteile die Schokocreme mit dem Dotting Pen auf dem Kuchen. Wenn du fertig bist, backe den Kuchen bei 110 °C 30 Minuten.

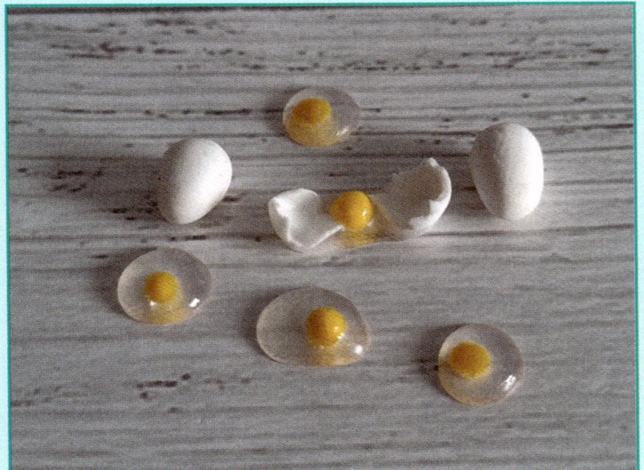

Eier

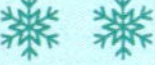

Größe:
ganzes Ei: 0,9 cm, gebrochenes Ei: 1,7 cm, Eidotter ca. 0,8–1 cm

Tipp:
In deiner Wichtel-Backstuben-Kulisse kannst du mit etwas Mehl einen Mehlberg formen und mit dem Finger (oder Bleistift, wo der Radiergummi ist) ganz leicht eine Mulde in die Mitte drücken und das Eidotter reinlegen.

Materialien

- Liquid
- weißes Fimo
- Skalpell
- Dotting Pen, 0,6 cm Durchmesser

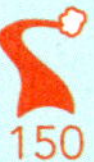

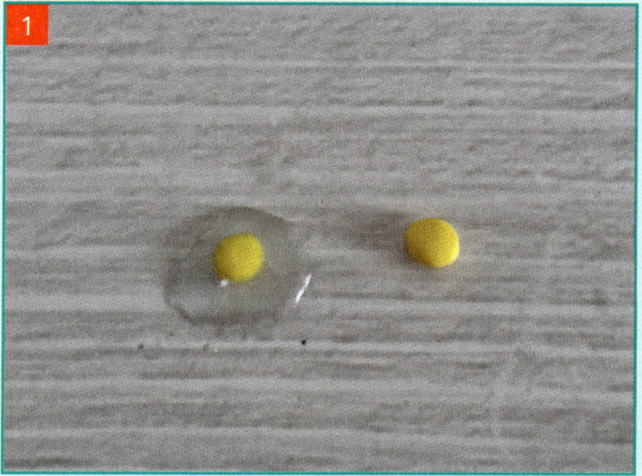

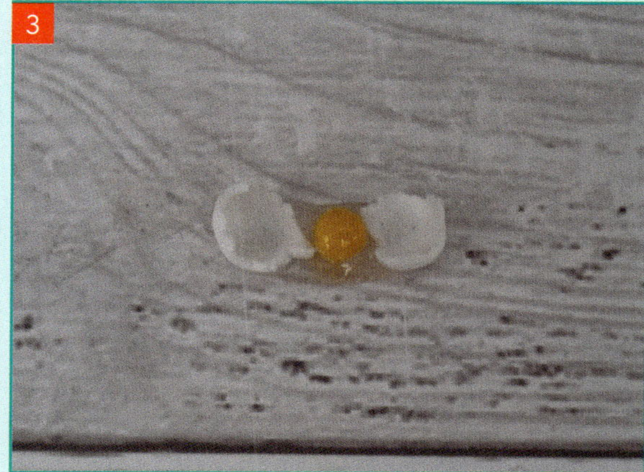

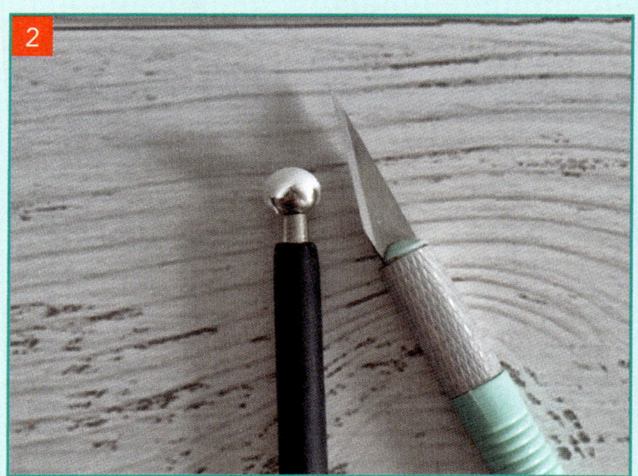

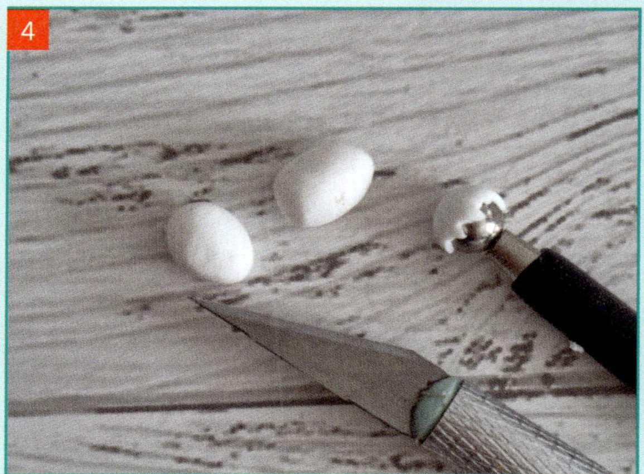

Und so geht`s:

1. Forme zwei oder mehrere kleine Kugeln (ca. 0,4 cm) aus Fimo und drücke sie ein wenig flach. Das Eidotter legst du sofort auf ein Backblech mit Backpapier! Und gießt etwas Liquid auf eins der Eidotter.

2. Für ein gebrochenes Ei nimm einen Dotting Pen zur Hilfe und drücke etwas weißes Fimo auf die Kugel. Schneide mit einem Skalpell Zacken in das Ei. Das zweimal.

3. Die zwei gebrochenen Schalen legst du auf die Liquid-Lösung parallel neben das Eidotter.

4. Für die ganzen Eier forme kleine eiförmige Kugeln. Wenn du fertig bist, alles bei 110 °C 30 Minuten backen.

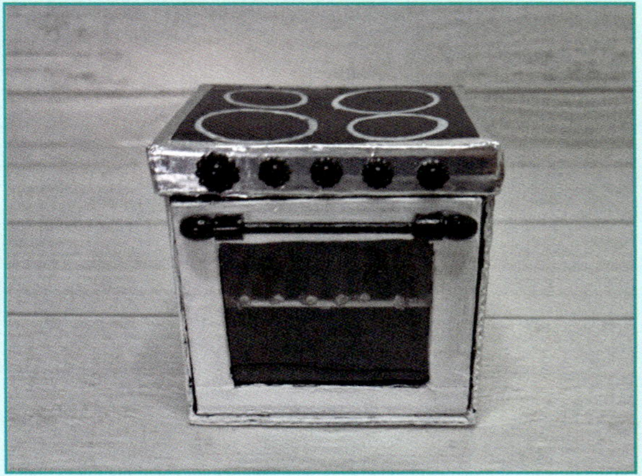

Backofen und Herd

❄❄❄

Größe:
ca. 6 x 6,4 cm

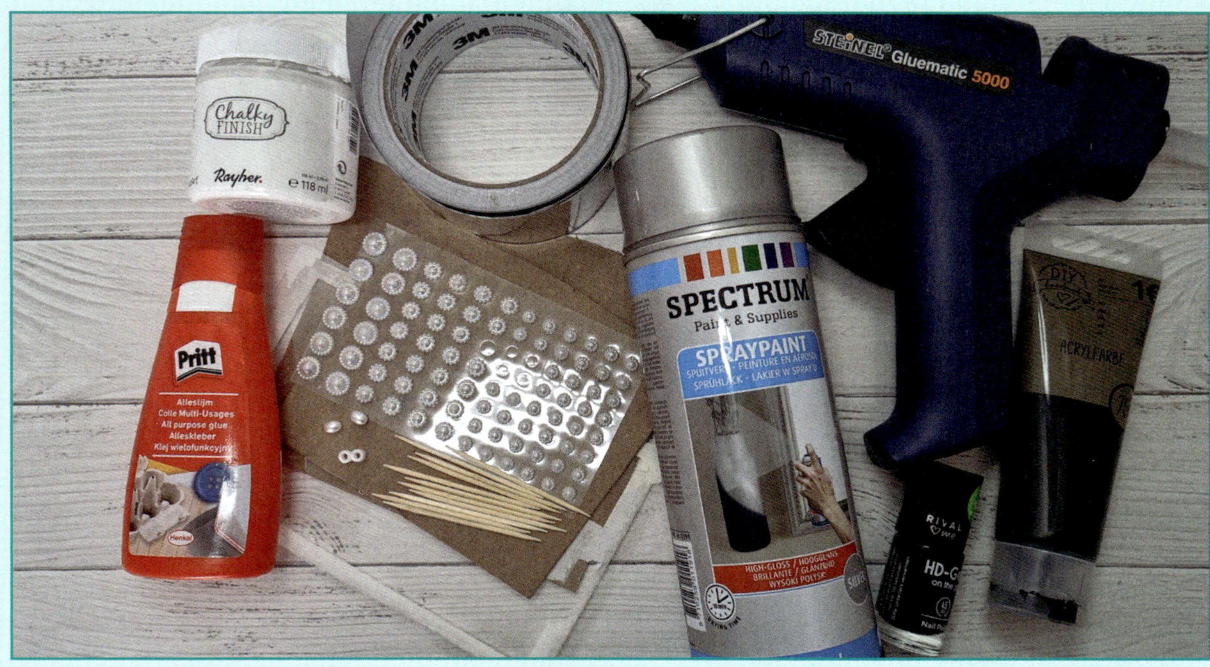

Materialien

- Mikrowellpappe 1,5 mm Stärke, ca. 700 g/m²
- Bastelkleber
- Heißklebepistole
- schwarzer Nagellack
- Acrylfarbe in Schwarz und Weiß
- Aluminium-Klebeband
- Perlensticker
- Acrylspray in Silber
- Zahnstocher
- Bügelperlen
- Perlen
- Fensterfolie (Sichtfenster von Verpackungen)
- Cuttermesser

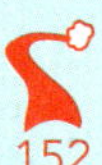

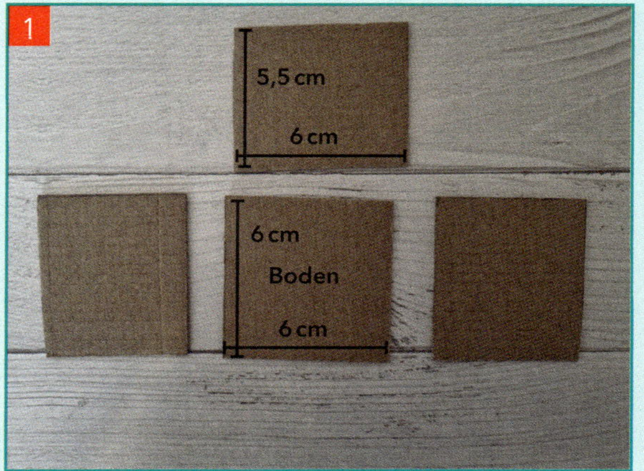

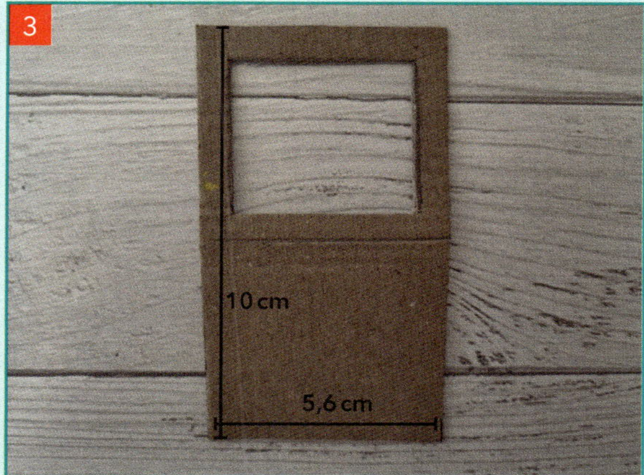

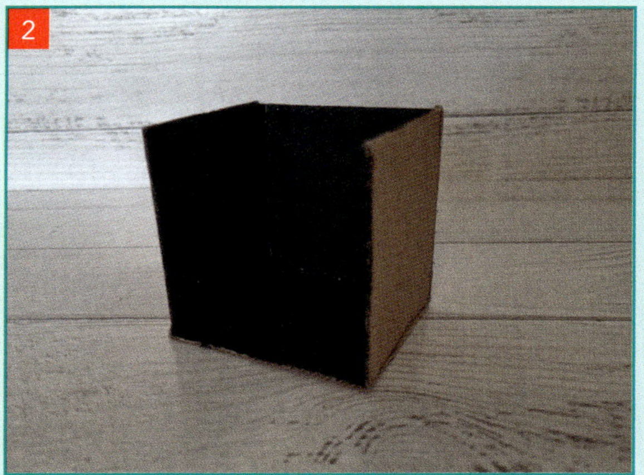

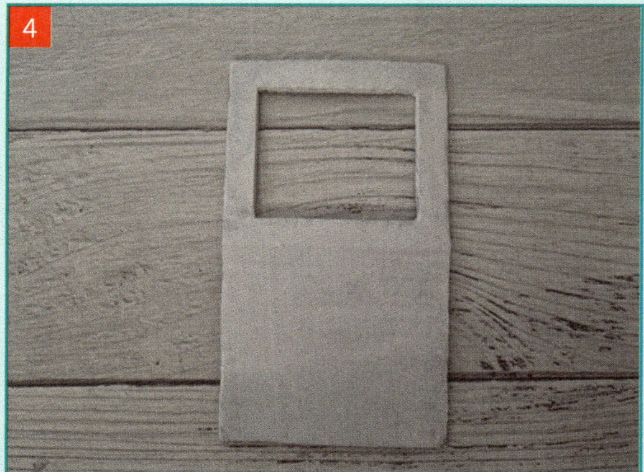

Und so geht`s:

1. Für den Boden schneide ein 6 x 6 cm großes Stück Pappe aus. Für die Seiten- und Rückwand jeweils 5,5 x 6 cm.
2. Nun klebe alle Teile (Seitenwände, Rückwand) auf den Boden und bemale sie innen schwarz und außen weiß.
3. Schneide für die Backofentür ein 10 x 5,6 cm großes Stück Pappe aus. Knicke es in der Mitte. Schneide mit einem Cutter ein Sichtfenster rein.
4. Male dein Sichtfenster von außen weiß und von innen schwarz an.

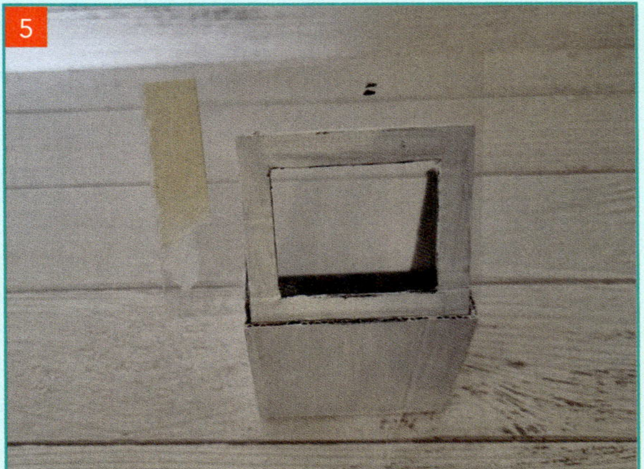

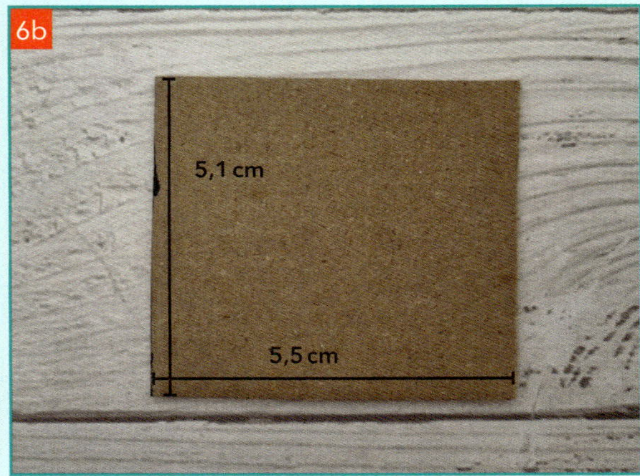

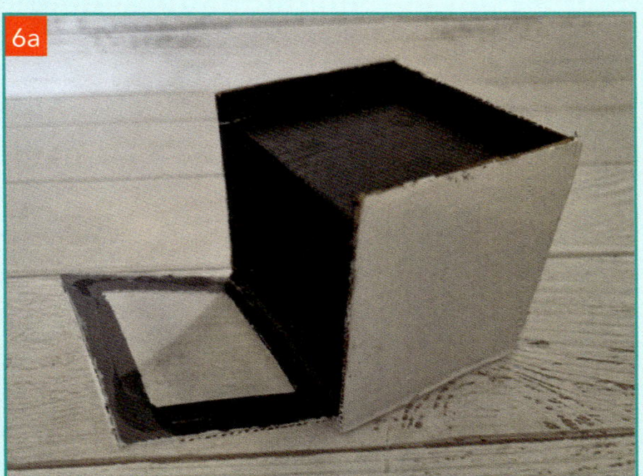

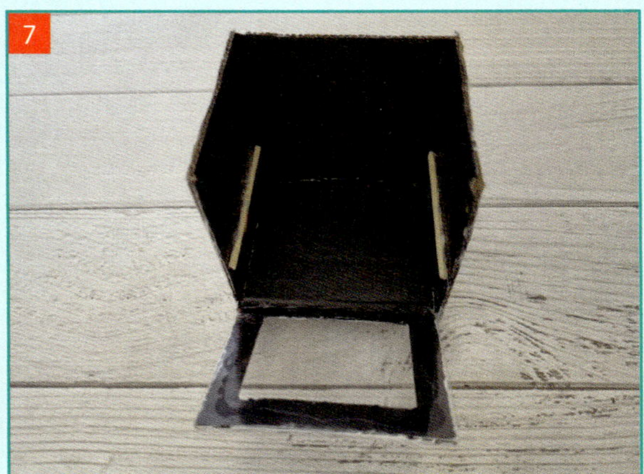

5. Klebe die Tür mit der unteren Seite ohne Fenster auf den Boden des Backofens. Klebe an die Ränder des Fensters Fensterfolie und schneide den abstehenden Rest ab.

6. Schneide ein Stück Pappe (5,5 x 5,1 cm) zurecht und male es schwarz an. Klebe es 1 cm vom Boden des Backofens rein.

7. Für die Halterung des Rostes schneide die Spitzen von zwei Zahnstochern ab und klebe sie 2 cm parallel unten in den Backofen. Male sie schwarz an.

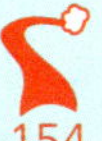

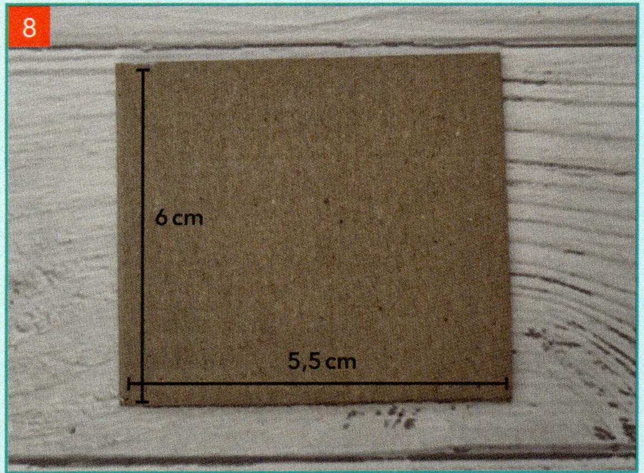

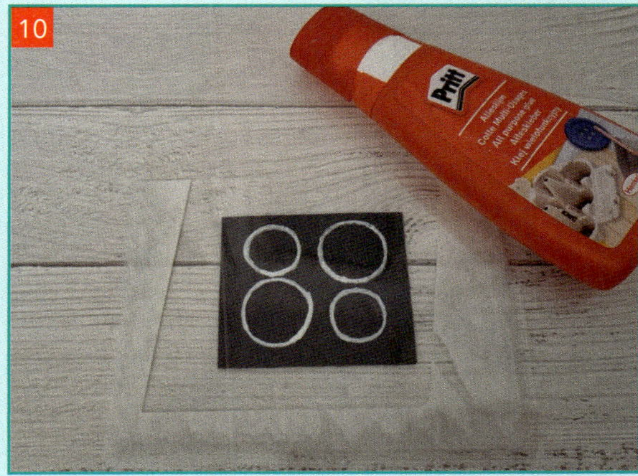

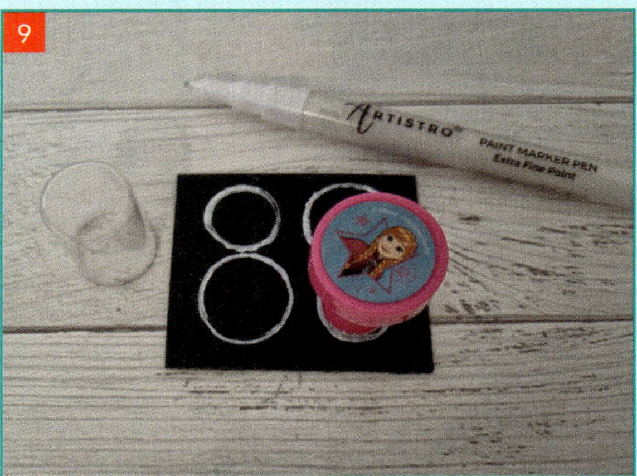

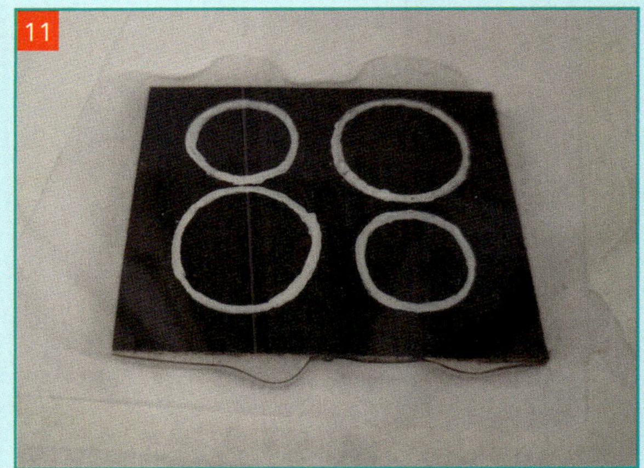

8. Für das Kochfeld schneide ein 6 x 5,5 cm großes Stück Pappe zurecht, male es an und lass es trocknen.

9. Mithilfe eines Deckels und eines Stempels machst du weiße Kreise auf dein Kochfeld.

10. Nun gibst du ganz viel Flüssigkleber auf das Kochfeld und klebst Fensterfolie drauf. Den überflüssigen Kleber drückst du raus.

11. Trocknen lassen und die überflüssige Fensterfolie abschneiden.

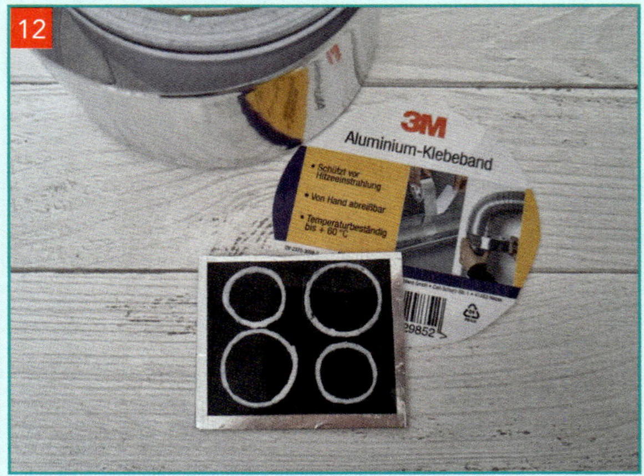

12

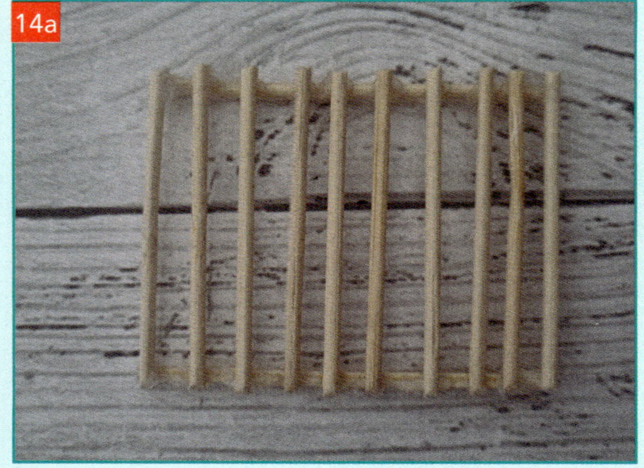
14a

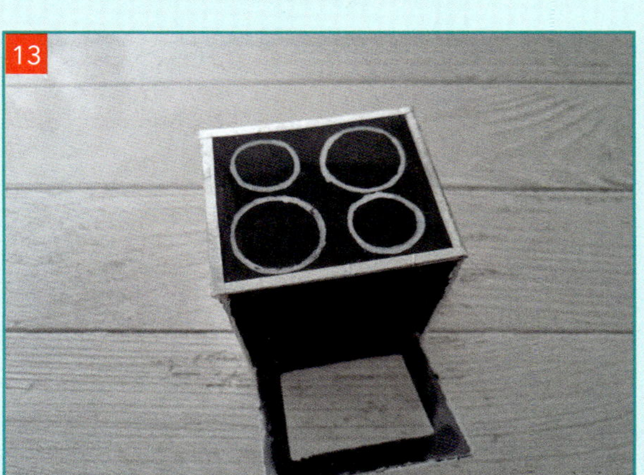
13

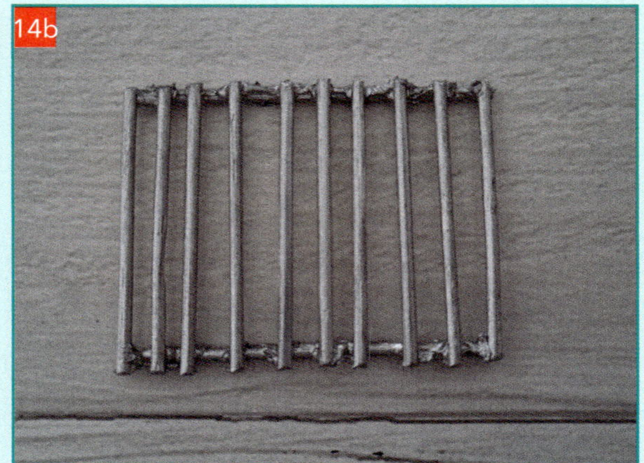
14b

12. Klebe mit Aluminium-Klebeband eine Umrandung auf dein Kochfeld.

13. Nun kannst du mit Heißkleber den Kochfeld auf deinen Backofen kleben.

14. Für den Rost klebst du 10 Zahnstocher längs auf 2 quer liegende Zahnstocher. Die Spitzen schneidest du wieder ab. Der Rost ist 5,5 x 4,3 cm groß. Miss noch mal genau aus, ob es passt. Der Rost sollte sich einfach rein- und rausschieben lassen. Mit Spray in Silber ansprühen.

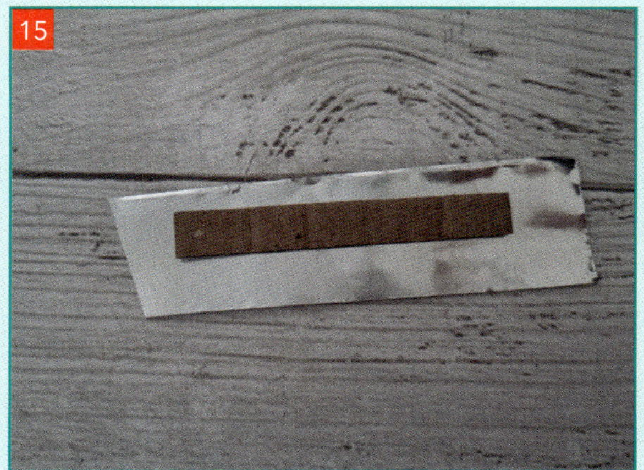

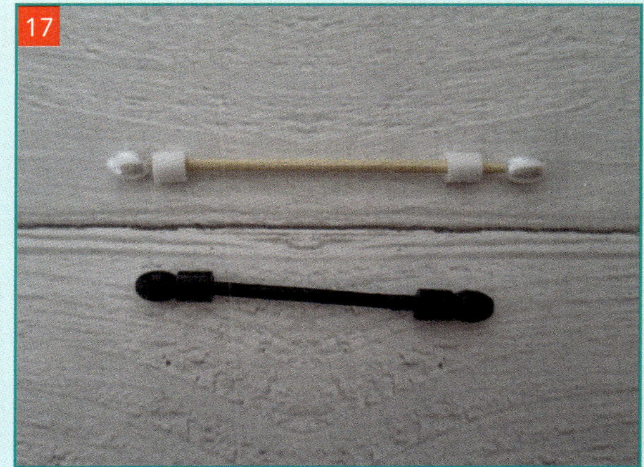

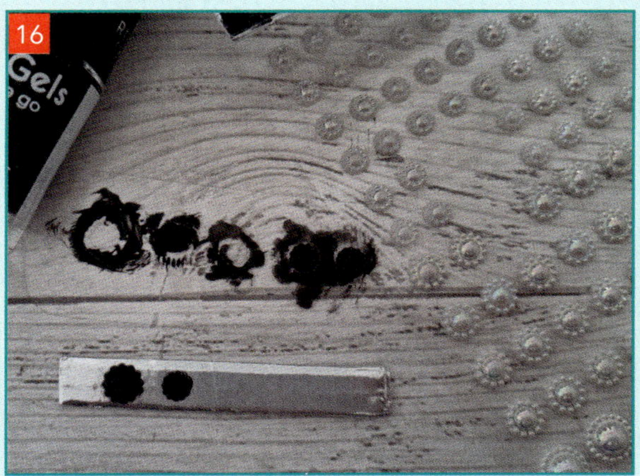

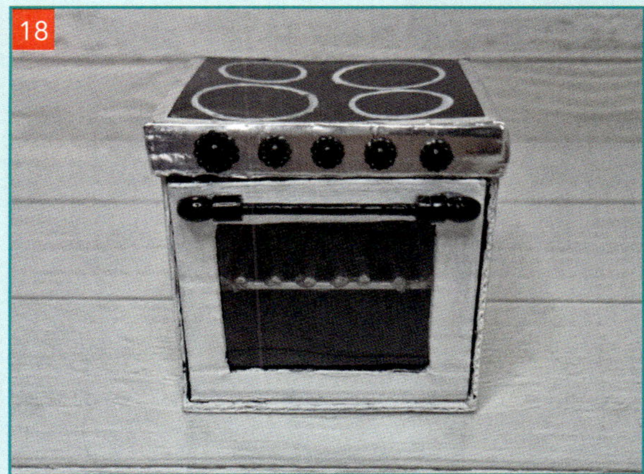

15. Schneide dir ein Stück Pappe (6 x 1 cm) zurecht und beklebe es mit Aluminium-Klebeband.

16. Für die Schalter nimmst du ein paar Stickerperlen und bemalst sie mit schwarzem Nagellack und klebst sie auf die Leiste.

17. Nimm einen Zahnstocher, kürze ihn auf 2 cm und klebe 2 Bügelperlen und Perlen rein. Bemale dies mit Nagellack.

18. Klebe die Schalterleiste so an, dass du die Backofentür gut auf- und zumachen kannst. Zum Schluss klebst du deinen Griff auf den Backofen.

Die Wichtel organisieren einen Weihnachtsmarkt

Das Weihnachtsfest nähert sich mit großen Schritten. Und Wichtel wissen natürlich: Die Adventszeit hat einen auffällig guten Duft! Gut vorbereitet, backen sie die ersten Köstlichkeiten und richten ihre Weihnachtsbuden ein. Schließlich lieben Wichtel ihren Adventsmarkt über alles.

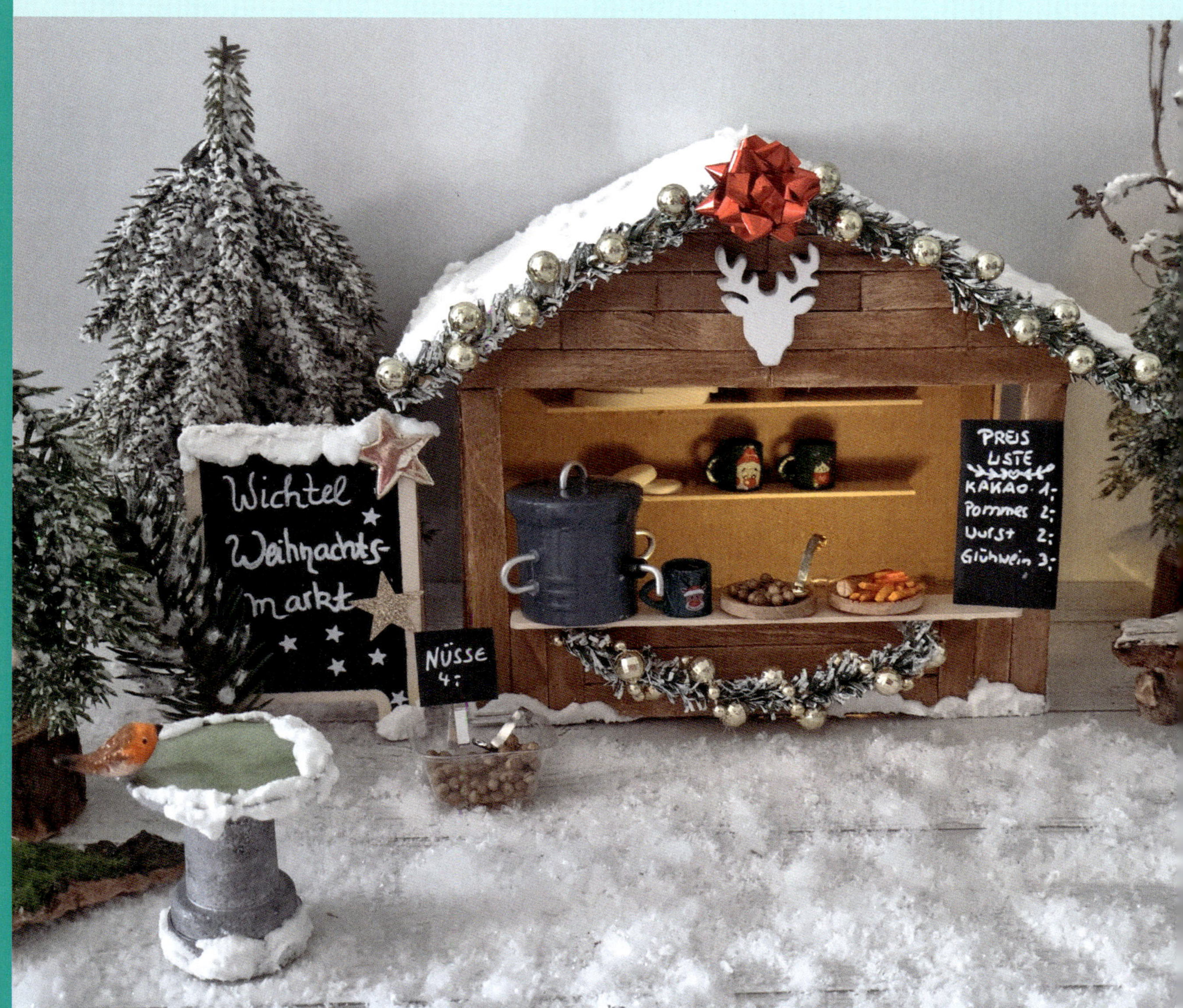

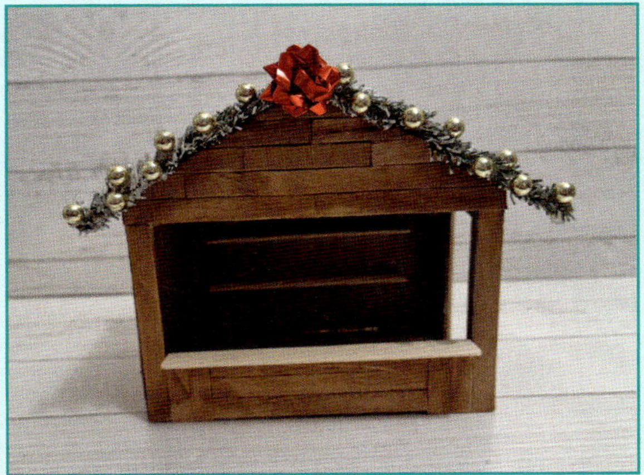

Weihnachtsmarktbude

❄❄❄

Größe:
ca. 14 x 15 x 10,5 cm

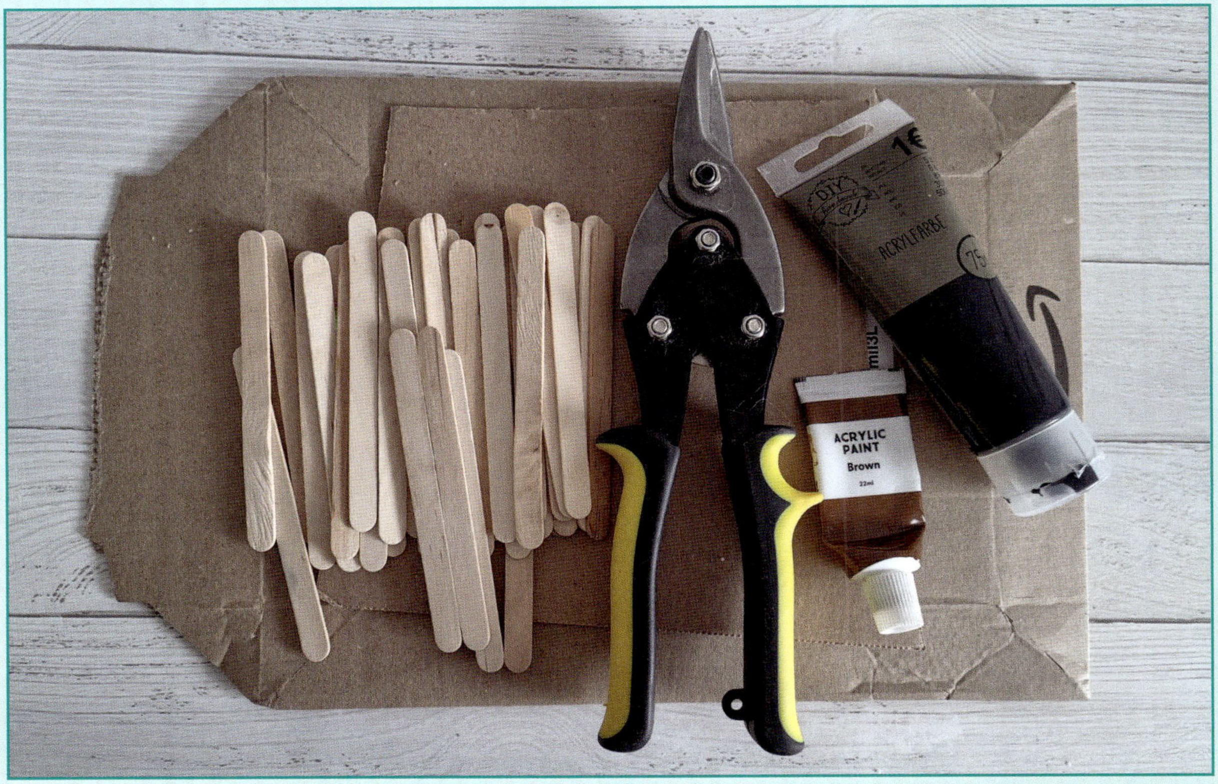

Materialien

- Versandkarton 0,5 cm Stärke, ca. 700 g/m²
- Eisstiele
- Holzmundspatel
- Acrylfarbe in Braun und Schwarz
- Heißklebepistole
- Lineal
- Bleistift
- Schere
- Blechschneider

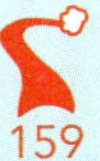

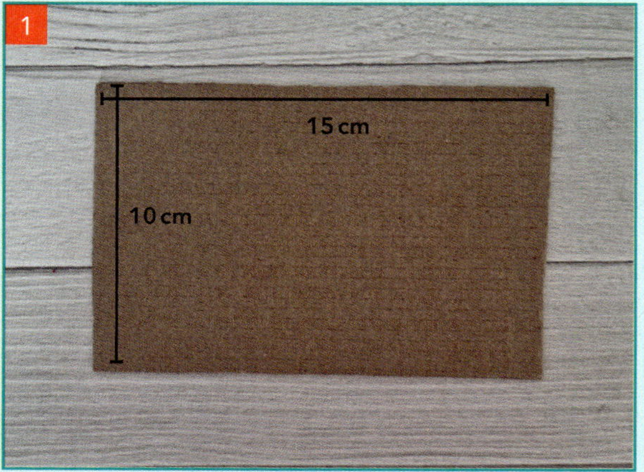

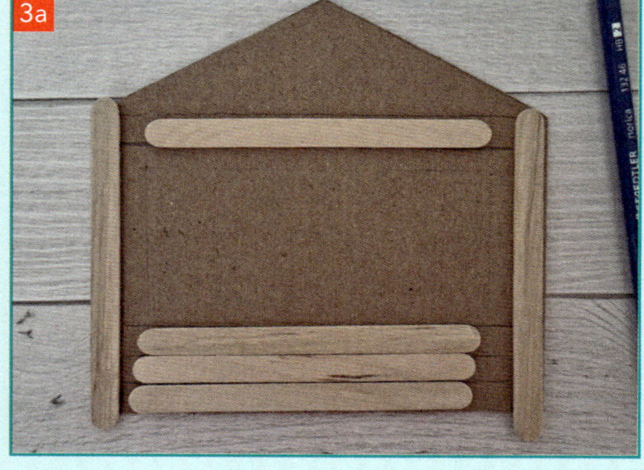

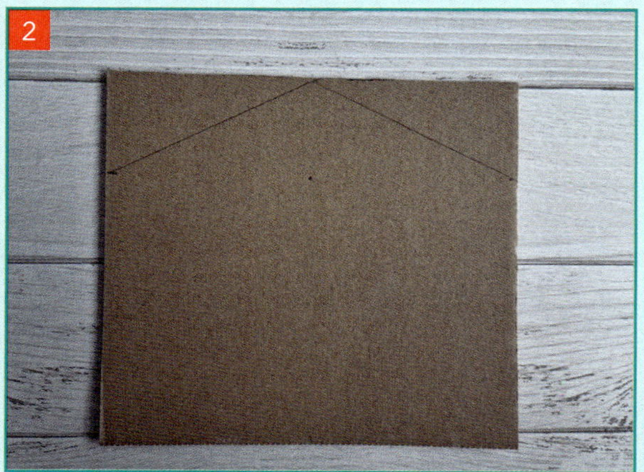

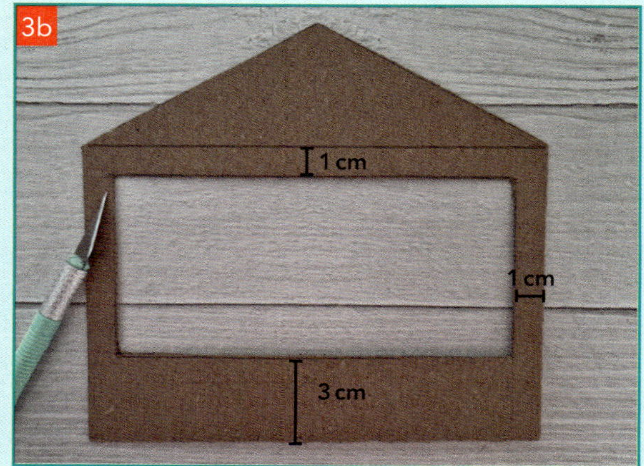

Und so geht's:

1. Schneide aus Pappe den Boden der Bude in der Größe von 10 x 15 cm aus.
2. Für die Vorder- und Rückseite schneide zwei Stücke Pappe von je 15 x 14 cm aus. Schneide jeweils ein Spitzdach heraus. Die Seitenhöhe beträgt 10 cm (Spitzdach 4 cm).
3. Schneide einen 13 x 6 cm großen Ausschnitt für das Fenster rein. Lasse jeweils 1 cm links und rechts und 3 cm unten frei.
4. Schneide für die Seitenwände zwei 10 x 10 cm große Stücke aus Pappe aus. Nimm eine Seitenwand und schneide mittig eine Tür von 4 x 8 cm hinein.
5. Es müssen oben zwei Eisstäbchen und seitlich drei Eisstäbchen draufpassen.

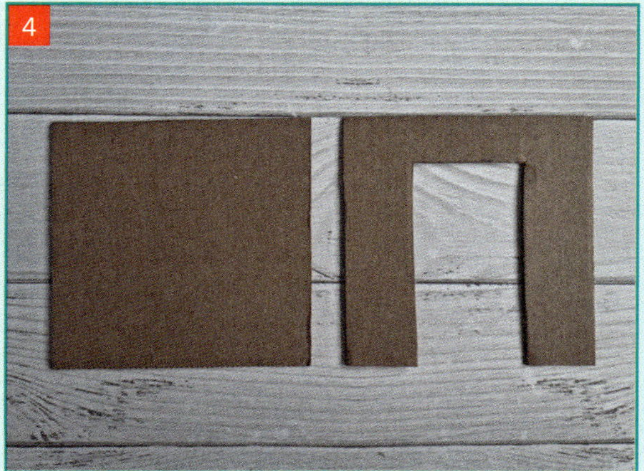

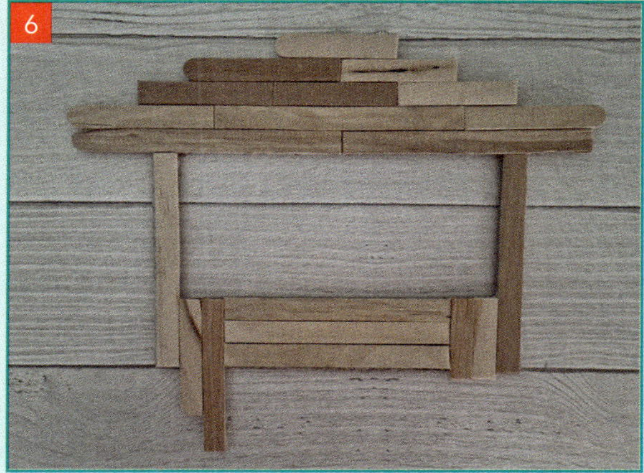

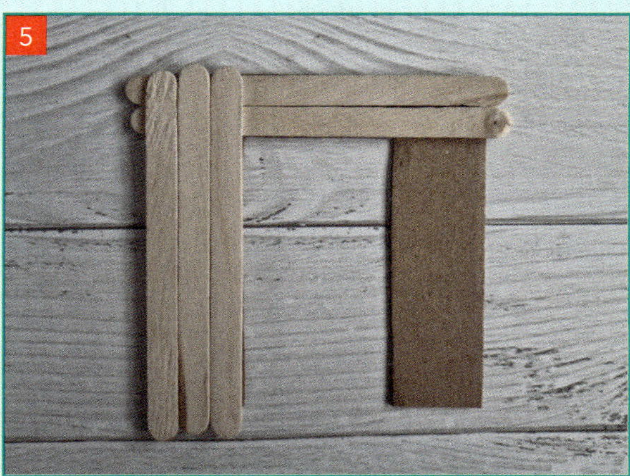

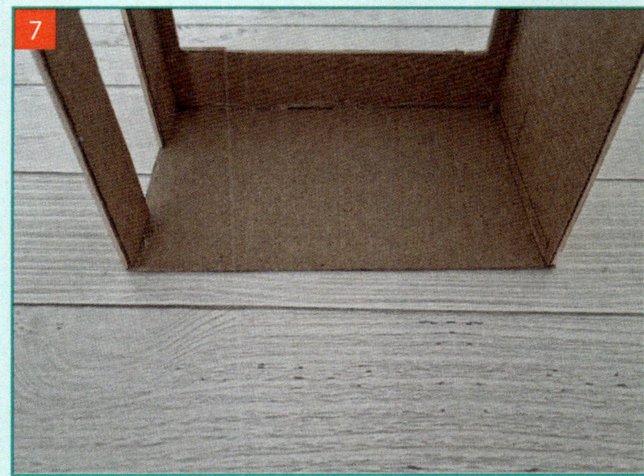

6. Klebe die Eisstäbchen mit Heißkleber wie auf dem Foto auf die Pappe. Und schneide mit einem Blechschneider die überstehenden Eisstäbchen ab.

7. Klebe die Seitenwände auf die Bodenplatte und die Vorder- und Rückwand an Bodenplatte und Seitenwände.

Tipp:

Bevor du alles zusammenklebst, kannst du die Rückseiten nach Lust und Laune mit anderen Acrylfarben bemalen oder mit Motivpapier bekleben.

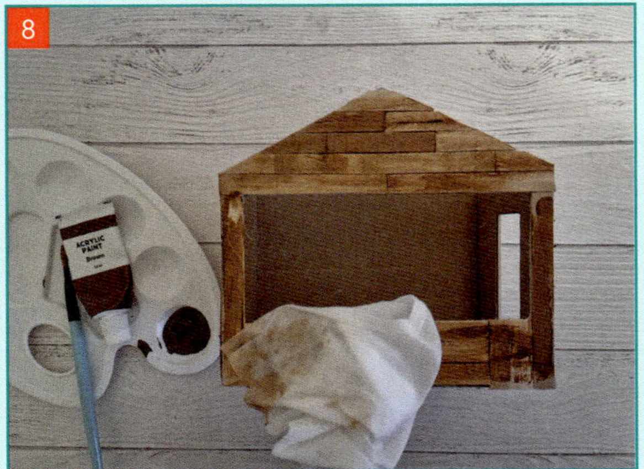

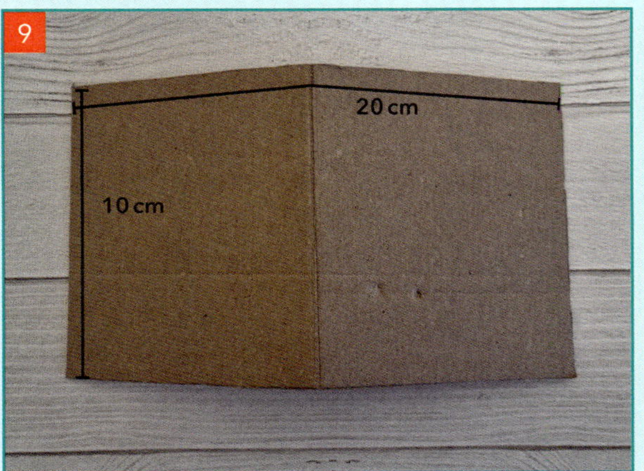

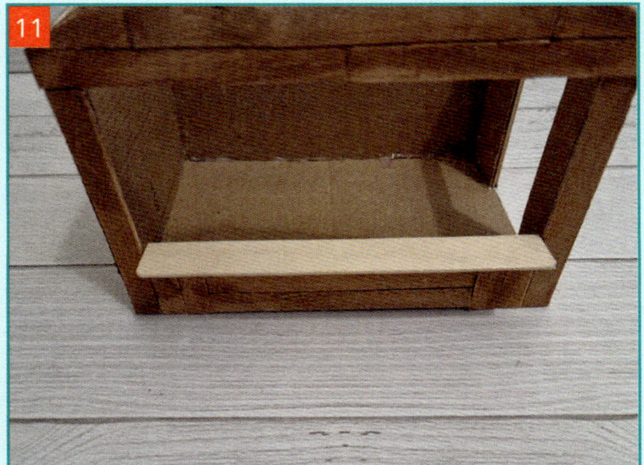

8. Bemale die Eisstäbchen mit brauner Acrylfarbe und wische diese mit einem Feuchttuch direkt wieder ab. So entsteht ein Holzmaserungseffekt. Falls noch Pappe zu sehen ist, kannst du auch diese mit Acrylfarbe anmalen.

9. Für das Dach schneidest du ein 20 x 10 cm großes Stück Pappe aus und knickst es in der Mitte um.

10. Male das Dach mit schwarzer Acrylfarbe an und klebe es mit Heißkleber auf den Unterbau.

11. Für den Tresen schneidest du einen Holzmundspatel 12,8 cm lang ab und klebst ihn unten auf das Fenster.

12. Dekoriere die Weihnachtsbude mit Mini-Girlanden (pink-dots.de) oder Weihnachtsbaum-Girlanden. Du kannst auch eine kleine LED-Lichterkette in deine Weihnachtsmarktbude legen oder aufhängen.

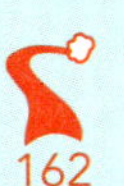

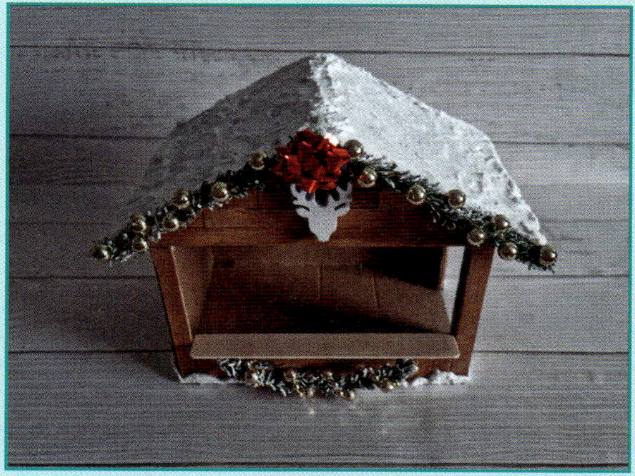

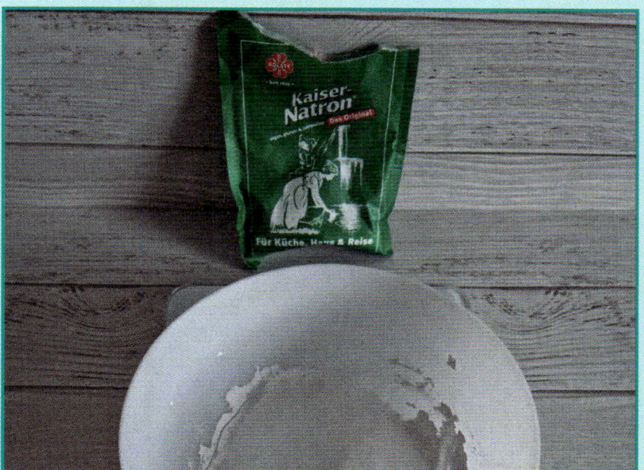

Schnee

Tipp:
Du kannst auch Bäume mit Schnee bedecken.

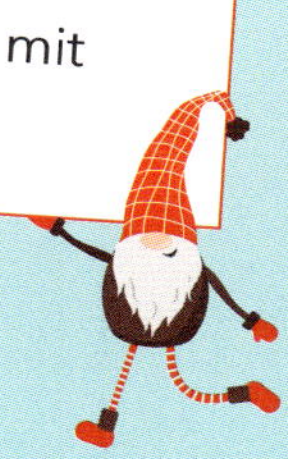

Materialien

- Natron
- Acrylfarbe in Weiß
- Holzleim
- Glitzer
- Holzmundspatel
- Plastikschale

Und so geht`s:

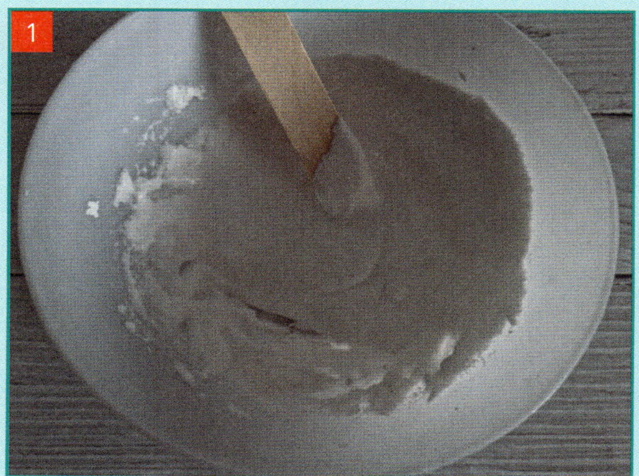

1. Gib in einen Behälter ca. 70 g Natron, 3 TL Wasser, 1 TL weiße Acrylfarbe und 3–4 TL Holzleim. Vermische alles, bis das Ganze eine cremige Konsistenz hat. Nimm nicht mehr Acrylfarbe, weil sich der Schnee nach einer Zeit gelblich färben würde.
2. Jetzt kannst du den Schnee auf dem Dach der Weihnachtswichtelbude verteilen. Wenn du fertig bist, kannst du noch etwas Glitzer draufstreuen. Nach paar Stunden ist der Schnee steinhart.

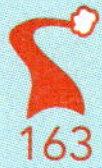

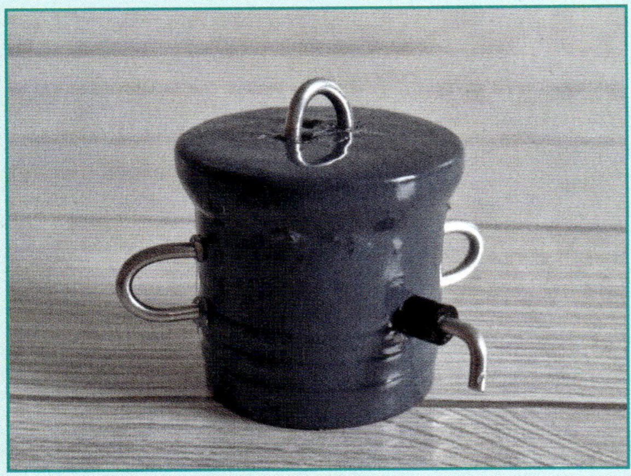

Glühweintopf

❄ ❄

Größe:
3,7 x 4,7 cm

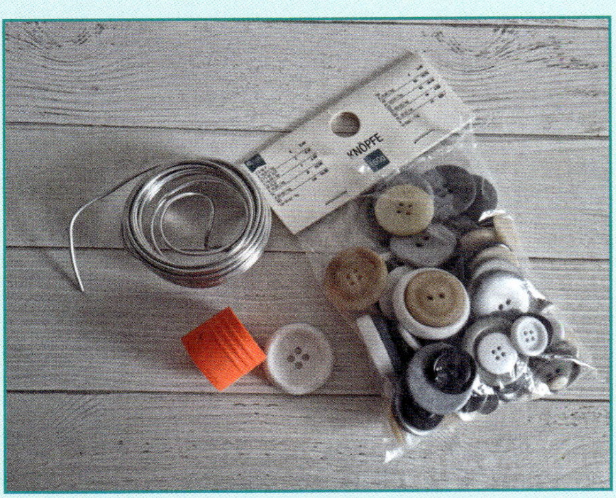

Materialien

- Deckel eines Klebestifts
- grüner Nagellack
- Zange
- Aludraht
- Knopf
- schwarze Bügelperle
- Schmuckzange
- Heißklebepistole
- etwas Modelliermasse

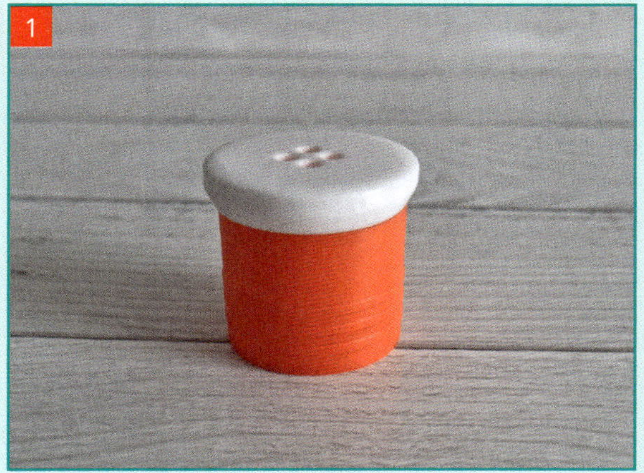

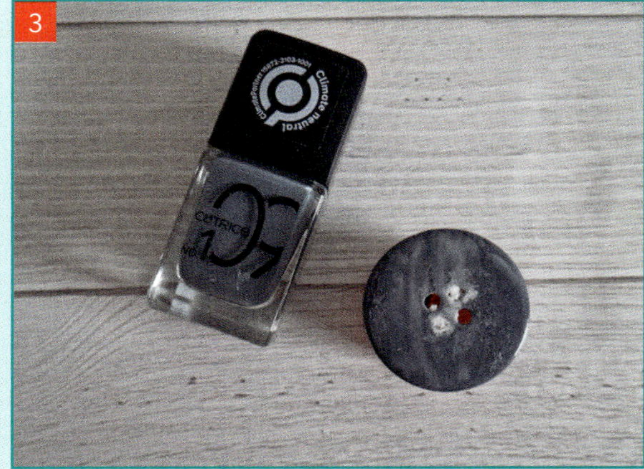

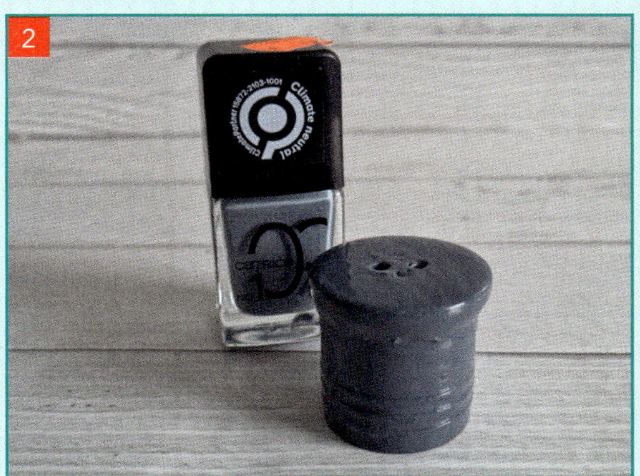

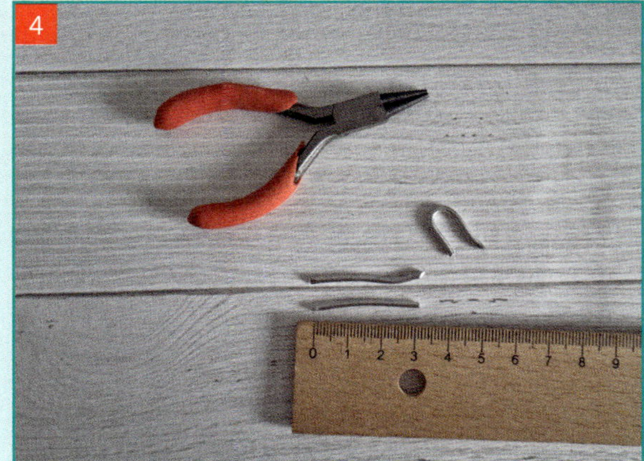

Und so geht`s:

1. Klebe einen Knopf auf den Klebedeckel.

2. Nun kannst du diesen mit Nagellack anmalen. Du wirst ca. 2–3 Schichten benötigen. Gut trocknen lassen.

3. Drücke in zwei Knopflöcher Modelliermasse, lasse sie trocknen und bemale sie mit Nagellack.

4. Für die Griffe seitlich und oben knipse 3 Stücke Aludraht in der Länge von 3 cm ab und biege sie mit einer Schmuckzange.

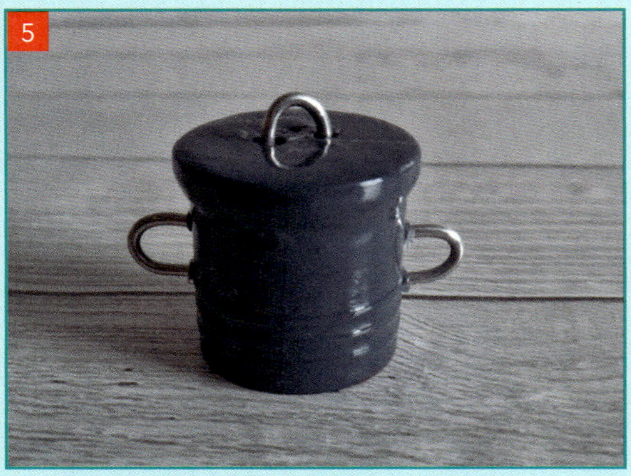

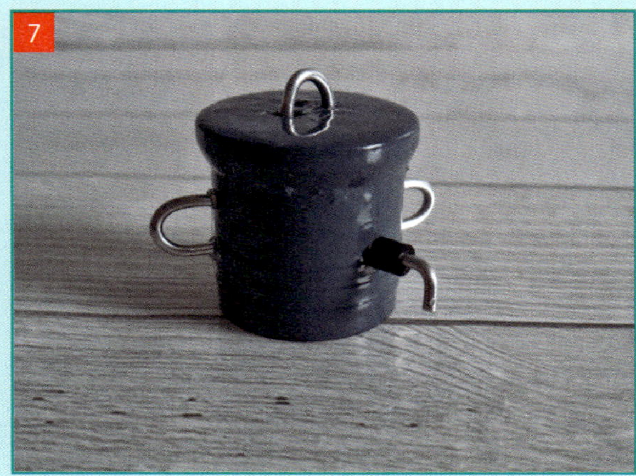

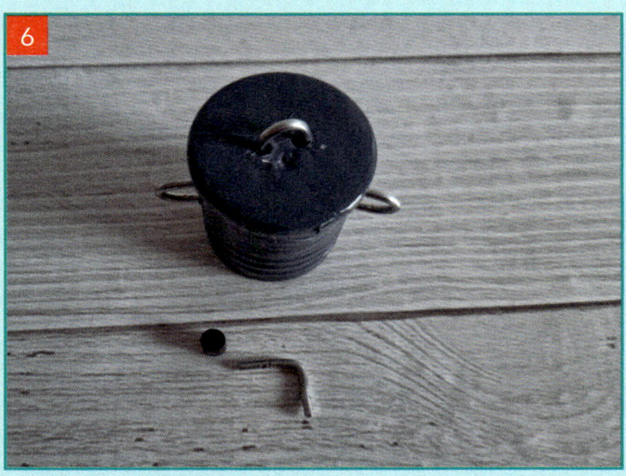

5. Gib etwas Heißkleber oben an die Löcher und drücke einen Griff hinein. Die zwei anderen Griffe klebst du an die Seiten des Topfes.

6. Für den Hahn knickst du ein Stück Aludraht, wie auf dem Bild abgebildet.

7. Klebe eine Bügelperle unten auf den Topf und schiebe den Draht mit etwas Heißkleber in die Perle.

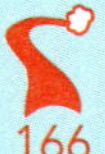

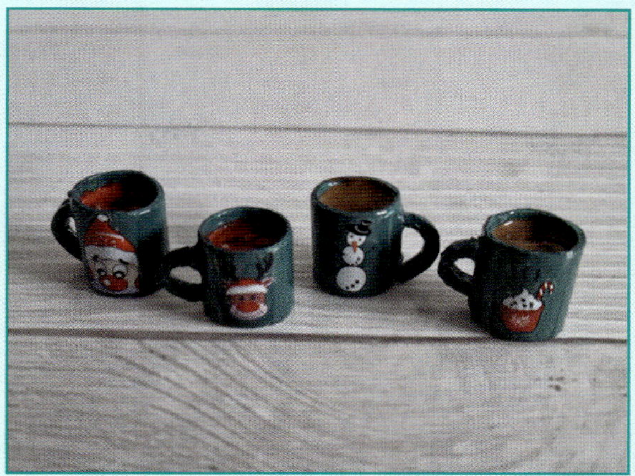

Kakao- und Glühweinbecher

Größe:
ca. 1,4 x 1,1 cm

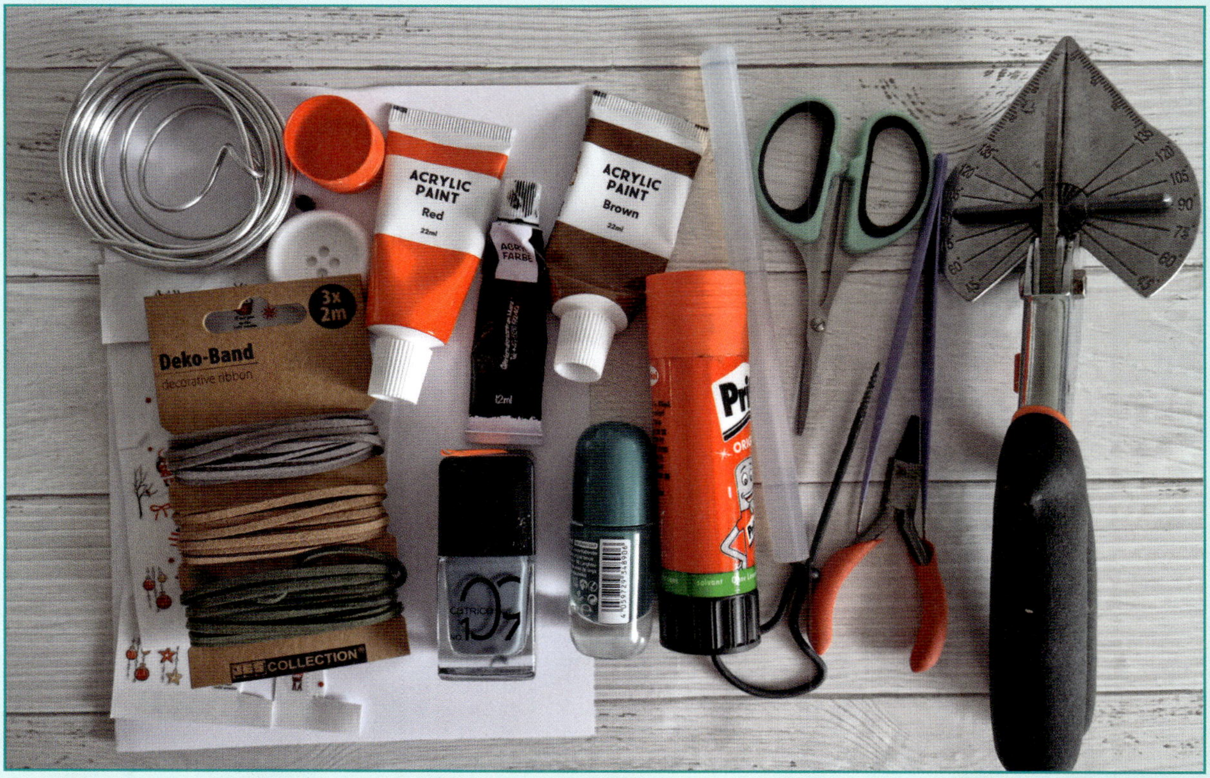

Materialien

- Blatt Papier
- Lederband
- Heißkleber
- Klebestift
- Schere
- Gehrungsschneider
- Pinzetten
- Handbohrer
- grüner Nagellack

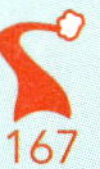

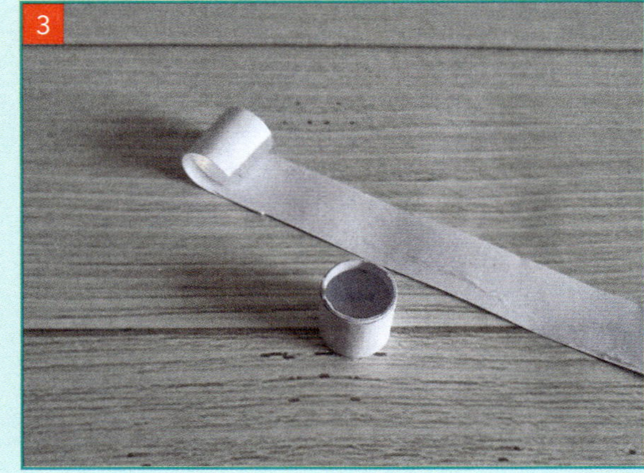

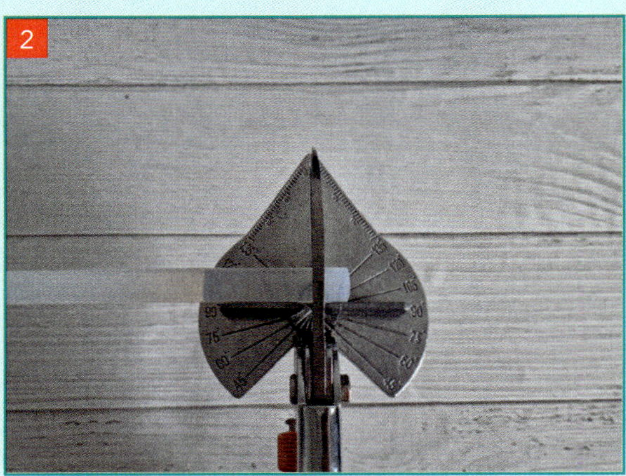

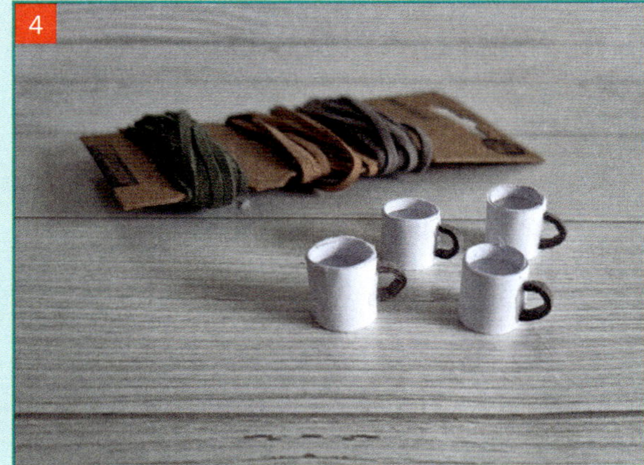

Und so geht`s:

1. Schneide aus dem Papier 1,4 cm breite Streifen zu, wie auf dem Foto abgebildet.
2. Mit einem Gehrungsschneider schneidest du dann 1 cm große Stücke von einem Heißklebstick.
3. Verteile auf den Streifen Kleber (Klebestift) und rolle sie auf den Heißklebestick.
4. Schneide dir 1 cm lange Streifen aus dünnem Lederband zu und klebe sie mit Heißkleber oder Sekundenkleber auf die Becher.

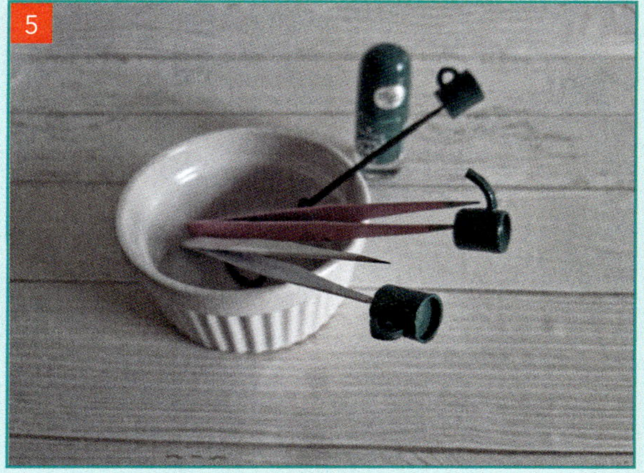

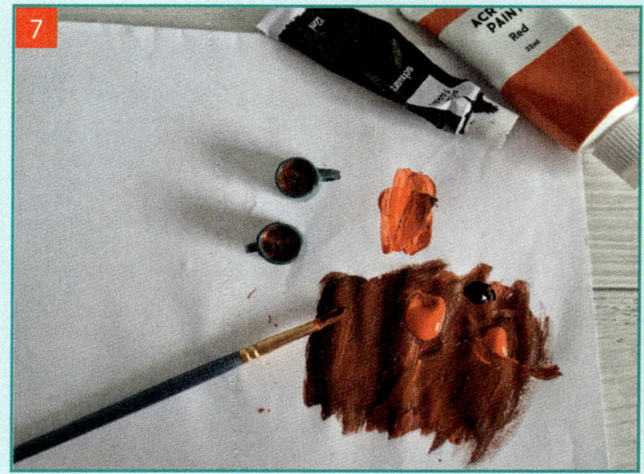

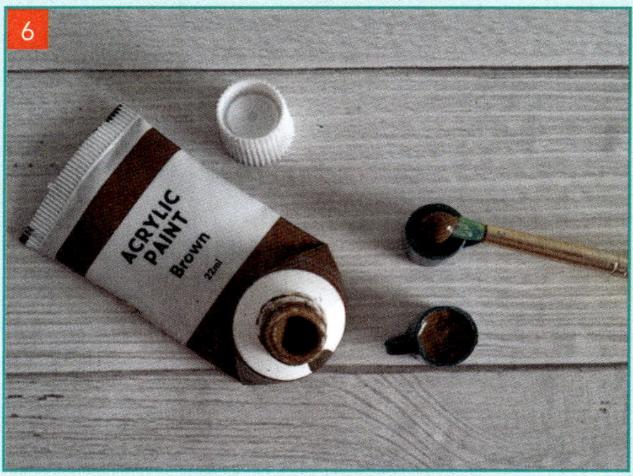

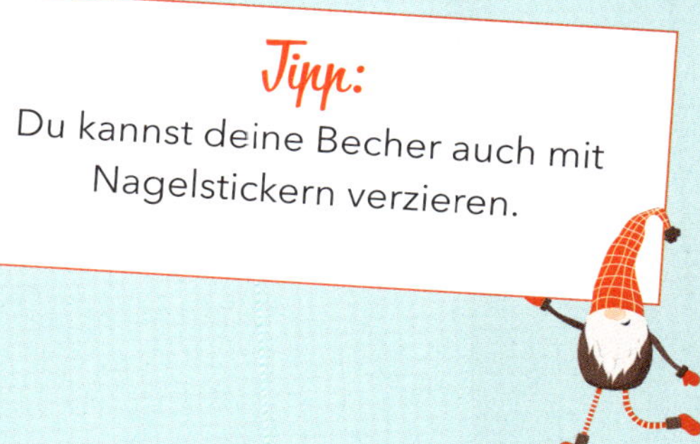

5. Nun drücke die Becher in Pinzetten und Handbohrer und bemale sie 2–3-mal mit Nagellack. Gut trocknen lassen. Wenn ein Griff mal abgehen sollte, einfach mit Kleber wieder fixieren.

6. Für den Kakao gibst du einfach einen Klecks braune Farbe in die Becher.

7. Und für den Glühwein mischst du Rot mit etwas Schwarz. Wenn die Farben getrocknet sind, mit klarem Nagellack anmalen.

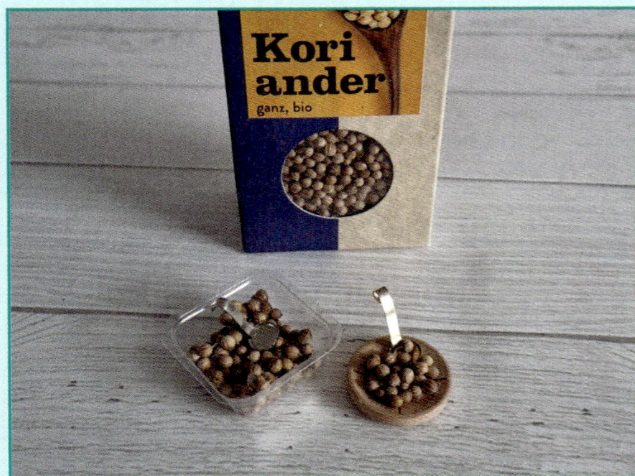

Nüsse

Größe:
3 x 3 cm, 2 x 2 cm

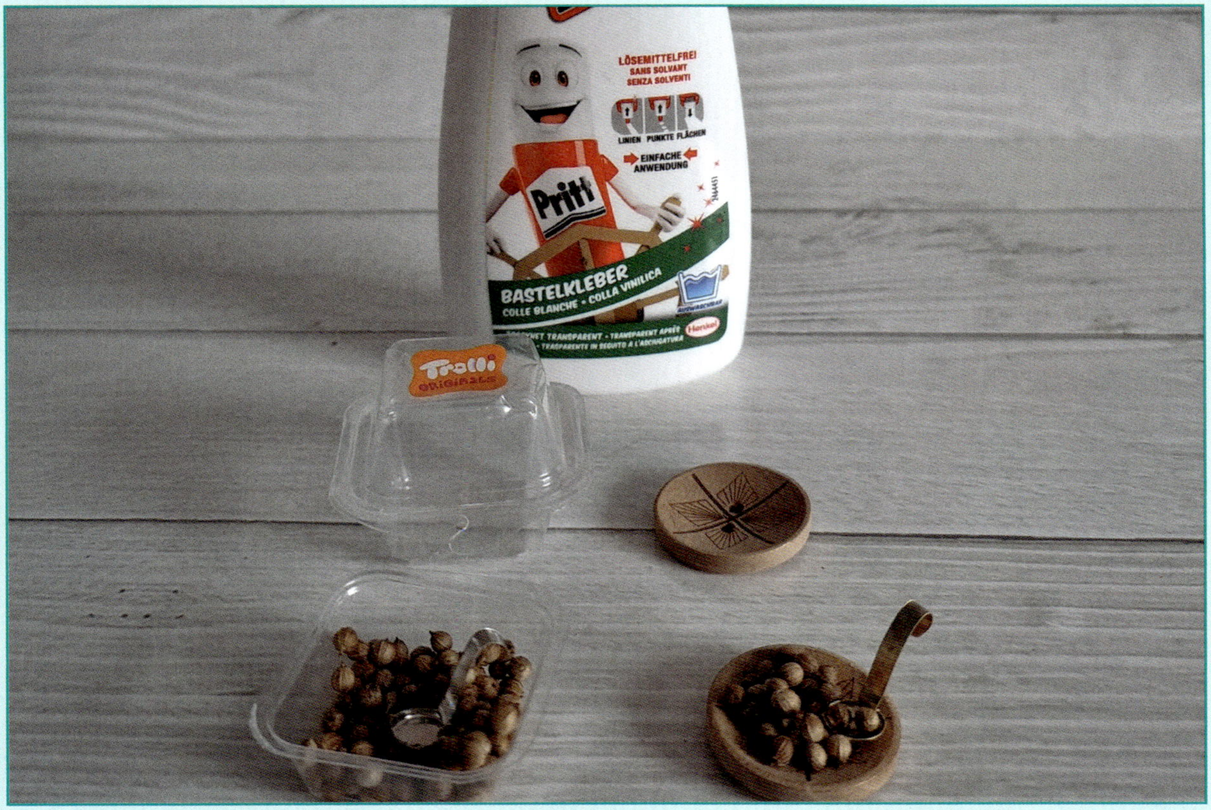

Materialien

- Koriander (ganz)
- Holzknöpfe
- Süßigkeiten-Verpackung
- Flüssigkleber
- Musterbeutelklammer
- Schmuckzange
- Schere

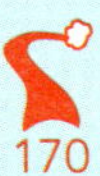

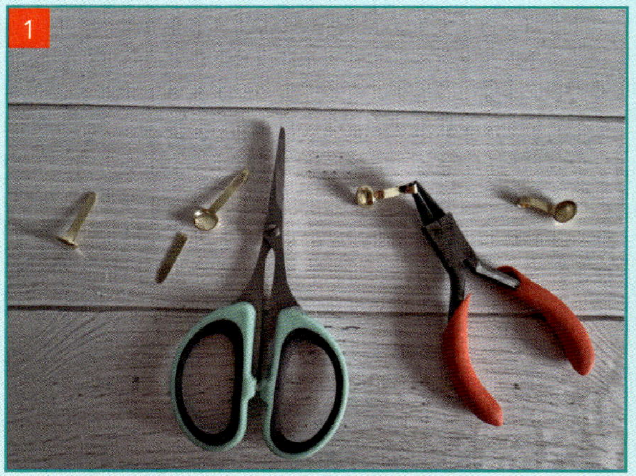

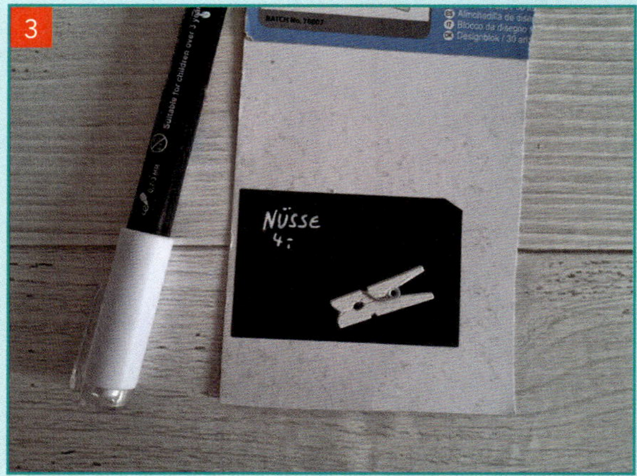

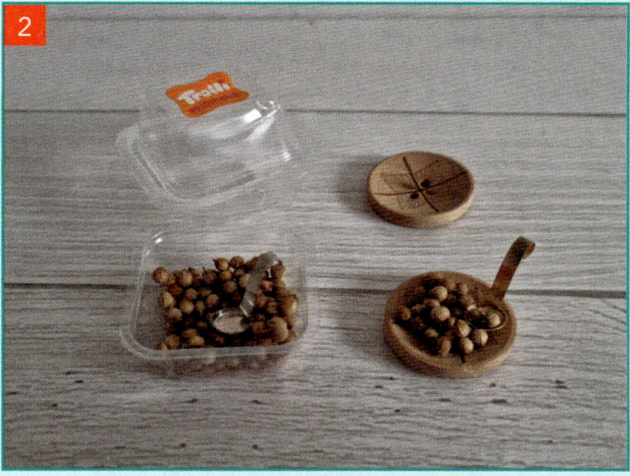

Und so geht`s:

1. Schneide und forme aus einer Musterbeutelklammer eine Schöpfkelle, wie auf dem Bild abgebildet.
2. Schneide deine Süßigkeiten-Verpackung zurecht und klebe den Koriander in deine Schale und deinen Holzknopf.
3. Für ein kleines Preisschild schreibe einfach etwas auf schwarze Pappe oder Tonkarton. Befestige das Schild mit einer Mini-Wäscheklammer.

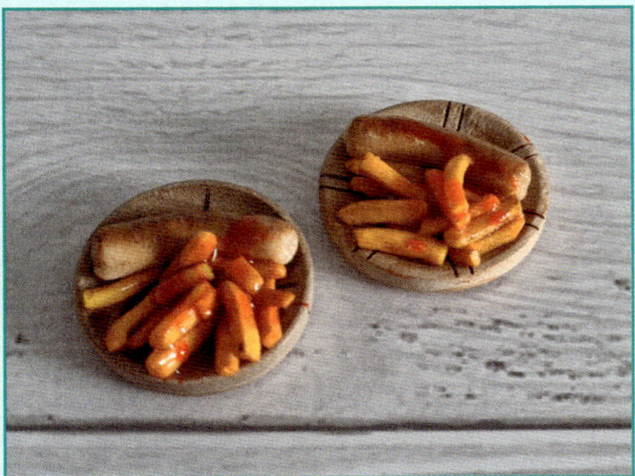

Pommes und Bratwurst

❄ ❄ ❄

Größe:
2 cm

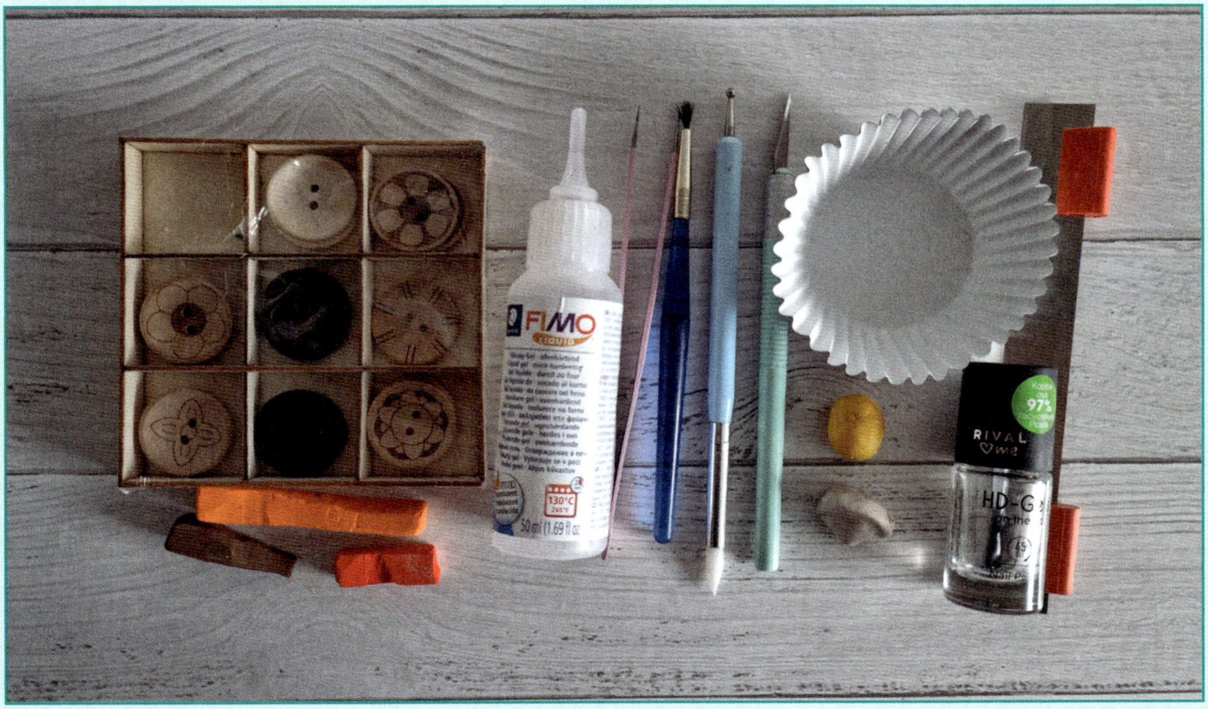

Materialien

- gelbes und hautfarbenes Fimo, z. B. Elfenbein
- Kreidefarben
- Dotting Pen
- Pinsel
- Pinzette
- transparenter Nagellack
- Skalpell
- Holzknöpfe
- Fimo Liquid
- Papier-Muffin-Form
- Klinge
- Flüssigkleber
- Acrylrolle

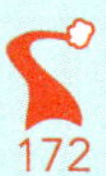

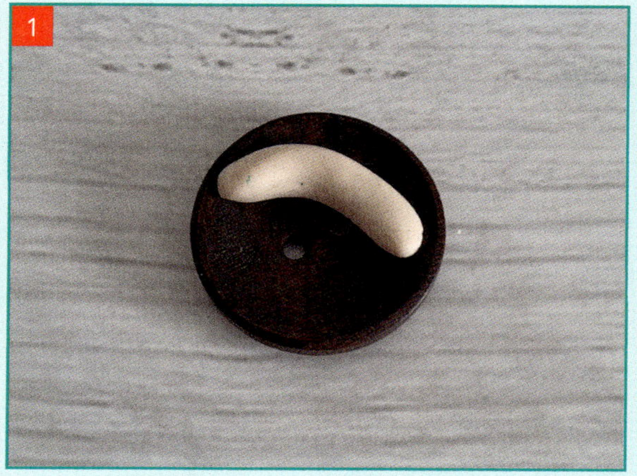
1

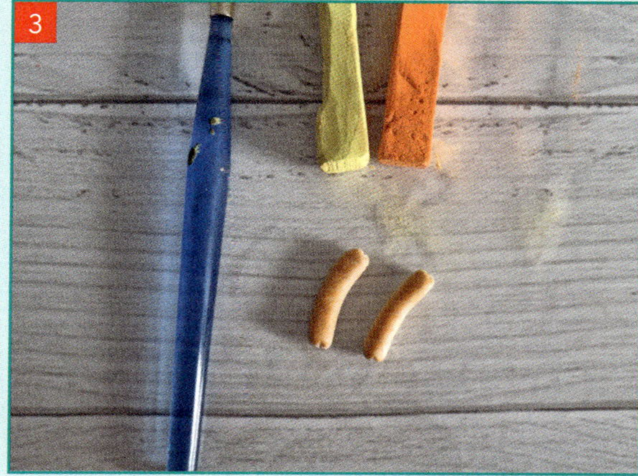
3

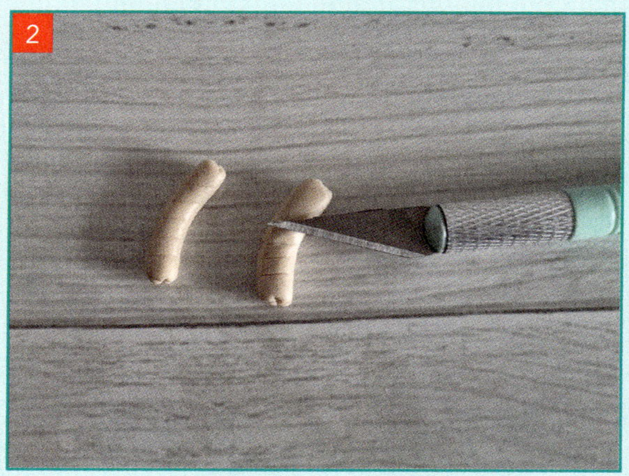
2

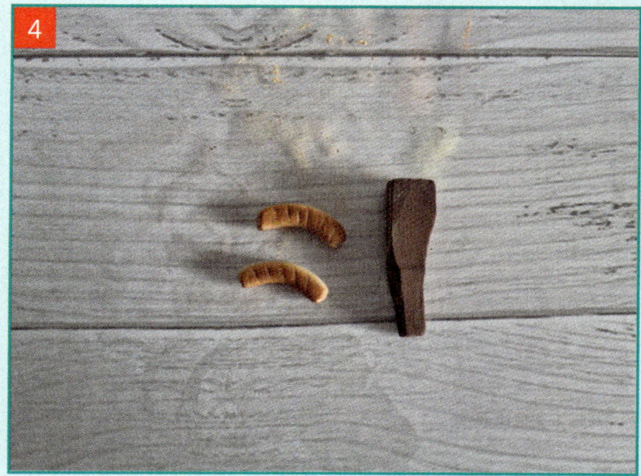
4

Und so geht`s:

1. Forme aus hellem Fimo so eine Bratwurst (ca. 2 x 0,3 cm), dass sie auf deinen Knopf passt.

2. Ritze mit einem Skalpell kleine Rillen rein.

3. Bemale die Bratwurst mit Kreidefarben. Fang immer mit der hellsten Farbe an. Mit einem Pinsel gibst du etwas Gelb auf die Wurst, dann etwas Orange.

4. Damit deine Bratwurst schön kross ist, bemale sie noch mit brauner Kreidefarbe, nimm dafür einen Pinsel. Vorsicht, es kann schnell zu dunkel werden. Wenn du fertig bist, lege deine Bratwurst auf ein mit Backpapier belegtes Backblech.

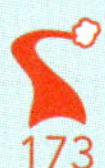

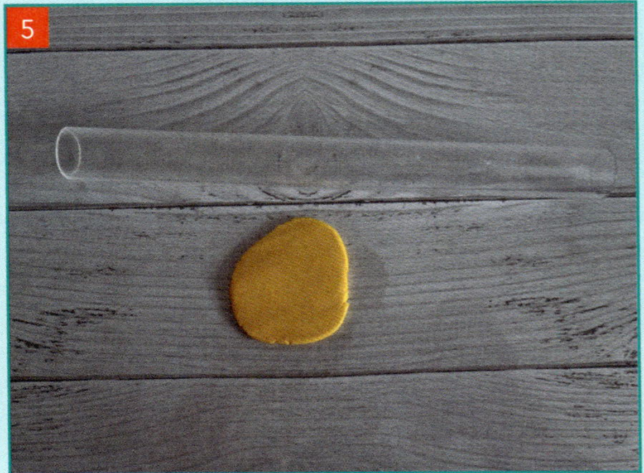

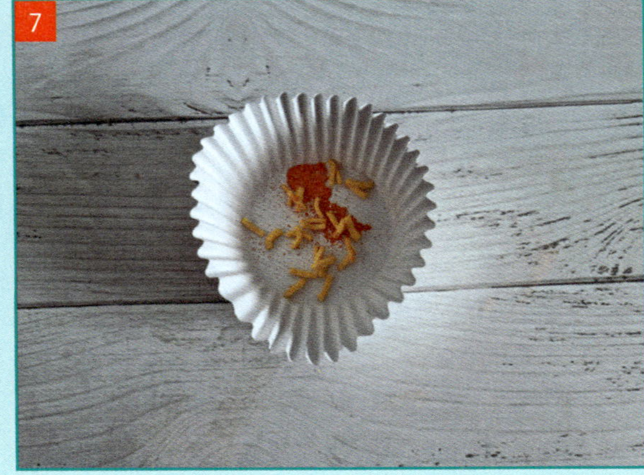

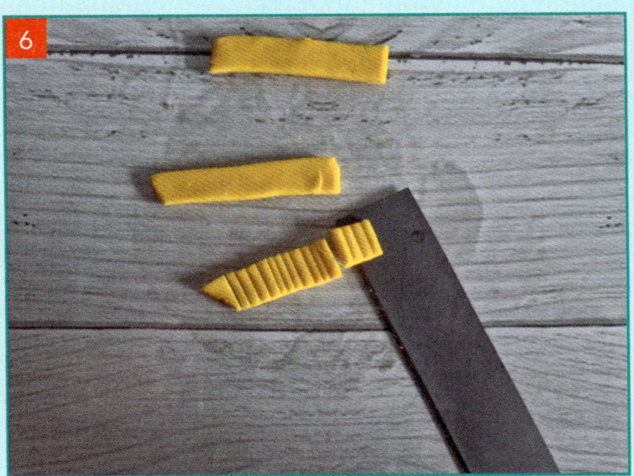

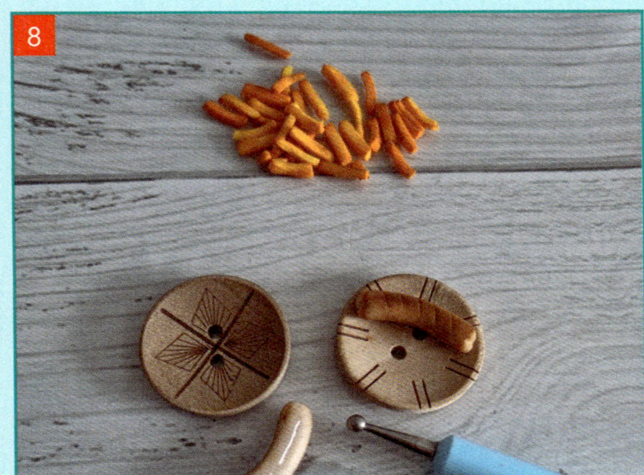

5. Für die Pommes rollst du gelbe Modelliermasse 0,2 cm dick aus.

6. Nun schneide dir lange, dünne Kartoffelstreifen aus. Es muss nicht perfekt sein. Schneide sie in unterschiedlichen Längen und gib ihnen eine leicht krümme Form.

7. Mit einer Messerklinge schabst du etwas Orange und Braun in eine Muffinpapierform und legst deine Pommes dort hinein. Etwas wälzen. Nun kannst du deine Pommes und die Bratwurst auf das Backblech legen. Und bei 110 °C 30 Minuten backen.

8. Klebe Pommes und Bratwurst mit Fimo Liquid auf deinen Holzknopf. Nimm dir eine Pinzette zur Hilfe.

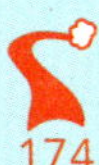

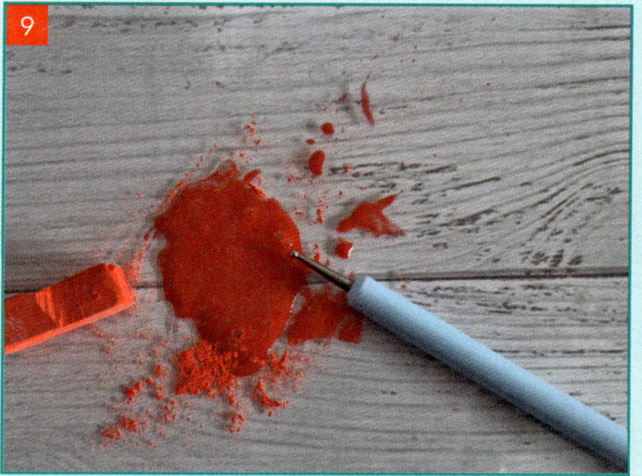

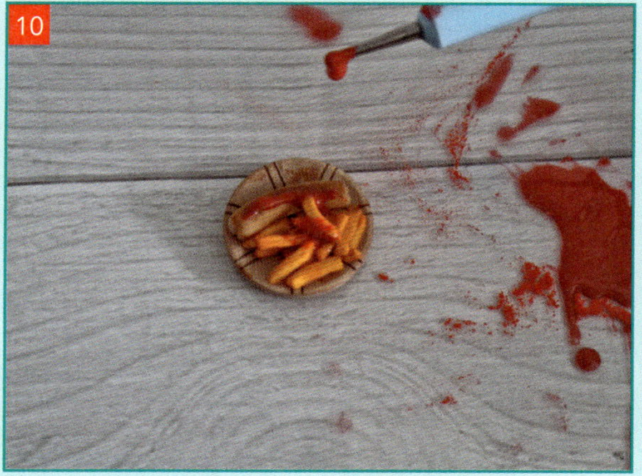

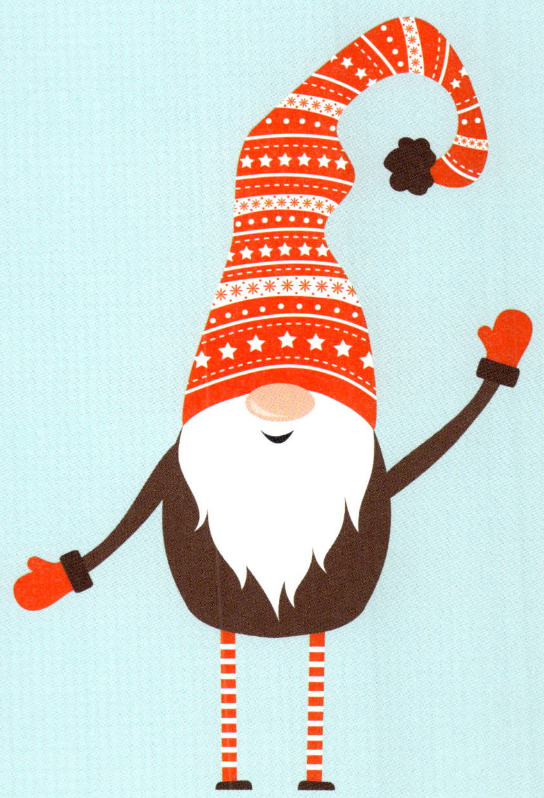

9. Für das Ketchup mische etwas Liquid mit roter Kreidefarbe.

10. Verteile das Ketchup mit einem Dotting Pen. Wenn du fertig bist, kannst du den Teller noch einmal in den Backofen legen. Und bei 110 °C ca. 20 Minuten backen. Vorsicht, kein Plastik als Teller verwenden.

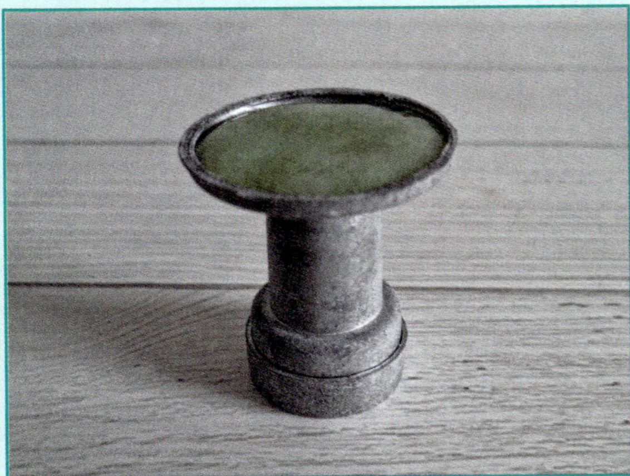

Vogeltränke

❄❄❄

Größe:
4 x 3,7 cm

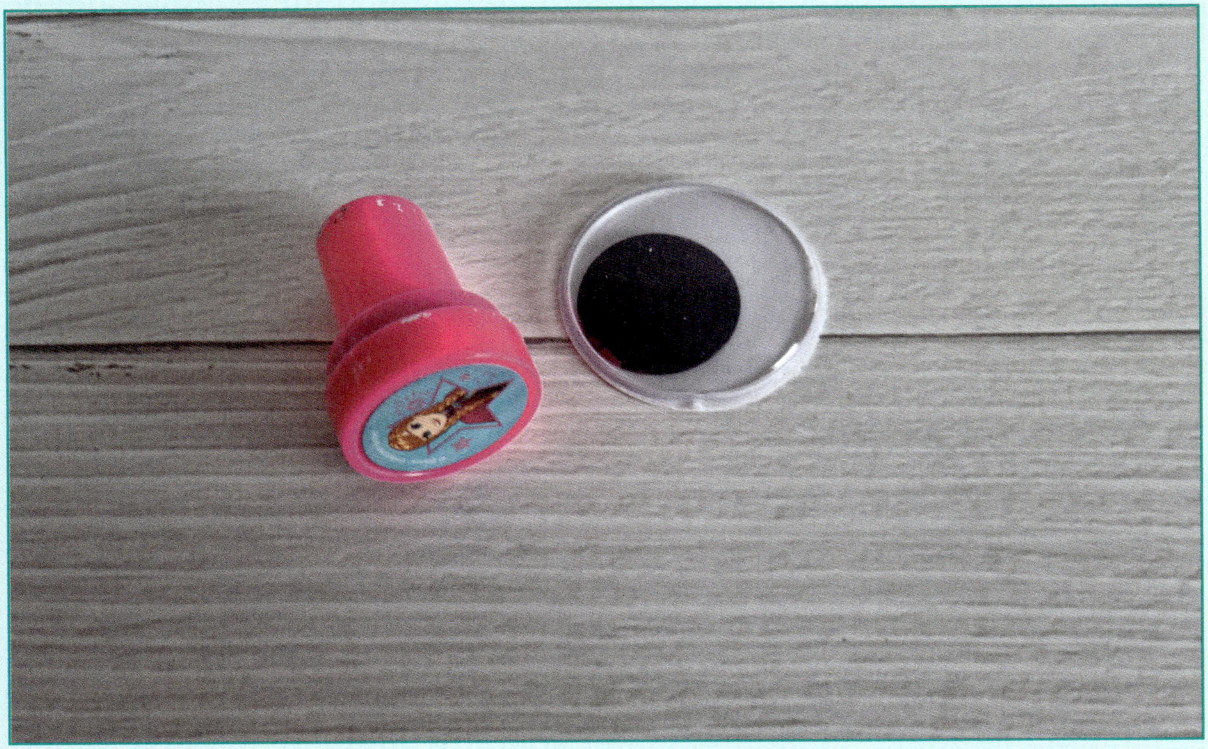

Materialien

- Stempel
- Wackelauge, groß 3,7 cm
- Heißklebepistole
- Acrylspray in Silber
- Acrylfarbe in Weiß und Schwarz
- Schwamm
- Schere
- Graupappe
- Bleistift
- transparenter Nagellack

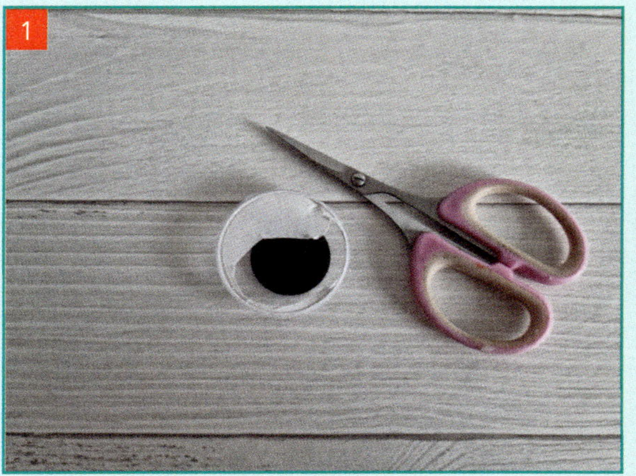

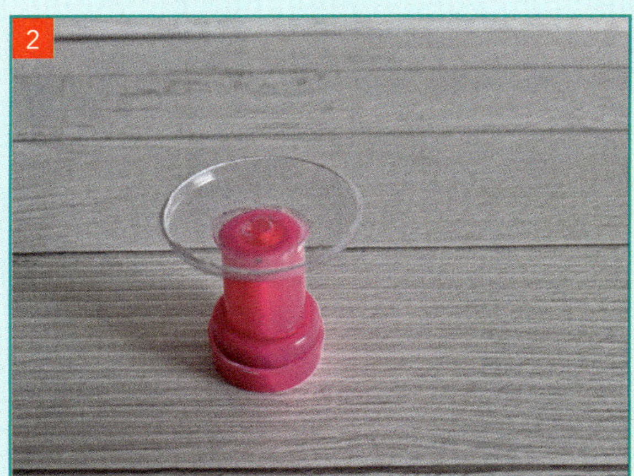

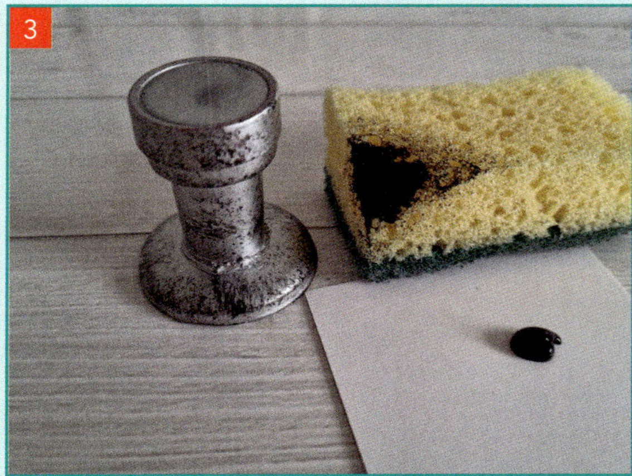

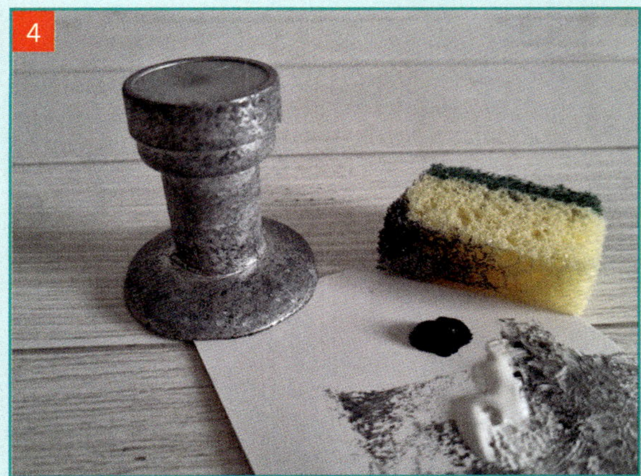

Und so geht`s:

1. Entferne den Klebestreifen und das Wackelauge.

2. Klebe den Deckel des Stempels und die Plastikschale auf dem Stempel zu.

3. Sprühe die Säule mit Silberspray an und lasse sie trocknen. Tupfe dann mit einem Schwamm die Säule schwarz an.

4. Jetzt nimmst du etwas Weiß dazu und mischt es minimal mit Schwarz. Tupfe wieder etwas auf die Säule. Trocknen lassen.

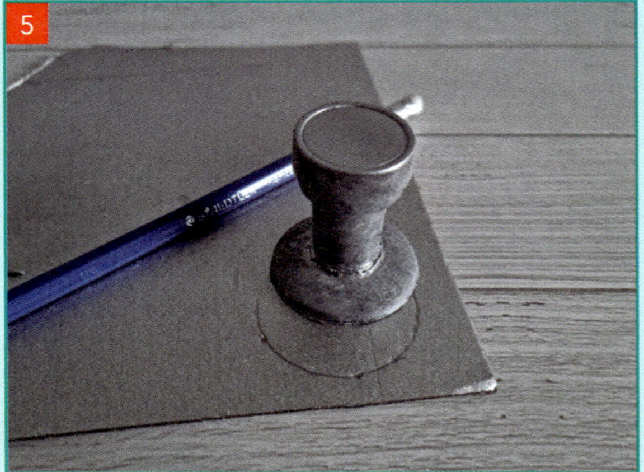
5

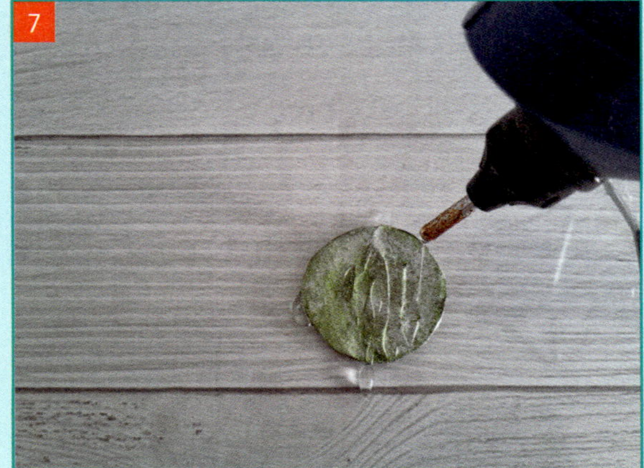
7

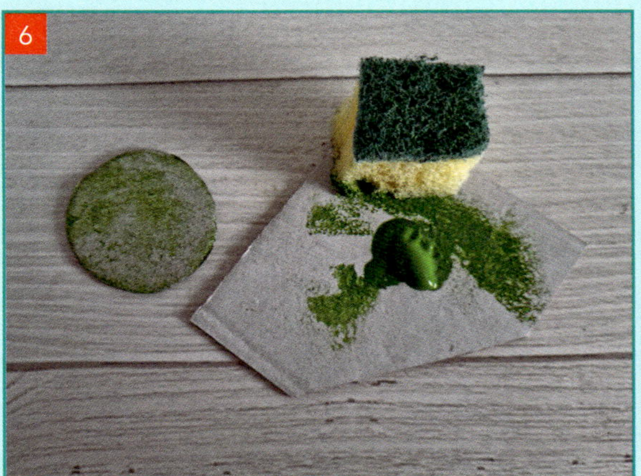
6

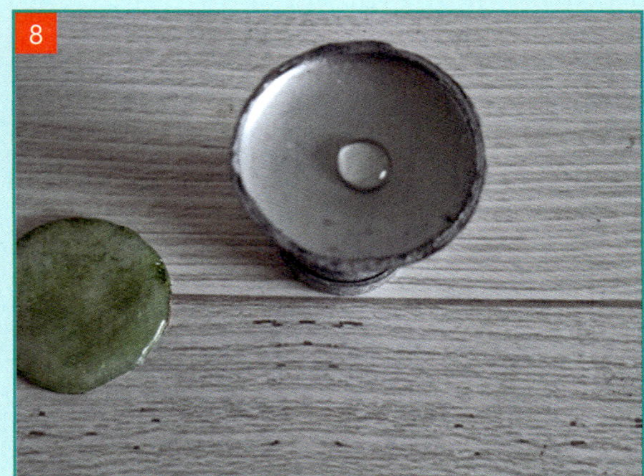
8

5. Sprühe vorher ein Stück Pappe silberfarben an. Damit die Plastikschale (Tränke) durch den Heißkleber nicht anfängt zu schmelzen, schneide dir eine Schablone aus silberner Pappe aus. Je kleiner deine Schablone ist, desto tiefer liegt sie in der Plastikschale.

6. Tupfe mit einem Schwamm leicht grüne Farbe auf die Pappe.

7. Wenn die Farbe getrocknet ist, klebe Heißkleber auf die Pappe, lass es trocknen.

8. Klebe Wasser mit Heißkleber in die Vogeltränke (Schale). Mache das wie bei dem See (siehe Seite 130).

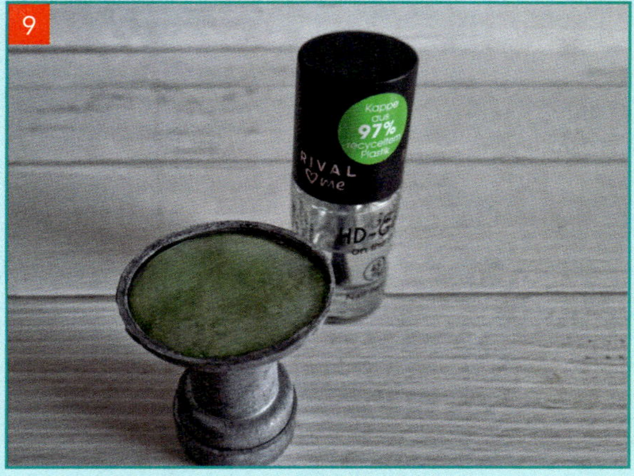

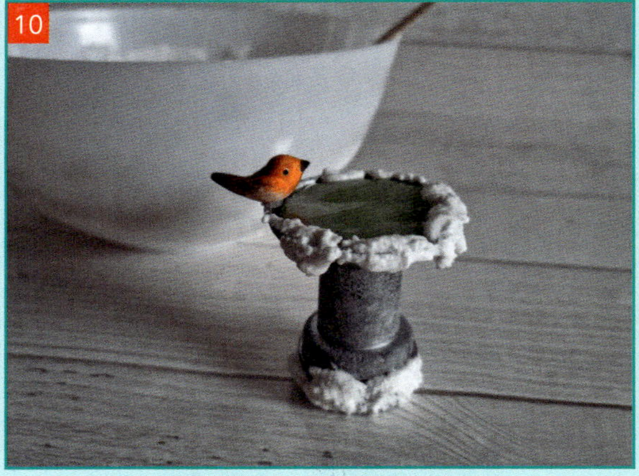

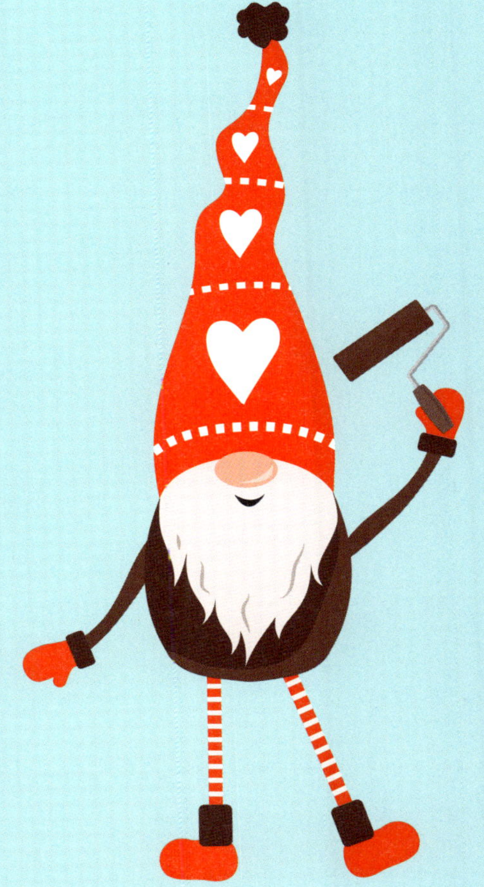

9. Bemale das Wasser etwas mit klarem Nagellack für den Glanz.

10. Du kannst deine Vogeltränke auch mit Schnee bedecken. Die Anleitung, um Schnee herzustellen, findest du auf Seite 163.

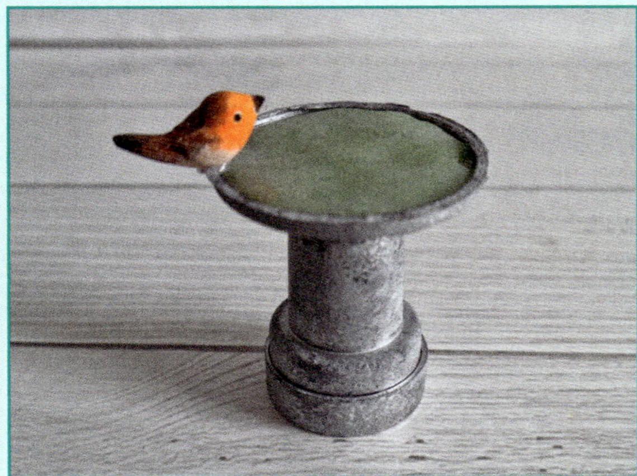

Rotkehlchen

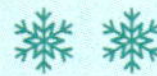

Größe:
1,8 x 0,9 cm

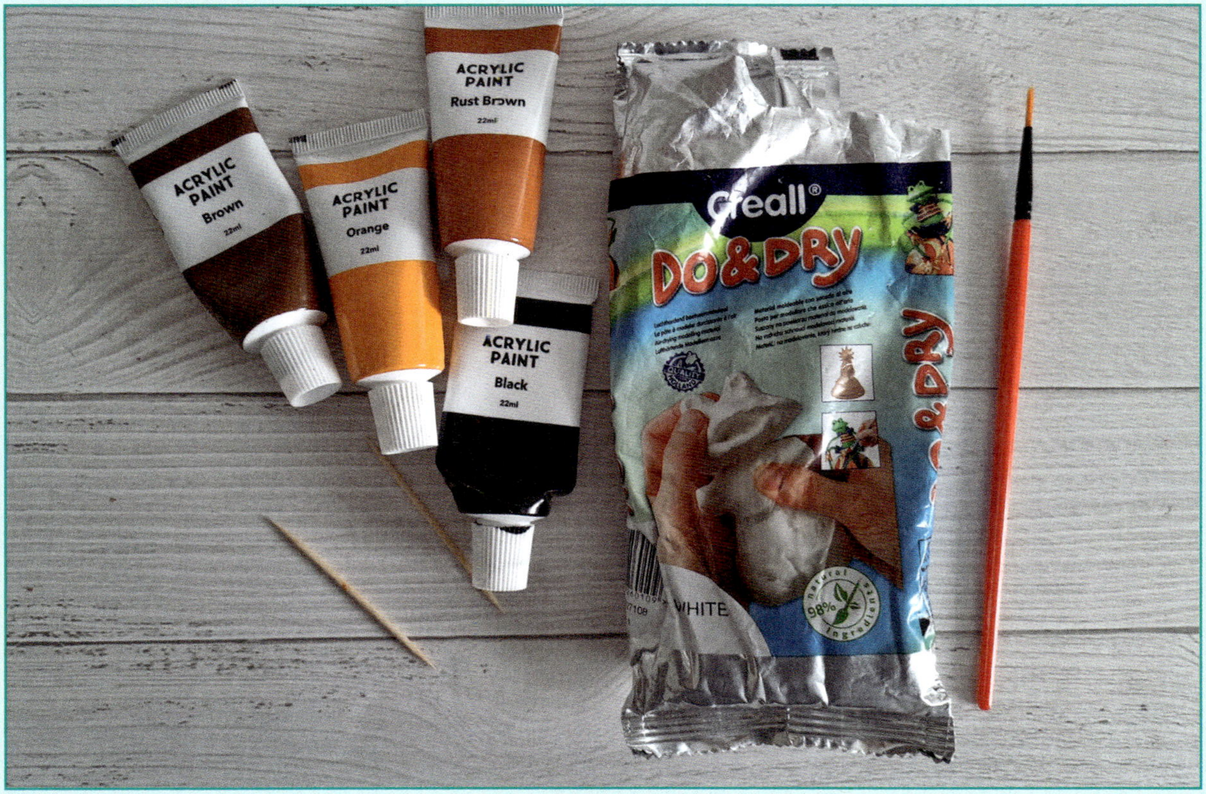

Materialien

- weiße Modelliermasse
- Acrylfarbe in Weiß, Braun, Schwarz, Orange
- Zahnstocher
- feiner Pinsel
- Nagelwerkzeug
- Heißklebepistole

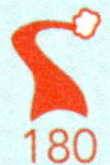

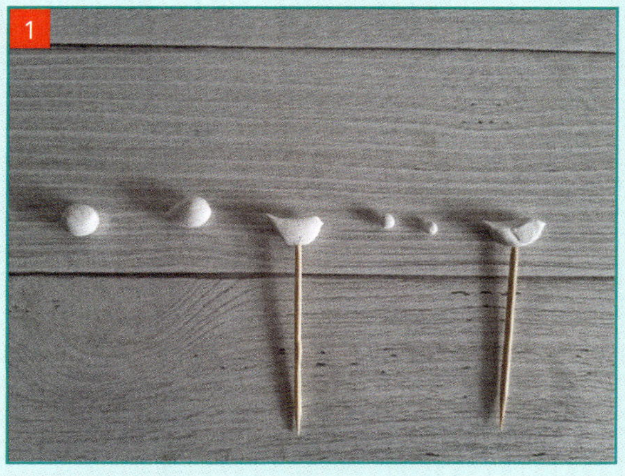

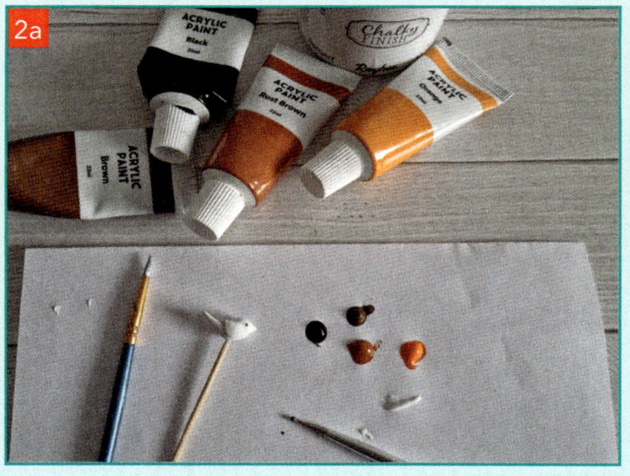

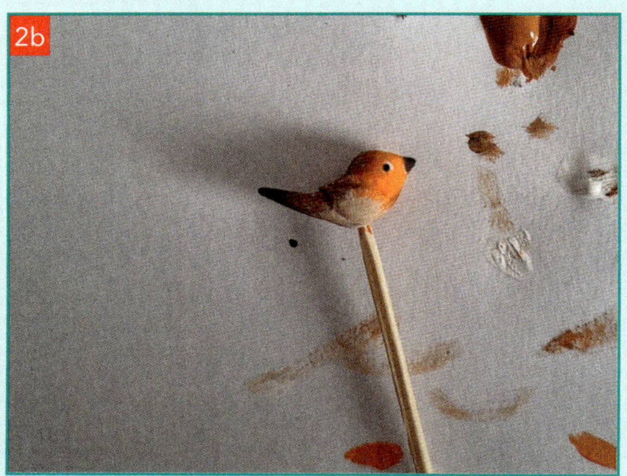

Und so geht`s:

1. Aus einer kleinen Kugel Modelliermasse knetest du eine Birnenform für den Vogelkörper. Stecke diesen auf einen Zahnstocher. Forme Kopf und Schwanz. Zwei winzig kleine Kugeln aus Modelliermasse setzt du links und rechts an den Körper und verstreichst die Masse zu Flügeln.

2. Bemale den Vogel mit einem kleinen Pinsel. Zum Schluss klebe den Vogel auf deine Vogeltränke.

Blitz-Bastelprojekte – einfache Accessoires
Weihnachtsmarktstand Spielzeug

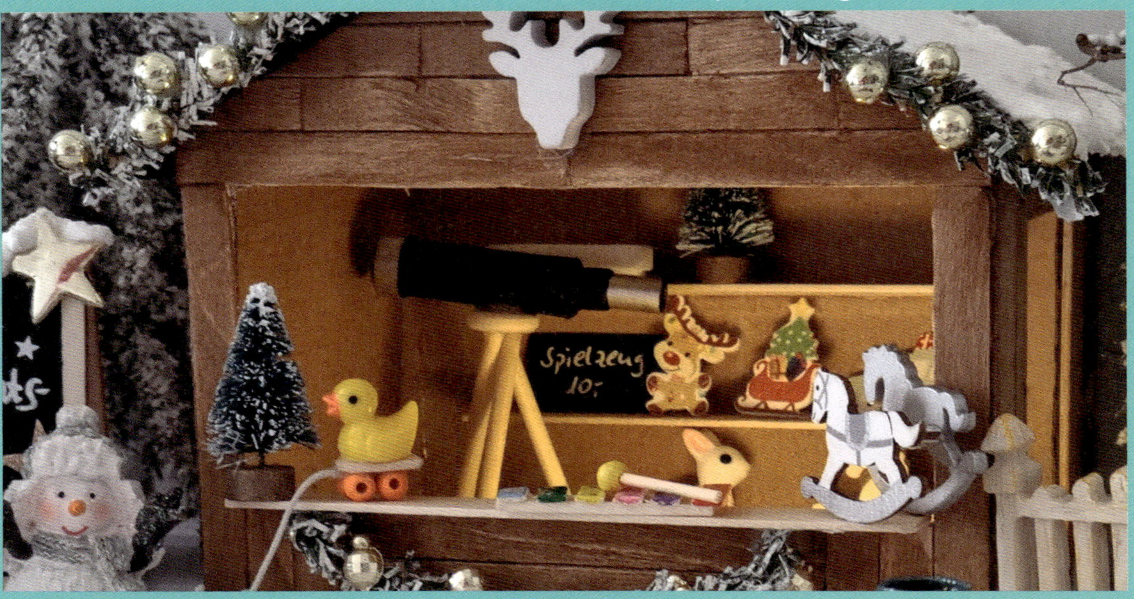

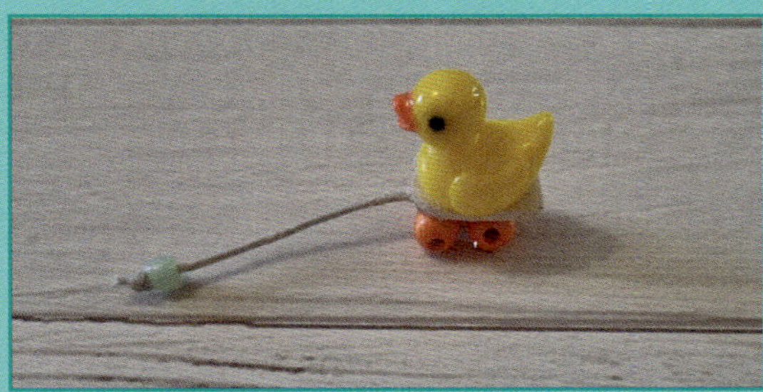

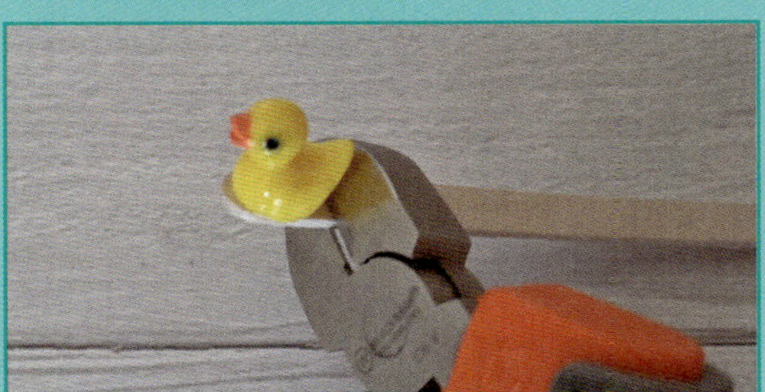

Ente

Klebe mit Heißkleber eine Deko-Ente auf einen Eisstiel und schneide diesen hinten mit einem Seitenschneider ab. Die Kanten kannst du etwas abfeilen. Für die Räder nimmst du vier Perlen und klebst sie mit Heißkleber fest. Sowie ein Lederband als Ziehhilfe.

Tipp:
Kleine Enten bekommst du bei Bastel & Dekorieren.de, siehe Shop-Empfehlungen Seite 192.

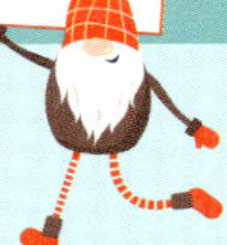

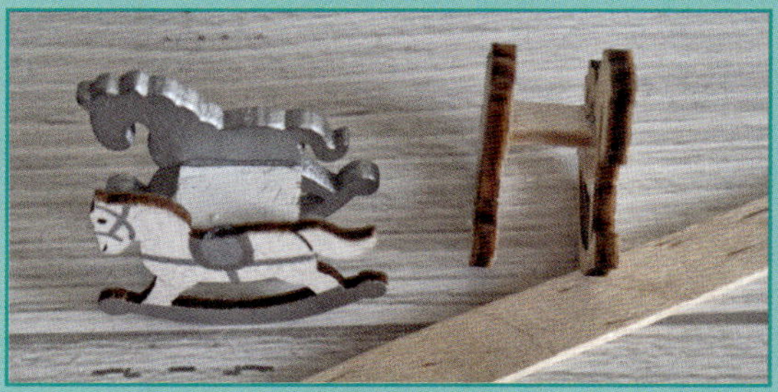

Schaukelpferd

Schneide ein 1,2 cm langes Stück von einem Eisstiel ab und klebe zwei identische Holzdekopferde an.

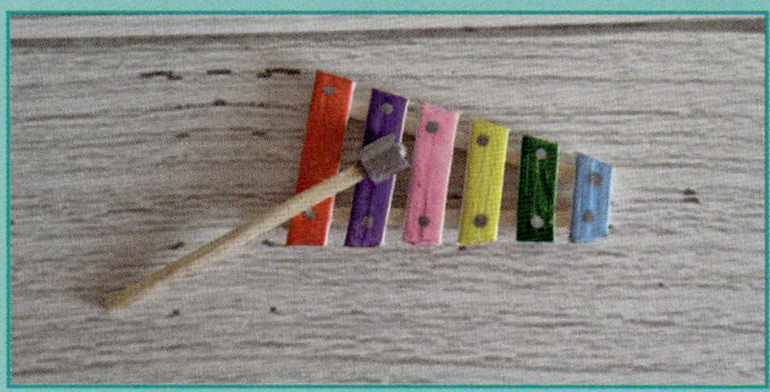

Xylophon

Größe: ca. 4 x 2,1 cm
Schneide aus einem Rührstäbchen sechs Streifen aus und klebe sie auf zwei auf 3 cm gekürzte Streichhölzer auf.
Schneide die Rührstäbchen entlang der Streichhölzer schräg ab, wie auf dem Foto zu sehen. Nun kannst du deine Klangplättchen mit Acrylstiften ausmalen.
Für den Holzklöppel klebst du eine Bügelperle auf ein Streichholz und knipst den Zündkopf ab.

Blitz-Bastelprojekte – einfache Accessoires Weihnachtsmarktstand Dekorationen

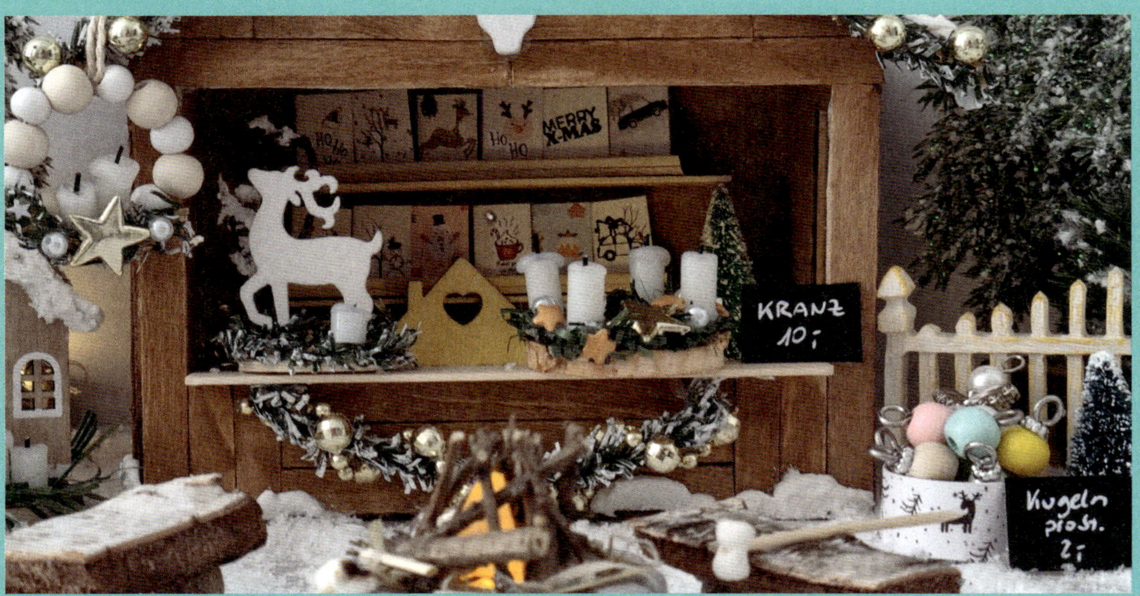

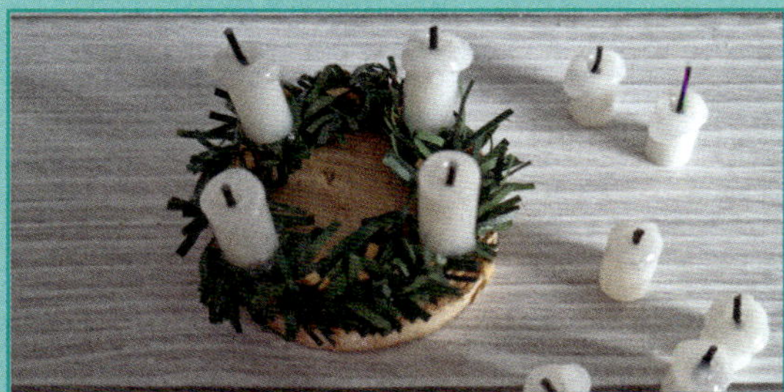

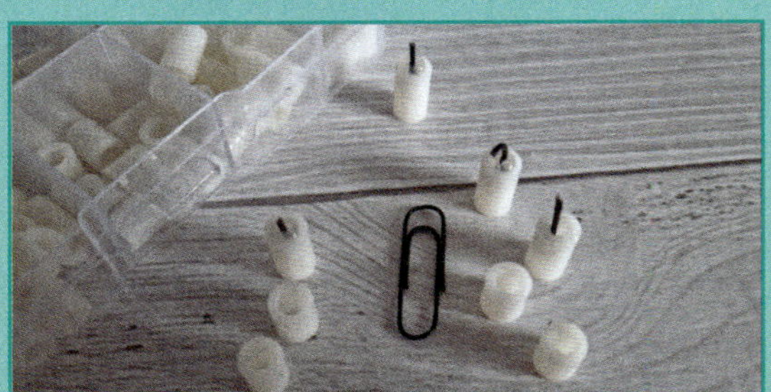

Kerzen

Größe: variabel

Nimm Abstandshalter und klebe mit Heißkleber schwarze Heftklammern hinein, wie auf dem Foto zu sehen. Die Heftklammern kürzt du zuvor mit dem Seitenschneider. Du kannst zusätzlich etwas Heißkleber an den Rändern runterlaufen lassen, so sieht deine Kerze noch ein bisschen echter aus. Die ganz kurzen Abstandshalter sehen aus wie kleine Teelichter.

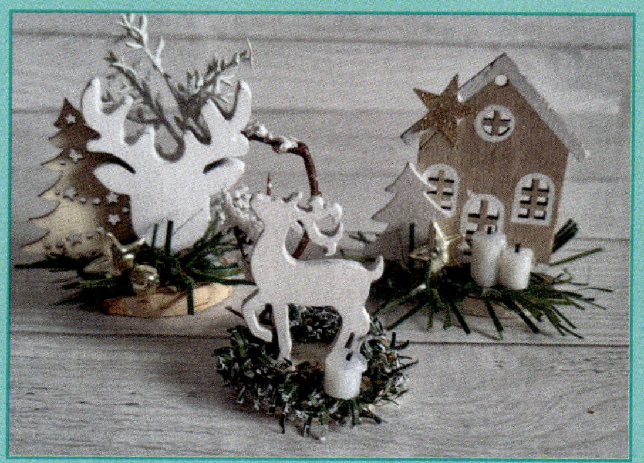

Weihnachtsgestecke

Größe: ca. 6,5 x 4 cm
Um ein Weihnachtsgesteck zu basteln, klebst du auf eine Holzscheibe oder ein gekürztes Eisstäbchen zuerst etwas Tannengrün, dann ein Motiv, z. B. ein Haus. Drumherum kannst du es dann mit kleinen Deko-Elementen verzieren, die du aufklebst. Lass deiner Fantasie freien Lauf. Im Folgenden ein paar Beispiele.

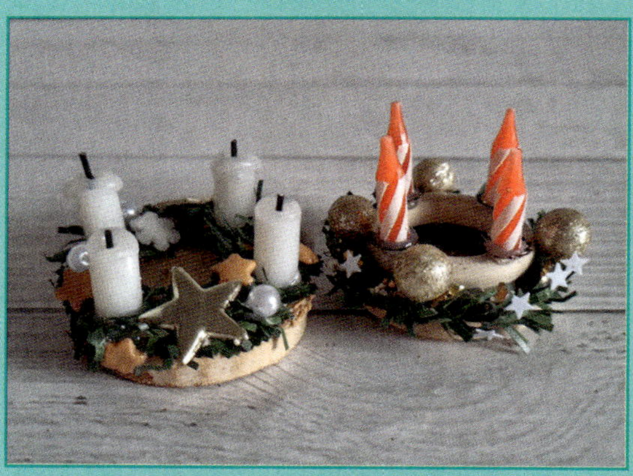

Adventkranz

Mit Heißkleber klebst du die Tannengirlande z. B. auf eine Holzscheibe, einen Holzring oder einen Knopf. Klebe dann die Kerzen drauf (siehe Seite 184) und dekoriere nach Lust und Laune. Du kannst auch kleine Kuchenkerzen benutzen. Kürze diese bei 1,5 cm und klebe sie auf deinen Adventskranz. Als Dekoration eignen sich auch rote Pfefferkörner.

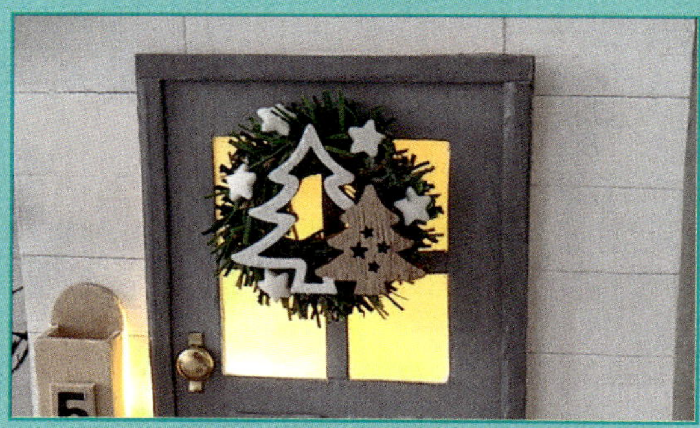

Türkranz

Für einen Türkranz drehe deine Girlande zu einem Ring, etwa 4 cm im Durchmesser. Knipse Reste ab und klebe den Ring mit Heißkleber zusammen. Nun noch etwas dekorieren und fertig ist dein Türkranz. Wenn du magst, nimm ein Stück Draht und stecke Holzperlen rein.

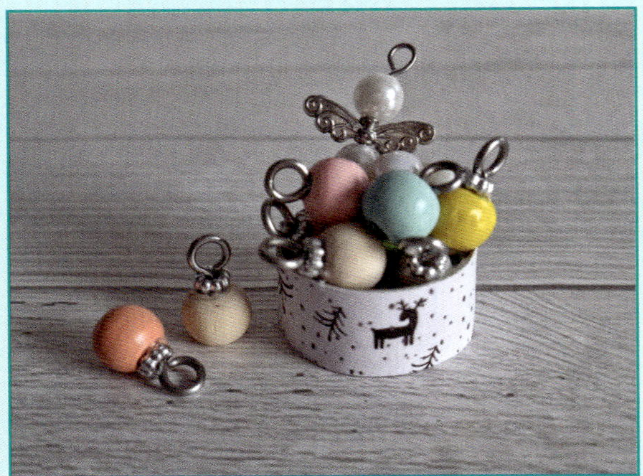

Weihnachtbaumkugeln in der Schale

Größe:
Kugeln ca. 1,2 cm

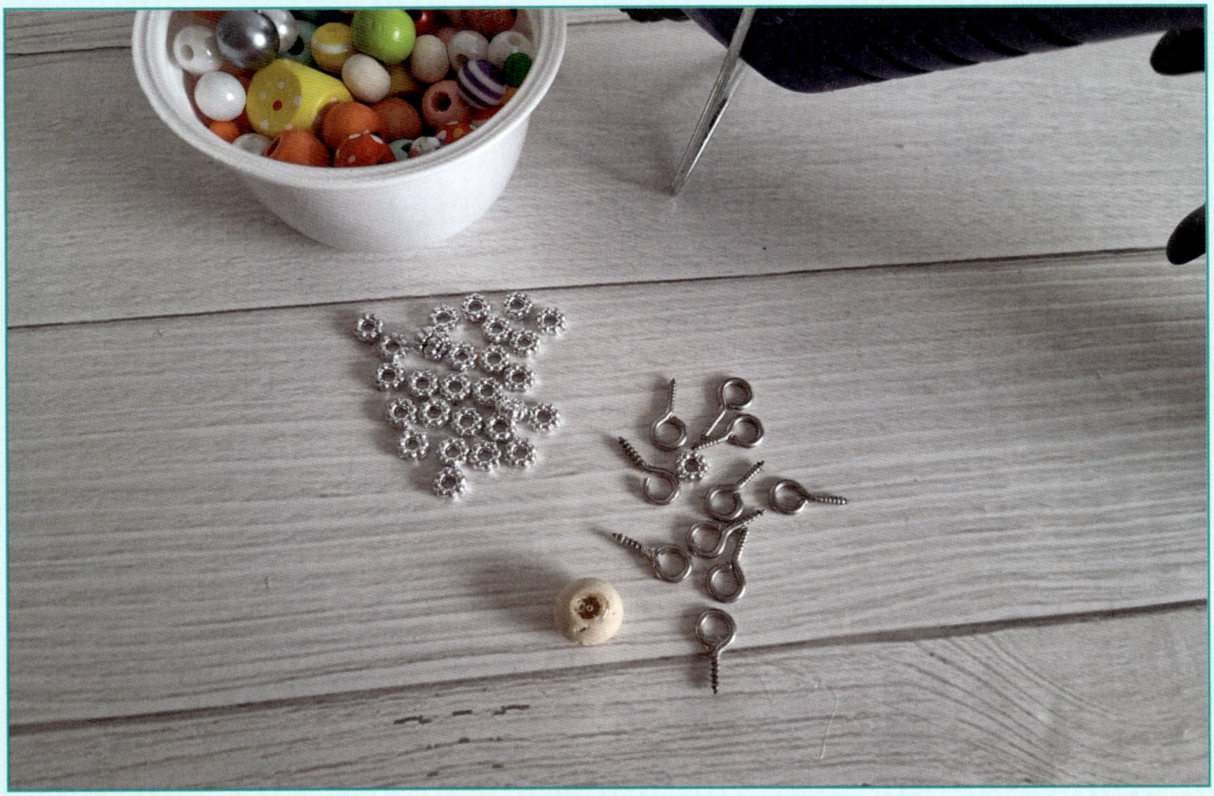

Materialien

- Perlen
- Mini-Ösen
- Heißklebepistole
- Perlen
- Motivpapier
- Flaschendeckel
- Perlenschmuckring

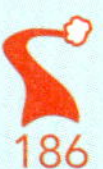

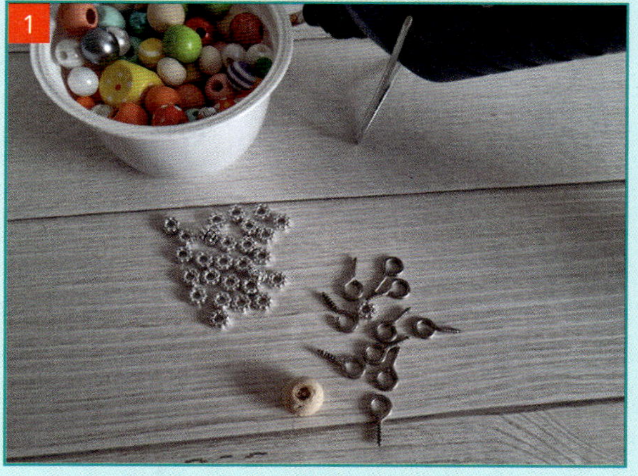

Und so geht`s:
Weihnachtsbaumkugeln

1. Gib etwas Heißkleber in die Perle, klebe dann den Perlenschmuckring darauf. Zum Schluss steckst du noch eine Mini-Öse in die Perle.

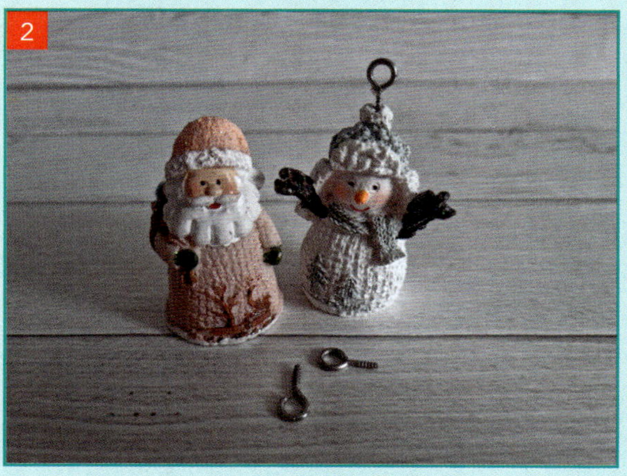

2. Es gibt zur Weihnachtszeit hübsche kleine Deko-Anhänger. Ich entferne immer die Ösen und benutze sie wie hier z. B. für die Baumkugeln. Die Figuren kannst du als Deko-Objekte verwenden.

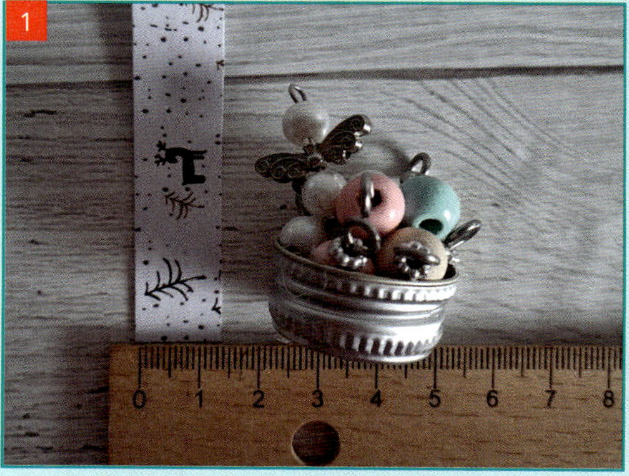

Schale

1. Für die Aufbewahrung deiner Kugeln schneidest du einen 1,5 cm breiten Motivstreifen aus und klebst ihn mit Heißkleber auf den Flaschendeckel. Das überstehende Papier schneidest du ab. Die Kugeln habe ich mit Heißkleber in die Schale geklebt. Ist aber kein Muss.

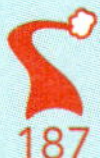

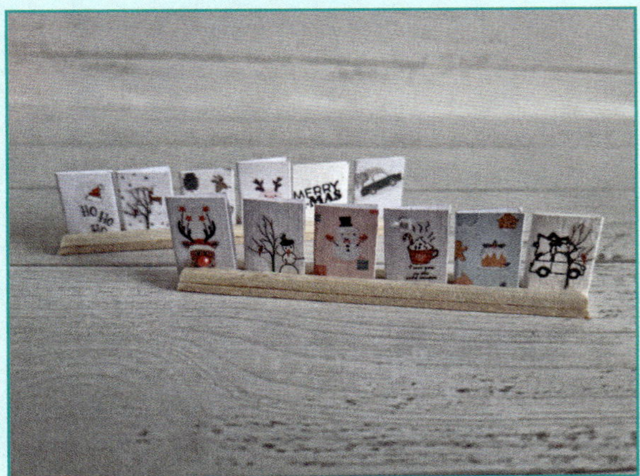

Weihnachtskarten mit Ständer

Größe:
Karte: 2 x 1,5 cm,
Kartenständer: 9,0 x 0,9 cm

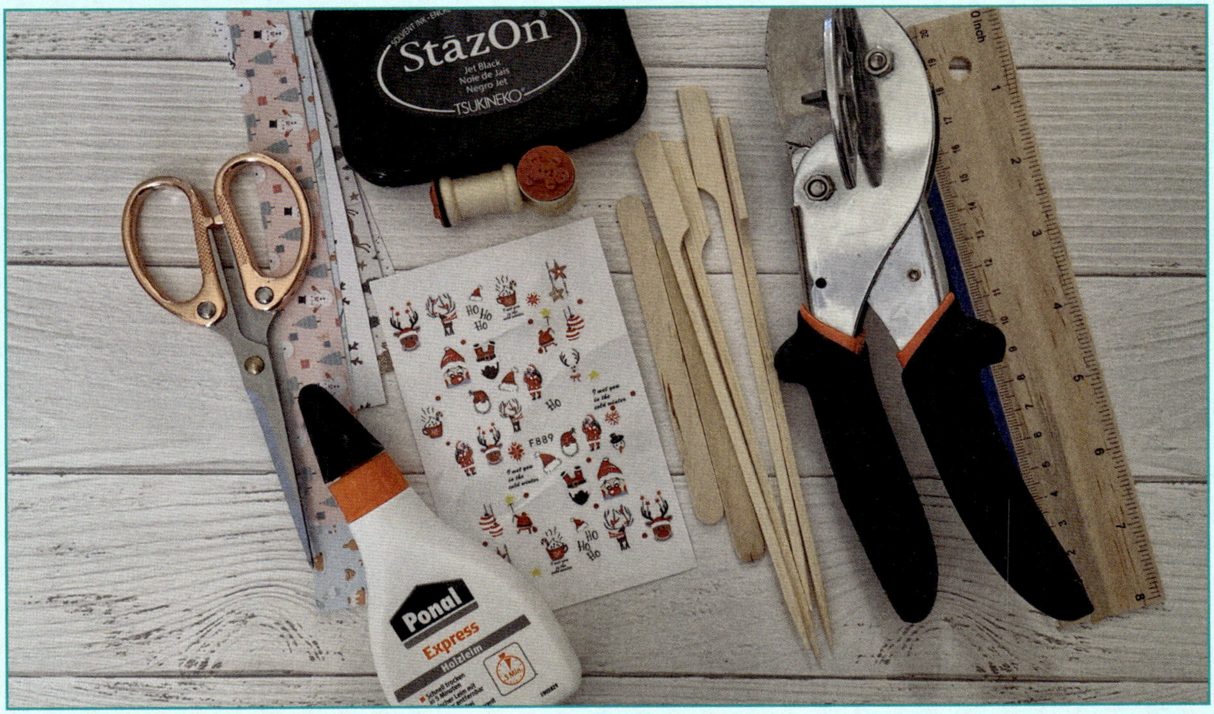

Materialien

- Motivpapier
- etwas dickeres Papier, z. B. Aquarellpapier
- Schere
- Lineal
- Bleistift
- Stempelkissen
- Mini-Stempel
- Nagelsticker
- Eisstäbchen
- Schaschlikspieße
- Holzleim
- Gehrungsschneider

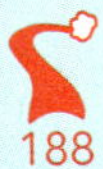

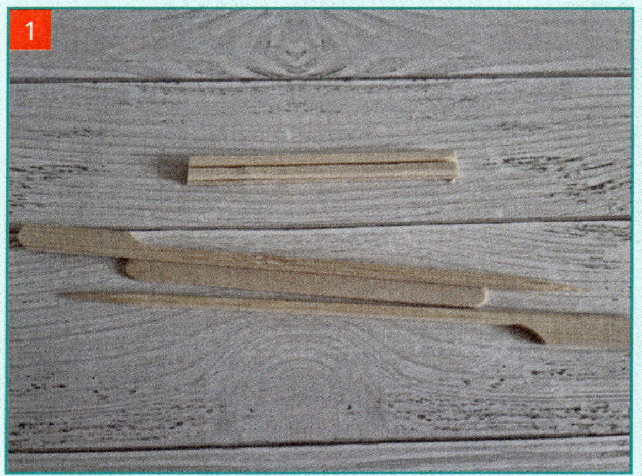

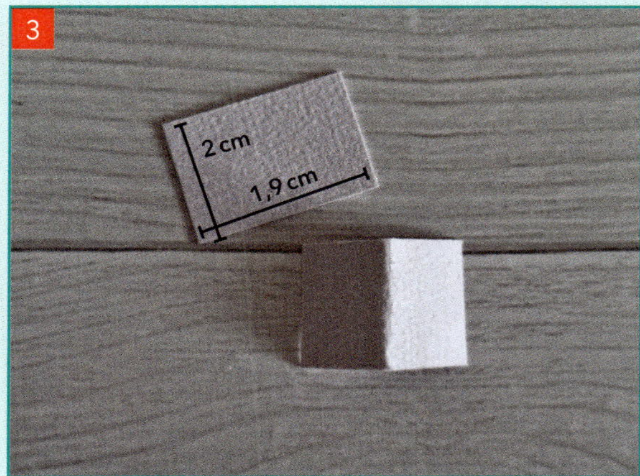

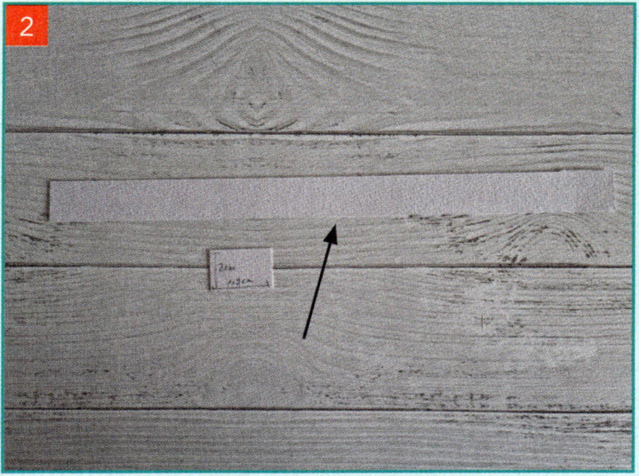

Und so geht`s:

1. Für den Kartenständer klebst du mit Holzleim oben und unten zwei Schaschlikspieße auf einen Eisstiel. Schneide die Ränder mit einem Gehrungsschneider ab.
2. Schneide aus Papier oder Motivpapier 2 cm breite Streifen, die schneidest du wiederum in 1,9 cm lange Streifen.
3. Knicke die 2 x 1,9 cm-Streifen in der Mitte. Schon hast du deine erste kleine Weihnachtskarte fertig.
4. Dekorieren kannst du sie mit Mini-Stempeln, Nagelstickern, kleinen Stempeln oder einfach weihnachtlichem Papier.

Danksagung

Ich danke meiner geliebten Tochter Sophie, die mich mit ihrer fröhlichen Art jeden Tag aufs Neue inspiriert. Meinem lieben Mann Michael, der mich in jeder Hinsicht unterstützt und durch seine Geduld mir die Möglichkeit gegeben hat, meine Träume zu verwirklichen. Ich danke meiner Familie und Freunden, die immer für mich da sind und die sich über Wochen das Thema Wichtel anhören mussten. Meiner lieben Arbeitskollegin Annette, wenn ich mal nicht weiterwusste, für ihre Unterstützung.

Bedanken möchte ich mich auch bei meiner Wichtel-Community, für die lieben Nachrichten, die ich jeden Tag bekomme und für die Unterstützung. Ein großer Dank geht auch an meine lieben Wichtel-Kolleginnen Marie, Cornelia und Sarah, die ich stets um Rat fragen kann.

Ich danke dem mvg Verlag für die Möglichkeit, ein Buch zu schreiben, und ganz besonders meiner Lektorin Isabella Krüger für ihre Unterstützung.

Zu guter Letzt danke ich auch meinem Sponsor Rayher.

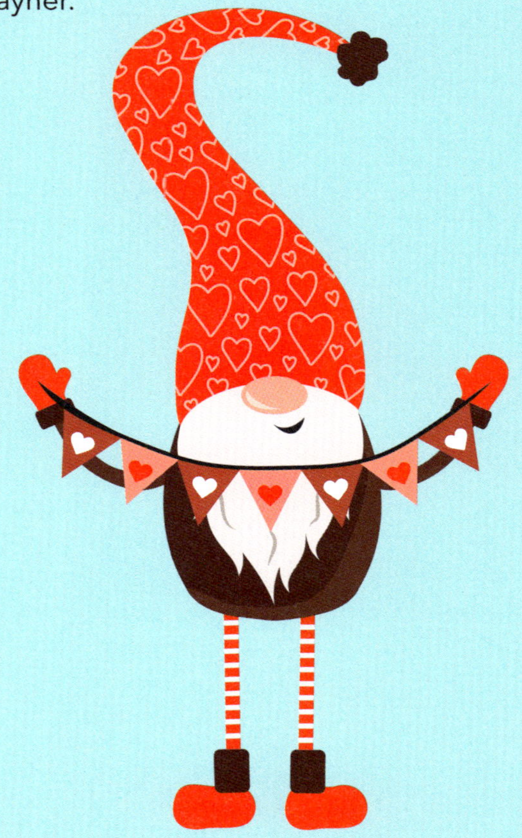

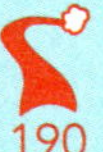

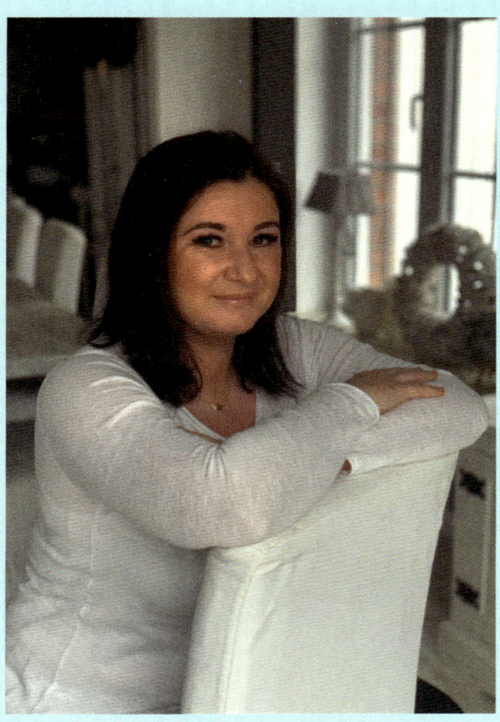

Über die Autorin

Angelika Janczik wurde 1984 in Oberschlesien (Polen) geboren und wanderte im Alter von fünf Jahren mit ihrer Familie nach Deutschland aus. Sie ist verheiratet und hat eine zauberhafte Tochter namens Sophie. Angelika arbeitet seit 17 Jahren in der gleichen Praxis als Arzthelferin und ihre große Leidenschaft ist das Basteln. Auf ihrem Instagram-Account @janangelika zeigt sie alles rund um die DIY-Themen Dekorieren, Geschenke basteln und gibt Einblick in ihren kreativen Alltag. Ihr großes Herzensprojekt jedoch ist ihr Wichtel Fridolin und hat den Instagram-Account @wichtel_fridolin ins Leben gerufen, um dort ihre vielen DIY-Projekte für Fridolin zu zeigen und von seinen Abenteuern zu berichten.